MAURICE TOURNEUX

DIDEROT
ET
CATHERINE II

AVEC UN PORTRAIT EN HÉLIOGRAVURE

Ouvrage couronné par l'Académie française

PARIS
CALMANN LÉVY, ÉDITEUR
3, RUE AUBER, 3
—
1899

DIDEROT
ET
CATHERINE II

D. Levitzky pinx.t   Héliog. Heuse

DIDEROT
Portrait peint à Saint Pétersbourg
en 1773
(Bibliothèque de Genève)

Imp. Ch. Wittmann

PUBLICATIONS DU MÊME AUTEUR

Format in-8°.

ŒUVRES COMPLÈTES DE DIDEROT (avec J. Assézat)
(Garnier frères, éditeurs). . . . . 20 vol.

GRIMM, DIDEROT, RAYNAL, MEISTER. Correspondance littéraire, philosophique et critique. (Garnier frères, éditeurs) . . . . 16 —

LES MANUSCRITS DE DIDEROT conservés en Russie
(Imprimerie nationale). . . . . 1 —
(Rapport au ministre de l'Instruction publique).

Format in-12.

GUDIN DE LA BRENELLERIE. Histoire de Beaumarchais
(Plon, Nourrit et Cie, éditeurs). . . . . 1 vol.

MARMONTEL. Mémoires d'un père (D. Jouaust, éditeur). 3 —

Droits de reproduction et de traduction réservés pour tous les pays,
y compris la Suède, la Norvège et la Hollande.

IMPRIMERIE CHAIX, RUE BERGÈRE, 20, PARIS. — 8022-5-98. — (Encre Lorilleux).

DIDEROT

ET

CATHERINE II

PAR

MAURICE TOURNEUX

PARIS
CALMANN LÉVY, ÉDITEUR
3, RUE AUBER, 3
—
1899

AVERTISSEMENT

Le voyage de Diderot en Russie a été l'un des épisodes les plus importants de sa vie, mais jusqu'à présent les détails en ont été mal connus. Dans les *Mémoires*, ou pour parler plus exactement, dans les notes qu'elle rédigea en 1787 à la prière de Meister, madame de Vandeul, fille unique du philosophe, avouait qu'elle n'avait pu dans ses entretiens « attraper que des bribes » et supposait qu'il n'avait rien écrit à ce sujet ni pendant son absence, ni depuis son retour. Ce silence avait de quoi surprendre, et l'un des éditeurs de Diderot sous la Restauration, G.-B. Depping, y voyait l'indice de la situation peu florissante de l'empire russe en 1774. D'autres en avaient conclu que Diderot avait encouru,

que l'impératrice Élisabeth infligeait à sa nièce, l'un et l'autre avaient demandé à nos grands écrivains le remède de leurs maux et l'oubli de leur inaction. Dès qu'ils l'avaient pu, tous deux aussi avaient adressé leurs hommages au représentant incontesté de la suprématie intellectuelle que nous exercions alors en Europe. On sait comment finit la liaison de Frédéric et de Voltaire. Instruit par une cruelle expérience et retenu d'ailleurs à Ferney par les plus sérieux motifs, Voltaire, en dépit des flatteries de Catherine, se contenta d'entretenir une correspondance où, quoi qu'ils en eussent, se trahit toujours l'absence d'intimité, mais qui servait merveilleusement la soif de renommée de l'une et l'orgueilleuse faiblesse de l'autre. Catherine n'avait eu garde de négliger une autre puissance : sa première lettre à Voltaire est datée d'octobre 1763 ; à la même époque, elle entra en relations épistolaires avec madame Geoffrin et tint attentif à ses actes le salon le plus influent de Paris.

Parmi les familiers de la vieille bourgeoise de la rue Saint-Honoré, qu'un roi appelait sa « maman », et qu'une autre impératrice (Marie-Thérèse) consultait sur le choix d'un gendre, on comptait alors le prince Dimitri-Alexievitch Galitzin et le général Ivan-Ivanovitch Betzki. Le premier remplissait les fonctions d'ambassadeur près la cour de France ; le second, à qui la malignité publique attribuait des titres sérieux à l'affection filiale que lui témoignait Catherine II,

DIDEROT ET CATHERINE II

I

COMMENT DIDEROT DEVINT BIBLIOTHÉCAIRE DE CATHERINE II

Grâce aux publications multiples dont elle a été l'objet, ainsi qu'aux mémoires, lettres et papiers de toute nature recueillis par divers éditeurs et surtout par la Société historique russe, Catherine II nous est aujourd'hui connue tout entière ; et, malgré les réserves que provoque sa politique ou sa vie privée, il est un point sur lequel panégyristes et détracteurs se sont du moins mis d'accord : à l'exemple de Frédéric II, son voisin et tuteur, devenu plus tard son plus redoutable ennemi, Catherine aima de tout temps les Lettres. Dans la prison de Custrin, où le fils de Guillaume Ier expiait ses velléités d'indépendance, comme dans l'exil à peine déguisé d'Oranienbaum en rentrant définitivement dans son « atelier » de la rue Taranne; mais il avait déposé entre les mains de Catherine un autre gage de l'intimité qui, durant près de cinq mois, avait rapproché quotidiennement le fils du coutelier de Langres et la souveraine de quatre-vingts millions d'hommes. Demeurées inédites et inconnues pendant plus d'un siècle, ces pages, où les libres conseils sur les matières les plus diverses et parfois les plus ardues alternent avec de piquantes digressions ou des réminiscences personnelles d'un haut intérêt, sont rassemblées ici pour la première fois et suivies de questionnaires sur le régime commercial de l'empire et d'*Observations* sur le Code projeté par Catherine II qui ont la même origine; mais avant de les présenter aux lecteurs, il ne sera pas hors de propos de leur rappeler comment Diderot fut amené à les jeter sur le papier et pourquoi elles voient si tardivement le jour.

par l'intempérance de son langage, la disgrâce de l'impératrice, et qu'il avait quitté Saint-Pétersbourg plus vite qu'il n'y était arrivé [1].

Il est possible aujourd'hui de réduire à néant ces diverses allégations : Diderot regagna la France quand il lui plut, emportant les marques les plus flatteuses d'une bienveillance à laquelle, par la suite, il ne fit jamais inutilement appel, et s'il ne traça pas de la Russie le tableau ethnographique et statistique qu'il nous a laissé de la Hollande, c'est que le temps lui manqua pour mettre en œuvre les matériaux dont il était pourvu. Le *Plan d'une Université*, rédigé en 1776, suffirait d'ailleurs à établir que Diderot ne se considérait pas comme libéré de sa dette

---

[1]. C'est pendant ce séjour que fut peint le portrait qui accompagne ce volume. Son auteur, Dimitri Levitzky, né en 1735, mort en 1822, et fils d'un pope, commença ses études sous Antropoff et fut nommé membre de l'Académie des Beaux-Arts de Saint-Pétersbourg, en 1769. Parmi ses principaux portraits, on cite ceux de Kokorinoff, directeur de l'Académie, du comte Stroganoff, de Teploff et surtout celui de Catherine II, dont l'original appartient au palais de Péterhof et dont une excellente copie orne l'une des galeries de la Bibliothèque impériale. L'impératrice est représentée debout, en robe de satin jaune (dont l'exécution rappelle le faire de Roslin) et brûlant des pavots sur un autel, symbole assez peu clair, au moins à nos yeux, « de son zèle infatigable pour le bien de ses sujets ». Quant au portrait de Diderot, d'un pinceau gras, souple et harmonieux, particulièrement dans les yeux et dans les vêtements, il aurait été donné par madame de Vandeul, fille du modèle, à Étienne Dumont qui l'a légué à la bibliothèque de Genève.

avait fait, dès 1728, un premier séjour à Paris en qualité d'attaché d'ambassade. Il y était revenu après la mort de Pierre III, sans mission définie, mais avec les titres de lieutenant général et de directeur des bâtiments impériaux.

Diderot achevait alors le texte de l'*Encyclopédie*, officiellement supprimée par les arrêts du Conseil d'État des 8 mars et 21 juillet 1759, mais dont l'impression ne s'en continuait pas moins à Paris même. Le bruit de cette suppression qui, selon le mot de Voltaire, avait fait « gémir l'Europe », était parvenu jusqu'en Russie, où l'entreprise comptait de nombreux souscripteurs. Trois mois à peine après son avènement au trône, Catherine avait chargé Jean Chouvalof d'offrir à d'Alembert de se charger de l'éducation du grand-duc Paul-Petrovitch et à Diderot de venir achever l'*Encyclopédie* avec toutes garanties de sécurité. Ni l'un ni l'autre n'acceptèrent. D'Alembert allégua sa mauvaise santé. Diderot, à qui Voltaire avait transmis les propositions de Chouvalof, les repoussa comme il avait refusé toutes celles qui lui avaient été adressées à ce sujet et pour les mêmes motifs. Catherine ne lui en tint pas rancune et attendit une nouvelle occasion qui ne tarda pas à se présenter.

Des quatre enfants issus du mariage de Diderot avec Anne-Toinette Champion, Marie-Angélique, née le 2 septembre 1753, avait seule survécu, et, dès 1761, Diderot se préoccupait de lui constituer une dot.

L'« honoraire » que lui payaient les éditeurs de l'*Encyclopédie* et la pension qu'ils devaient lui accorder à la fin de sa tâche n'eussent point suffi à mettre à l'abri du besoin les parents et l'enfant. Dans ces conjonctures, il résolut de vendre sa bibliothèque : un moment, il fut sur le point de traiter, soit avec un maître des requêtes, M. Fargès de Polizy, soit avec son propre notaire, Le Pot d'Auteuil ; mais la négociation n'aboutit pas, et ce fut seulement quatre ans plus tard qu'il s'en défit dans des conditions inespérées. Informé par Galitzin et par Grimm de l'embarras de Diderot, Betzki en fit part à l'impératrice, et, le 16 mars 1765, il adressait à Grimm la lettre suivante :

« La protection généreuse, monsieur, que notre auguste souveraine ne cesse d'accorder à tout ce qui a rapport aux sciences, et son estime particulière pour les savants, m'ont déterminé à lui faire un fidèle rapport des motifs qui, suivant votre lettre du 10 février dernier, engagent M. Diderot à se défaire de sa bibliothèque. Son cœur compatissant n'a pu voir sans émotion que ce philosophe, si célèbre dans la République des lettres, se trouve dans le cas de sacrifier à la tendresse paternelle l'objet de ses délices, la source de ses travaux et les compagnons de ses loisirs. Aussi Sa Majesté Impériale, pour lui donner une marque de bienveillance et l'encourager à suivre sa carrière, m'a chargé de ne faire pour elle l'acquisition de cette bibliothèque au prix de quinze mille livres que vous proposez, à cette seule condition que M. Diderot, pour son usage, en sera le dépositaire, jusqu'à ce qu'il plaise à Sa Majesté de la faire demander. Les ordres pour le paiement des seize mille livres sont déjà expédiés au prince Galitzin, son ministre à Paris. L'excédent du prix, et toutes les années autant, est encore une nouvelle preuve des bontés de ma souveraine pour les soins et les peines qu'il se donnera à former cette bibliothèque. Ainsi, c'est une affaire terminée. Témoignez, je vous prie, à M. Diderot combien je suis flatté de l'occasion d'avoir pu lui être bon à quelque chose.

» J'ai l'honneur d'être, etc.

» *Signé :* J. BETZKI. »

Grimm, qui nous a conservé le texte de cette lettre, en l'insérant dans sa « feuille » du 15 avril 1765[1], ne nous a malheureusement pas dit comment il s'y prit pour annoncer à son ami la faveur singulière dont il était l'objet et, telles qu'elles nous sont parvenues, les

---

1. Je crois devoir prévenir ici, une fois pour toutes, que les citations de divers passages de Diderot et de Grimm, ainsi que les références à leurs écrits, sont empruntées, sauf avis contraire, aux *Œuvres complètes* du philosophe, publiées par J. Assézat et par moi-même (Garnier frères, 1875-1877, 20 vol. in-8°) et à la *Correspondance littéraire* de Grimm dont j'ai donné une édition revue et augmentée de plus d'un tiers (Garnier frères, 1877-1882, 16 vol. in 8°).

lettres à mademoiselle Volland offrent précisément, du 3 octobre 1762 au 15 mai 1765, une lacune de plus de deux ans. Avant d'accepter, Diderot sollicita de M. de Saint-Florentin, ministre de la Maison du Roi, une autorisation qui ne se fit pas attendre :

« MONSEIGNEUR,

» La difficulté de pourvoir aux besoins de la vie et l'impossibilité de pourvoir à l'éducation d'un enfant avec une fortune aussi bornée que la mienne avaient enfin déterminé le père et l'époux à dépouiller l'homme de lettres de ses livres. Il y avait longtemps que je cherchais parmi mes concitoyens quelqu'un qui les voulût acquérir, sans avoir pu le trouver, lorsqu'on en a fait la proposition à l'impératrice de Russie, qui a accepté ma bibliothèque et qui m'en a fait délivrer le prix, à condition que j'en resterais le dépositaire et que je recevrais cent pistoles annuelles pour les soins que je prendrais à la former : ce sont ses propres expressions. Je ne sais s'il faut appeler ces cent pistoles une pension ou un simple honoraire, mais je n'ignore pas qu'un sujet ne peut rien accepter d'une puissance étrangère sans y être autorisé par la permission de son roi. J'ose vous supplier, Monseigneur, de demander cette permission pour un homme à qui la faveur qu'on vient de lui faire est si nécessaire.

» Je suis avec un très profond respect, Monseigneur, votre très humble et très obéissant serviteur,

» DIDEROT.

» A Paris, ce 27 avril 1765 [1]. »

Dès que la nouvelle de la munificence de l'impératrice se fut répandue, les témoignages de gratitude affluèrent de toutes parts et sous toutes les formes. Voltaire récompensa le zèle de Galitzin par une belle lettre où, faisant allusion à son titre d'ambassadeur, il l'appelait « l'espion du mérite et de l'infortune », et, dans sa correspondance avec Catherine, il multipliait les allusions à ce bienfait. Quoiqu'il eût abandonné depuis plusieurs années déjà la direction de l'*Encyclopédie*, d'Alembert crut devoir joindre ses félicita-

---

1. Cette lettre, dont l'original appartient à la Bibliothèque nationale, a été publiée, pour la première fois, par M. Louis Ducros (*Diderot, l'homme et l'écrivain*, 1894, in-12). J'ai retrouvé depuis, aux Archives nationales, dans les registres de la correspondance de la Maison du Roi, la transcription de la lettre par laquelle Saint-Florentin envoyait à Diderot, dans les termes les plus courtois, l'autorisation qu'il sollicitait.

« M. Didrot (*sic*), 1er mai 1765.

» J'ai, Monsieur, rendu compte au roi, de la lettre que vous m'avez écrite le 27 du mois dernier. Sa Majesté approuve la vente que vous avez faite à l'impératrice de Russie de votre bibliothèque ; il est très agréable pour vous que vous en conserviez, votre vie durant, l'usage et la garde, et l'impératrice y trouvera aussi son avantage en ce que vous l'augmenterez sûrement encore. Je profiterai avec plaisir des occasions où je pourrai vous marquer les sentiments avec lesquels je vous suis, Monsieur, très sincèrement dévoué. » (Arch. nat. O^{1*}, 401, f° 161, n° 450.)

tions à celles de son chef de file, et Catherine, qui ne croyait pas, assurait-elle, « s'attirer tant de compliments. », ajoutait : « Il aurait été cruel de séparer un savant d'avec ses livres ; j'ai été souvent dans le cas d'appréhender qu'on ne m'ôtât les miens », établissant ainsi, par ce retour sur le temps où Elisabeth surveillait ses lectures comme ses démarches, une sorte de parallèle flatteur entre son propre sort et celui du philosophe [1].

Les poétereaux du temps ne perdirent pas si belle occasion d'accorder leurs lyres. Tandis que Légier congratulait Diderot lui-même [2], Dorat adressait à l'impératrice de toutes les Russies une *Épître* ornée de deux ravissantes planches d'Eisen, gravées par de Longueil, où, mêlés à beaucoup de verbiage, se lisent quelques vers heureux :

> Par tes soins il va donc renaître,
> Ce philosophe respecté,
> Et qui fut malheureux peut-être
> Pour trop aimer la vérité...
> Une faveur sublime et rare
> Lui rend ses dieux et ses amis,

[1]. La remarque est de M. Alfred Rambaud, qui a, le premier, fait connaître à la France l'importance et l'intérêt du recueil publié par la Société historique russe, dans deux articles de la *Revue des Deux Mondes* intitulés : *Catherine II et ses correspondants français, d'après de récentes publications* (15 janvier et 1er février 1877).

[2]. *Épître à M. Diderot*, 1765, in-8, réimprimée dans les *Amusements poétiques* de l'auteur. Londres et Paris, Delalain, 1769, in-12.

Ses vrais amis, les seuls fidèles,
Les seuls que l'on retrouve, hélas!
Au sein des disgrâces cruelles,
Les seuls qui ne soient point ingrats.

En réalité l'exécution des volontés de l'impératrice rencontra quelques obstacles : Diderot a conté dans une lettre à mademoiselle Volland quelle peine il eut à toucher de M. Colin de Saint-Marc, receveur général et correspondant de toutes les provinces à l'hôtel des Fermes, les vingt mille livres que lui annonçait la lettre de Betzki, et, l'année suivante, la pension ne fut pas payée du tout; il est vrai que Catherine répara magnifiquement cette erreur, peut-être volontaire, en faisant expédier par Betzki, le 30 octobre 1766, une lettre de change de vingt-cinq mille livres, accompagnée du post-scriptum suivant :

« Sa Majesté Impériale ayant été informée, par une lettre que j'ai reçue du prince Galitzin, que M. Diderot n'était pas payé de sa pension depuis le mois de mars dernier, m'a ordonné de lui dire qu'elle ne voulait pas que les négligences d'un commis pussent causer quelque dérangement à sa bibliothèque; que, pour cette raison, elle voulait qu'il fût remis à M. Diderot pour cinquante années d'avance ce qu'elle destinait à l'entretien et à l'augmentation de ses livres et qu'après ce terme échu, elle prendrait des mesures ultérieures. A cet effet, je vous envoie la lettre de change ci-jointe. »

Diderot remercia de ce nouveau bienfait, non l'impératrice elle-même, — on ne connaît à cette date aucun témoignage direct de sa gratitude, — mais le dispensateur de ses munificences, et, comme la prose ne lui suffisait plus en pareille occurrence, il détacha « de la muraille une vieille lyre dont la philosophie avait détendu les cordes ». Mais ces vers, intercalés dans une longue et déclamatoire épître à Betzki, et qu'il estimait « pas trop mauvais », sont détestables[1]. Par bonheur, il avait, quelques mois auparavant, donné à l'impératrice un gage plus durable et plus noble de sa reconnaissance.

1. Étaient-ils bien de lui? Jean de Vaines, dans son *Recueil de quelques articles tirés de différents ouvrages périodiques* (an VII, in-4°), a donné cette pièce de vers avec de très légères variantes et cette note : « Diderot pria un de ses amis d'exprimer sa reconnaissance pour l'achat de sa bibliothèque, et celui-ci fit cette épître, qui fut envoyée à Catherine, en 1706 *(sic)*. » L'ami en question est probablement de Vaines lui-même.
La lettre qui contient ces vers a été, par erreur, dans les éditions de 1821 et de 1875, datée du 29 décembre 1767, et non, comme elle aurait dû l'être, du 29 décembre 1766. Elle répond évidemment à celle de Betzki du 30 octobre précédent, et l'auteur y fait allusion vers le même temps en écrivant à Falconet.

II.

DÉCEPTIONS D'UN STATUAIRE,
D'UN ÉCONOMISTE
ET D'UN ASTRONOME FRANÇAIS EN RUSSIE

L'idée d'élever un monument à Pierre Ier n'appartenait pas en propre à Catherine. Élisabeth avait même confié l'exécution d'un premier à deux Italiens, l'architecte Rastrelli et le statuaire Martelli ; mais, à sa mort, l'œuvre de Martelli fut jugée trop médiocre, et Betzki reçut l'ordre de chercher l'artiste capable de comprendre et d'interpréter la pensée de la nouvelle souveraine.

Le Salon de 1765 avait été un triomphe pour Falconet : une figure de *Femme assise*, celles de la *Douce mélancolie* et de l'*Amitié*, son *Saint Ambroise* (pour l'église des Invalides), son bas-relief d'*Apelles et Campaspe* étaient venus confirmer avec éclat le succès de son *Pygmalion*, exposé au Salon précédent, et Diderot lui-même avait loué presque sans réserve les envois de son ami. Aussi le nom du statuaire se présenta-t-il tout naturellement à lui dès que Dimitri Galitzin l'eut informé des ordres de Catherine, et comme Falconet mit à son acceptation des conditions pécuniaires qui faisaient l'éloge de son désintéressement, le traité fut vite conclu ; ce fut, comme l'écrivait Diderot à Betzki, « l'ouvrage d'un quart d'heure et l'écrit d'une demi-page ». Les conventions furent signées le 31 août 1766, et, le 15 septembre suivant, Falconet quittait la France, où il ne devait revenir que onze ans plus tard, épuisé par le travail, aigri par les tracasseries de tout genre dont l'avait abreuvé Betzki, froissé par l'indifférence qui, chez Catherine, avait succédé aux procédés les plus délicats, et — suprême chagrin — avant que le gigantesque cavalier de bronze, auquel il avait donné le souffle de la vie, se dressât, enfin débarrassé de ses draperies et de ses entraves, sur le roc arraché aux marais de la Finlande.

Les débuts du statuaire à la Cour ne faisaient pas présager un pareil dénouement. « M. Diderot, écrivait Catherine à madame Geoffrin, m'a fait faire l'emplette d'un homme qui n'a pas son pareil : c'est Falconet. » Il n'est sorte de prévenances dont celui-ci n'ait été comblé de 1766 à 1770, et la correspondance si précieuse publiée par M. Polovtsof[1] atteste combien était vif alors ce mutuel désir de plaire. Nous n'avons

1. Cette correspondance, comportant à la fois les lettres de l'impératrice et celles du statuaire, a été publiée et annotée par M. A. Polovtsof, avec la collaboration de M. A. Steinmann, et

malheureusement pas les lettres de Falconet à Diderot, mais celles du philosophe qui subsistent encore témoignent que, s'il ne vint pas plus tôt rendre hommage à sa bienfaitrice, ce ne fut pas faute de sollicitations incessantes auxquelles Diderot répondait en alléguant, non sans raison, la nécessité de terminer l'explication des planches de l'*Encyclopédie*, le devoir de veiller sur la fin de l'éducation de sa fille, le souci que lui causait la santé de sa femme, enfin aussi la peine qu'il éprouvait à s'arracher à l'intimité de mademoiselle Volland et de madame Le Gendre, sa sœur.

S'il remettait de mois en mois cette séparation, son « atelier » était devenu le bureau d'adresse de tous ceux qui voulaient solliciter la générosité de Catherine ou lui offrir leurs services. Ce n'étaient pas seulement les peintres, les statuaires, les acteurs, les littérateurs, les précepteurs parisiens qui, depuis le séjour de Pierrre Ier en France, affluaient dans les rues à peine tracées de Saint-Pétersbourg. A partir du règne de Catherine II, les réformateurs et les utopistes aspirèrent à l'honneur d'expérimenter leurs remèdes sur un peuple dont la civilisation naissante devait, semblait-il, se prêter plus aisément à l'emploi de leurs topiques.

forme le tome XVII du Recueil de la Société historique russe. Les appendices renferment de copieux extraits des lettres de Grimm à Nesselrode et des dépêches échangées entre le duc d'Aiguillon et notre ambassadeur, Durand de Distroff, à propos du séjour de Diderot à Saint-Pétersbourg.

Bien que Diderot n'appartînt pas à la secte des économistes, il partageait sur ce point toutes leurs illusions. « Nous envoyons à l'impératrice, écrivait-il à Falconet, en juillet 1767, un très habile, un très honnête homme. Nous vous envoyons à vous un galant homme, un homme de bonne société. Ah! mon ami, qu'une nation est à plaindre, lorsque des citoyens tels que ceux-ci y sont oubliés, persécutés et contraints de s'en éloigner et d'aller porter au loin leurs lumières et leurs vertus!... Lorsque l'impératrice aura cet homme-là, à quoi lui serviraient les Quesnay, les Mirabeau, les Voltaire, les d'Alembert, les Diderot? A rien, mon ami, à rien. C'est celui-là qui a découvert le secret, le véritable secret, le secret éternel et immuable de la sécurité, de la durée et du bonheur des empires. C'est celui-là qui la consolera de la perte de Montesquieu.»

Il est pourtant bien peu connu aujourd'hui, l'homme que Diderot prônait en ces termes emphatiques, si peu connu que tous les répertoires biographiques et bibliographiques sont tombés à son sujet dans les plus incroyables erreurs[1]. Né à Saumur le 10 mars 1719,

---

1. Les *Biographies* Michaud et Didot, qui le classent à *Mercier*, (nom sous lequel l'ont désigné tous ses contemporains), ne donnent ni ses prénoms, ni ses dates de naissance et de mort. Quérard *(France littéraire)* confond son état civil et une partie de ses ouvrages avec ceux de Pierre-François-Joachim-Henry Larivière, membre de la Convention et des Cinq Cents, dont il n'était pas même parent. M. F. Joubleau, qui a étudié, en 1858, dans un travail lu à l'Académie des sciences morales, les doctrines de l'économiste et son rôle aux colonies *(Notice sur P.-P. Lemercier de La Rivière*, Orléans, impr. Colas-Gardin, 1858,

fils d'un intendant de la généralité de Tours, Pierre-Paul Le Mercier de la Rivière de Saint-Médard, conseiller au Parlement de Paris en 1747, fut nommé dix ans plus tard, intendant des Iles-du-Vent (Martinique). Pour faire face aux embarras financiers de la colonie, il n'hésita pas à emprunter en son nom plus de deux millions de livres et reçut en remboursement plus de cent mille écus en contrats de rente sur les États de Bretagne, qu'il dut négocier avec une perte d'environ quarante mille livres. Après la prise de la Martinique par les Anglais (1760), il revint en France et fut chargé de l'intendance de l'armée navale lors du projet, bientôt abandonné, d'une descente en Angleterre. Rappelé à la Martinique rendue à la France par le traité de Paris, il dut recourir aux mêmes moyens d'emprunt ; mais, cette fois, il fut intégralement remboursé de ses avances, montant à près de quatre cent mille livres. Il est vrai que, l'année suivante, on le révo-

in-8º, 68 p.), n'avait pas, en consultant les archives du Ministère de la Marine, alors, il est vrai, à peine classées, recueilli les renseignements précis que M. Deschard, auteur d'une *Notice sur l'organisation du corps des commissaires de la marine française depuis l'origine jusqu'à nos jours*, a consignés dans la *Revue maritime et coloniale* (1879). C'est à M. Deschard que j'emprunte, en les résumant, les faits et les dates qui permettent enfin de reconstituer la carrière d'un homme trop longtemps méconnu.

M. Ch. de Larivière a publié, en 1897, dans la *Revue d'Histoire littéraire de la France*, une étude sur *Mercier* (sic) *de la Rivière à Saint-Pétersbourg, en 1767, d'après de nouveaux documents*, où il a surtout fait usage des correspondances de nos agents diplomatiques et de divers passages empruntés aux publications russes, mais il n'a donné aucun détail biographique sur l'économiste.

qua, sous prétexte qu'il avait favorisé le commerce étranger, accusation dont on reconnut plus tard la fausseté.

Le Mercier de la Rivière se rattachait au groupe des physiocrates, dont Quesnay était le chef, et il s'inspira des doctrines courantes au club de l'Entresol, pour écrire un traité pompeusement intitulé *De l'Ordre naturel et essentiel des sociétés politiques*, dont le manuscrit, refusé d'abord par le censeur officiel à qui il avait été soumis, fut secrètement confié à Diderot par M. de Sartine. Ce n'était pas la première fois que Diderot acceptait de semblables missions : on sait que ce fut lui qui pria le magistrat de laisser imprimer *l'Homme dangereux* de Palissot. Après avoir examiné *l'Ordre naturel*, Diderot se prononça nettement pour la publication, bien que le système de l'auteur fût en désaccord avec ceux que Galiani avait mis en faveur chez d'Holbach. La Rivière, si l'on en croit Diderot, ignorait le nom de son généreux auxiliaire, lorsque l'envoyé de Russie en Espagne, M. de Stackelberg, manifesta, en passant à Paris, le désir de conférer avec quelqu'un à qui le régime colonial fût familier. Diderot signala Le Mercier de la Rivière à Dimitri Galitzin, et il s'ensuivit plusieurs entretiens dans lesquels l'ancien intendant de la Martinique fit preuve des connaissances les plus pratiques. La Rivière fut-il réellement autorisé par Catherine II à venir appliquer ses principes en Russie, ou son départ pour cet empire naquit-il simplement d'un complot amical entre Diderot et Galitzin, tout fiers du cadeau qu'ils allaient faire à la souveraine ? Il serait difficile de le déterminer aujourd'hui, parce que, ainsi qu'il arrive en pareil cas, chacun entendit dégager sa responsabilité après l'échec de La Rivière. Je n'ai point retrouvé aux Archives de l'État à Moscou, dans la correspondance de Galitzin, la preuve de l'invitation officielle qui aurait été adressée à l'économiste ; en revanche, j'y ai noté un blâme assez vif du prince Alexandre Galitzin, vice-chancelier, à son cousin l'ambassadeur de France, pour avoir avancé, de son chef, douze mille livres à La Rivière. De plus, le futur réformateur toucha quelque argent à Dantzig, « en sorte, écrivait le vice-chancelier, qu'étant en chemin, il coûte au delà de quatre mille roubles, sans qu'on sache de quelle utilité il pourra être » ; puis, au lieu d'arriver à Saint-Pétersbourg au moment où fonctionnait encore la fameuse commission chargée d'élaborer le code de l'Empire, La Rivière s'arrêta un mois à Berlin, quinze jours à Riga, et ne mit le pied dans la capitale qu'au mois d'octobre 1767, pendant un séjour prolongé de l'impératrice à Moscou. Il s'y était fait précéder d'un adjoint nommé Boutrou, et d'un secrétaire nommé Borderies, auxquels, suivant les ordres de Catherine, on avait fait l'accueil le plus favorable. Malgré les chaleureuses lettres de recommandation de Diderot et de Dimitri Galitzin, en faveur de La Rivière, dont ses « précurseurs » avaient donné connaissance au chargé d'affaires de France avant de les remettre au comte Panin, le malentendu alla toujours s'accentuant depuis l'arrivée de l'économiste français jusqu'à son départ. Tout d'abord, au lieu de trouver le palais dont on l'avait leurré, il dut descendre à l'auberge. A ses plaintes, Panin répondit par l'offre de mille roubles pour son ameublement, et de trois cents roubles par mois pour son entretien, et, comme La Rivière menaçait de repartir, Panin réussit à le faire patienter jusqu'au retour de l'impératrice. Tandis qu'il occupait ses loisirs à préparer une analyse de son livre, ou qu'il envoyait un mémoire anonyme au concours ouvert par la Société économique de Saint-Pétersbourg, Diderot ne se lassait pas de soutenir son candidat aux faveurs impériales. « Montesquieu a connu les maladies, écrivait-il à Falconet; celui-ci a indiqué les remèdes. » En vain, avec une vigilance et une animosité infatigables, le statuaire le tenait-il au courant de toutes les maladresses de La Rivière et des commérages auxquels sa vie privée donnait lieu, Diderot perçait à jour ses propos envenimés et combattait pied à pied les arguments du vindicatif artiste. Il ne pouvait se résoudre, notamment, à admettre que La Rivière eût dit : « Un homme comme moi... Il faut être bien sot pour ne pas m'entendre... », etc., ni qu'il eût invité l'impératrice à ne rien faire sans le consulter au préalable.

Plus tard, soit que Diderot eût changé d'avis, soit qu'il voulût faire sa cour à Catherine, en lui rappelant les propos qui l'avaient tantôt irritée et tantôt amusée, il évoquait le souvenir de La Rivière, au début d'un article sur la capitale, en promettant de ne pas l'imiter, et cette précaution oratoire était d'autant plus nécessaire, qu'il allait précisément tomber dans le même travers en proposant à Catherine une foule de réformes, dont une bonne partie au moins n'était applicable ni à la Russie, ni aux conjonctures qu'elle traversait.

Catherine accorda enfin l'entrevue depuis si longtemps promise, et le résultat ne fut nullement favorable aux visées de La Rivière. Ni la souveraine, ni ses conseillers les plus clairvoyants ne se souciaient de laisser un étranger pénétrer les rouages du *tchin* naissant, et de leur côté, comme l'écrivait Rossignol[1] au duc de Choiseul, les membres de la commission des lois craignaient qu'il ne vît de trop près en cette matière, ou qu'il ne les appréciât à leur juste valeur. « La manière dont M. de La Rivière et ses associés ont quitté la France a été un peu légère, répondait le ministre, mais la conduite qu'ils ont tenue en Russie est irréprochable. Leur exemple devrait servir de leçon à ceux qui ont la manie de s'expatrier. » La Rivière avait, à la suite de l'audience

1. Consul général de France à Saint-Pétersbourg de mars 1764 à août 1770.

impériale, reçu une indemnité de cent mille roubles, et quitté furtivement Pétersbourg, sans même prendre congé du vice-chancelier Alex. Galitzin, qui se plaignit amèrement à son cousin de ce manque d'égards. Le 5 juin 1768, il était de retour à Paris [1].

Si Catherine s'était contentée d'applaudir, sur le petit théâtre de l'Ermitage une bouffonnerie attribuée à M. de Cobentzel, ambassadeur d'Autriche (*Gros-Jean ou la Régimanie,*) où se démenaient, pour la plus grande joie des assistants, M. de la Régimanie, son secrétaire Griffonnet, son valet La Famine, sa maîtresse madame Bombance (allusion évidente au nom de madame Baurans), aux prises avec trois douaniers, Grippe-Tout, Sans-Raison et Force-Ballot, il n'y aurait

---

1. Revenu en France, il reprit sa place de conseiller de grand'chambre, jusqu'au coup d'État de Maupeou, auquel il refusa énergiquement de s'associer. Nommé par Turgot, lors de son court passage au ministère de la marine, et maintenu par son successeur Sartine au poste d'ordonnateur du Cap, il se rendit à Saint-Domingue pour préparer les éléments d'un code de cette colonie ; puis il remplit les fonctions de commissaire général des ports et arsenaux, et d'inspecteur de tous les quartiers des classes du royaume. Ses pensions, portées sous l'ancien régime à six mille livres, avec gratification annuelle de quatre mille livres, à partir de 1781, furent réduites par l'Assemblée législative à quatre mille sept cent cinquante francs, et sous le Directoire, à mille six cent cinquante-trois fr. 32 c.

Marié à Suzanne-Charlotte Deselvois (dont il eut un fils, Paul-Jean-François, mort commissaire général à Saint-Domingue), Le Mercier de La Rivière, devenu veuf en 1772, épousa seulement en 1800 Marie-Anne-Élisabeth Estève, veuve Baurans, née le 28 février 1731, qui l'avait jadis accompagné en Russie en même temps que sa femme. Il mourut le 27 novembre 1801 à Grigny (Seine-et-Oise).

De tous les ouvrages que lui attribue Quérard, par suite

eu que demi-mal, mais elle tira de la malencontreuse équipée de La Rivière une vengeance autrement éclatante le jour où elle écrivait à Voltaire ces mots qui de Ferney firent rapidement le tour de l'Europe : « Il nous supposait marcher à quatre pattes, et très poliment, il s'était donné la peine de venir de la Martinique, pour nous dresser sur nos pieds de derrière. »

Catherine n'entendait pas raillerie sur ce point. On en eut de nouveau la preuve quand parut le *Voyage en Sibérie*, de l'abbé Chappe d'Autroche. Chargé par notre Académie des sciences d'observer le passage de Vénus sur le méridien de Tobolsk, et même gratifié par l'impératrice Elisabeth, durant son séjour à Saint-Pétersbourg, d'une somme de mille roubles, Chappe avait joint à la relation scientifique de son expédition une foule de remarques et de réflexions, plus ou

---

de la confusion dont j'ai parlé plus haut, on ne doit porter à son actif, outre son traité *De l'Ordre essentiel et naturel...*, que les trois suivants :

L'Intérêt général de l'État ou la Liberté du commerce du blé, avec la réfutation d'un nouveau système publié en forme de dialogues sur le commerce du blé. Amsterdam et Paris, 1770, in-12. Réfutation du *Dialogue sur les blés*, de Galiani, qui envoya de Naples à madame d'Épinay une réplique burlesque intitulée : *La Bagarre*, dont le manuscrit s'est, jusqu'à présent, dérobé à toutes les recherches ;

De l'instruction publique ou Considérations morales et politiques sur la nécessité, la nature et la source de cette instruction. Stockholm et Paris, Didot l'aîné, 1775, in-8° ;

Lettre sur les économistes. S. l. n. d. (1787), in-12. Réimp. dans le Dictionnaire d'économie politique de l'*Encyclopédie méthodique* au mot « Économie politique ». Cette réimpression textuelle est néanmoins signée Grivel, bien que celui-ci n'y ait fourni que deux lignes d'avertissement.

moins oiseuses et superficielles, sur le sol, les mœurs et les coutumes du pays qu'il traversait en chaise de poste ou en traîneau. Catherine vit dans ces remarques communiquées, dit-on, à l'abbé, par le baron de Breteuil, le marquis de l'Hôpital et un ambassadeur suédois, l'influence personnelle de Choiseul; elle en conçut une vive irritation, que partagèrent ou excitèrent ses familiers et nommément Falconet. Tout en assurant au statuaire qu'elle « méprisait l'abbé Chappe et son livre », elle songeait à le réfuter. Telle fut l'origine du fameux *Antidote* ou *Examen d'un mauvais livre superbement imprimé, intitulé...* [suit en entier le titre interminable du livre de Chappe[1], apostillé de cette note : « Voilà bien des choses pour un homme qui a couru la poste de Paris jusqu'à Tobolsk, mais passons outre. »]

Le dernier historien de Catherine en France,

1. L'édition originale du *Voyage en Sibérie* de l'abbé Chappe (de Bure, 1768, 3 vol. in-4° et un atlas), ornée de fort belles estampes, par ou d'après Moreau le Jeune, Le Prince et Caresme, a fait l'objet d'un abrégé publié à Amsterdam chez Marc-Michel Rey (1769-1770) avec quelques-unes des figures réduites de l'édition in-4°.
L'*Antidote* a eu deux éditions distinctes, devenues toutes deux fort rares : la première forme deux parties in-8° ayant chacune 15 et 232 pages. Le faux titre (il n'y a pas de titre), portant: *Antidote*, 1770, est orné, si l'on peut dire, d'un très médiocre fleuron, représentant Hercule posant le pied sur un adversaire, étendu à terre, les cheveux dénoués, et près duquel est jeté un masque. On lit à la dernière page du tome II : « La troisième partie, qui sera la plus intéressante, paraîtra dans le courant de 1771. » Elle n'a jamais été publiée.
Le titre de la seconde édition (Amsterdam, chez Marc-Michel

M. K. Waliszewski, tient pour authentique cette diatribe, dont on aurait retrouvé quelques fragments autographes[1]. Que Catherine en ait tracé le plan et inspiré l'esprit, cela ne paraît pas douteux, et plus d'une page même porte son empreinte, mais elle a eu certainement un collaborateur, ou, tout au moins, un « teinturier ».—Falconet, qui se récusait d'ailleurs pour une pareille tâche, proposait le médecin Girard, qui ne fut pas agréé, et un avocat français, attaché à la commission des lois nommé Charlot ou Charlos de Villers, dont la coopération serait plus vraisemblable. Quant à la princesse Dachkof, alors disgraciée et voyageant au loin, il ne saurait être question d'elle en

Rey, MDCCLXXI) reproduit en entier, comme je viens de le dire, celui de l'ouvrage réfuté et le faux titre porte en plus : *Antidote, Première* [seconde] *partie ou tome cinquième* [sixième] *du Voyage en Sibérie*. La première partie comporte 272 p. et la seconde 296 p. La note annonçant la troisième partie y est reproduite.

Le *Voyage* de l'abbé Chappe a provoqué une seconde réfutation beaucoup plus courte, mais non moins vive : c'est la *Lettre d'un Scythe franc et loyal à M. Rousseau, de Bouillon, auteur du Journal Encyclopédique*. Amsterdam et Paris, chez les libraires qui vendent des nouveautés, 1771, in-8°, 65 p. Cette *Lettre* est datée de Pétersbourg, le 1er janvier 1771.

1. *Le Roman d'une Impératrice* (E. Plon, Nourrit et Cie, 1893, in-8°) *Autour d'un trône* (ibid., 1894, in-8°). C'est dans le premier de ces livres que M. Waliszewski émet cette opinion à laquelle un billet non signé, adressé par Catherine à un destinataire inconnu (*Revue des autographes* de madame veuve G. Charavay, n° 183, déc. 1895, n° 46) donnerait quelque créance : « Faites tomber ce livre, écrit-elle de Pétersbourg, le 23 novembre 1770, entre les mains du prince [de Kaunitz], mais gardez-vous bien de dire que j'y ai part. Vous connaissez la première partie; la seconde vaut mieux. »

pareil cas, et le texte original de ses *Mémoires* prouve d'ailleurs qu'elle eût été en droit de demander et non de rendre un service de même nature[1]. Les erreurs et les ridicules de l'abbé Chappe faisaient après tout facile et piquante la tâche de ses contradicteurs; mais l'impératrice dut recourir à d'autres armes, pour empêcher la divulgation d'un livre où son honneur de femme et de souveraine était mis en péril.

1. Ce texte, intitulé *Mon Histoire*, a été publié d'après le manuscrit autographe par M. P. Bartenef dans les *Archives Woronzof* dont il forme le tome XXI. (Moscou, 1881, in-8º). Jusqu'alors on ne connaissait les *Mémoires* de la princesse que par la traduction ou adaptation de miss Bradford (London, 1840, 2 vol. in-8º), traduite elle-même en allemand par A. Herzen (Hambourg, 1857, in-8º) et en français par Alfred des Essarts, sur la version anglaise (tomes IX-XII de la *Bibliothèque russe et polonaise* éditée par la librairie Franck [1859]).

III

LES INDISCRÉTIONS DE RULHIÈRE.

La révolution de caserne et de palais qui, en juin 1762, avait substitué Catherine à Pierre III sur le trône impérial de Russie, ne fut d'abord connue en France que par quelques extraits de dépêches rédigés dans les bureaux des Affaires étrangères et communiqués à l'antique *Gazette* de Renaudot dont le privilège avait, depuis le 1er janvier de la même année, fait retour au ministère. Un peu plus tard, deux pamphlets sans grande valeur, les *Mémoires pour servir à l'histoire de Pierre III* d'Ange Goudar (Francfort, 1763, in-12) et les *Anecdotes russes ou Lettre d'un officier allemand à un gentilhomme livonien*, par Schwan de la Marche (Londres, 1764, in-8°) laissèrent entrevoir la vérité sur le sort du tsar, tout en se contredisant sur le détail des incidents qui avaient précédé sa fin. Voltaire avait bien, il est vrai, au chapitre xxxii du *Précis du règne de Louis XV* (1768), résumé à sa manière cette crise en une demi-page : selon lui, Pierre III, « poursuivi, pris et mis en prison, ne se consola qu'en buvant du punch pendant huit jours de suite, au bout desquels il mourut ». C'était là la version officielle dont personne n'était dupe, et Voltaire moins que tout le monde, surtout si l'on rapproche de cette explication un passage fameux d'une de ses lettres à madame Du Deffand : « Je sais bien qu'on lui reproche quelques bagatelles au sujet de son mari ; mais ce sont des affaires de famille dont je ne me mêle pas, et d'ailleurs il n'est pas mal qu'on ait une faute à réparer. Cela engage à faire de grands efforts pour forcer le public à l'estime et à l'admiration, et assurément son vilain mari n'aurait fait aucune des grandes choses que ma Catherine fait tous les jours. » (18 mai 1767.)

Malgré l'absolution dont Voltaire la gratifiait *urbi et orbi*, à la grande indignation de madame de Choiseul[1], l'impératrice redoutait fort que la lumière

---

1. Voir dans la *Correspondance inédite de madame Du Deffand*, publiée par M. le marquis de Sainte-Aulaire (Michel Lévy, 1859) la longue lettre datée du 14 juin 1767 dans laquelle madame de Choiseul épanche un peu verbeusement son indignation. Deux ans plus tard, en remerciant le typographe Guillemet (Voltaire lui-même) qui lui avait annoncé le prochain envoi de la *Canonisation de saint Cucufin*, elle osait aborder de nouveau ce sujet délicat, mais sous une forme plaisante : « On parle donc de moi, monsieur Guillemet, dans votre boutique? Vraiment j'en suis ravie ; je suis bien aise qu'on en dise du bien ; je suis bien aise surtout

se fît trop promptement sur le dénouement dramatique dont la cabane isolée de Ropscha gardait le secret; et, s'il était hors de son pouvoir d'empêcher les agents diplomatiques étrangers de divulguer la vérité à leurs cours respectives, elle entendait s'opposer à tout prix à ce que l'Europe entière fût mise, dans le secret de leurs confidences.

Au moment de la mort de Pierre III, la France avait pour représentant à Saint-Pétersbourg le baron de Breteuil. Par un sentiment de prudence ou de pusillanimité qu'une lettre de Louis XV lui reproche fort durement[1], Breteuil, averti de l'imminence d'un coup d'État, avait gagné Varsovie, confiant le soin de gérer l'ambassade à son chancelier Béranger et à un jeune attaché, M. de Rulhière. D'abord officier

---

que vous me le redisiez, car bien que je sois grand'mère [allusion à la plaisanterie qui faisait de madame Du Deffand la petite-fille de madame de Choiseul] j'aime encore les douceurs et pourquoi ne m'en diriez-vous pas, monsieur Guillemet? Vous débitez (?) bien celles que l'on dit à Cattau (Catherine II) et je vaus bien Cattau, je pense, moi qui n'ai point étranglé mon mari, moi qui n'ai point détrôné mon souverain, moi qui serais si éloignée de voler le bien de mon fils! » — La lettre de Voltaire datée de Lyon, 2 février 1769, figure dans l'édition Moland, tome XLVI, n° 7469; celle de madame de Choiseul, écrite de Thugny (près Rethel, terre patrimoniale des Crozat) le 9 février 1769, n'est connue que par cet extrait du catalogue de la vente Lajariette (1860).

1. Le texte de cette lettre, citée par MM. de Flassan, Boutaric, de Broglie et Albert Vandal, a été reproduit intégralement pour la première fois, par M. Alfred Rambaud d'après deux manuscrits des Affaires étrangères au tome II du *Recueil des Instructions données aux ambassadeurs et ministres de France* (Alcan-Lévy), publié sous les auspices du Ministère des Affaires étrangères.

des gendarmes du roi, Claude-Carloman de Rulhière avait quitté les armes pour la diplomatie et son premier protecteur, le maréchal de Richelieu, pour le baron de Breteuil, qu'il accompagna successivement en Russie, en Suède et en Autriche. A l'exception de son *Discours* en vers *sur les disputes* que Voltaire inséra, en l'apostillant de la manière la plus flatteuse, dans les *Questions sur l'Encyclopédie*, et de ses *Éclaircissements historiques sur les causes de la révocation de l'édit de Nantes* (1788), les autres œuvres de Rulhière sont toutes posthumes ; mais la réserve même à laquelle l'obligeaient des sujets tels que ceux qu'il avait choisis : les *Anecdotes* dont il va être question, l'*Histoire de l'anarchie de Pologne* ou encore ses *Anecdotes sur le maréchal de Richelieu*, servait à merveille sa renommée et, lorsque l'Académie française l'appela en 1787, au fauteuil de l'abbé de Boismont, Chastellux, chargé de le recevoir, ne lui dissimula pas qu'il devait cet honneur moins à ce qu'il avait donné qu'à ce qu'il promettait, en le félicitant d'avoir « retrouvé la plume de Tacite au delà des lieux où celle d'Ovide s'arrêtait entre ses doigts glacés ».

C'est à la prière de la comtesse d'Egmont, fille du maréchal de Richelieu, que Rulhière avait écrit ses *Anecdotes sur la révolution de 1762*, et il suffit de les parcourir pour s'assurer qu'un récit et des portraits tracés avec tant de liberté n'étaient point de nature à circuler librement; mais, si Rulhière eut le bonheur rare de dérober ces pages à l'avidité des pourvoyeurs de Marc-Michel Rey, de Jean Nourse et de leurs émules, il ne savait pas se refuser au plaisir d'en donner lecture. Parfois même, si l'on en croyait Grimm, il n'avait guère égard au rang de ses auditeurs et, après avoir lu chez madame Geoffrin le passage fort scabreux relatif à la liaison de Stanislas Poniatowski et du chevalier Williams, ministre d'Angleterre en Russie, il lui serait arrivé d'aller quêter l'approbation du prince Adam Czartoryski, cousin germain du futur roi de Pologne ; ces inadvertances durent être rares, et Sainte-Beuve suspecte à bon droit la véracité de l'anecdote insérée par Grimm, le 1er avril 1770, dans sa *Correspondance littéraire* destinée à passer sous les yeux de l'impératrice. A cette date les négociations entamées par les ordres de Catherine pour obtenir communication et destruction du manuscrit de Rulhière avaient échoué depuis deux ans. Le fait en lui-même est avéré, mais les détails en ont été mal connus jusqu'à ce jour. Deux dépêches inédites, copiées par moi aux Archives d'État, à Moscou (fonds Galitzin), initieront le lecteur aux péripéties de cette comédie où Diderot, bon gré mal gré, dut jouer son rôle.

Ce fût lui, tout d'abord, qui prévint Falconet de l'origine et de l'existence des *Anecdotes* dont, comme tant d'autres, il avait entendu la lecture et sur lesquelles il avait donné son avis à l'auteur, en lui conseillant de les supprimer ; mais Rulhière s'était contenté d'affirmer que son dessein n'était point de les publier et alléguait pour sa défense l'opinion de madame Geoffrin, de d'Alembert et du duc de La Rochefoucauld, qui aurait résumé ainsi son jugement : « Ce n'est pas une belle confession, mais c'est une belle vie. »

« En effet, ajoutait Diderot, on y voit notre souveraine comme une maîtresse femme, comme *un gran cervello di principessa*, mais cet ouvrage ayant à paraître (car il ne faut pas compter sur la parole de Rulhière : soit vanité, soit étourderie, soit infidélité prétendue d'ami, l'ouvrage paraîtra), j'aimerais infiniment mieux qu'il parût de l'aveu que sans l'aveu de l'impératrice. Le point est de savoir comment il faudrait s'y prendre. Je suis là-dessus sans vue. L'affaire est délicate et très délicate. Premièrement, il est sans vraisemblance que Rulhière communique son manuscrit ; secondement, il y a des anecdotes qui, si elles sont vraies, n'ont pu se savoir que de l'indiscrétion de personnages importants et qui entourent peut-être la souveraine. Ce Rulhière ne demanderait pas mieux que d'aller prendre la place de Rossignol, et il irait à Saint-Pétersbourg »

Falconet transmit à l'impératrice, le 3 juin 1768, le texte de Diderot et la réponse qu'il se proposait de lui faire. Dès le lendemain, Catherine lui écrivait :

« Il est difficile qu'un secrétaire d'ambassade, à

moins que de deviner d'imagination, sache les choses au vrai, comme elles sont. Entre nous soit dit, je sais comme ils mentent tous les jours, plutôt que d'avouer leur ignorance à ceux par qui ils sont payés pour dire à tort et à travers ce qu'ils savent et ce qu'ils ne savent pas. Ainsi, d'avance, je parierais que l'ouvrage du sieur Rulhière ne vaut pas grand'chose, surtout parce que M. Diderot dit qu'il y a de la maîtresse femme et de la *cervello di principessa*. Or, dans cet événement, ce n'était point tout cela ; mais il s'agissait ou de périr avec un fou, ou de s'armer avec la multitude qui prétendait s'en délivrer. Or à cela il n'y avait de manigance que celle de la conduite du personnage, car, sans cette conduite, assurément, jamais il n'aurait rien pu lui arriver. Il faudrait tâcher d'acheter le manuscrit de Rulhière, et j'en ferai écrire à Khotinski [1]. »

Voici, en effet, le message que reçut celui-ci quelques semaines plus tard, et où, sous la signature du prince Alexandre Galitzin, vice-chancelier, il est facile de reconnaître la pensée, sinon la plume même, de l'impératrice.

[1]. Au mois de mai 1768, le prince Dimitri Galitzin, avait dû, non sans regret, se rendre à la Haye, pour y occuper le poste de ministre de Russie et céder la place à Nicolas-Constantinovich Khotinski, ancien secrétaire d'ambassade à Madrid, qui résida jusqu'en 1778 à Paris, avec le seul titre de chargé d'affaires.

« De Peterhof, le 24 juin 1768.

» Il m'est revenu depuis peu, monsieur, qu'un M. de Rulhière qui a été attaché comme écuyer au baron de Breteuil, lors de son ministère en Russie, a composé une relation de l'avènement de l'Impératrice au trône et qu'il se propose de la donner au public. Une production si tardive ne peut pas promettre à son auteur de grands avantages, ni du côté de la réputation, ni du côté de l'intérêt, et je me souviens d'ailleurs qu'il était trop peu répandu ici pour que cette pièce soit fidèle et exacte.

» Il aura sans doute suppléé de son propre fonds à tout ce qu'il n'aura pas su ni été dans le cas de savoir, et son ouvrage, certainement défectueux, ne passerait qu'à cet abri trompeur du séjour qu'il a fait en Russie dans les circonstances mêmes de l'événement. Sans m'embarrasser beaucoup de la sensation que ferait cette pièce, quand même l'esprit d'envie, passé du ministre mécontent de son ambassade en Suède à son écuyer, en aurait rédigé le style, je ne regarde point comme une prudence déplacée de prévenir l'impression d'un ouvrage aussi inutile. C'est la commission que je vous donne, monsieur, et voici la façon de la remplir.

» Vous vous ouvririez à M. Diderot sur cet avis que j'ai reçu et que je vous transmets. L'auteur est de sa connaissance. Vous l'engagerez à lui faire la proposition de vous céder son manuscrit au moyen d'une somme que vous lui payerez en dédommagement des profits qu'il en espère, et cette somme, je ne vous la fixe point : deux, trois, quatre cents ducats, plus ou moins, selon que vous sentirez les préténtions de l'auteur. Je vous dis de vous adresser à M. Diderot ; mais, dans le cas où M. de Rulhière vous serait à vous-même assez connu, vous êtes le maître de vous aboucher directement avec lui. Vous pouvez choisir celle des deux voies qui vous paraîtra la plus facile pour remplir votre objet et avec le moins de bruit qu'il sera possible. Vous ne montrerez point d'empressement extraordinaire, et surtout vous cacherez soigneusement que vous ayez eu d'ici le moindre ordre à ce sujet. Si, de façon ou d'autre, M. de Rulhière entend à vos propositions, en vous remettant son manuscrit, il y joindra une assurance d'honneur et signée de sa main qu'il n'en garde chez lui aucune copie et qu'il ne publiera jamais rien de pareil. Vous observerez de ne point envoyer cette pièce par la poste ; vous devez la garder chez vous jusqu'à ce que vous ayez une occasion sûre de me l'envoyer et pour la somme que vous aurez payée, vous tirerez aussi sur moi. J'attendrai de vos nouvelles, monsieur, sur l'exécution de cet ordre, et suis avec une sincère estime, etc.

» PRINCE A. GALITZIN. »

Khotinski se mit aussitôt en campagne, mais le résultat définitif ne fut nullement celui qu'attendait l'entourage de l'Impératrice; la dépêche suivante, dont les Archives de l'État possèdent le chiffre et la traduction, ne laissait aucun doute à cet égard.

« Compiègne, 3/14 août 1768.

» Après avoir reçu la lettre de Votre Excellence, en date du 24 juin, concernant l'ouvrage de M. de Rulhière, que je ne connaissais pas, je me suis adressé à M. Diderot, auquel j'ai communiqué la lettre de Votre Excellence. D'abord il s'est étonné de ce que j'avais été chargé de cette commission et par le canal de Votre Excellence. En m'expliquant qu'il avait écrit à ce sujet, à M. Falconet, il a objecté, à l'endroit où Votre Excellence me donnait le pouvoir d'offrir à l'auteur de l'argent jusqu'à une certaine somme, que cela n'était pas trop proposable, vu qu'il ne faisait pas métier d'écrire, qu'il était capitaine de dragons et que cent ou quatre cents ducats ne faisaient pas un objet pour lui ; qu'il avait trois mille livres de rente. A cette occasion, il me dit en passant que, dans le commencement, il avait estimé le sacrifice de l'ouvrage à vingt-quatre mille livres ; qu'au reste, il fallait tenter, et il me conseilla de m'engager personnellement en supposant que j'aurais entendu parler dans le public de son ouvrage qu'il me fît connaître en gros, et que, suivant le résultat de mon entrevue, nous prendrions des mesures ultérieures. Ne connaissant point l'auteur, et ne l'ayant vu qu'une seule fois, je savais encore moins sa demeure. M. Diderot se chargea de la découvrir et de m'en faire part. Depuis le 1er d'août jusqu'au 4, je n'en eus aucune nouvelle, ce qui m'engagea à lui écrire à ce sujet le même jour. Je n'en eus point de réponse, et, me rappelant enfin qu'il m'avait dit que Rulhière était attaché à la maison d'Egmont, je tentai, le 6, d'aller à la brune demander au suisse de ladite maison son logement qu'il m'indiqua. Le lendemain 7, je fus chez mon homme que je trouvai logé dans un quatrième peu décent [1]. Je me fis connaître, ainsi que le motif de ma visite, en lui proposant, s'il voulait, de me sacrifier son ouvrage et à quelles conditions ; il fit semblant de ne rien comprendre à ce véhicule, de sorte qu'il me força de prononcer le mot de vendre, dont il ne s'est point offensé. Il me demanda, à plusieurs reprises, si j'étais chargé de traiter avec lui de l'affaire ; et, comme je n'ai fait valoir que mon zèle, il me répondit, après de longs débats, qu'il ne pouvait pas prêter l'oreille à mes propositions, vu qu'il attendait de recevoir directement, sous peu de jours, une réponse positive là-dessus par Diderot, qui avait donné connaissance de l'ouvrage à l'impératrice ; que je lui parlais de sacrifier l'ouvrage, tandis que Diderot croit que Sa Majesté pourrait

---

1. Rue du Dauphin, dans un appartement que lui sous-louait Sophie Arnould, et où il mourut.

l'approuver ; qu'au surplus il n'en avait pas assez bonne opinion pour se flatter qu'elle daignât y faire attention. Je lui dis là-dessus que, quel qu'il soit, bon ou mauvais, il était de toute nécessité que l'impératrice le connaisse, soit pour le condamner tout à fait, soit pour consentir qu'il paraisse au jour. Il me dit qu'il ne l'avait pas composé pour le public, mais à la sollicitation des personnes auxquelles il était attaché, et pour s'épargner la peine de conter de mémoire cet événement si intéressant, comme il s'était déjà vu dans le cas de le faire. Et à mes autres objections qu'il m'a donné lieu de lui faire, d'après mes propres paroles, il me répondit que son manuscrit n'était jamais sorti de ses mains avant; qu'il ne l'avait lu qu'à quelques personnes de confiance, et qui avaient de l'indulgence pour l'écrivain; que, comme il avait refusé la complaisance à beaucoup d'autres, il prétend qu'on en conclut que l'ouvrage contenait des détails secrets ou trop hasardés, et que ce fut de crainte que ces faux bruits ne parvinssent aux oreilles des personnes qu'il connaissait être attachées à l'impératrice, comme madame Geoffrin, d'Alembert et Diderot, qu'il alla leur lire son ouvrage et qu'ils y trouvèrent un grand caractère dans la personne de Sa Majesté Impériale; qu'au reste, grande comme elle est et ayant par devers elle des actions qui immortalisent sa gloire, elle ne pouvait en général qu'être fort tranquille sur ses historiens ainsi que sur lui, si jamais il eut la vanité de se flatter que sa plume soit digne de transmettre à la postérité tous les grands faits dont l'univers retentit. Enfin il allégua maintes autres défaites également modestes.

» Je lui objectai à la fin que je ne pouvais pas m'empêcher de rendre compte à ma cour de la démarche que j'avais faite auprès de lui; qu'après avoir établi les motifs qui m'y ont engagé, j'avais à montrer le but que je m'étais promis d'atteindre, les tentatives que j'ai employées, les empêchements que j'ai rencontrés et que, pour être conséquent et constant dans ma manière de voir les choses, je devais indispensablement m'y tenir et indiquer les moyens qui restent pour aplanir les difficultés, ou proposer un nouvel expédient pour parvenir au but que j'ai envisagé; qu'après tout, l'impératrice pourrait voir la chose d'un autre œil que moi; que, dans ce cas, l'affaire resterait comme non avenue, mais que j'aurais toujours montré le zèle qui m'anime à remplir mon devoir dans toutes ses parties. Il convint de mes raisons et finit par me répéter très fermement qu'il fallait attendre la réponse qui devait arriver sous peu de jours par le canal de M. Diderot et qu'avant qu'elle vienne, il ne prendrait aucun parti à son insu; je me contentai de ce dernier indice qui me fit comprendre que le plus grand obstacle qui empêchait l'auteur d'écouter mes propositions pourrait être une délicatesse de procédés vis-à-vis de Diderot, et je crus qu'il consentirait à tout ce que celui-là lui conseillerait. Je vis le même soir, dans une maison tierce, Diderot qui me dit avoir cherché en vain à découvrir la demeure de notre homme ; je lui fis part que je l'avais vu et lui rendis en gros notre conversation en lui promettant les détails pour le lendemain. Il vint au rendez-vous que je lui ai donné et, après l'avoir instruit de tout, nous convînmes qu'il le presserait de me céder l'ouvrage. Nous allâmes donc chez ce dernier, et Diderot fit son possible pour le persuader de se rendre à mes propositions ; l'autre, pour s'en défendre, répéta de nouveau tout ce qu'il m'avait dit la veille sur le mérite de sa production. Ce qui me déplut à cette occasion, c'est que Diderot lâchait indiscrètement que, si son ouvrage n'était pas bon, il ne s'en embarrasserait pas, étant persuadé qu'il en serait comme de tant d'autres compilations des gazettes. Tout ceci finit par une déclaration que de Rulhière me fit qu'il ne me délivrerait pas l'ouvrage, à moins que je ne sois chargé de le lui demander de la part de l'impératrice.

» Diderot prononça que ce procédé de sa part était honnête, raisonnable, et que je devais en être content pour faire ma réponse. Je n'ai pas relevé cette imprudence, dans l'espérance qu'elle aurait échappé à de Rulhière, vu qu'immédiatement après, Diderot entama avec enthousiasme une conversation sur ce que l'on disait d'un petit écrit que l'auteur vient de finir pour être lu à l'Académie le jour de Saint-Louis. Il l'a vanté en tout jusqu'à lui adjuger le prix, mais en annon-

çant qu'il sera chassé du concours parce qu'il a
touché un peu de trop près à la religion [1]... »

» J'accompagnai M. Khotinski à la seconde visite, écrivait de son côté Diderot à Falconet, et je tâchai de réparer par beaucoup de gaieté le ridicule de la première. On n'a fait cette histoire que pour la curiosité de la comtesse d'Egmont. On n'a aucun dessein de la publier, on en fera lecture à M. Khotinski, afin qu'il en juge par lui-même, et on n'a nulle répugnance à en faire passer une copie à Pétersbourg, pour peu que Sa Majesté Impériale en marque l'envie ; ce qu'on n'ose présumer, car nous sommes surtout modestes. Voilà le résultat de cette affaire que M. de Rulhière traduit comme il lui plaît. »

Répondant par le même courrier (6 septembre 1768) à une question du sculpteur, Diderot lui disait encore :

« Pourquoi je vous ai chargé de l'affaire, et non le général Betzki ? C'est que les lettres que je vous écris sont moins sujettes à être ouvertes que celles que je lui écrirais. C'est que j'ai pensé à en écrire directement à Sa Majesté Impériale ; c'est que, puisqu'il devait y avoir un intermédiaire, j'ai mieux

1. Il s'agit du *Discours* en vers sur *les Disputes* que l'Académie dut écarter « malgré tout son mérite », parce qu'il contenait des réflexions et des détails que sa prudence ne lui permettait pas d'appuyer (*Mémoires secrets*, dits de Bachaumont, 25 août 1768).

aimé que vous le fussiez que personne. C'est que c'était une affaire à traiter de littérateur à littérateur, et non de littérateur à ministre. C'est qu'on a tout gâté et que je me doutais qu'il en serait ainsi. L'argent s'accepte ou se refuse selon l'homme qui le propose. »

Il n'est plus question dès lors de Rulhière et de son manuscrit dans les lettres de Diderot à Falconet; un passage des *Mémoires* de la princesse Daschkof prouve que le philosophe ne perdait pas l'affaire de vue et comprenait les dangers d'une indiscrétion toujours éventuelle. Mécontente des procédés de l'impératrice à son égard, et soucieuse peut-être de faire oublier la part effective qu'elle avait prise au coup d'État de 1762, la princesse entreprit un long voyage à travers l'Europe et fit à Paris, en 1770, un premier séjour durant lequel elle ferma sa porte à tout le monde, sauf à Diderot. Rulhière voulut précisément un jour forcer la consigne; mais le philosophe s'y opposa et, pour justifier son insistance sur ce point, révéla l'existence des *Anecdotes* à la princesse et lui remontra qu'en refusant de voir l'auteur, elle contribuerait à les discréditer. La princesse suivit alors son conseil; de plus, et toujours d'après elle, Diderot aurait, après son départ, écrit à l'impératrice que ce refus enlevait au travail de Rulhière une authenticité que « dix Voltaire et quinze misérables Diderot n'auraient pu détruire ». Cette lettre ne nous est pas connue, et Catherine n'y fait aucune allusion dans sa correspondance avec Falconet ; mais ni sa curiosité, ni sa rancune n'étaient encore assouvies et se traduisirent, l'année suivante, par un retour offensif.

Rulhière, qui avait déposé entre les mains de Choiseul une copie de son manuscrit, — copie dont Voltaire en 1768 sollicitait la communication sans l'obtenir, — s'était vu attribuer, à défaut du consulat de Saint-Pétersbourg, la mission d'écrire pour l'instruction du Dauphin (Louis XVI) l'histoire du partage de la Pologne et gratifier de ce chef de six mille livres de pension ; cet emploi lui fut enlevé lors de la disgrâce de son protecteur. A quelque temps de là, le comte de Provence témoigna le désir d'entendre la lecture des *Anecdotes*, et Rulhière se départit, cette fois, de sa réserve. Mandé aussitôt chez le duc d'Aiguillon et sommé de lui livrer la fameuse pièce, menacé même de la Bastille, il en référa à Monsieur, qui le pourvut d'un brevet de secrétaire ordinaire, et le prit officiellement sous sa protection, lors d'une nouvelle tentative comminatoire de Sartine auprès de l'auteur.

> Et lorsque j'ai perdu Mécène,
> J'ai retrouvé Germanicus,

disait Rulhière à la fin d'une longue *Épître* à Chamfort *sur le renversement de sa fortune*. Ses tribulations étaient en effet finies. Après avoir ajouté aux

Anecdotes, une sorte de post-face, datée du 25 août 1773, où il résumait et réfutait les diverses critiques que ses auditeurs lui avaient adressées, il put se consacrer en paix à des travaux de plus longue haleine. Quand il mourut presque subitement, le 30 janvier 1792, ses papiers furent, dit-on, saisis, par ordre de la municipalité de Paris, peut-être pour s'assurer s'il laissait quelques fragments d'une histoire de la Révolution que la cour l'aurait chargé d'écrire. Mais la uriosité publique, un moment éveillée, oublia bien vite la mesure extraordinaire qui avait suivi sa mort, et Catherine elle-même, informée par Grimm de la fin de Rulhière, lui répondit qu'elle n'avait « presque pas attiré son attention ».

Rulhière ne s'était engagé qu'à garder par devers lui les *Anecdotes* tant qu'il vivrait. Soit par prudence, soit plutôt en raison des circonstances, ses héritiers attendirent que l'impératrice eût elle-même disparu pour les mettre au jour. Elles ne furent donc publiées qu'en 1797. Attaquées par Richer-Serisy en termes déclamatoires[1], réfutées sur quelques détails par Fortia de Piles[2], ces révélations tardives ne produisirent pas, on peut le croire, grande sensa-

---

1. Dans une lettre publiée à la suite de la traduction par P.-F. Henry du *Voyage en Norwège, en Danemark et en Russie*, de Swinton (Paris, 1797, 2 vol. in-8º.)

2. *Examen de trois ouvrages sur la Russie* (1802, in-12 ; nouvelle édition avec le nom de l'auteur, 1817, in-8º).

tion; mais si, après le meurtre de Gustave III et l'exécution de Louis XVI, l'Europe n'en était plus à apprendre comment un parti se débarrasse d'un souverain, les lettrés contemporains sentirent et leurs descendants goûtent encore aujourd'hui le charme d'un de ces récits où excelle la prose française et dont l'*Histoire de Charles XII* avait fourni à Rulhière le type et le modèle.

IV

DIDEROT ET LA PREMIÈRE GALERIE DE L'ERMITAGE

L'éclatant insuccès de La Rivière et la résistance inébranlable de Rulhière aux volontés de l'impératrice prouvaient clairement à Diderot que ni l'économie politique, ni la diplomatie ne lui offriraient l'occasion de donner à sa bienfaitrice des gages sérieux de sa reconnaissance. En revanche, s'il n'avait tenu qu'à lui, une bonne part des richesses dont la France regorgeait alors eût pris le chemin de la Bibliothèque, encore embryonnaire, de l'Académie des sciences et de la galerie naissante de l'Ermitage et il n'est presque pas une de ses lettres à Falconet qui ne contienne à ce sujet quelque proposition nouvelle. Tantôt c'était la série entière des planches gravées par Jacques-Philippe Le Bas et son équipe, d'après les maîtres flamands et hollandais, dont leur propriétaire offrait de céder les cuivres, en y joignant par surcroît ceux des *Ports de France* de Vernet, pour lesquels Cochin avait été son collaborateur; tantôt Diderot « couchait en joue » la collection d'estampes anciennes du « bonhomme » Cayeux, qui, à ses belles propositions, opposait un argument sans réplique : « Monsieur, lui disait-il, je ne mets point de prix à mon bonheur. Quand vous auriez rempli ma chambre de louis, il n'y en aurait toujours qu'un. Celui-là vu, j'aurais vu tous les autres, au lieu que sur mes soixante mille estampes, il n'y en a pas deux qui se ressemblent[1]. » Tantôt il chargeait, sans plus de succès, Falconet d'intervenir auprès de Betzki pour l'acquisition en bloc des livres précieux dont Lauraguais se défit en 1770, de la bibliothèque et du cabinet de Gaignat, de la galerie exclusivement composée de maîtres français qu'avait formée M. de La Live de Jully, beau-frère de madame d'Épinay. La cour de Russie cependant lui accorda quelques subsides et il les dépensa de son mieux, soit

---

[1]. Lettres à Falconet (mai 1767), *OEuvres complètes* de Diderot, tome XVIII p. 249. Philippe Cayeux, « officier de l'Académie de Saint-Luc », mais moins connu comme ornemaniste que comme curieux, n'avait plus que deux ans à vivre quand il tint ce propos caractéristique, car il mourut à Paris le 5 juillet 1769, âgé de quatre-vingt-un ans, et son cabinet fut dispersé six mois plus tard. M. V. Advielle, auteur d'une notice sur cet artiste et ses homonymes (*Réunion des Sociétés des Beaux-Arts des départements*, 19e session, 1895), a extrait de l'exemplaire du catalogue de Cayeux appartenant au Cabinet des Estampes, d'intéressants détails sur cette collection d'élite; mais il n'a pas cité la réponse pleine de bon sens et de fierté du vieil amateur.

à la vente Gaignat où il conquit un Murillo, trois Gérard Dou, un J.-B. Vanloo[1], soit dans les ateliers, d'artistes amis, Michel Vanloo, de Machy, Vien, Casanova, dont les envois ne provoquaient pas, de la part de Falconet, les éloges chaleureux que Diderot leur décernait. Il fut plus heureux, ou mieux servi par les circonstances, lorsqu'il entra en pourparlers avec les héritiers du baron de Thiers.

De toutes les collections formées à Paris au commencement du xviiie siècle, aucune ne fut plus importante, à tous égards, que celle de Pierre Crozat. Née, non d'un caprice de parvenu, mais d'une volonté qui n'a jamais connu de défaillance, et sans cesse accrue durant près d'un demi-siècle, cette galerie comportait, au moment du décès de son créateur, plusieurs centaines de tableaux, dix-neuf mille dessins de maîtres, quatorze cents pierres gravées, des marbres et des bronzes antiques ou de la Renaissance, et jusqu'à des faïences d'Urbino. — Pierre Crozat, mort sans postérité directe, avait fait de ses richesses plusieurs parts distinctes et chargé son vieil ami et conseiller Mariette d'exécuter ses volontés suprêmes. Fidèle à ce mandat, Mariette rédigea le catalogue des dessins qui furent vendus en 1741, ainsi qu'une

---

1. *Le Repos en Égypte*, de Murillo; deux *Baigneuses* et *Un Baigneur*, de Gérard Dou, et *Le Triomphe de Galathée*, de J.-B. Vanloo, figurent encore aujourd'hui à l'Ermitage sous les n°s 367 des écoles italienne et espagnole, 910-912 de l'école néerlandaise et 1480 de l'école française.

description sommaire des pierres gravées. Les dessins allèrent enrichir, au hasard des enchères, les principaux cabinets de l'Europe, et bon nombre d'entre eux, après avoir appartenu à Mariette lui-même, sont aujourd'hui au Louvre. Les pierres gravées, acquises en bloc par le duc d'Orléans, moyennant soixante-sept mille livres, demeurèrent au Palais-Royal jusqu'en 1787, date où un marché conclu par Grimm les fit passer à Saint-Pétersbourg[1].

Après avoir ainsi rempli les vœux du testateur, son neveu, Louis-François Crozat, marquis du Châtel, prit possession des tableaux et des curiosités que Pierre Crozat n'avait point compris dans ses largesses posthumes, car le produit de deux ventes avait été affecté au soulagement des pauvres. Il vint en même temps habiter le somptueux hôtel bâti par Cartaud à l'extrémité de la rue de Richelieu, dont pas un vestige ne subsiste aujourd'hui, mais dont Mariette nous a laissé une description maintes fois citée. Louis-François Crozat mourut à son tour en 1750 et ses collections furent partagées en trois lots. Le premier se vendit

---

[1]. Et non en Angleterre, comme l'avance Clément de Ris dans les Amateurs d'autrefois, confondant la vente des pierres gravées avec celle des tableaux de la galerie d'Orléans, qui eut lieu effectivement en 1792. J'ai retrouvé aux Archives Nationales et publié dans la dernière édition de la *Correspondance littéraire* de Grimm (t. I, p. 8-10) le texte de la convention passée entre Grimm et Geoffroy de Limon, contrôleur général des finances du duc d'Orléans, pour l'acquisition des pierres gravées par Catherine II.

publiquement en juin 1750 et en décembre 1751 [1]; le second, moins important, fut attribué à Louise-Honorine Crozat du Châtel et figura dans ses apports dotaux lorsqu'elle épousa le futur duc de Choiseul (1750); Louis-Antoine Crozat, baron de Thiers, maître des requêtes aux conseils du Roi, hérita de la dernière part, la plus considérable des trois [2], et l'installa dans son hôtel de la place Vendôme. Lorsqu'il mourut en 1770, il laissait trois filles : l'une mariée au marquis de Béthune, colonel général de cavalerie, l'autre à Victor-

---

[1]. *Description sommaire des statues, figures, bustes, vases et autres morceaux de sculpture, tant en bronze qu'en marbre et des moules en terre cuite, porcelaine et faïences d'Urbin, provenant du cabinet de M. Crozat* (vente le 14 décembre 1750 et jours suivants), in-8°; préface et notes de P.-J. Mariette. — *Catalogue des tableaux et sculptures, tant en bronze qu'en marbre, du cabinet de M. le président de Tugny et de celui de M. Crozat dont la vente se fera au milieu du mois de juin 1751, en l'hôtel où est décédé M. le président de Tugny, place de Louis-le-Grand.* Paris, L.-Fr. Delatour, 1751, in-8°. Joseph-Antoine Crozat, marquis de Tugny, second fils d'Antoine Crozat, fut président aux enquêtes du Parlement de Paris. Né à Toulouse en 1699, il mourut à Paris en 1750.

[2]. On en peut juger en lisant le *Catalogue des tableaux du cabinet de M. Crozat, baron de Thiers* (Paris De Bure l'aîné, 1755, in-8, 96 p.), qui se distribuait aux visiteurs. Une note ancienne sur l'un des exemplaires du cabinet des Estampes attribue la rédaction de ce livret à La Curne de Sainte-Palaye. Les tableaux n'y sont pas numérotés, mais décrits suivant la place qu'ils occupaient dans les divers appartements de l'hôtel. Cette description se retrouve textuellement, ou peu s'en faut, dans l'*Almanach des Beaux-Arts* de 1762 et dans le *Dictionnaire pittoresque et historique* d'Hébert. Elle a été reproduite sous cette nouvelle forme au tome II, pages cccxi-cccxxi, du *Livre-Journal* de Lazare Duvaux, publié pour la Société des Bibliophiles français par Louis Courajod et le baron Pichon.

François de Broglie, maréchal de France, la troisième veuve du comte de Béthune, seigneur des Bordes, brigadier des armées du Roi, lieutenant général de la province d'Artois.

La crise financière provoquée par les réformes de l'abbé Terray rendait fort incertains les résultats d'une vente publique, et peut-être aussi la crainte de nuire à celle que le duc de Choiseul préparait de sa propre collection détermina-t-elle les héritiers du baron de Thiers à écouter les propositions de Diderot [1].

Pour mener à bien une affaire de cette importance, Diderot eut recours aux conseils d'un ami, dont le rôle officieux et désintéressé n'a été que tout récemment mis en lumière. Cousin germain de l'illustre médecin, frère du procureur-syndic qui requit, bon

---

[1]. Ce fut au cours des négociations préliminaires engagées à ce sujet, que le comte de Broglie, frère du maréchal « et très mauvais plaisant », remarquant le vêtement et les bas noirs du philosophe, lui demanda « s'il était en deuil des Russes » et que Diderot lui répondit : « Si j'avais à porter le deuil d'une nation, monsieur le comte, je n'irais pas la chercher si loin ». Cette repartie, que nous ont conservée les *Mémoires secrets* et qui circula certainement jusqu'à la Cour, est de tous points conforme aux appréhensions que les conséquences du coup d'État de Maupeou inspiraient à Diderot et qu'il exprimait vers le même temps à Falconet et à John Wilkes; mais ni Louis XV ni ses ministres ne la lui pardonnèrent, ainsi qu'on le verra bientôt.

C'est également à la suite d'une conversation avec madame de Broglie que la pensée lui vint du dialogue intitulé : *Entretien d'un philosophe avec la maréchale de* *** ; mais il ne le jeta sur le papier qu'à son second séjour à la Haye, au retour de Russie, ainsi qu'il le dit dans une de ses lettres à Catherine II, reproduites plus loin. On sait qu'il s'est mis en scène dans ce dialogue sous le nom du poète italien Tomaseo Crudeli.

gré mal gré, contre les *Lettres de la Montagne* de Rousseau, dont il était l'ami, et du financier qui racheta la charge de fermier général de M. d'Épinay, François Tronchin n'avait pas, jusqu'à ce jour, obtenu devant la postérité la petite place à laquelle il a légitimement droit. La main pieuse d'un arrière-descendant a restitué ses titres modestes sans doute, mais trop longtemps effacés. Grâce à M. Henry Tronchin[1], il n'est plus possible d'ignorer que la vie de François Tronchin fut l'une des plus longues et des plus heureuses qui aient été accordées à un honnête homme. Propriétaire des Délices, il eut Voltaire pour locataire, puis pour voisin, sans que leurs longs et fréquents rapports (le fait est à noter) semblent en avoir jamais souffert. Métromane inoffensif, il prit le parti de confier aux presses de l'ami Cramer les élucubrations tragiques et comiques dont d'Argental se faisait le trucheman plus bénévole que convaincu, auprès du « tripot » de la Comédie-Française, et que Diderot remaniait à sa guise, au point de les rendre méconnaissables. Possesseur d'un des premiers et plus importants cabinets que l'antique citadelle du farouche calvinisme ait vu se former, en dépit des règlements édictés par la Chambre des Réformes, François Tron-

---

[1]. *Le conseiller François Tronchin et ses amis Voltaire, Diderot, Grimm*, d'après des documents inédits, avec deux portraits en héliogravure. Paris, E. Plon, Nourrit et Cie, 1895, in-8°, 399 p. et 2 fig.

chin avait cédé, en 1771, à Catherine II un choix de tableaux [1], bientôt remplacés par d'autres toiles non moins précieuses et qui ne furent dispersées qu'après sa mort [2]. Aussi était-il connu de tous les marchands et amateurs de Paris où il fit divers séjours. Ce fut au retour d'un voyage de François Tronchin dans le midi de la France, avec son frère le fermier général, que Diderot réclama son aide et ses lumières pour l'appréciation toujours délicate de la valeur intrinsèque et marchande des tableaux de Crozat. François Tronchin n'hésita pas, malgré ses soixante-sept ans, à braver de nouveau les fatigues d'un voyage à Paris, afin de répondre à l'appel flatteur qu'on faisait à ses lumières et aussi, je pense, de goûter le plaisir d'examiner chaque morceau de cette collection justement célèbre.

1. François Tronchin avait fait imprimer deux fois sous le même titre *(Catalogue des tableaux de mon cabinet,* Genève, MDCCLXV, in-8°, 51 p. et s. l. MDCCLXXX, in-8°, 80 p.) deux listes différentes des œuvres d'art composant sa collection. Le premier de ces catalogues est devenu tellement rare que M. Henri Tronchin n'a pu en parler *de visu.* Il n'existe pas non plus à la Bibliothèque Nationale et M. G. Duplessis ne l'a pas signalé dans son essai bibliographique sur *Les Ventes de tableaux* (1874, in-8°). M. le baron Pichon en possédait un exemplaire, inscrit sous le n° 3447 de la vente posthume de sa bibliothèque et qui a été acquis par un amateur bien connu, M. Jacques Doucet. Ce catalogue mentionne un certain nombre de toiles qui figurent aujourd'hui à l'Ermitage, mais dont le détail ne saurait trouver place ici.

2. La Bibliothèque Nationale possède un exemplaire du second Catalogue (1780) et celui de la vente publique qui en fut faite en l'an IX à Paris, par P.-J.-B. Lebrun, à l'exception de trente tableaux réservés par la famille et conservés aujourd'hui dans la galerie de Bessinge, près Genève.

Il revisa donc pièce à pièce les appréciations contradictoires de Rémy, l'expert désigné par les héritiers Crozat, et de Ménageot que Diderot avait choisi, dressa de toute la collection un catalogue raisonné et, après avoir refusé « toute valeur quelconque » à 158 pièces, arrêta l'évaluation totale à 460.000 livres. Le 8 octobre 1771, les héritiers Crozat acquiesçaient au chiffre fixé par Tronchin et, le 4 janvier 1772, le marché définitif fut signé par-devant notaire [1].

L'acte original de la cession existe encore dans le minutier du successeur de M° Le Pot d'Auteuil et, sur mes indications, M. le vicomte de Grouchy a bien voulu en prendre une copie. Si je ne la publie pas dans les appendices du présent volume, c'est d'abord en raison de sa longueur même, puis parce que les descriptions des tableaux sont presque toutes textuellement empruntées au livret de 1755, enfin et surtout parce que les plus récents catalogues de l'Ermitage [2]

1. Les objets de curiosité proprement dits ne furent pas compris dans cette acquisition : il existe un *Catalogue des estampes, vases de poterie étrusque, figures, bas-reliefs et bustes en bronze de feu M. Crozat, baron de Thiers, brigadier des armées du Roi,* rédigé par P. Rémy, et vendus en février 1772. C'est par cette petite vente que se clôt le démembrement de cette immense collection. Le catalogue en est devenu fort rare. Ch. Blanc a donné la liste des principaux prix dans le *Trésor de la Curiosité,* t. I, p. 206-208.

2. J'ai eu constamment sous les yeux, pour cette identification, la troisième édition des catalogues des écoles d'Italie et d'Espagne (1891), et des écoles néerlandaise et allemande (1895), revue par M. le baron E. Bruïningk et par M. A. Somoff. Le catalogue de l'école française n'a pas été, que je sache, depuis 1871, l'objet d'une revision semblable et qui serait pourtant fort nécessaire.

témoignent, à ce propos, de la sélection opérée depuis un siècle par une critique mieux armée et plus éclairée que ne pouvait l'être celle des curieux et des experts du temps jadis. Le xviiie siècle a connu et pratiqué tous les scepticismes, sauf celui-là, et c'est de bonne foi qu'il étiquetait des noms les plus retentissants tant de toiles aujourd'hui débaptisées, rendues à d'autres maîtres, reconnues pour des répétitions ou des copies, ou rejetées dans la foule innombrable des anonymes. Cette science nouvelle, — poussée en ces dernières années jusqu'à l'absurde par quelques-uns des émules de Waagen, — a porté ses fruits et la collection Crozat, de même que toutes celles qui ont contribué à former le musée de l'Ermitage, n'est plus représentée aujourd'hui dans les somptueuses galeries réédifiées sous le règne de Nicolas Ier, que par un nombre relativement restreint de morceaux hors de pair et défiant toute contestation. Le surplus est réparti dans les appartements des diverses résidences impériales.

Ainsi réduite et épurée, la collection Crozat n'en a pas moins fourni à l'Ermitage la *Madone et saint Joseph imberbe*, ainsi qu'un *Saint Georges* de Raphaël ; le portrait du *Cardinal Pole*, aujourd'hui restitué à Sébastien del Piombo, que Tronchin et les experts avaient dépossédé au profit du prince de l'école ombrienne ; une *Madone* de Fra Bartolommeo ; une *Judith* de Giorgione, également attribuée à Raphaël et gravée sous son nom dans le recueil Crozat ; une *Descente de croix* et un *Moïse sauvé des eaux*, de Paul Véronèse; l'une des nombreuses *Danaë* du Titien, ainsi qu'un portrait de *Jeune femme* et celui du *Cardinal Pallavicino*, par le même maître; la *Foi* de Moretto de Brescia, une *Sainte Famille* de Murillo. Dans les écoles flamande et néerlandaise, je note de van Dyck, *L'Incrédulité de saint Thomas*, un *Saint Sébastien*, les portraits d'*Isabelle Brandt*, de *Lazarus Maharkijzüs*, d'*Évrard Jabach*; de Rubens, cinq esquisses pour l'histoire de Marie de Médicis, *Abraham renvoyant Agar*, *La Vierge et l'Enfant Jésus*; de Rembrandt, *La Parabole du maître de la vigne*, une *Danaë*, un portrait de *Vieille femme*; de Jan Steen, *La Visite du médecin*; dans l'école française, un portrait du *Duc d'Alençon*, par François Clouet; *Le Triomphe de Galathée* de Poussin; *Darius au tombeau de Nitocris* d'Eustache Lesueur; *Les Fatigues* et *Les Délassements de la guerre* de Watteau; un *Concert* de Lancret; l'esquisse, aujourd'hui singulièrement précieuse pour nous, d'un grand tableau de Largillière, détruit en 1793, représentant le prévôt des marchands et les échevins de Paris, réglant les préparatifs de la fête offerte par la ville à Louis XIV en 1687; une *Blanchisseuse* de Chardin, etc. [1].

[1]. Une légende, née d'une information erronnée des *Mémoires secrets* (25 mars 1771), développée par Michelet sous une forme dramatique, rendue populaire par Alex. Dumas *(Joseph Balsamo)*, veut que madame du Barry ait acheté à l'amiable des héritiers Crozat le beau portrait de Charles Ier, par van Dyck, aujour-

Le contrat, signé en bonne et due forme par
Diderot, au nom de l'impératrice de Russie, et par les
trois filles et les deux gendres du baron de Thiers, il
restait à veiller au départ de la collection pour Saint-
Pétersbourg et à son arrivée à bon port. Il faut lire
dans le livre de M. Henry Tronchin la longue et
curieuse lettre de Diderot à François Tronchin (17
juin 1772), où il lui contait par le menu les déboires
et les ennuis que lui avait suscités cet envoi ; comment
les dix-sept caisses, soigneusement aménagées et
clouées sous les yeux de Tronchin, demeurèrent trois
mois sur les berges de la Seine, « entre le ciel et
l'eau », avant de pouvoir être dirigées sur Rouen,
d'abord en raison du grossissement de la rivière, puis
jusqu'à ce que le patron du bateau eut complété son
chargement ; enfin comment, lorsqu'elles furent parties
de Paris, dans les premiers jours de mai, le navire
qui devait les emporter de Rouen mit à la voile sans

d'hui conservé au Louvre, afin de placer sous les yeux de son
amant l'image d'un roi « à qui son Parlement avait fait couper
la tête ». M. Jules Guiffrey a, le premier, rétabli la vérité sur
ce point dans son grand travail sur *Antoine van Dyck* (A. Quantin, 1882, in-f°). Le tableau n'a jamais appartenu aux Crozat,
mais au marquis de Lassay qui le tenait, dit-on, de madame de
Verrue et qui le légua au comte de La Guiche. A la vente posthume de celui-ci (mars 1771), le portrait fut retiré à 17.000
livres, acquis à l'amiable par madame du Barry, au prix de
24.000 livres et transporté à Louveciennes. Après une négociation dont M. Guiffrey a retrouvé dans un carton de la Maison
du Roi (Archives nationales) les pièces essentielles, madame du
Barry le retrocéda, en mai 1775, au prix coûtant, à M. d'Angiviller, pour le compte de Louis XVI.

les avoir reçues, et comment il fallut transporter l'assurance, établie au nom du capitaine Flouest, commandant du *Prophète-Ézéchiel*, au nom du capitaine Martin, commandant de *l'Hirondelle*. Quelques mois auparavant, plusieurs tableaux de premier ordre, acquis par le prince Galitzin à la vente Braancamp, avaient fait naufrage dans la Baltique, et Diderot tremblait que pareil sort ne fût réservé à ceux qui lui avaient coûté tant de soucis. Enfin, le 6 novembre, Betzki annonçait à Tronchin que la collection était arrivée « dans l'état le plus parfait » et lui adressait, avec les remerciements de sa souveraine, « un sac de martre zibeline propre à faire une fourrure d'habits ».

Seuls, MM. de Béthune et de Broglie ne se félicitèrent qu'à moitié d'avoir consenti à une transaction amiable, lorsqu'ils virent, à la vente Choiseul, cent cinquante tableaux, presque tous des écoles hollandaise et flamande, atteindre, en chiffres ronds, quatre cent quarante mille livres, et ils accusèrent Diderot de leur avoir fait perdre plus de deux cent mille livres. « Cela, écrivait le philosophe à Tronchin, n'est ni tout à fait faux, ni tout à fait vrai » et, dans une lettre à Falconet (17 avril 1772), il expliquait ainsi la plus-value des tableaux de l'ancien ministre : « Le départ de ceux de M. Thiers pour Saint-Pétersbourg, la concurrence de M. de La Borde et de madame du Barry et d'autres choses qui tiennent à la personne de M. de Choiseul, ont fait monter cette vente à un prix exorbitant. » Il y acquit, pour l'impératrice et moyennant cent huit mille livres, une grande *Chasse au cerf* de Philippe Wouwermann (n° 1034 du catalogue de 1891); un *Jeune paysan* et une *Jeune paysanne* de Murillo (n°⁵ 377-378); une *Fête de village* de David Téniers, en deux pendants (n°⁵ 674-675); le *Vieillard malade* de Jan Steen (n° 899); l'un des trois Karel Dujardin, qui doit être *Le Gué;* le *Benedicite* de Rembrandt (n° 803) (ou, selon la critique allemande actuelle, de l'un de ses élèves); les portraits d'une dame et d'une enfant peints sur la même toile par van Dyck, considérés, au siècle dernier, comme ceux d'Isabelle Brandt, première femme de Rubens, et de sa fille, mais qui, suivant M. Rooses, représenteraient Suzanne et Catherine Fourment, belle-sœur et nièce de Rubens; le *Médecin aux urines* de Gérard Dou (n° 903); un site d'Italie de Berghem (n° 108).

Ce n'est pas tout. Un joueur décavé, le marquis de Conflans[1], charge son intendant de vendre le plus promptement possible deux tableaux de Poussin « qu'il n'avait jamais regardés », et cet intendant, qui, précisément, habite la maison de Diderot, vient les lui offrir. Ménageot est derechef appelé en consultation; il donne un avis favorable et, moyennant mille écus les deux, voilà l'affaire conclue; mais quand les tableaux sont décrassés, Ménageot en offre dix mille

1. Maréchal de camp en 1770 et père de la marquise de Coigny.

livres, ayant reconnu, — un peu tard, — qu'il en avait jadis proposé sans succès jusqu'à quinze mille livres au marquis de Conflans. Cette fois, le marché tient bon et les deux tableaux partent pour la Russie[1].

[1]. Le catalogue de l'école française de l'Ermitage inscrit ces deux tableaux sous les titres vagues de *Paysage historique* et de *Vue de Sicile* (n°s 1414 et 1415). Diderot, dans cette même lettre à François Tronchin, a, ce me semble, beaucoup mieux désigné leurs sujets et, par suite, indiqué les titres qu'il conviendrait de leur donner :
« Ils ont, dit-il, chacun sept pieds de large sur environ six pieds de haut. On voit de grandes montagnes majestueuses ; au haut d'une de ces montagnes majestueuses, Polyphème, vu par le dos, jouant de la flûte. Au bas, une prairie, avec Acis, Galathée et d'autres bergers. A l'autre, ce sont encore de grandes montagnes imposantes et majestueuses. Au sommet d'une de ces montagnes, à gauche, s'ouvre l'antre de Cacus ; là on voit Cacus renversé, la tête en bas et les pieds en l'air, prêt à être assommé par Hercule, qui tient sa massue levée sur le scélérat. Au bas ce sont des bergers, des bergères et des animaux dans une prairie. »

V

UNE ACCUSATION DE LÈSE-PATRIE EN 1773

De tous les écrivains du xviiie siècle Diderot fut assurément le plus casanier; à part quelques voyages à Langres et un séjour à Bourbonne en 1770, il semble jusqu'en 1773 n'avoir jamais perdu de vue les horizons de Montmorency sur lesquels s'ouvraient les fenêtres de la Chevrette, résidence ordinaire de Madame d'Épinay, ou les coteaux de Chennevière-sur-Marne au pied desquels est bâti le château du Grandval, appartenant alors à d'Holbach. On conçoit qu'il ait longtemps éludé les sollicitations de Falconet, et que la perspective d'un trajet aussi long, aussi pénible et parfois aussi dangereux l'ait fait à bon droit hésiter. Peu à peu cependant les raisons qu'il alléguait s'étaient modifiées ou évanouies. Il avait marié sa fille, achevé le texte de l'*Encyclopédie* et assuré, s'il venait à mourir, le sort de sa femme. Il touchait, il est vrai, à la soixantaine, et lorsqu'il prit enfin cette décision maintes fois ajournée, ses rapports avec Falconet s'étaient altérés au point que durant une année entière (1771) ils n'avaient pas échangé une ligne. « Tant que Falconet, écrivait madame de Vandeul, put se persuader que mon père n'abandonnerait jamais ses pénates et que la reconnaissance ne l'amènerait pas en Russie, il ne cessa de le persécuter pour y venir... Mais quand mon père eut pris la résolution d'y aller et que M. de Narischkine [1] eut consenti à l'y conduire, son arrivée le refroidit et la suite de ce refroissement fut une brouillerie. »

Le 7 mai 1773, Diderot signait par-devant notaire une convention aux termes de laquelle Pierre-Charles Lévesque, « bourgeois de Paris, » acceptait une place de gouverneur à l'École militaire des cadets de Saint-Pétersbourg. Le 30 du même mois, en présentant à Falconet celui qui devait être l'éditeur des œuvres posthumes du statuaire et le premier historien en France de la Russie, il ajoutait : « Demain, oui, demain, je pars pour la Haye et quand j'aurai embrassé le prince de Galitzin pendant une quinzaine de jours, qui sait ce que je deviendrai? Le plus léger choc de sa part pourrait me jeter au beau milieu de votre atelier... Vous rappelez-vous un M. de Narischkine, gentilhomme de la Chambre de Sa Majesté Impériale ? Eh bien! cet

---

1. Alexis Vassiliévitch Narischkine, sénateur et chambellan de Catherine II, mort en 1804.

honnête Narischkine est à présent aux eaux d'Aix-la-Chapelle. Il compte en partir vers la fin du mois de juin, et il m'a persuadé que ce serait un grand plaisir pour lui et pour moi de rouler et de causer quelques centaines de lieues dans la même voiture. Ma foi, tout cela a bien l'air d'une vérité; madame Diderot y croit si fermement qu'elle s'est occupée et s'occupe depuis un mois sans relâche des préparatifs d'un long voyage. Cela ne lui déplaît pas trop. Elle n'aimerait pas que je mourusse ingrat. Cependant, mon ami, je suis bien vieux. Vous ne savez pas combien de temps il faut pour vieillir et moi je le sais; mais je me dis que la terre est aussi légère à Pétersbourg qu'à Paris, que les vers y ont aussi bon appétit et qu'il est assez indifférent en quel endroit de la terre nous les engraissions... »

Grimm, de son côté, se rendait à Darmstadt pour accompagner jusqu'à Saint-Pétersbourg la margrave Caroline de Hesse dont la seconde fille, la princesse Wilhelmine, allait épouser le césarevitch Paul. En quittant Paris, dès le mois de mars 1773, il avait remis à Meister sa « boutique » avec toutes ses charges et bénéfices, c'est-à-dire la correspondance littéraire manuscrite dont la clientèle se recrutait à peu près exclusivement parmi les princes du Nord, et pris rendez-vous avec Diderot à Berlin. Il se flattait d'opérer entre le roi et le philosophe un rapprochement qui eût peut-être mis fin à leur mutuelle et inexplicable antipathie; mais cette réconciliation, à laquelle Grimm paraissait attacher une grande importance, ne put avoir lieu ni à l'aller, ni au retour.

Malgré son inexpérience des voyages, Diderot partit seul pour la Haye. Il fit à Bruxelles connaissance d'un négociant en vins hollandais nommé Van Keulen qui entendait le français, s'il le parlait mal, et qui se chargea de régler pour tous deux la dépense jusqu'à destination. Accueilli par le prince et la princesse Galitzin « comme par un bon frère et une bonne sœur » dans ce palais, contigu à celui de la Bibliothèque Royale, qui existe encore, Diderot mena pendant près de trois mois une vie tranquille, sobre et retirée, dont il a retracé le tableau dans une de ses dernières lettres à mademoiselle Volland (La Haye, 22 juillet 1773). Après quelque repas délicat où son estomac toujours délabré faisait honneur « aux soles, aux harengs frais, aux turbots, aux perches et à tout ce qu'ils appellent *Waterfish* », tantôt l'après-midi s'achevait en longs entretiens où la princesse « disputait comme un petit lion », tantôt il poussait jusqu'à Scheveningue où « la vaste uniformité de la mer, accompagnée d'un certain murmure, l'inclinait à rêver » ; tantôt enfin il faisait ou tout au moins revisait « quelques petits ouvrages assez gais ». C'est en effet du premier séjour de Diderot en Hollande que date la velléité, maintes fois ajournée depuis, de « rassembler ses guenilles. » Marc-Michel Rey, à qui

Diderot ne gardait point rancune d'avoir fait circuler sous son nom de prétendues Œuvres (en grande partie apocryphes), le sollicitait de pratiquer lui-même un choix dans ses écrits authentiques, et le bruit de cette négociation n'avait pas échappé aux nouvellistes parisiens. Les *Mémoires secrets* (21 avril 1773) allaient même jusqu'à signaler, parmi les manuscrits « croustilleux » que renfermait le portefeuille de l'auteur, certaine lettre sur l'athéisme, adressée à mademoiselle Clairon, et qui n'a vraisemblablement existé que dans l'imagination du rédacteur [1]. Si cet espoir fut déçu, peu s'en fallut que la malveillance qui épiait toutes les démarches du philosophe ne lui mît sur les bras une fort méchante affaire. Le traité posthume d'Helvétius, *De l'Homme*, venait de paraître chez Marc-Michel Rey sous les auspices de Galitzin par les

1. A aucune époque de sa vie Diderot ne paraît avoir fréquenté mademoiselle Clairon et il n'est pas trace dans ses œuvres d'une lettre ou d'un traité philosophique qu'il aurait eu la velléité de lui adresser ; mais très certainement le rédacteur des *Mémoires secrets* faisait allusion au dialogue intitulé *le Rêve de d'Alembert*, écrit en 1769 et dont le manuscrit original fut détruit, sur la prière de mademoiselle de Lespinasse qui s'y trouvait, à son insu, l'interlocutrice de d'Alembert et de Bordeu. Le catalogue de la collection d'autographes Lucas de Montigny (1860) cite quelques lignes d'un billet de mademoiselle de Lespinasse à Suard et qui a trait à cette affaire : après avoir qualifié le procédé de Diderot de « malhonnête, parce que ce manque d'usages et d'égards peut avoir de grands inconvénients pour elle », elle ajoute : « En vérité, en vérité, on ne peut pas suffire aux petits chagrins et aux grands malheurs dont on est accablé. M. Diderot, d'après l'expérience qu'il a, devrait, ce me semble, s'interdire de parler ou de faire parler des femmes qu'il ne connaît pas. »

soins de l'abbé de La Roche. Entre cette publication, dont l'impression était commencée dès 1772, et la présence de Diderot à la Haye, il n'y avait certes qu'une coïncidence toute fortuite; mais au moment même où il couvrait son propre exemplaire de notes dont il devait tirer l'année suivante une *Réfutation* en règle, il ne se doutait guère qu'un passage de la préface, l'un de ceux précisément où il se montre en désaccord complet avec Helvétius [1], serait dénoncé aux cours de France et de Russie et qu'il serait accusé d'en avoir inspiré le sens. Qu'on lise plutôt la dépêche suivante du marquis de Noailles [2] au duc d'Aiguillon en date du 14 septembre 1773.

« Je croyais, monsieur le duc, que le délire des philosophes de nos jours était parvenu à son comble, mais je viens de me convaincre qu'il reste toujours du chemin à faire quand on a renoncé à tout principe. Il paraît depuis peu un ouvrage posthume d'Helvétius qui est le développement des maximes salutaires au

---

1. Voyez *Œuvres complètes*, tome II, p. 275-276.

2. Emmanuel-Marie-Louis, marquis de Noailles, né le 18 novembre 1745, ministre plénipotentiaire en Basse-Allemagne, puis ambassadeur auprès des Provinces-Unies, en Angleterre et en Autriche, mort au château de Maintenon en 1819. De son mariage avec mademoiselle de Dromesnil naquit, le 24 juin 1773, Jean-Paul-François, comte d'Ayen.

Les fragments inédits de la correspondance du marquis de Noailles et de d'Aiguillon que je donne ici sont extraits des Archives des Affaires étrangères *(Hollande)*.

genre humain que contient le livre de l'*Esprit*. Ce nouvel ouvrage en deux gros volumes in-12 est dédié à l'Impératrice de Russie. M. le prince Galitzin, son ministre à la Haye, en a répandu le plus d'exemplaires qu'il lui a été possible. Il m'a même forcé d'en accepter un que j'ai fait payer à son suisse pour toute réponse. Mais quelle a été ma surprise, de quels sentiments d'indignation n'ai-je pas été ému lorsque j'ai lu, monsieur le duc, ce que vous lirez vous-même dans le papier ci-joint! N'est-ce pas manquer aussi essentiellement à l'Impératrice de Russie qu'à tout autre souverain que d'énoncer de pareils outrages à la suite d'une dédicace faite en son nom? Elle aime la gloire et méprise assurément des armes aussi viles et aussi opposées à la grandeur à laquelle elle aspire. Si son ministre était seulement instruit de nos justes plaintes dans cette occasion, il ne pourrait pas se dispenser de joindre son mécontentement au nôtre et de prendre les mesures nécessaires pour qu'il ne parût plus au moins d'autre édition de cet ouvrage avec la dédicace qui existe aujourd'hui, et à laquelle il semble qu'on voudrait faire partager l'indécence de la préface qui suit.

» La conduite de M. le prince Galitzin vous paraîtrait inexplicable, monsieur le duc, si je vous laissais ignorer qu'il est d'une trempe qui l'oblige de suivre la première impulsion qu'on veut lui donner. Diderot, qui est actuellement en chemin pour se rendre à Saint-

Pétersbourg, est venu ici en juin et a passé environ deux mois avec M. le prince Galitzin. Je le soupçonnais d'être l'auteur de la préface, mais je garantirais plus sûrement que, s'il ne l'a pas faite, il a montré à la Haye les mêmes sentiments qu'elle renferme et qu'il s'est joué indignement de la crédulité du ministre d'une souveraine telle que Catherine II. »

Le passage incriminé et dont Turgot ne se montrait pas moins révolté était celui-ci :

« Ce n'est plus sous le nom de Français que ce peuple pourra de nouveau se rendre célèbre. Cette nation avilie est aujourd'hui le mépris de l'Europe. Nulle crise salutaire ne lui rendra la liberté. C'est par la consomption qu'elle périra. La conquête est le seul remède à ses malheurs, et c'est le hasard et les circonstances qui décident de l'efficacité d'un tel remède[1]. »

Le ministre des Affaires étrangères saisit aussitôt la cour de Russie de ce manquement d'égard à deux

---

1. Dans l'édition des Œuvres d'Helvétius donnée en 1795 par l'abbé de La Roche, la dédicace à Catherine II est supprimée et le passage, jadis dénoncé à la cour de Russie, est apostillé de cette note : « Il faut faire attention que l'auteur écrivait cette préface un an avant sa mort, à l'époque de beaucoup de changements dans la monarchie. ».

têtes couronnées en adressant la dépêche suivante à M. Durand de Distroff[1] :

« A Fontainebleau, 19 octobre 1773.

» Les égards, Monsieur, que les souverains et les nations se doivent mutuellement ont été indécemment violés dans un ouvrage imprimé en Hollande sous le titre de : *De l'homme, de ses facultés intellectuelles et de son éducation*. Le passage transcrit sur la feuille jointe à ma lettre vous fera voir jusqu'à quel point l'auteur pousse la licence et, on peut dire, le délire. Le Roi en a été indigné.

» Si ce livre était une production clandestine, il ne serait digne que de mépris; mais il paraît sous les auspices de l'impératrice de Russie, à laquelle il est dédié. Le prince Galitzin, ministre de cette princesse à la Haye, en a distribué un grand nombre d'exemplaires et il a, pour ainsi dire, forcé l'ambassadeur du Roi d'en accepter un.

1. François-Michel Durand de Distroff, né à Thionville, le 19 mars 1714, avocat, puis conseiller au parlement de Metz, secrétaire de M. de Puyzieux, au congrès d'Aix-la-Chapelle (1748), garde du dépôt des affaires étrangères dont il contribua à perfectionner l'organisation, chargé de diverses missions en Angleterre, ministre plénipotentiaire de France à Vienne (1770) et ambassadeur en Russie, de 1772 à 1775. Il mourut sans postérité au Ban-Saint-Martin, près Metz, le 5 septembre 1778. (Cf. Bégin, *Biographie de la Moselle*; Quépat [R. Paquet], *Dictionnaire de l'ancien département de la Moselle*, A. Baschet, *Histoire du dépôt des Affaires étrangères* et la notice de M. L. Farges, dans la *Grande Encyclopédie*).

» Ces circonstances, Monsieur, ne permettent pas au Roi de demeurer dans le silence. Sa Majesté vous charge de porter des plaintes formelles à l'impératrice de Russie de l'audace qu'on a de publier de semblables indécences sous les auspices de son nom, ainsi que de la distribution que son ministre en a faite. Vous voudrez bien remettre à M. Panin la feuille ci-jointe qui est fidèlement extraite de cet ouvrage, et vous voudrez bien prier ce ministre d'en rendre compte à sa souveraine. Le Roi s'en rapporte avec confiance aux mesures que le sentiment de sa propre dignité et de sa propre gloire dictera dans cette occasion à S. M. I.

» J'ai l'honneur d'être, etc.

» Le duc D'AIGUILLON. »

A cette mise en demeure quelque peu hautaine, la cour de Russie répondit par une fin de non-recevoir encore plus blessante, ainsi qu'on en jugera par cet extrait d'une dépêche de M. Durand :

« 24 novembre 1773.

» ... A l'égard de ma plainte sur l'ouvrage attribué à M. Helvétius et dédié à S. M. I., il (le comte Panin) m'a dit que l'espèce d'épigraphe *(sic)* et l'impression de l'ouvrage avaient été faites sans la participation de cette cour et à son insu; que M. le prince Galitzin, ayant ordre de faire parvenir à l'impératrice les nouveaux ouvrages, en avait envoyé ici deux exemplaires, qu'il avait pu en présenter un à l'ambassadeur du Roi, à la Haye, sans en avoir lu la préface et que, dans plusieurs ouvrages imprimés en France, la Russie avait été plus maltraitée encore que la France ne l'avait été dans cette occasion[1]. Je lui demandai s'ils avaient été dédiés au Roi et si le Ministère français les avait accrédités par quelques démarches. Il ne m'en a articulé aucun, et m'a fait entendre de nouveau qu'il ne s'était rien passé dans l'impression du livre qui fût à la charge de cette cour ou de son ministre à la Haye. »

L'affaire n'eut pas d'autre suite et ne pouvait en avoir d'ailleurs, sans dégénérer en un incident beaucoup plus grave que, malgré leurs dissentiments aigus, les deux cours ne se souciaient point de pousser jusqu'au bout; mais, le nom de Diderot, qui se trouvait, tout à fait à son insu, mêlé à ce différend, ne pouvait que l'envenimer. Sa riposte au comte de Broglie offrait avec le vœu formulé dans la préface du livre d'Helvétius une analogie trop évidente pour que ce rapprochement ne se présentât point à l'esprit de ceux qui n'avaient pas vu sans dépit les avances de Catherine aux auteurs de livres officiellement proscrits. Toutefois, contrairement à ce que l'on a plusieurs

1. Allusion évidente au *Voyage* de l'abbé Chappe.

fois imprimé et tout récemment encore [1], Louis XV n'avait mis aucun obstacle au départ de Diderot pour la Russie, et Grimm assure formellement même que, loin de dissuader le philosophe d'aller rendre hommage à sa bienfaitrice, d'Aiguillon l'y avait vivement encouragé.

1. M. Louis Ducros (*Diderot, l'homme et l'écrivain*, pp. 111-112) a cru devoir alléguer, à l'appui de cette insinuation, l'extrait d'un manuscrit de la bibliothèque de La Rochelle, relatant un prétendu entretien de Louis XV et de ses ministres à ce propos. Or, ainsi que j'ai pu m'en assurer *de visu*, ce fragment est tout simplement copié mot pour mot du tome III, pp. 347-349 des *Mémoires de Madame la comtesse du Barry* (Paris, Mame et Delaunay-Vallée, 1829-1830, 6 vol. in-8), fabriqués par Lamothe-Langon, Hinard, Grimaud, Henri Ferrier et Amédée Pichot (cf. Quérard, *Sup. litt.* V° *Du Barry*). De plus, il est suivi dans l'imprimé d'une dépêche de Durand sur la réception de Diderot à Saint-Pétersbourg dont il serait inutile, et pour la même cause, de chercher l'original aux archives des Affaires étrangères. Le manuscrit de La Rochelle n'est qu'une compilation informe, transcrite vers 1830 par quelque désœuvré au hasard de ses lectures.

VI

CONSEILS ET CONFIDENCES D'UN PHILOSOPHE A UNE IMPÉRATRICE.

Cependant Diderot avait quitté la Haye le 17 août 1773 en compagnie de Narischkine : « Le cruel homme ! écrivait Grimm à Nesselrode [1] le 25 septembre, il laisse passer toute la belle saison, il traite le voyage de Pétersbourg comme une course de la rue Taranne à la rue Sainte-Anne. » Bien que Diderot se soit félicité plus tard d'avoir eu « quarante-cinq jours de beau temps pour aller », le trajet ne

[1]. Père du célèbre diplomate qui joua un rôle si considérable dans les conseils d'Alexandre Ier, le comte Guillaume Nesselrode, originaire d'une famille westphalienne, servit d'abord dans quelques petites cours d'Allemagne, puis fut chambellan de Frédéric II et, sur la recommandation de la landgrave Caroline de Hesse-Darmstadt (dont le césarévitch avait épousé la fille en premières noces), il entra au service de Catherine II. Ministre de Russie à Lisbonne (1778), puis à Berlin (1788), il prit sa retraite en 1795 et mourut à Francfort-sur-le-Mein en 1810.
Les lettres que Grimm lui écrivit de Saint-Pétersbourg ont été publiées pour la première fois, dans le volume de K. Kleve-

laissa pas que d'être laborieux. Au lieu de le faire tout
d'une traite, sauf huit jours donnés à Berlin et à Pots-
dam, il éluda la corvée et passa par Dresde, au grand
mécontentement de Frédéric et aussi de Grimm. Pour
comble de malheur, il tomba deux fois malade, à Duis-
bourg où il fut soigné par le célèbre médecin Lei-
denfrost, et à Narva. Enfin il atteignit Pétersbourg le
10 octobre; mais là, une pénible déception lui était
réservée. Narischkine lui avait proposé un appartement
dans son palais. « Mon père, dit madame de Vandeul,
ne voulut jamais blesser à ce point l'amitié ; il voulut
descendre chez Falconet; il y arriva avec des douleurs
d'entrailles causées par les eaux du climat où il n'était
pas encore fait. Falconet le reçut assez froidement, et
lui dit qu'il avait un très grand chagrin de ne pouvoir le loger, mais que son fils, arrivé depuis peu de
jours, occupait le lit qui lui était destiné [1]. Mon

schall, *Des russischen Reichskanzlers Grafen Nesselrode Selbstbio-
graphie* (Berlin, 1868). Elles ont été citées par fragments dans
les appendices de la correspondance de Catherine et de Falconet
éditée par M. Polovstof pour la Société historique russe (tome
XVII) et reproduites intégralement par M. A. Bilbassof dans un
livre (en langue russe) intitulé : *Diderot à Saint-Pétersbourg*
(Saint-Pétersbourg, 1884, in-8º). M. Bilbassof a donné aussi,
sous forme de pièces justificatives, tout ce que les récentes publications russes et françaises lui ont fourni de documents originaux
sur les rapports de Diderot et de Catherine.

1. Le mécompte de Diderot était légitime, mais il faut reconnaître que le statuaire semble bien s'être trouvé pris au
dépourvu : « Il pleut des Falconet à Saint-Pétersbourg, écrivait-
il à l'impératrice le 20 août 1773 ; ne voilà-t-il pas qu'hier au
soir mon fils est arrivé de Londres sans dire gare, sans m'avertir,
sans m'écrire ! »

père, ne pouvant se résoudre à chercher une auberge dans un pays dont il ne connaissait ni les mœurs, ni les coutumes, demanda une plume et de l'encre, écrivit un billet au prince de Narischkine et le supplia de lui donner retraite, s'il le pouvait sans être trop incommodé. Le prince l'envoya chercher en voiture et le garda chez lui jusqu'au moment de son départ... La lettre que mon père écrivit sur la réception de Falconet est déchirante. Ils se virent pourtant assez souvent pendant le séjour de mon père à Pétersbourg, mais l'âme du philosophe était blessée pour jamais. »

Associé étranger de l'Académie des Beaux-Arts depuis le 10 janvier 1767, Diderot, à peine débarqué, se vit nommer, en même temps que Grimm, membre titulaire de l'Académie des sciences, et tandis que Grimm se prétendait humilié de cet honneur « comme un enfant l'est d'avoir reçu le fouet », son ami adressait à ses nouveaux collègues un premier remerciement resté inconnu, complété par le billet suivant, adressé au secrétaire perpétuel de cette Académie [1], et dont je dois copie à M. Étienne Charavay, qui a eu l'original entre les mains.

---

1. Le secrétaire perpétuel de l'Académie des sciences était depuis 1769 Jean-Albert Euler, professeur de physique, né le 16 novembre 1734, à Saint-Pétersbourg où il est mort le 6 septembre 1800. Son père, le célèbre mathématicien, vivait encore, et Diderot, qui l'appelle « le bon et respectable Euler », le vit plusieurs fois pendant son séjour.

« Monsieur,

» J'ai fait passer à l'Académie, par les mains de M. Stahlin [1], que j'en croyais le secrétaire, la véritable expression de ma reconnaissance. Si je méritais davantage de m'appeler le confrère des Euler, j'en serais peut-être encore un peu plus flatté. Mais on fait tant de grâces dans ce monde-ci qu'une de plus ou de moins n'est pas une affaire. Voici mes titres :

» *Dionisius Diderot, socius Academiæ Berolinensis et Academiæ artium Petropolitanæ.*

» Je présente mon respect à monsieur votre père et je suis, avec cette considération distinguée que l'on doit à l'héritier de ses vertus et de son génie,

» Monsieur,
» Votre très humble et très obéissant serviteur,

» DIDEROT.

» Ce 25 octobre 1773. »

Si la date précise et les circonstances de la présentation de Diderot à Catherine ne nous sont pas exactement parvenues, les témoignages de la bienveillance avec laquelle il fut accueilli et aussi des libertés qu'il prit avec l'impératrice surabondent ; mais tous ne sont pas, tant s'en faut, de même valeur. En dépit, ou

---

1. Jacques de Stahlin, professeur d'éloquence et de poésie, né à Memmingen, le 10 mai 1709, prédécesseur de J.-A. Euler dans les fonctions de secrétaire perpétuel, mort à Saint-Pétersbourg, le 25 juin 1785.

plutôt en raison même de leur situation, Durand de Distroff ou sir Robert Gunning, chargé d'affaires de la Grande-Bretagne, ne pouvaient questionner ou laisser parler le philosophe comme Grimm était en mesure de le faire ; aussi est-ce dans les lettres de celui-ci à Nesselrode qu'il faut chercher le complément et souvent le correctif soit des dépêches officielles, soit surtout des propos inexacts ou malveillants qu'une faveur aussi extraordinaire devait incessamment provoquer à Pétersbourg comme à Berlin et à Paris,

Madame de Vandeul craignait qu'avec son inexpérience des cours son père n'eût commis une foule de « gaucheries ». Ses appréhensions filiales ne la trompaient pas. « L'impératrice en est vraiment enchantée, écrivait Grimm (2 novembre 1778) ; voilà l'essentiel. Au reste, il lui prend la main, il lui saisit le bras, il tape sur la table, tout comme s'il était au milieu de la synagogue de la rue Royale [1]. » Tenons-nous-en à ce croquis, tracé par une main amie, et n'acceptons que sous bénéfice d'inventaire les dires de l'Anglais Crawfurd (ou plutôt de son « teinturier » J.-P. Gallais), ou bien encore ceux de d'Escherny. S'il fallait en croire le premier [2], « Diderot appelait l'impératrice « ma bonne dame », ou rejetait au loin sa perruque

1. Chez le baron d'Holbach.
2. *Essais sur la littérature française à l'usage des étrangers*, Paris, 1803, 2 vol. in-4°, (tome II, p. 557-558) ou 1818, 3 vol. in-8°, (tome III, p. 240).

pour lui faire apprécier la ressemblance du buste modelé de souvenir, par mademoiselle Collot; d'Escherny [1], renchérissant sur les belles inventions, cite une prétendue lettre de Catherine à madame Geoffrin d'où il résulterait que l'impératrice, pour se mettre à l'abri de la gesticulation de Diderot, interposait entre eux deux une petite table, sinon elle ne sortait de ces entretiens que « les cuisses meurtries et toutes noires ».

Ces privautés, qui ne tardaient pas à être connues de la cour et des étrangers, prenaient aussitôt, sous la plume des gazétiers aussi bien que sous celle des souverains, des proportions inattendues. Frédéric mandait à d'Alembert : « On dit qu'à Saint-Pétersbourg on trouve Diderot raisonneur, ennuyeux; il rabâche toujours les mêmes choses. Ce que je sais, c'est que je ne saurais soutenir la lecture de ses livres, tout intrépide lecteur que je suis. Il y règne un ton suffisant et une arrogance qui révoltent l'instinct de ma liberté. » Génin a finement observé qu'il aurait dû écrire : *de ma tyrannie*. Bientôt Frédéric faisait pis : furieux de la répugnance que Diderot montrait à passer par Berlin, il s'abaissait à écrire ou tout au moins à ins-

---

1. *Mélanges de littérature, d'histoire et de philosophie* (Paris, 1811, 3 vol. in-12), tome III, p. 131; *OEuvres complètes* de Diderot (tome XX, p. 138). Du témoignage même de madame Geoffrin il résulte que cette lettre, si elle a été écrite, ne lui était pas adressée, car sur un billet de Catherine, daté du 11 août 1768, elle a noté qu'elle y avait répondu et que leurs relations épistolaires en étaient restées là. (*Recueil de la Société historique russe*, tome I.)

pirer à Formey une diatribe contre l'homme et ses
œuvres. « Il faut que vous sachiez, écrit Grimm à
Nesselrode, que la feuille que vous m'avez envoyée a
couru ici, le jour même, en manuscrit; que Denis l'a
vue aussitôt que moi, qui ne lui ai pas dit que je
la connaissais ; qu'un certain ministre étranger en a
fait les honneurs sans en retirer beaucoup d'honneur
et qu'on n'a nullement caché l'auteur... »

« Vous avez bien raison, écrit encore Grimm
quelques jours plus tard; le foyer de toutes les injures
qu'on vomit contre lui est à Paris, je le connais bien,
mais c'est sa faute. Il écrivit, il y a deux ou trois ans,
une lettre fort inconsidérée aux libraires de l'*Encyclopédie* contre un certain Luneau de Boisjermain qui
leur avait intenté un procès[1]. Il avait reçu ce Luneau
vingt fois chez lui, comme cent autres polissons dont
il ne sait pas le nom. Les libraires firent imprimer sa
lettre à la suite de leur plaidoyer; elle était déplacée
en tout sens. Denis l'avait écrite cinq ou six jours
après mon départ pour l'Angleterre; il s'était bien
gardé de la montrer à qui que ce soit, car quand on
veut faire une sottise, il faut savoir soigneusement
s'en cacher à ses amis. Luneau n'a cessé depuis de
l'accabler d'horreurs de toute espèce et comme, par le
commerce de la librairie qu'il fait, il se trouve en

1. Cette lettre a été reproduite pour la première fois, ainsi
que quelques autres relatives à la même affaire, au tome XIX
des *OEuvres complètes*.

liaison avec tous les journalistes et tous les libraires, il a eu soin de le suivre à la piste dans son voyage jusqu'ici. Je ne doute pas que M. le pasteur Formey ne s'approvisionne à cette boutique-là et que le polisson inconnu qui écrit d'ici ne tire aussi son poison de ce côté-là. Ce qu'il y a de bon, c'est que Denis ne sait rien de toutes ces horreurs-là, et sans l'avis charitable que je ne sais qui lui a donné qu'il courait ici une critique de ses prétendues œuvres imprimée à Berlin et composée par une main très illustre[1], il n'aurait eu aucun soupçon de tous ces orages. »

En annonçant à d'Aiguillon, dès le 6 novembre 1773, que chaque jour, après son dîner, c'est-à-dire vers deux heures, l'impératrice accordait à Diderot une audience qui se prolongeait jusqu'à cinq, Durand ajoutait :

« J'ai dit à M. Diderot ce que j'attendais d'un Français. Il m'a promis d'effacer, s'il est possible, les préjugés de cette princesse contre nous, et de leur faire

1. Les « prétendues œuvres » de Didcot avaient en effet été publiées l'année précédente à Amstrrdama per Marc-Michel Rey, en cinq volumes in-8º; à côté d'écrits authentiques, sinon avoués, on y trouvait le *Code de la nature*, de Morelly, les *Principes de philosophie* d'Étienne Beaumont, la *Justification de plusieurs articles de l'Encyclopédie*, par l'abbé de Montlinot, la *Lettre au P. Berthier sur le matérialisme*, par l'abbé Coyer. Quant à la critique faite par « une main *très illustre* », je l'ai retrouvée dans les *Nouvelles littéraires* dont le seul exemplaire actuellement connu appartient à la Bibliothèque royale de la Haye et je la reproduis en appendice. (Voyez la pièce cotée A).

sentir ce que sa gloire pourrait acquérir d'éclat par une union intime avec une nation plus capable qu'une autre de rendre justice à ses qualités éminentes, et de n'user avec elle que de procédés nobles. »

D'Aiguillon lui répondit par retour du courrier :

« L'exhortation que vous avez faite à M. Diderot est très bien placée. Je ne sais si l'on peut assez compter sur ses sentiments pour croire qu'il se conduira d'après les principes que vous lui avez rappelés.

» Son admiration continuelle pour l'impératrice est une disposition bien prochaine à l'adulation. Ces observations ne nous empêcheront pas de rendre à M. Diderot la justice qu'il aura méritée, et je présume que vous vous mettrez en état d'apprécier sa conduite à sa véritable valeur. Le livre qu'il a publié à son passage à la Haye, et dont le Roi vous a chargé de déférer un passage à la cour de Pétersbourg, n'est pas fait pour donner bonne opinion de son attachement à sa patrie. »

Tout en laissant planer sur le philosophe un soupçon dont ses accusateurs auraient été fort empêchés de faire la preuve, le ministre français s'efforçait, on le voit, de profiter des dispositions bénévoles de Catherine à son égard pour amener entre les deux pays un rapprochement que le traité secret conclu, en 1764, par la Prusse et la Russie et les futiles questions de protocoles soulevées par Louis XV, à propos des

« reversales[1] » rendaient tout à fait improbable. Fidèle à ce mandat, Durand notait les moindres propos échappés de la bouche de Diderot au sortir de l'Ermitage, qu'il s'agît de Frédéric II, du partage de la Pologne ou des *Anecdotes* de Rulhière. Deux de ces dépêches (9 novembre et 5 décembre 1773) ont trait au désir impérieux manifesté par Catherine d'avoir connaissance de celles-ci, et au souci non moins vif des représentants de Louis XV de le dégager de toute ingérence dans cette affaire.

En retraçant sur la fin de sa vie le souvenir des causeries de la « chaise prophétique » et du fauteuil impérial, où il apportait, selon toute apparence, infiniment plus de tact et de souplesse que son ami[2], Grimm avouait « que *l'impératrice* n'était jamais absente » de ces causeries intimes, si libres qu'elles fussent et parfois, comme Diderot le reconnaissait lui-

---

1. La difficulté, soulevée en 1762 par Pierre III et qui ne fut résolue qu'en 1772, portait sur l'adjonction des épithètes *Impériale* et *Royale* dont le cabinet de Versailles et la chancellerie de Saint-Pétersbourg refusaient de se servir dans leurs dépêches respectives. Le conflit prit un moment un caractère aigu en 1767 entre Choiseul et Panin et fut la cause du déplacement de Dimitri Galitzin, remplacé à Paris par un simple chargé d'affaires. Cette question « d'engagement et de préséance » revient maintes fois dans les *Instructions* publiées par M. Alfred Rambaud (Voyez tome II, *passim*, et spécialement pp. 287-288).

2. Voir le *Mémoire historique sur les origines et les suites de mon attachement pour l'impératrice Catherine II, jusqu'au décès de Sa Majesté impériale*, par Grimm, publié dans le tome II du *Recueil de la Société historique russe* et en tête du tome Ier de la *Correspondance littéraire*.

même, lui arriva-t-il d'outrepasser le droit de tout dire que son interlocutrice lui avait dévolu. Quinze ans plus tard, en présence de courtisans infiniment plus déliés, tels que le comte de Ségur et le prince de Ligne, Catherine citait au premier, qui nous l'a conservée, la réplique par laquelle elle avait clos une trop vive discussion :

« Monsieur Diderot, j'ai entendu avec le plus grand plaisir tout ce que votre brillant esprit vous a inspiré; mais, avec tous vos grands principes que je comprends très bien, on ferait de beaux livres et de mauvaise besogne. Vous oubliez dans tous vos plans de réforme la différence de nos deux positions : vous, vous ne travaillez que sur le papier qui souffre tout; il est tout uni, simple et n'oppose d'obstacle ni à votre imagination, ni à votre plume, tandis que moi, pauvre impératrice, je travaille sur la peau humaine qui est bien autrement irritable et chatouilleuse. »

« Dès lors, ajoutait Catherine, il ne fut plus question entre nous que de morale et de littérature. » On verra plus loin qu'une fois cependant Diderot, soufflé par Durand, remplit à ses risques et périls, et comme s'il agissait de son propre mouvement, la délicate mission de pressentir l'impératrice sur un projet d'alliance avec la France en vue d'un traité de paix avec la Turquie.

Diderot avait voulu résumer le souvenir de ses entretiens dans toute une série de chapitres qui, sans

lien apparent entre eux, devaient provoquer les méditations de son interlocutrice après leur séparation. Il
n'avait pas gardé copie de ces « feuillets », il le dit, et
on peut l'en croire; quant à l'impératrice, elle n'en
avait révélé l'existence à aucun de ses correspondants;
il n'y est pas même fait allusion une seule fois dans ses
lettres à Grimm, resté à Saint-Pétersbourg comme à
Paris le confident du philosophe et devenu bientôt
celui de l'impératrice. Ce précieux cahier, que personne, à ma connaissance, n'avait encore signalé, serait
donc resté probablement lettre close pour nous, sans
la parfaite obligeance de feu M. Alexandre Grimm,
conservateur de la bibliothèque privée de l'Empereur.
C'est lui qui me mit spontanément le manuscrit entre
les mains; c'est à lui d'abord, et plus tard, grâce à la
haute intervention de M. l'amiral Jaurès, alors ambassadeur de la République française auprès d'Alexandre III,
et de M. Ternaux-Compans, alors premier conseiller
d'ambassade, que je dus de pouvoir le transcrire; c'est
lui, enfin, qui poussa la bienveillance jusqu'à se charger
d'une partie du travail fastidieux de la copie, afin
d'abréger la durée de mon séjour. Que les zélateurs de
la gloire de Diderot ne l'oublient donc pas : sans
M. Grimm, — cette homonymie, à un siècle de distance, n'est-elle pas curieuse ? — ils ne liraient pas
aujourd'hui ces pages dont quelques-unes peuvent se
comparer aux plus brillantes et aux plus hardies qui
soient sorties de la plume du philosophe.

Par sa nature même ce volume semblait ne jamais devoir sortir des mains de celle à qui il était destiné; il n'appartient cependant que depuis quelques années à la bibliothèque privée des tsars, car il a été offert, ou plutôt restitué, à Alexandre II par Abraham Serguiévitch Noroff, ancien ministre de l'instruction publique, mort en 1869, dont il porte encore l'*ex-libris*. C'est un petit in-quarto relié en maroquin rouge aux armes impériales, doublé de satin bleu, doré sur tranches et renfermé dans un étui de maroquin rouge. Sur le premier feuillet on lit ce titre : *Mélanges philosophiques, historiques*, etc. ; *année 1773, depuis le 5 octobre jusqu'au 3 décembre, même année,* suivi d'une épigraphe caractéristique :

> Philosopho, seu puero ingenuo,
> De re gravi leviter loquenti
> Majestas ejus subridebat
> Aliquando, benigne.

Plus bas Noroff a tracé cette note: « Ce volume, écrit en entier de la main de Diderot, renferme tous les mémoires qu'il a présentés lors de son séjour à Saint-Pétersbourg à S. M. l'Impératrice Catherine II. » L'*ex libris* gravé est collé en regard du titre sur lequel on lit en outre : *Ex biblioth. Abrah. Noroff.* Le titre, l'épigraphe, la table qui suit et tout le contenu du volume sont autographes, sauf un mémoire sur les colonies de Saratof, rédigé par un anonyme et que

Diderot s'est contenté d'apostiller de deux notes insignifiantes, et un feuillet intitulé : *Moyen de rendre la religion utile*, en marge duquel on lit : « J'ai fait présent de l'original à Gœthe. »

La lecture de la table des matières de ce volume peut seule donner une idée exacte de la variété de son contenu[1]. Tantôt Diderot s'élève aux plus éloquentes considérations sur le luxe, la tolérance ou le divorce; tantôt il descend à des conseils purement techniques, comme le fils du coutelier de Langres pouvait en donner, sur les forges et les fontes de fer; tantôt il s'abandonne à ses souvenirs et retrace les périls auxquels l'exposa la mise au jour de la première *Encyclopédie*, ce qui ne l'empêchait pas d'en rêver une seconde, mais destinée à la Russie seule et imprimée pour elle : beau projet qui, après bien des promesses et des tergiversations, s'en alla en fumée, comme celui de ce dictionnaire universel de la langue dont il traçait dans une lettre à Falconet le plan gigantesque,

---

[1]. Diderot avait, — chose rare, — pris soin de dresser lui-même cette table, sans s'astreindre toutefois à la reproduction intégrale des titres primitivement inscrits par lui en tête de ses « feuillets ». On la retrouvera aux appendices (pièce G du présent volume) avec ses variantes et il sera facile au lecteur de s'assurer que si j'avais imprimé les pages auxquelles elle renvoie dans l'ordre ou plutôt dans le désordre que présente le manuscrit, j'aurais rendu un assez mauvais service à l'auteur. J'ai donc pris la liberté grande, mais nécessaire, de classer ces fragments aussi méthodiquement que j'ai pu et de les relier entre eux par quelques commentaires où je me suis efforcé de ne rien dire que d'essentiel.

« bien persuadé, écrivait-il à l'impératrice, qu'un livre de cette nature ne peut être fait que par un seul homme »; tantôt questionné par Catherine sur sa manière de travailler, il expose naïvement la méthode qu'il faut suivre pour avoir du génie, démontrant ainsi, sans s'en douter, qu'il n'était pas l'improvisateur toujours prêt que Janin et d'autres faiseurs se sont plu à représenter pour abriter leur stérile fécondité derrière un illustre exemple; tantôt il témoigne son insurmontable aversion contre l'Académie et les « manivelles académiques »; ou bien c'est un piquant apologue sur le régime despotique (*le Postillon de Hamm à Lipstadt*); ce sont de ces dialogues où il excelle, tels que celui d'une mère de famille et d'un abbé, précepteur de ses fils, ou celui d'un grand seigneur et d'un créancier, où il y a très probablement autre chose qu'une réminiscence de la scène fameuse de Don Juan et de M. Dimanche. Ce qui frappe surtout dans ces préceptes, ces fantaisies ou ces confidences, c'est l'accent d'une liberté entière, à peine maîtrisée par des formules louangeuses que les ennemis du philosophe avaient et auront sans doute encore beau jeu à lui reprocher. « Je m'arrête, dit-il, pour faire une réflexion. Quelle différence entre la pensée d'un homme dans son pays et la pensée d'un homme à neuf cents lieues de sa cour !... Combien la crainte retient le cœur et la tête! Quel singulier effet de la liberté et de la sécurité ! »

Il sait mieux que personne, d'ailleurs, la distance qu'il y a entre « un pauvre diable qui s'avise de politiquer sous la gouttière et ce qui se passe dans la tête d'une souveraine... Rien n'est plus aisé que d'ordonner un empire, la tête sur son oreiller. » Aux toutes dernières pages du manuscrit, il ajoute ceci : « J'ai pu être indiscret, inconsidéré, mais j'ai là, au côté gauche, un censeur sévère qui m'assure que je n'ai été ni faux ni méchant. Je suis un philosophe comme un autre, c'est-à-dire un enfant bien né qui balbutie sur des matières importantes. C'est mon excuse et la leur. Ils veulent tous le bien, ce qui les expose quelquefois à parler fort mal. Le tyran fronce le sourcil, Henri IV et Votre Majesté sourient. »

Au reste, il ne fallait rien moins qu'une pareille impunité pour oser traiter avec cette franchise, et parfois cette brutalité, des questions telles que la nécessité de la tolérance ou de la morale des rois, pour écrire, en pleine monarchie théocratique et absolue, que ce sont les basses conditions qui fournissent des hommes éclairés (*D'un tiers-état*), ou pour pronostiquer la grandeur de l'Allemagne, le jour où la maison impériale (d'Autriche) — Diderot ne se trompait que de latitude — aurait dévoré les électorats. Dès lors aussi, on s'explique que ces conseils et ces avertissements soient restés absolument secrets et dérobés avec un soin jaloux aux fureteurs de curiosités historiques. Les lecteurs peuvent donc être assurés qu'ils ont ici le fond même de la pensée de Diderot sur quelques-uns des problèmes qui, au bout d'un siècle, préoccupent encore les esprits. Est-ce à dire pour cela qu'il ait toujours vu juste? Tant s'en faut. Qui ne sourirait aujourd'hui en l'entendant préconiser la nécessité d'une littérature et surtout d'un art dramatique d'État? Ce fut la chimère de Napoléon Ier, et l'on sait quels fruits les lettres et le théâtre de son temps en ont recueilli. Et que dire aussi de ce passage? : « Qui est-ce qui sait un mot des petits papiers philosophiques de Voltaire? Personne. Mais les tirades de *Zaïre*, d'*Alzire*, de *Mahomet*, etc., sont dans la bouche de toutes les conditions, depuis les plus relevées jusqu'aux plus subalternes... » Décidément, les contemporains, même quand ils ont du génie, sont mal venus à se constituer les guides de leurs successeurs. Chaque génération emporte avec elle ses admirations et ses antipathies, ou si, par grand hasard, elles lui survivent, elles se déplacent, et ce que nous avons applaudi hier, nos petits-neveux se donneront de loin en loin la peine d'aller l'exhumer de ces nécropoles intellectuelles qu'on appelle des œuvres complètes.

C'est affaire à eux. Notre rôle, à nous qui traversons la fin d'un siècle que Sainte-Beuve appelait « l'ère des scoliastes », notre rôle est de fouiller archives et bibliothèques sans lassitude et sans dégoût, soutenus par la pensée que ce que nous arrachons à l'oubli représente une parcelle d'un trésor, hélas ! bien appauvri. Ce n'est que justice après tout, quand il s'agit d'un homme qui professait la foi la plus sincère dans le jugement de la postérité et qui a eu pendant longtemps si fort à s'en plaindre.

VII

LÉGISLATION

L'*Essai* par lequel s'ouvre ce chapitre n'est pas, comme son titre pourrait le faire supposer, une étude sur la puissante administration à laquelle La Reynie et Sartine ont attaché leur nom. Diderot a pris ici le mot de *police* dans l'acception que lui ont plusieurs fois donnée Pascal, Bossuet, Fléchier, Fénelon, Massillon, Montesquieu et Voltaire, c'est-à-dire dans le sens d'organisation politique. Le doute qui pourrait résulter de l'emploi de ce terme tombé en désuétude serait dissipé d'ailleurs dès les premières lignes. Ce que Diderot tente ici, ce n'est rien moins qu'une esquisse de notre histoire féodale et de nos origines parlementaires, et son but principal était de montrer à Catherine les dangers que, selon lui, les réformes de Maupeou faisaient courir à la monarchie française.

L'occasion lui était bonne pour exalter en même temps la sagesse de sa bienfaitrice, tout occupée alors de donner un code à son empire. La Récapitulation qui termine cet essai nous en révèle l'instigateur et nous en fait voir le but; c'est M. de Narischkine qui avait demandé à Diderot de jeter sur le papier un historique des récentes révolutions judiciaires de la France, et Diderot se vante d'avoir emprunté les éléments de cet exposé aux actes particuliers et secrets de la magistrature. Comment se les était-il procurés à Saint-Pétersbourg ? C'est ce qu'il ne nous dit pas. Il reconnaît d'ailleurs lui-même qu'il a pu commettre de légères inexactitudes dans le récit des procédés du chancelier à l'égard de d'Aiguillon; ce n'est point la seule faute sans doute qu'on pourrait reprendre dans ce résumé. Les préliminaires et les péripéties de la lutte de Maupeou ont trouvé un récent historien dans M. Jules Flammermont[1], et c'est à son livre qu'il faut renvoyer le lecteur soucieux d'étudier dans leur détail ces réformes et leurs conséquences. L'avenir, en somme, a donné raison à Maupeou sur plus d'un point; mais les contemporains n'en jugeaient et ne pouvaient pas en juger ainsi. Nous applaudissons aujourd'hui à la largeur et à la supériorité de ses vues; en 1773, Maupeou n'était aux yeux du plus grand nombre qu'un ambitieux, servi par des comparses mé-

---

1. *Le chancelier Maupeou et les Parlements*, ouvrage couronné par l'Académie française. (Alphonse Picard, 1885, in-8º.)

diocres ou décriés : pour apprécier sainement une révolution, il ne faut pas y avoir assisté.

Au moment où celle-ci se produisit, Catherine sortait à peine de ce qu'elle appelait elle-même sa crise de *législomanie*, et s'il est vrai qu'elle fit de l'*Esprit des lois* son bréviaire, comme elle l'écrivait à Voltaire, elle se l'était si parfaitement assimilé qu'elle en a reproduit des paragraphes entiers dans sa fameuse *Instruction pour la commission chargée de dresser le projet d'un nouveau code de lois* dont il sera question plus loin. Diderot s'en était-il aperçu ? C'est bien probable, mais il n'eut garde de le dire, et il aurait eu à cela d'autant plus mauvaise grâce que son érudition historique était, comme celle de presque tous ses contemporains, en partie puisée dans l'immortel livre de Montesquieu ; le surplus lui venait de l'*Abrégé chronologique* du président Hénault et de l'*Histoire critique de l'établissement de la monarchie française* de l'abbé Dubos.

§ I

ESSAI HISTORIQUE SUR LA POLICE

Ce ne sont point des maximes, ce sont des faits.

1. La nation française secoue le joug des Romains. Un héros est élevé sur un pavois. La loi salique est rédigée dans trois assemblées. Le prince et la loi sont institués en même temps.

Sans la loi, rien n'aurait été fixé. Sans l'autorité, la loi n'aurait point eu d'exécution.

Pour assurer l'exécution de la loi, les Français déposent entre les mains du roi toute la puissance publique. Voilà la première faute, le péché originel. Déposer entre les mains d'un roi toute la puissance publique, ce n'est pas seulement lui conférer le pouvoir de faire exécuter les lois ou de les ramener à leur pureté, à leur activité première, quand elles l'ont perdue, c'est lui accorder bien davantage, ainsi que le temps ne manque jamais de le prouver.

2. Dans le commencement, les rois, convaincus que cette puissance publique n'était qu'un dépôt, se conduisirent en conséquence; ils sentirent que toucher à la législation n'était point une affaire d'autorité souveraine. De là ces conseils nombreux assemblés dès les premiers âges de la monarchie. Aucune disposition souveraine ajoutée à la loi salique sans le suffrage des principaux de la nation.

3. Les lois s'anéantissent dans le déclin de la maison de Clovis.

4. Charlemagne les renouvelle et tire la loi salique de l'oubli. Il recueille les décrets des rois. Il y ajoute ses capitulaires. Et qu'est-ce que ces capitulaires? Les vœux d'un peuple qui délibère avec son souverain sur des intérêts communs. Victorieux et redouté, quoiqu'il pût tout, Charlemagne fit alors ce que Catherine II fait aujourd'hui. Aussi ce Charlemagne de France et

cet Alfred d'Angleterre, son contemporain, n'étaient pas des hommes ordinaires. Si Sa Majesté fait peu de cas du premier, c'est qu'elle a le droit d'être difficile en grands souverains.

Mais qu'arrive-t-il? C'est que les lois périssent sur la fin de la seconde race.

Sa Majesté Impériale concevra combien la législation mise sous la sauvegarde d'un seul homme est vacillante et de peu de durée. C'est la nation même qui doit en être la conservatrice d'âge en âge, condition qui suppose des lois simples, un code qui puisse être entre les mains des sujets dès la plus tendre enfance. Les prêtres ont été bien plus adroits que le roi. Mais peut-être que Catherine II est la première souveraine qui ait sincèrement désiré que ses sujets fussent instruits.

5. Des usages suppléent pendant des siècles aux lois oubliées, c'est-à-dire qu'on en use ainsi, parce qu'on a continué d'en user ainsi ; quelle singulière base de police et de tranquillité publique !

6. Le droit romain paraît. Je ne sais quel rapport il pouvait y avoir entre le droit romain et la constitution d'un gouvernement féodal dans toute sa férocité.

Le fait est que les usages se modifient insensiblement par l'apparition de ce droit, ainsi que Sa Majesté Impériale voit elle-même les pensées de ses sujets se modifier par l'apparition de son code ou de son instruction.

Et comment cette modification se fit-elle? Fut-ce par la connaissance que la nation ou le souverain prit de ce droit? Nullement. Est-ce qu'une nation barbare lit? Est-ce qu'une nation policée lit un ouvrage de droit? Est-ce qu'un souverain lit? Oui, une fois, tous les quatre ou cinq cents ans, sous le pôle.

Les usages furent modifiés par la force des opinions des jurisconsultes.

Je suppose que ces jurisconsultes eussent substitué aux usages les principes les plus solides sur l'autorité souveraine et sur les privilèges inaliénables d'une nation, qu'en serait-il arrivé? Rien. Ces jurisconsultes ne pouvaient représenter la nation. Ils ne faisaient pas corps. Il ne pouvait y avoir d'unanimité dans leurs décisions. La législation ne pouvait devenir entre leurs mains que ce que la religion devint entre les mains des schismatiques dans les premiers temps de la Réforme.

7. Les lois sont purement traditionnelles sous Charles VII.

Charles VII fixe leur incertitude.

L'histoire nous apprend qu'il assemble dans chaque partie de son royaume ceux qui vivaient sous les mêmes couronnes, et qu'il leur dit : « Mettez vos lois par écrit ».

En bonne foi, était-ce là ce qu'un homme de tête aurait fait? Charles ne devait-il pas sentir que cette diversité de coutumes était un très grand mal? Ne devait-il pas profiter de ce moment d'oubli pour anéantir toutes ces coutumes et leur substituer une loi uniforme et générale? Il ne le fit pas, et cette faute est sans remède. La France est condamnée à n'avoir jamais de code. Notre droit coutumier est immense. Il est lié avec l'état et la fortune de tous les particuliers. Celui qui projetterait le renversement de ce colosse monstrueux ébranlerait toutes les propriétés. Il n'achèverait pas son entreprise sans commettre une foule d'injustices criantes. Il soulèverait infailliblement les différents ordres de l'État. Je le ferais pourtant, car je pense qu'il faut faire un grand mal d'un moment pour un grand bien qui dure.

Tout ce que je vois de mieux dans la conduite de Charles, et c'est le seul point qu'elle a de commun avec celle de Votre Majesté, c'est qu'il ne se sert point de son autorité pour consommer son mauvais ouvrage. Il convoque une assemblée, voilà toute l'étendue qu'il donne à son pouvoir. Je vois encore que, bonnes ou mauvaises, voilà ces lois soustraites et malheureusement soustraites à la mobilité de la tradition, mobilité qui, à la longue, en aurait ramené l'oubli, et, avec leur oubli, peut-être la nécessité d'un code uniforme et général. Il y a des circonstances où l'extrême du mal est un bien et où un palliatif qui invétère le mal est plus funeste que tous les remèdes.

Qu'un peuple est heureux, lorsqu'il n'y a rien de fait chez lui ! Les mauvaises et surtout les vieilles institutions sont un obstacle presque invincible aux bonnes. Voilà un roi sage, mais qui manque ou de lumière, ou de force, ou de courage, qui croit faire le bien, qui en laisse sa nation convaincue et qui perd tout sans s'en douter. Puisse Votre Majesté trouver dans ses sujets un profond oubli de toute ancienne législation! S'il y a quelque chose de bien, elle saura bien le conserver.

8. Les enquêtes par *tourbes* [1] sont à peine aujourd'hui connues. Elles faisaient jadis presque tout le fonds de notre droit français.

N'est-ce pas une chose bien singulière que, par laps de temps, une nation en soit réduite à s'interroger par tourbe, pour savoir et statuer sur ce que sa législation lui défend ou lui prescrit?

9. Sous la première et la seconde race de nos rois, les lois varièrent suivant les cantons et suivant les personnes.

Nos princes s'engageaient à conserver à chacune sa loi.

Rien n'a changé en France sur tous ces points.

---

1. « On appelle *enquête par tourbes* [du latin *turba*], dit le *Répertoire de jurisprudence* de Guiot, une espèce d'information que les cours souveraines ordonnaient autrefois lorsqu'en jugeant un procès, il se trouvait de la difficulté, soit sur une coutume non écrite, soit sur la manière d'en user pour celle qui était rédigée par écrit, sur le style d'une juridiction, ou enfin concernant des limites ou une longue possession, ou sur quelque autre point de fait important. » Les dépositions s'y faisaient toutes ensemble : c'est de là qu'est venue leur dénomination.

La même diversité de lois subsiste. La coutume de Bourgogne n'est point celle qui régit la Normandie. Le pays de droit écrit a des règles différentes de celles du pays de droit coutumier. La loi des roturiers n'est point celle des nobles. Le clergé a des constitutions particulières à son état. Il en est de même du militaire, de l'ecclésiastique et du magistrat.

Cependant est-ce que tous ces gens-là sont autre chose que des sujets et des citoyens? Que la nation les récompense de leurs services, cela est juste ; mais que ce ne soit jamais par des privilèges exclusifs, par des exemptions, par tous ces moyens iniques qui sont autant d'infractions à la loi générale et de surcharges pour les hommes utiles et laborieux qui ne sont point titrés. Pourquoi transmettre à des descendants avilis la récompense de leurs illustres aïeux? Quelle crainte peut-on avoir de la bassesse et du déshonneur, lorsque le sang transmet les prérogatives de la vertu? Que l'illustration remonte, comme à la Chine, et passe des vivants aux morts, je n'y vois nul inconvénient; mais qu'elle passe des morts aux vivants, c'est autre chose.

Si j'étais souverain dans une contrée où la noblesse a des franchises, je serais bien avare des titres de noblesse. Je laisserais passer la vieille noblesse, je l'honorerais, je la soutiendrais, mais je n'en ferais point de nouvelle, ce qui ne déplairait à personne.

10. Pendant plus de douze siècles, la formation de

lois locales fut toujours accompagnée de délibérations solennelles. Elles n'ont jamais dépendu de la seule volonté du souverain. Les monarques ont toujours désiré qu'elles fussent combinées par des représentants. Ils n'ont pas même pris sur eux de les interpréter, et le roi régnant a lui-même ordonné plusieurs assemblées territoriales pour perfectionner les coutumes et les rédiger plus clairement.

Rédigées plus clairement, en sont-elles moins folles? Non. N'y reste-t-il plus d'obscurités? Elles en sont pleines. C'est une source de procès interminables.

11. Ces lois, telles quelles, c'est à l'autorité souveraine qu'il appartient de les faire exécuter. Le roi seul a cette autorité.

S'en mêle-t-il? Non. Cela est presque impossible, il n'y suffirait pas.

Il se fait suppléer, et par qui? Par des citoyens qu'il revêt d'une partie de son autorité.

Cette portion d'autorité n'a pas été confiée sans règle ni restriction, et, si un monarque voulait demain s'asseoir sous un chêne, à l'exemple de saint Louis, et juger lui-même ses peuples il le pourrait?

Certainement; cependant je ne pense pas que Louis XV l'eût fait sans réclamation; on lui aurait dit l'équivalent de : « Sire, de quoi vous mêlez-vous? »

Juger sous le chêne, ou évoquer à soi, n'est-ce pas la même chose? Combien toutefois les évocations n'ont-elles pas causé de tumulte? C'est que, quand on a créé un tribunal souverain, il faut interdire toute évocation. L'évocation est injurieuse, l'évocation affaiblit et l'autorité de la justice et la crainte de la loi. L'évocation est toujours une marque de faveur et de grâce.

Ces règles, restrictions, conditions, sont connues sous le nom d'ordonnances. Le magistrat jure de s'y conformer, voilà qui est bien jusque-là.

Mais le magistrat a prétendu que ces conditions liaient le souverain lui-même, tant qu'elles n'étaient pas révoquées.

Et le souverain est-il maître de les révoquer ou abroger? Assurément. Jamais le magistrat n'eût osé dire le contraire. Cependant ces ordonnances sont devenues un sujet de dissensions perpétuelles entre le souverain et le magistrat.

D'où il s'ensuit qu'il est de la dernière importance pour un souverain de ne confier à un grand corps quelconque que la portion de son autorité qu'il ne sera jamais tenté de revendiquer.

Mais aussi, lorsque sa sagesse a bien fixé cette portion, il est de la plus grande importance de prendre toutes les précautions imaginables pour que cette aliénation soit éternelle et permanente. Il ne l'est pas moins de bien marquer la limite qui sépare ce que l'on retient de ce qu'on abandonne.

En revanche, je pense qu'il ne faut jamais appeler

un grand corps de l'État, quand on peut s'en passer, jamais le faire intervenir dans les choses étrangères à son institution, parce que les corps sont sujets à se faire des droits de tout ce qu'on leur a accordé une fois. Plus leur sanction donne de solennité, plus il faut s'en méfier. C'est comme la volonté de Dieu qu'il ne faut point employer ; il est aisé de faire vouloir Dieu auprès des peuples : il ne s'agit que de corrompre un prêtre ; mais il est très difficile de le faire cesser de vouloir. Lorsque Romulus eut une fois ordonné le sacrifice des bestiaux dans la disette, il fallut encore immoler les bestiaux lorsque la disette fut passée.

Cette concession faite par le souverain d'une partie de son autorité devient, avec le temps, la loi fondamentale d'un État la plus essentielle.

Tant que cette concession subsiste sans atteinte, l'État prospère. Le peuple se croit libre. L'attaquer est le premier pas du despotisme ; l'annuler en est le dernier, et l'époque la plus voisine de la chute d'un empire, surtout si cette innovation se fait sans effusion de sang, car alors il n'y a plus de nerfs, tout est relâché, tout est avili.

Sa Majesté Impériale ne sera peut-être pas fâchée d'entendre parler le magistrat, le représentant ou le dépositaire d'une portion de l'autorité souveraine. Le nom ne fait rien à la chose.

« L'autorité légale qui vous reste, Sire, se règle

tant sur les lois locales et personnelles que sur les ordonnances. Nous n'avons accepté nos fonctions qu'à cette condition. Nous n'avons acquis nos charges à grands frais, nous ne les avons exercées avec tant de zèle et de peine que par l'importance que vous y avez attachée vous-même. Laissez-nous tels que nous sommes ou abolissez-nous. »

S'ils avaient osé dire de nos jours : « ou coupez-nous la tête », peut-être subsisteraient-ils encore. Mais, pour parler ainsi, il fallait être des hommes, et ils n'en étaient pas. Mais, pour parler ainsi, il fallait avoir pour soi la faveur de la nation, et ils ne l'avaient pas. Mais pour avoir la faveur de la nation, il aurait fallu s'être montré dans tous les temps les protecteurs de la nation, et ils ne l'avaient jamais fait. Mais, pour oser se montrer fermement les protecteurs de la nation, il fallait que, nommés par la nation, elle eût seule le droit de les révoquer, et il n'y avait rien qui ressemblât à cela ; s'ils étaient tels qu'ils se prétendaient, il en fallait prendre acte de bonne heure, et sentir que leur existence dépendait de ces actes réitérés et suivis sans intermission.

Que Sa Majesté Impériale a été sage, quand elle a abandonné à chaque province de ses États le choix de son représentant ! Mais aura-t-elle la force de laisser à chacune de ses provinces la liberté de la confirmation ou de la révocation de son représentant ? Ne se mêlera-t-elle plus de la conformation du corps, et son génie grand et fécond lui a-t-il inspiré le moyen d'empêcher aucun de ses successeurs de s'en mêler? Je ne crois pas qu'il y ait un problème de politique plus difficile à résoudre, mais je suis bien éloigné de le croire au-dessus de ses forces. Elle a fait tant de choses surprenantes qu'on ignore ce qu'elle ne peut pas faire.

Si elle s'est proposé d'éterniser ses lois et d'élever contre le despotisme à venir une autorité insurmontable, il est certain qu'elle ne peut rien faire de mieux.

Il est bien grand, bien courageux, bien humain dans une souveraine de former elle-même une digue à la souveraineté. C'est très certainement ce qu'elle aura fait si, après avoir confié à ses sujets la rédaction du code, elle rend la commission permanente, si elle laisse aux provinces le droit de perpétuer ou de casser ses représentants, et si elle ôte à ses successeurs le pouvoir d'en disposer ou de l'anéantir.

Il ne restera plus qu'une précaution à prendre : c'est que cette fonction de magistrat, de représentant ou de commissaire, devenant très importante, ne devienne un objet d'ambition, et que celui qui aspirera à cette dignité ne corrompe ses vassaux, n'achète leurs voix et n'arrive à la commission comme on arrive en Angleterre à la députation.

Il n'y a en Angleterre que la voie de la corruption ; peut-être ici faut-il y ajouter la voie de la terreur.

Que celui donc qui aura brigué, de quelque

manière que ce soit, les suffrages soit à jamais exclu du tribunal. Les petites brigues secrètes peuvent s'ignorer ; les grandes brigues et celles qui influent sur toute une province le sont difficilement. Voilà les seules qui puissent et même qui doivent être proscrites.

12. La promulgation de ces ordonnances des rois ne se fit point sans formalités ; ce ne fut point une étiquette particulière à la troisième race. Dès le commencement de la monarchie, les *préceptions*, c'est-à-dire les ordres ou les lettres que le roi adressait aux juges, n'avaient d'exécution qu'après une vérification scrupuleuse [1].

13. Si le commencement de la troisième race n'offre rien de semblable, c'est qu'alors il n'y avait plus de lois et que le pouvoir légal du souverain, concentré dans ses seuls domaines, ne s'étendit pas sur ceux de ses vassaux.

Sa Majesté Impériale (à moins que notre vieille histoire ne lui soit très familière, ce qui ne me surprendrait pas), s'étonnera un peu de lire alternativement : » Il y avait des lois ; il n'y avait plus de lois. ».

Cela arrivera toujours (indépendamment des circonstances particulières à la France), lorsque l'ordre social et public s'établira par hasard et sans aucun

1. Sur *les préceptions* et les abus qu'elles entraînaient, voyez l'*Esprit des lois*, livre XXXI, ch. II.

plan; lorsqu'il ne sera pas le résultat du concours général des volontés; lorsqu'il ne sera que l'effet de la bonne volonté du souverain que son cœur, quelquefois bon, et sa tête, fort souvent très étroite, aura dirigée. Votre Majesté a la tête, l'âme grande, les vues étendues. Elle sait vouloir et vouloir fortement; elle a un plan formé, elle a appelé dans son conseil toute la nation, elle est aidée de toutes les lumières des nations circonvoisines. C'est pour elle, et pour elle seule, je crois, que Montesquieu a écrit. C'est elle qu'attendaient les philosophes qui ne méditent que pour le temps où il naîtra un grand prince. Son ouvrage durera, s'il l'achève, et il s'achèvera, si le malheur d'une longue suite de victoires n'absorbe pas une partie de la durée de son règne. Je l'ai déjà dit, je ne regrette pas les hommes, les hommes se refont; je ne regrette pas l'or de ses trésors, les trésors se remplissent; mais qui rendra à ces peuples les années qui s'écoulent? Voilà la vraie perte, la perte irréparable, la perte qui fait gémir toutes les personnes honnêtes de l'Europe qui soupirent après le résultat de ses premières opérations; quel qu'en soit le succès, elles l'immortaliseront.

Il en serait de la Russie ainsi que de toutes les autres nations que l'enchaînement des événements a conduites à une sorte de police, telle quelle; elle épargnera bien des siècles de troubles à son pays.

14. Après quelque interruption, l'ordre, l'usage,

les formalités anciennes reparurent sous les successeurs d'Hugues Capet, tandis que tout était encore soumis à la police féodale et décidé par les guerres ou par le duel.

Montesquieu dit que c'est un grand et sublime spectacle que celui du gouvernement féodal [1]. Je n'entends pas cela. Le plan s'en exposerait en dix pages et les maux ne s'en exposeraient pas en mille ; mais je m'incline toutes les fois que je prononce ce nom, et je ne me permets pas de discuter.

15. Louis le Gros et ses successeurs affranchirent les serfs, et créèrent ainsi une nouvelle classe de sujets par l'érection des communes.

16. Philippe-Auguste étend son domaine et institue des baillis.

17. Louis VIII et saint Louis, devenus plus puissants encore, augmentent le nombre de leurs officiers, sous le même nom de baillis, et sous celui de sénéchaux.

Quel homme ç'aurait été que ce saint Louis ! Je lui passerais, je crois, son esprit intolérant s'il eût fait par politique ce qu'il fit par sottise pieuse. Les grands vassaux le suivent en terre sainte ; les uns y sont tués ; les autres ruinés ; lui-même y périt et son successeur devient tout-puissant.

---

1. *Esprit des lois*, livre XXX, ch. Ier. Montesquieu a consacré à l'examen du gouvernement féodal et à la réfutation de l'abbé Dubos les deux derniers livres de son grand ouvrage.

Si les seigneurs d'une contrée gênaient un souverain, j'imaginerais bien, je crois, un moyen de se délivrer, avec le temps, de cette espèce de gêne, sans commettre d'injustice, sans attendre le hasard sanglant de saint Louis et sans recourir à la ressource hypocrite de l'abominable Louis XI.

Mais heureusement Sa Majesté Impériale peut tout, et, plus heureusement encore, elle ne veut que le bien. Aussi qu'elle est grande! Combien son nom est révéré chez toutes les nations! Et qu'elle doit être heureuse!

Ses établissements changeront, avant qu'il se soit écoulé un demi-siècle, toute la face de l'empire. Un moyen simple qui achèverait de lever tout obstacle, ce serait l'acquisition, même au delà de la valeur, de toutes les possessions considérables, dont le dérangement des propriétaires ou quelque autre cause que ce soit, occasionne la vente.

Mais Sa Majesté Impériale dira que ce moyen suscite de l'ombrage.

L'ombrage cessera si elle acquiert, pour gratifier d'honnêtes et bons citoyens, des serviteurs sûrs et zélés à qui ces acquisitions seraient concédées à vie, sauf même à en prolonger la jouissance à leurs héritiers.

Ce moyen a même un double effet, outre celui d'enrichir et de fortifier le souverain, et de plier les grands obstacles à ses volontés : celui encore d'attacher fortement plusieurs grandes familles au souverain qui règne, d'assurer la succession, et, avec la succession, la paix et la tranquillité intérieures.

Ainsi, j'acquerrais de ceux qui vendent par indigence ou dérangement ; j'enrichirais ceux qui manquent et j'emprunterais de ceux qui sont riches. Rien de si respectable qu'un débiteur qui paie bien, car il faut bien payer.

Point de souverain plus en sûreté sur son trône que celui qui doit à tous ses sujets, s'il paie bien sa dette.

Ces emprunts sont autant de chaînes qui partent du pied du trône et qui s'étendent jusqu'aux dernières limites de l'Empire.

18. Tous ces officiers de baillis et sénéchaux rendaient compte de leur administration au roi lui-même, assisté de ceux qu'il jugeait à propos d'appeler à son conseil.

Sa Majesté Impériale croira sans doute que cela commence à prendre forme ; cependant il n'en est rien.

19. Cette juridiction, purement fiscale dans son origine et propre aux domaines particuliers du roi, donna lieu dans la suite à l'intervention des *cas royaux* et aux appels des sentences de tribunaux postérieurement érigés, étendit sa compétence de toutes parts et renversa l'ordre judiciaire du gouvernement de Charlemagne dont il ne reste de vestiges que dans les pairs de France.

On a créé un tribunal, on en érige un second, sans

abolir le premier, et l'on ne s'aperçoit pas qu'on suscite en même temps mille conflits de juridiction.

Plus on multiplie les districts, plus on embrouille l'ordre judiciaire, parce que, les limites des juridictions n'étant jamais assez tranchées, il s'élève entre les tribunaux les mêmes contestations qu'entre les rois, les prêtres et les magistrats, les particuliers sur leurs domaines.

Des tribunaux nombreux, moins de tribunaux différents, s'il est possible.

Et puis je m'arrête pour considérer un moment par combien de vicissitudes nous avons été conduits au point où nous en sommes, ou plutôt où nous en étions, et par combien de vicissitudes nous aurions eu encore à passer pour arriver à quelque chose de bien, en continuant de nous abandonner aveuglément à ce mouvement obscur et sourd qui nous tiraille, qui nous tourmente et nous fait tourner et retourner, jusqu'à ce que nous ayons trouvé une position moins incommode, mouvement qui agite un empire mal policé, comme il agite un malade! Mais nous avons perdu jusqu'à cette inquiétude automate. Nous ne nous sentons plus.

Il y avait dans le commencement un roi, des seigneurs et des serfs. Il n'y a aujourd'hui qu'un maître et des serfs sous toutes sortes de noms.

20. Dans une régénération du gouvernement français, les rois s'aperçurent que plus leur autorité prenait

d'accroissement, plus ils avaient besoin d'aides dans son exercice.

21. Les baillis rendaient compte au roi, ou plutôt à son conseil. Mais aucune lettre, aucun ordre ne leur était adressé sans l'avis de ce conseil. Telle est l'origine de la *vérification* des cours sous la troisième race.

C'est un mot bien singulier que celui de *vérification*. Je l'expliquerai ailleurs.

22. La formalité de l'enregistrement est postérieure à la vérification.

Qui croirait que cette formalité de l'enregistrement, cette loi si grande, si belle, si sacrée; cette loi qui, déposée entre des mains vraiment patriotiques, aurait suffi pour arrêter toutes les opérations d'un ministère pervers et qui les a quelquefois arrêtées, n'a qu'une origine frivole, n'a presque produit aucun bien et a servi ou de raison ou de prétexte à la destruction récente de toute notre magistrature et conséquemment au renversement de notre gouvernement! Une formalité produite par le hasard! Une formalité insignifiante dans son origine! Une formalité qui devient par laps de temps la base d'un empire! Que l'histoire écrite et lue sous ce coup d'œil serait une belle chose! Mais l'incertitude ou l'ignorance des faits s'y oppose.

L'enregistrement n'eut d'autre utilité dans son principe que la conservation de la loi dans un registre authentique, en cas de la perte de l'original.

Dans la suite, il devint une condition sans laquelle

aucune volonté du roi ne pouvait avoir d'exécution. Le roi, par exemple, eût inutilement levé un impôt sur ses sujets; celui qui eût osé l'exiger et le percevoir, avant l'enregistrement, aurait été traité comme concussionnaire, décrété, appréhendé au corps et peut-être puni capitalement.

Il fallait ou l'enregistrement ou des baïonnettes, point de milieu.

Voici donc, ce que l'enregistrement suppose : un souverain qui veut.

Un souverain qui notifie sa volonté à un corps de citoyens chargé d'examiner si cette volonté n'a rien de contraire aux constitutions fondamentales du royaume, au bien de son état et de sa personne et au légitime intérêt de ses sujets.

Un corps de citoyens qui approuve et désapprouve la volonté du souverain.

Un corps de citoyens qui, en cas d'improbation, peut ou ne peut pas arrêter la mauvaise volonté du souverain.

Si ce corps est bien composé, si les membres en sont de bons, honnêtes et braves citoyens, des patriotes zélés, des hommes justes et éclairés, la belle chose que ce corps ! Une nation doit se faire égorger tout entière plutôt que d'en souffrir l'abolition.

Mais ce corps n'est-il subsistant, ne doit-il son privilège, sa durée qu'à la volonté du souverain? Peut-il cesser d'être au moment où le souverain lui dit : « Vous étiez, parce que je voulais que vous fussiez : vous n'êtes plus, parce que je ne veux plus que vous soyez? »

Ce corps ne peut-il rien par lui-même?

Ce corps, lorsqu'il fait le mieux son devoir, en est-il réduit à de vaines remontrances?

Ce corps est-il obligé, sur des lettres de jussion, de donner la sanction légale et publique à la volonté unique du maître?

Lorsque ce corps a le courage de désobéir à des lettres de jussion, sa désobéissance n'amène-t-elle qu'un lit de justice où le roi saisit la main du magistrat et lui dit : « Écris ce que je veux que tu écrives, et dis à mes sujets que tel est mon bon plaisir et que tu m'approuves? »

Ce corps n'a-t-il plus de ressource alors que d'obéir, continuer ou quitter ses fonctions de remontrants et de magistrats?

Ce corps n'est rien ou peu de chose pour la nation. Ce n'est qu'un beau fantôme qui la séduit; c'est la voix de la sagesse qui crie inutilement.

Si on lui a vendu et vendu bien chèrement le droit de remontrer, car ce corps n'est qu'une assemblée de remontrants, s'il quitte ou si on le casse, il est juste de le rembourser et de le rembourser sur-le-champ et dans l'espèce qu'on en a reçue, et, si l'on manque d'argent, il ne faut pas le casser, car, quand cela serait vrai, il ne faut pas dire à une nation qui n'est pas tout à fait imbécile : « Vous n'avez rien, avez-vous bien entendu ? Mais rien du tout, car tout m'appartient. »

Un corps pareil ne peut obtenir quelque solidité, quelque vigueur que de la considération publique, de l'incorruptibilité de ses membres et d'une confédération solide entre les classes qui le composent ; que de l'immunité de ses fonctions, quand il joint au titre de remontrant celui de magistrat ; que de l'intérêt que toute une nation prend à sa conservation, et que de la difficulté de le suppléer, si toutes les classes, en abdiquant la qualité vaine de remontrant, abdiquent en même temps à la fois la qualité importante de juge, car il est évident que son abdication générale et subite jette en un instant la nation dans l'anarchie, état dont la durée est incompatible avec la sécurité du souverain.

Examinons notre corps remontrant sous ces différentes faces.

Jouissait-il de la considération publique ? Non. Il n'en jouissait pas, parce qu'il ne la méritait pas, et il ne la méritait pas, parce que toutes ses résistances aux volontés du souverain n'étaient que de la mômerie ; que l'intérêt de la nation était toujours sacrifié et qu'il ne se battait bravement que pour le sien.

Ces classes étaient-elles bien unies ? Aucunement. Celle de la capitale, pleine d'une sotte morgue, dédaignait les autres, et de temps immémorial elle s'était presque privée elle-même de sa principale force, en éloignant de ses séances journalières les ducs et pairs, ses membres-nés, dont le premier président prenait les avis le bonnet sur la tête, tandis qu'il se découvrait en prenant les avis de ses confrères; distinction injurieuse dont ces sots et orgueilleux remontrants n'avaient jamais voulu se départir, préférant une marque ridicule de prééminence à leur force et à leur sécurité.

Qu'on juge de l'embarras qu'auraient donné les pairs, formant corps et cause commune avec eux, par l'embarras qu'il donne encore aujourd'hui, embarras tel que le ministère ne s'en serait jamais tiré si l'intérêt, la faiblesse et l'ennui ne les avaient subjugués. Ils se sont tous vendus plus ou moins cher, et quelques-uns ont déjà plié le genou et fait la révérence aux misérables qui ont remplacé nos anciens magistrats. Il est donc essentiel à la durée d'un corps de remontrants de pourvoir qu'à l'avenir une classe ne s'arroge aucune prérogative sur une autre classe, s'il est partagé en classes; et que, dans une classe ou dans le corps entier, il n'y ait aucun individu qui puisse en mépriser un autre. Autre précaution à prendre : c'est qu'un député, un remontrant, un magistrat n'ait dans les cas de discussions particulières aucune prépondérance sur le dernier des citoyens, et que justice se fasse.

Il faut avouer qu'ils avaient donné pour l'acquisition de leurs titres de remontrant et de magistrat des sommes dont le revenu n'était nullement proportionné soit à leurs fatigues, soit à leur fortune, soit à leur dignité, et voilà la base de leur vénalité et de leur esclavage. La cour les dédommageait dans leurs enfants, qu'elle plaçait dans le militaire et dans l'église. Ils n'étaient ni assez courageux, ni assez riches pour renoncer à cette séduction qui les entraîna dès le premier instant et à laquelle les plus fougueux enthousiastes auraient cédé à la longue, parce que l'enthousiasme ne peut jamais être qu'un ressort momentané, le ressort d'un individu et non celui d'un empire.

La nation prenait-elle grand intérêt à ce corps ? Aucun. Il était resté gothique dans ses usages, opposé à toute bonne réforme, trop esclave des formes, intolérant, bigot, superstitieux, jaloux du prêtre et ennemi du philosophe, partial, vendu aux grands, dangereux et incommode voisin, et cela au point que la propriété qui touchait à la sienne perdait un quart, un cinquième, un sixième de sa valeur, que même on n'en voulait point; embarrassant tout, brouillant tout, tracassier, petit, tirant à lui les affaires de politique, de guerre, de finance, ne s'entendant à rien hors de sa sphère, et toujours pressé d'en sortir, voyant le désordre partout, excepté dans ses lois, dont il n'essaya jamais de débrouiller le chaos, vindicatif, orgueilleux, ingrat, etc.

Toutes les classes de corps se sont-elles soulevées à

la fois ? Non. Elles se sont laissé exterminer les unes après les autres, comme des troupeaux de moutons. Je ne doute pas même que les classes provinciales n'aient été assez aveugles pour ne pas voir le sort qui les attendait dans celui de la première classe et assez sottes pour s'en réjouir secrètement.

Mais la destruction de ce corps est donc un bonheur? Non. C'est un très grand malheur, parce qu'elle a entraîné la ruine de vingt mille familles, parce qu'elle a annoncé à toute la nation qu'il n'y avait plus aucune propriété sacrée ; parce qu'on a substitué à des gens illustres par leur place, leur naissance, leurs alliances, leur fortune, leur importance, leur grand usage des affaires, sinon leurs lumières, leur ancienneté, leur vieux gothique qui conservait encore je ne sais quoi d'auguste, un ramas de malheureux, de malfaiteurs, de sycophantes, de gueux, d'ignorants, une misérable canaille qui tient l'urne fatale où nos vies, notre liberté, nos fortunes et notre honneur sont renfermés ; parce que cette canaille, vile par elle-même, n'ayant pour toute fortune que son modique salaire fixé par la cour, doit s'avilir par toutes sortes de bassesses pour conserver cette place dont on peut la chasser comme on chasse des valets, et travailler à sa fortune par toutes sortes d'iniquités ; parce que les pères ne savent plus que faire de leurs enfants à qui cette porte honorable est fermée ; parce que cette corporation

d'hommes indignes et obscurs empirera plutôt que
de s'amender, ne pouvant être recrutée, du moins
de très longtemps, de meilleurs sujets ; car quel est le
père qui pousse son enfant vers un état où il n'y a ni
honneur, ni profit, ni sûreté? On en a déjà chassé
plusieurs, sans aucune sorte de formalité. Au reste,
s'il s'amende jamais, ce ne sera pas de quatre siècles ;
en attendant, il perdra la France ; ou, si l'État et les
cours souveraines subsistent encore, ces cours souveraines seront derechef exterminées par le monarque,
ou le monarque jeté dans les fers par elles. Si elles
étaient capables de quelque vue profonde, avant le
milieu du siècle prochain, elles ramèneraient l'ancien
temps des États généraux. Mais ce qu'on ne prévoit
pas, c'est qu'elles s'enrichiront avec le temps, et qu'a-
lors leur intérêt se confondant en partie avec l'intérêt
général, il est impossible qu'elles ne deviennent pas
redoutables. Le maréchal de Broglie [1] me répond à
cela : « Qu'est-ce que cela me fait? Je n'y serai pas. »
Et vos enfants, monsieur le maréchal, y seront-ils?
Mais j'entends, vous vous souciez fort peu de vos
enfants.

Votre Majesté Impériale dit : « Que les enfants de
vos pères n'entrent-ils dans le militaire? » Le militaire
est un état chez nous, où il n'y a que des coups à
gagner et une fortune à perdre. Le militaire achève

1. Victor-François, duc de Broglie, né le 19 octobre 1718,
mort à Munster en 1804.

sa vie sur des pensions de la cour qui les paie mal..
La cour vient de réduire en rentes viagères les pensions militaires arriérées ; c'est-à-dire de condamner les petits-enfants de ces militaires à demander l'aumône. Rien de plus commun dans nos rues, qu'une croix [1] qui n'a pas d'habit, parce qu'il faut payer en rubans, quand on manque d'argent ; et que le ruban s'avilit, en se multipliant.

La nation s'est donc réjouie de l'extinction de ce corps ? Avant que de connaître les mains infâmes dans lesquelles elle allait tomber, elle s'en est désolée et avec raison : il y avait entre la tête du despote et nos yeux une grande toile d'araignée sur laquelle la multitude adorait une grande image de la liberté. Les clairvoyants avaient regardé depuis longtemps à travers les petits trous de la toile, et savaient bien ce qu'il y avait derrière ; on a déchiré la toile, et la tyrannie s'est montrée à face découverte. Quand un peuple n'est pas libre, c'est encore une chose précieuse que l'opinion qu'il a de sa liberté ; il avait cette opinion, il fallait la lui laisser ; à présent il est esclave, et il le sent et il le voit ; aussi n'en attendez plus rien de grand ni à la guerre, ni dans les sciences, ni dans les lettres, ni dans les arts. La philosophie est persécutée. Les lettres ne se soutiennent que par la considération

1. Un chevalier de Saint-Louis. Diderot a plusieurs fois employé cette abréviation, mais je n'en connais pas d'autres exemples chez ses contemporains.

publique d'un peuple qui s'ennuie et qui ne peut refuser sa faveur à des hommes qui l'amusent ; il n'y a que du danger à écrire et penser hardiment. On ne peut recueillir de son ouvrage aucun lucre, aucun honneur, parce qu'on ne peut l'avouer. Le sentiment patriotique vit encore dans les pères ; il vit même au fond des cœurs de tous les fauteurs actuels de la tyrannie ; et c'est par cette raison qu'on n'ose pas tout contre les pères qu'on ne croit pas disposés à tout supporter. Mais les successeurs de ces ministres de la tyrannie seront des tigres qui se croiront nés de tout temps pour déchirer, et nos enfants des moutons imbéciles qui se croiront nés de tout temps pour être déchirés.

O nation si belle, il n'y a qu'un moment ! O malheureuse nation, je ne puis m'empêcher de pleurer sur toi !

Il est une haute montagne, escarpée d'un côté et terminée de l'autre par un précipice profond ; entre le côté escarpé et le précipice il y a une plaine plus ou moins étendue. La nation qui naît grimpe le côté escarpé. La nation formée se promène sur la plaine. La nation qui déchoit suit la pente du précipice, et la suit avec une grande célérité ; nous y sommes.

Je présente à Votre Majesté un spectacle grand, mais affligeant ; que son âme tendre et humaine en soit touchée, mais non découragée. Cependant il a fallu des siècles pour amener notre instant fatal ; et cet instant pouvait être retardé par des lois et des institutions sages, si nous en avions eu. Songez, madame, que je vous présente l'éboulement d'un grand amas de grains de sable que des circonstances fortuites avaient entassés, au lieu qu'il dépend de Votre Majesté de placer la base de votre pyramide sur le roc, et d'en lier les différentes parties par des crampons de fer. Le roc s'affaisse, il est vrai, les crampons de fer se relâchent, les pierres se disjoignent, et l'édifice s'écroule à la longue ; mais il a duré cent siècles ; cent siècles d'un bonheur continu et procuré par les travaux et le génie étonnant de Votre Majesté, à trente millions d'hommes, ne suffiront-ils pas à son âme vaste et grande ?

23. Je continue. Sous le règne de saint Louis, le Conseil du Roi est partagé en plusieurs départements.

D'abord ce prince, qui voyageait souvent, crut qu'il était utile de détacher d'auprès de sa personne une partie des officiers de son conseil pour entendre les comptes des baillis, et pour être des dépositaires fixes et permanents des titres de la couronne, des chartes et des lois.

24. Elle est incroyable, l'importance que des frivolités prennent à la longue : voilà l'origine de ce sublime et magnifique nom de *conservateurs et défenseurs des lois fondamentales de la nation*.

Cette juridiction fut fixée au Temple à Paris.

25. La Chambre des Comptes est le premier corps de magistrature connu dans notre histoire.

Et à quoi cette Chambre des Comptes doit-elle son origine ? Aux fréquents voyages du roi.

Lorsque les institutions les plus graves sont les suites d'un hasard capricieux qui les amène, comment n'arrivera-t-il pas qu'elles se croisent et s'entre-détruisent ? Ce ne sont plus les matériaux d'un édifice projeté où l'habile architecte fixe la place à chaque pierre. Ce sont autant de pierres qui sortent fortuitement de la carrière, qui s'arrangent d'elles-mêmes, sans concert, sans ordre et sans symétrie, et ne peuvent former à la longue qu'un bâtiment ridicule.

Et quelle sera la limite de ces institutions, si chaque moment aussi frivole doit y donner lieu ? Sous un roi non voyageur, la Chambre des Comptes rentra-t-elle dans le conseil dont elle était un démembrement ? Point du tout ; dans les empires le mal qui se fait par hasard dure quelquefois plus que s'il avait été projeté. Le mal projeté s'aperçoit et effraie. Le mal fortuit ne s'aperçoit pas.

Que Votre Majesté pousse son édifice aussi loin qu'elle pourra, et qu'elle ait pour sa nation la bonté de tracer elle-même de sa propre main, à son successeur, la manière dont il convient que cet édifice soit continué ; sans quoi, je crains bien que, si le ciel la rendait à la terre au bout de deux ou trois siècles, elle n'y trouvât des parties bien bizarrement et bien capricieusement surajoutées. « Mais qui m'assurera que mon successeur se conformera à mes idées ? »

Son bon cœur, son bon esprit, son éducation, vos conseils et votre exemple, et puis Votre Majesté aura fait tout son possible pour que le bonheur de sa nation se poursuive selon la sagesse de ses vues. Le reste est abandonné au destin.

26. L'administration des baillis consistait alors presque tout entière en recette et en dépense.

Ils n'étaient point juges des nobles dans leur institution primitive; ils avaient seulement le soin de faire rendre les jugements par ceux qui devaient y procéder dans leurs bailliages.

Il y avait alors deux manières de juger : l'une par les pairs, l'autre par les *prud'hommes* ou *sages gens*.

Les appels des pairs se portaient dans les cours féodales qui étaient assemblées par semonces.

Les appels des prud'hommes ou sages gens étaient portés dans les cours des conseils du roi, ou dans celles des grands vassaux et des seigneurs particuliers.

Dans les cours féodales, c'était le combat qui servait de preuve et qui décidait.

Dans les conseils, c'était la preuve testimoniale introduite par le droit romain et adoptée par saint Louis.

27. Cette dernière jurisprudence, ayant paru préférable aux princes et aux grands feudataires, la cour du conseil du roi et les cours du conseil des grands vassaux se trouvèrent chargées de la décision de

presque toutes les affaires. Les barons et les pairs ne furent plus que très rarement semoncés, parce qu'on ne jugea plus par pairs. Ainsi la cour du conseil du roi, dont l'origine était domaniale et extraordinaire, devint cour de justice.

28. De même que Philippe-Auguste, en partant pour la terre sainte, avait recommandé à la reine, sa mère, de tenir tous les quatre mois une séance ou assise à Paris, pour entendre les comptes des baillis et les plaintes qu'on pourrait faire contre eux ; de même aussi saint Louis, dans les différents voyages qu'il fit, laissa à Paris une partie des officiers de son conseil pour tenir cette assise.

Lors du temps d'assise, ces officiers jugeaient les causes commises, et celles des commensaux de Paris, usage qui a subsisté longtemps.

Les jours où se tenaient ces assises ne furent point d'abord déterminés. C'était ordinairement après les grandes fêtes. Ce temps s'appelait le temps du parlement, nom que l'on donnait alors à toute assemblée dans laquelle on conférait, ou parlementait.

29. Environ deux siècles après, cette commission composée, chaque année, des personnes que le roi jugeait à propos d'y placer, prit une consistance semblable à celle de la Chambre des Comptes ; elle devint corps dans l'État ; et le nom de parlement, qui désignait un établissement momentané, fut néanmoins conservé à cette séance ou assise devenue perpétuelle.

30. Voilà l'origine du Parlement, tribunal auquel Votre Majesté ne reconnaîtra certainement aucun des caractères propres à une barrière projetée pour la défense des peuples contre le pouvoir arbitraire d'un souverain imbécile ou méchant.

Son institution est aussi fortuite que les autres ; ses prérogatives aussi incertaines ; et son existence aussi précaire.

Les enquêtes et les requêtes ne faisaient point alors partie du Parlement. Si dans la suite, ou dans le même temps, on les comprit sous la même dénomination, c'est qu'ordinairement, c'était parmi eux que le roi choisissait ceux qui devaient tenir les assises.

31. Le conseil du roi ainsi partagé en différents départements, la vérification des lettres éprouva le même partage.

La Chambre des Comptes vérifia toutes les lettres particulières, en matière de gestion de domaines, de finance, de comptabilité et en général de tous les ordres adressés aux baillis.

Si ces baillis y trouvaient de l'obscurité, de l'embarras, ils en informaient les gens des comptes qui, après s'être adressés au roi, leur en donnaient l'explication ou déclaration.

32. Le roi s'est depuis réservé à lui seul le droit de donner ces déclarations ; et voilà pourquoi ces lettres, qui étaient autrefois expédiées par les gens des comptes, s'expédient aujourd'hui à la grande chancellerie.

Le Parlement, les requêtes et les enquêtes furent chargés de la vérification des lettres de justice, chacun en ce qui les concernait.

Ces mots *vérifier, vérification* sont on ne saurait plus modestes ; on croirait que c'est une pure et simple collation de la volonté écrite du souverain avec une copie qu'on en aurait faite, tandis que c'est exactement une confrontation de cette volonté avec la loi de l'État ou du sens commun.

Lorsque le roi voulut rendre des ordonnances pour la réformation du royaume, il les fit d'abord avec les barons et de leur consentement.

33. Les barons ayant cessé d'être indépendants, et ayant eu souvent leur entrée au conseil du roi, ils coopérèrent encore à la formation des grandes ordonnances.

Elles ont été faites ensuite sur les plaintes et doléances des états, par le conseil du roi, et vérifiées par les parlements et chambres des comptes.

A l'égard des affaires de finances et de domaine, le Parlement a été à peu près associé à la Chambre des Comptes pour la vérification.

Il est même entré d'autant plus facilement en correspondance, comme elle, avec les baillis et sénéchaux pour leur faire parvenir les ordonnances et les règlements, que les officiers étaient déjà soumis à sa juridiction, par les appels des sentences qu'ils rendaient sur les contestations des particuliers.

34. Enfin la Cour des Aides qui, dans l'origine, n'était point sortie du conseil, fut néanmoins chargée de vérifier les lettres relatives aux matières de son département qui est tout financier.

La Chambre des Comptes et le Parlement chargés des mêmes fonctions, quoique dans des matières différentes, furent assujettis aux mêmes devoirs.

Nulle lettre ne devait être passée qu'elle ne fût levée et accordée en présence de tous *sur le Burel*.

Lorsque des lettres scellées contre les ordonnances venaient à la connaissance des gens des comptes, ils devaient les retenir avant de les passer ou de les rendre.

Il leur était même enjoint, par tout l'amour et la féauté qu'ils avaient au roi, de ne les passer, vérifier ou enregistrer, ni obéir, ni souffrir y être obéi.

Les obligations des officiers du Parlement ont été les mêmes; il leur est en effet ordonné de ne passer les lettres qui seraient contraires aux lois, de les casser au contraire comme injustes et subreptices; et il leur est défendu d'obéir à tous commandements de bouche ou par écrit qui leur seraient faits à cet égard.

L'ordonnance de Louis X, 15 mai 1315, et une multitude d'autres imposent la même obligation à leur fidélité.

35. Voilà les révolutions diverses qu'avait subies notre police; et il y a plus de quatre cents ans qu'elle n'avait souffert de changements remarquables, lors-

qu'elle fut tout à coup bouleversée avec plus de célérité et moins de résistance que le chaume d'une vieille cabane n'en oppose à la fureur des vents.

Mais avant que d'aller plus loin, il est une observation importante à faire : c'est qu'on voit successivement plusieurs rois sages prendre des précautions infinies et employer les injonctions les plus fortes pour engager les remontrants ou magistrats à bien faire leur devoir, à vérifier scrupuleusement leurs édits ou volontés, à leur désobéir formellement et à s'exposer à toute leur indignation plutôt que de souscrire à un ordre nuisible. Cependant qu'en est-il arrivé? Rien de ce qui devait en arriver ; lorsqu'un roi commande de pareilles choses, il n'est jamais obéi, à moins que ses actions ne montrent bien évidemment qu'il veut l'être, et quand ses actions l'ont-elles suffisamment prouvé? Je l'ignore ; et puis son successeur dit : « Mon aïeul le voulait ainsi ; moi, je ne le veux pas. » Tels étaient pourtant ou le privilège, ou la prétention, non contestée, de ces remontrants que le roi n'en pouvait dépouiller aucun de son état sans lui faire son procès ; ils ne se croyaient amovibles que par la mort naturelle ou violente.

Pourquoi cela n'a-t-il produit aucun bien? C'est que le tribunal entier était de la création du monarque seul ; c'est que l'aliénation prétendue de la portion d'autorité publique qui lui avait été faite était mal cimentée ; c'est que l'homme du palais ne fut jamais l'homme du peuple et qu'il resta toujours l'homme du roi ; il est inutile de m'étendre davantage sur ce point que j'ai suffisamment examiné à l'occasion de l'enregistrement.

36. Nous étions sous un gouvernement ou, du moins, nous nous croyions sous un gouvernement vraiment monarchique. Un roi qui peut tout sur son peuple ; entre ce roi tout-puissant et son peuple, un corps intermédiaire autorisé à suspendre l'exécution de la volonté du roi ; un roi qui veut inutilement et qui n'est pas obéi, si sa volonté n'est vérifiée, c'est-à-dire déclarée conforme au bien général, par le corps intermédiaire ; déclaration toujours subséquente à une formalité essentielle, l'enregistrement, la bête noire des ministres.

Tout à coup il s'élève un homme de rien[1], sans grande fortune, sans grande naissance, sans grand génie, mais suppléant ces qualités par de la bassesse, de la duplicité, l'esprit de la vengeance, l'ambition et l'audace.

Cet homme qui avait trompé son père et le ministre, son père pour devenir premier président, son père et le ministre pour devenir chancelier, se proposait simplement de rendre au corps des remontrants ou magistrats, dont il avait été chef, quelques mortifications qu'il en avait reçues, du moins on le présume ; mais

1. René-Nicolas-Charles-Augustin de Maupeou.

semblable au nègre inconsidéré qui a engagé son bras entre les rouleaux du moulin et qui sent ou qu'il faut briser la machine ou en être broyé comme la canne, ne balance pas, et fait bien pour son salut, il brise la machine, moins par sa force que par la faiblesse et la sottise de ses adversaires.

Il représente au monarque que ces remontrants le tiennent en lisière.

Il lui fait concevoir qu'il est indigne de lui d'envoyer ses volontés sacrées à contrôler à de petits particuliers.

Il lui rappelle la multitude de circonstances où cet enregistrement ridicule a gêné et quelquefois empêché l'exécution de ses ordres suprêmes, et les opérations de son ministère.

Il lui propose d'être maître et roi.

Il lui dit qu'il est temps d'être maître et roi.

Il lui persuade que tout lui appartient par le droit du premier roi qui s'empara de la contrée, et que ces militaires, ces prêtres, ces magistrats, tout ce peuple n'ont rien en propre, puisqu'ils ne tiennent ce qu'ils ont que d'une concession d'un premier aïeul ou prédécesseur contre laquelle il est toujours temps de revenir, en qualité de souverain absolu, et en qualité de mineur, deux titres incomparables ; mais qu'importe ! un roi à qui l'on prêche le despotisme n'a pas communément une logique bien scrupuleuse.

Il fait la peinture la plus hideuse du corps des

remontrants; et il a beau jeu sur ce point. Les traits vrais donnent la couleur de la vérité aux traits calomnieux.

Il l'entête fortement du funeste principe de la puissance illimitée et absolue ; c'est-à-dire de l'absolue pauvreté de ses sujets, et par conséquent de la sienne,

Il ne s'agit plus que de trouver un moyen de l'affranchir de tout lien.

Il y avait eu une affaire entre un commandant pour le roi dans une de nos provinces et un célèbre magistrat.

Le commandant, descendant de Richelieu [1], était un homme despote qui peut-être avait un peu abusé de l'autorité qui lui avait été confiée : affaire de caractère.

Le magistrat [2] était un homme raide, inflexible, sévère, peut-être un peu trop jaloux des privilèges de son ordre et de sa province : autre affaire de caractère.

Le démêlé de ces deux hommes avait été terminé, non juridiquement, mais par une évocation au Conseil du Roi.

L'homme pervers insinue au commandant que revenir des suites d'une accusation infamante par une évocation, c'est être vraiment déshonoré ; et il avait raison.

1. Emmanuel-Armand de Vignerot, duc d'Aiguillon.
2. La Chalotais.

9

Il détermine le commandant à se faire juger en règle.

Les pièces du procès sont apportées de la province. L'affaire s'instruit. A l'instigation de l'homme pervers, on comble le déshonneur du commandant par des lettres d'abolition.

Ces lettres sont toujours contraires au courant de l'ordre judiciaire, et aux vrais privilèges de la justice et des tribunaux. Abolir le délit, c'est abolir la loi.

Ces lettres d'abolition, il les fallait enregistrer. L'homme pervers ne doute nullement que le tribunal ne se refuse à l'enregistrement ; voilà le moment qu'il attendait.

En réponse à la réclamation du tribunal, il lui envoie un édit. Mais, comme son projet était que le tribunal persistât dans son opposition, il place à la tête de cet édit un préambule insultant qui ne pouvait être souscrit que par des infâmes. Aussi n'y souscrivirent-ils point[1]. C'est ce qu'il désirait ; et c'est de là qu'il part pour les traduire comme des rebelles, les anéantir, les dépouiller de leur état, et les disperser aux extrémités du royaume, dans des lieux affreux où plusieurs sont morts, après avoir beaucoup souffert[2] ; cruauté dangereuse et superflue.

1. M. Flammermont a publié intégralement (p. 116-120) le préambule de cet édit.

2. Voir dans le livre de M. J. Flammermont (p. 220 et suivantes) le détail des persécutions subies par divers magistrats et l'inqualifiable dureté du chancelier à leur égard.

Ces gens n'ont rien deviné de toute cette manœuvre ténébreuse.

La faute qu'ils avaient coutume de commettre, faute qui les avait toujours rendus odieux, ils la commirent; ce fut de quitter leurs fonctions de juges, et de punir ainsi leurs concitoyens d'un mécontentement auquel ils n'avaient aucune part ; et de mettre le feu à une des ailes du bâtiment, parce qu'il avait plu à un maître insensé de mettre le feu à l'autre aile.

Le passé ne leur apprit point que l'avenir réparait tout, et que le point important était d'attendre cet avenir.

Ils ne virent que le moment. Ils oublièrent qu'il pouvait survenir des changements favorables dans le ministère, un roi plus disposé à les favoriser, des régences, des minorités. Ils se montrèrent inflexibles et ils furent brisés.

37. Pour en imposer aux peuples, auxquels on n'en impose point, on dit qu'on allait rendre la justice gratuite ; et elle devint beaucoup plus dispendieuse qu'elle ne l'était auparavant.

On dit que, pour épargner aux plaideurs de longs voyages, de longues absences et des frais immenses, on allait remplacer les tribunaux anéantis par un grand nombre de cours souveraines où les affaires seraient terminées en dernier ressort, et dont les membres seraient stipendiés par l'État ; ce qui fut fait, mais en acceptant tous les misérables qui eurent le front de se présenter, et en les stipendiant pauvrement. Ces places respectables de la magistrature, je les ai vues colportées de maison en maison, sans qu'il se trouvât un homme honnête qui en voulût.

38. Si l'homme pervers avait eu de la tête, c'était là le moment du rappel des jésuites, et de leurs nombreux affiliés. Cette funeste idée lui devait sourire d'autant plus qu'il n'ignorait pas qu'il y avait, dans le corps même des remontrants qu'il détruisait, des places qui appartenaient en propre aux jésuites et qui étaient occupées par des prête-noms.

Dans ce temps, il me vint en tête de lui adresser une petite lettre, sous le nom d'un avocat bien connu et bien diffamé[1] et le titre de *Projet pour renverser sûrement une monarchie*. Je n'en fis rien par deux raisons : la première, c'est que l'homme pervers était homme à se servir de mes moyens; la seconde, c'est qu'il est fou à un honnête citoyen de s'exposer sans aucun fruit.

39. Afin de bien cimenter la puissance absolue et notre esclavage, on mit à la tête des tribunaux tous ceux des intendants de province qui se prêtèrent à cette basse complaisance pour la cour.

Dans la province, l'intendant était toujours l'homme du roi, et souvent ses opérations étaient croisées par le magistrat. Ce contrepoids est ôté; et dans un

---

[1]. Linguet. Ce passage est la seule trace de cette velléité de polémique.

moment, nous avons sauté de l'état monarchique à l'état despotique le plus parfait. Aussi, a-t-on publié en France un petit écrit, où l'on se propose de faire voir que la conduite de Votre Majesté est exactement le revers de la nôtre[1], et qu'au moment où elle s'occupe à créer des citoyens, nous nous occupons à créer des esclaves. Puisse-t-elle réussir aussi promptement et aussi facilement dans ses vues honnêtes et humaines que l'homme pervers a réussi dans ses vues injustes, malhonnêtes et cruelles !

40. Il y avait trois ou quatre grandes charges dont les revêtus ou titulaires ne pouvaient être dépouillés :

— La charge de chancelier que l'homme pervers occupait ;

— La charge de procureur général ; celle de premier président du parlement de Paris ; et celle, je crois, de colonel des Suisses et Grisons.

Pour qu'il ne restât pas pierre sur pierre de l'édifice, il fallait encore rompre cette misérable petite digue.

Que fait-il ? Il dit au monarque : « Sire, il ne faut pas dépouiller de ces charges ceux qui les possèdent ; cela serait révoltant ; mais, si vous n'êtes pas le maître

---

1. *Le Parlement justifié par l'impératrice de Russie, ou Lettre à M*** dans laquelle on répond aux différents écrits que M. le Chancelier fait distribuer dans Paris*, S. l. n. d., in-12, 71 p. Réimpr., tome I, p. 84-129, du *Maupeouana ou Correspondance secrète*, etc. L'auteur de cette brochure était un avocat nommé André Blonde. Quérard ne la mentionne pas. La partie la plus importante, celle à laquelle Diderot fait allusion, avait paru dans le *Journal encyclopédique* de mars 1772.

en ce point, vous l'êtes d'anéantir les charges. Dites aujourd'hui que vous n'avez plus besoin de chancelier, de procureur général, de premier président. Vous vous raviserez demain, vous recréerez les charges anéanties, et vous les conférerez à qui bon vous semblera. » C'est un homme charmant que ce chancelier ; il trouve des expédients à tout. Celui-ci parut admirable et l'on s'en servit.

En conséquence, l'ordre public ou notre gouvernement a été si parfaitement détruit que je ne pense pas que la toute-puissance et l'infinie bonté du roi, qui n'y pense sûrement pas, puissent la rétablir. La confiance est perdue à présent : un magistrat, un propriétaire de charges savent qu'ils ne sont rien.

RÉCAPITULATION

Voici donc à quoi tient le sort d'un grand empire, lorsque son moment est venu :

Un magistrat de province rend compte de l'institut d'une société de moines [1].

Les moines sont chassés.

Le ressentiment des moines chassés suscite ou fomente la division entre le commandant de la province et le magistrat.

---

1. Les jésuites.

La querelle devient une affaire juridique.

Le souverain assoupit l'affaire.

Un ministre pervers la réveille.

Et la fin de cette affaire réveillée est le passage d'un gouvernement monarchique à un gouvernement despotique, la ruine d'une nation.

Il y a peut-être quelque légère inexactitude dans la manière dont j'ai dit que l'homme pervers s'était servi du commandant de la province pour parvenir à l'anéantissement de la magistrature, parce que les faits ne me sont pas assez présents.

Je sais seulement que, dans l'édit d'abolition de la magistrature et des remontrants, l'homme pervers fut un maladroit. Au lieu de les montrer comme rebelles au roi, j'aurais fait tout le contraire. Je les aurais montrés comme traîtres à la nation. Et il y avait belle matière pour cela. Je voudrais bien savoir ce que la nation aurait objecté à mille traits plus frappants les uns que les autres, par lesquels l'homme pervers nous aurait démontré la bassesse de nos remontrants, leur corruption, leur inutilité, nos vrais intérêts sacrifiés en cent circonstances, et la nécessité de former une plus solide barrière.

Quant à la partie historique, je réponds de la vérité. Je l'ai extraite moi-même des actes particuliers et secrets de la magistrature. Peut-être ces actes seront-ils un jour publiés.

Et je l'ai écrite à la persuasion de M. Narischkine.

Il a pensé que ce tableau qui l'avait intéressé ne déplairait pas à sa souveraine, et que des événements, qui ne ne m'inspiraient que des réflexions ordinaires, pourraient devenir la source de quelque idée grande et profonde, en passant sous les yeux d'une femme de génie, car une femme de génie est celle qui a le jugement sain, la tête forte, une fermeté au-dessus de tous les obstacles, l'âme honnête, l'amour de ses devoirs et le tact de la vérité.

De quoi cette femme ne vient-elle pas à bout, quand à ses qualités elle réunit encore celles qui flattent les hommes, qui les séduisent? Elle n'a qu'à dire : « Jetez-vous dans le feu pour moi, » et l'on s'y jette. Qu'un homme qui n'apprécie rien la voie au milieu de ses petits-enfants dont elle prépare le bonheur par une excellente éducation, les appeler à elle, les prendre entre ses bras, les caresser, les encourager, il ne verra dans cette femme qu'une mère excellente. L'homme qui pense verra en elle la femme qui connaît le grand ressort et je sais bien ce qu'il se dira, car je me le suis dit.

Ce tableau démontre au moins le prodigieux avantage d'une nation qui tend à la police d'après un plan réglé, et d'une nation qui n'y arrive jamais parfaitement, parce qu'elle suit de siècle en siècle l'impulsion fortuite des circonstances qui donnent lieu à des institutions folles, absurdes, contradictoires; institutions qui prennent avec le temps, des racines si étendues qu'il devient impossible de les couper. D'où il arrive qu'un peuple paraît policé lorsqu'il est resté barbare et sans ressource.

Il y a des lois, mais incohérentes. Malgré leur incohérence, qu'on ne sent pas d'abord, on s'y conforme. Le temps en fait sortir ensuite les inconvénients et l'absurdité. On s'en écarte un peu. On s'en écarte davantage. On les suit ou on ne les suit pas. Il émane d'un jour à l'autre sur la même matière, d'un même tribunal, des jugements contradictoires. On ne prononce plus selon la loi. On prononce selon les personnes; c'est-à-dire qu'il n'y a plus de lois, quoiqu'on les cite plus que jamais.

A SA MAJESTÉ IMPÉRIALE.

Je prends la liberté d'adresser ces rêveries à Sa Majesté Impériale, afin qu'elle sente toute la différence qu'il y a entre les idées d'un pauvre diable qui s'avise de politiquer sous sa gouttière et ce qui se passe dans la tête d'une souveraine. Voilà, madame, toute l'étendue de la force de ce qu'on appelle un philosophe. Souriez-en, et quand vous en aurez souri, j'aurai obtenu de Votre Majesté toute la justice que je m'en suis promise. Je puis protester à Votre Majesté que sans me surfaire, nous n'en savons tous tant que nous sommes guère plus que cela. Rien n'est plus aisé que d'ordonner un empire, la tête sur son oreiller. Là tout va comme l'on veut. Quand on y est et qu'il s'agit de mettre la main à l'œuvre, je crois que c'est toute autre chose. Sa Majesté a eu la bonté de me dire qu'elle avait souvent lu plusieurs volumes pour trouver une bonne ligne. Je n'ose attendre d'elle que la perte d'un quart d'heure de plus. Or c'est encore trop.

Je lui présente mon profond respect et mes très humbles excuses.

Je me console un peu de la frivolité de mes réflexions, par la vérité de l'historique qu'on m'a permis de relever d'après les pièces originales.

Oserais-je prier Sa Majesté Impériale de faire copier ce petit écrit, s'il en vaut la peine, et d'en brûler l'original?

*
* *

Les origines de la législation russe ne sont guère moins anciennes que la puissance des tsars elle-même. Dès le xe siècle, il existait une complication grossière, connue sous le nom de Droit Iaroslaf *(Rouskaia prarda)*, qui fut en vigueur jusque sous le règne d'Alexis. Celui-ci entreprit de donner une forme plus rationnelle aux prescriptions existantes et d'y fondre en même temps les antiques préceptes du *justicier* adopté à Moscou par ses prédécesseurs, Ivan III et Ivan IV. Ce premier travail de coordination, auquel

Pierre le Grand, fils d'Alexis, s'était vainement proposé de substituer un code dont les éléments eussent été empruntés aux lois suédoises, ne fut définitivement remplacé, sinon abrogé que sous Nicolas Ier ; mais il est juste de reconnaître que, durant cet intervalle de plus d'un siècle, deux autres souverains eurent la même pensée ; Catherine II et son petit-fils Alexandre Ier s'efforcèrent d'apporter la lumière dans le chaos d'ordonnances, de statuts et d'ukases, dont la réunion ne formait pas moins de quarante-cinq volumes in-4° ! La réduction opérée par les ordres d'Alexandre Ier et par les soins de Speranski, en comportait encore quinze.

Les imperfections de cet état de choses n'avaient pas échappé à la vigilance de Catherine II qui, préoccupée de mettre fin à un pareil désordre, voulut donner aux préliminaires de cette grande œuvre un éclat inusité. Non seulement elle convoqua les représentants des peuplades les plus reculées de son immense empire, mais elle rédigea de sa propre main l'instruction qui leur fut distribuée et pour laquelle elle avait fait, comme elle l'avouait elle-même[1] de larges emprunts à l'*Esprit*

1. Elle écrivait à d'Alembert, en lui envoyant une copie de l'*Instruction* : « Vous y verrez comme pour l'utilité de mon empire, j'ai pillé le président de Montesquieu sans le nommer ; j'espère que si, de l'autre monde, il me voit travailler, il me pardonnera ce plagiat pour le bien de vingt millions d'hommes qui doit en résulter. Il aimait trop l'humanité pour s'en formaliser. Son livre est mon bréviaire. » (*Recueil de la Société Historique russe*, tome X, p. 29 31.) La lettre n'est point datée, mais elle

des lois ainsi qu'au traité des *Délits et des peines* de Beccaria. Diverses copies de l'instruction furent adressées aussi bien aux philosophes qu'aux têtes couronnées, avant qu'il en parût simultanément quatre traductions françaises[1]. Bien que la question des *réversales* ne fût pas encore tranchée, Choiseul, afin de témoigner sans doute des intentions conciliantes de Louis XV, fit reproduire par la *Gazette de France* (1er avril 1768, p. 105-106), la lettre de félicitations que Frédéric II avait adressée à Catherine sur son *Instruction* et que le comte de Solms, son ambassadeur, fut chargé de remettre à Panin. Néanmoins deux ans plus tard, Catherine accusa Choiseul d'avoir interdit l'entrée en France de son *Instruction*. Falconet

répondait à celle du 15 avril 1765 par laquelle d'Alembert offrait à l'Impératrice sa brochure *Sur la destruction des Jésuites* « par un auteur désintéressé ».

Quant à Beccaria, Catherine s'était si fréquemment servie de la traduction des *Délits et des peines* donnée par Morellet en 1766 que l'un des traducteurs de l'*Instruction*, le Suisse Balthazar crut pouvoir rétablir tout simplement les passages que l'Impératrice avait copiés textuellement du philosophe milanais. Un érudit russe, M. S. Zaroudniji; a publié une étude sur *le livre de Beccaria... comparé avec le chapitre V de l'Instruction de Catherine II et avec la législation russe contemporaine* (Saint-Pétersbourg, 1879, in-8°).

1. La première faite, sous les yeux de Catherine II, fut imprimée à l'imprimerie de l'Académie des sciences de Saint-Pétersbourg et, selon Quérard, non mise dans le commerce. La seconde est celle de Balthazar (Lausanne, 1769, in-8°). La troisième, imprimée à Yverdon sous la rubrique de Saint-Pétersbourg, avait pour auteur Frey des Landres. La quatrième porte le titre de *Code nouveau de lois* et la rubrique de Paris. Enfin Quérard signale une autre édition en langue française, latine, allemande et russe publiée à Saint-Pétersbourg (1770, in-4°).

et Voltaire furent notamment les confidents de ses
plaintes et le second s'en fit l'écho auprès de ses divers
correspondants. Ce n'est pas Choiseul, disgracié le
24 décembre 1770, mais Maupeou qui fut l'instigateur
de cette misérable taquinerie, provoquée, selon toute
apparence, par les arguments mêmes que Blonde avait
tirés de l'*Instruction* pour les opposer aux agissements
de nouveau chancelier.

Il en fut d'ailleurs de l'Instruction aux députés
comme de tant d'autres entreprises fastueusement an-
noncées et qui ne reçurent jamais un semblant d'exécution. Quand Diderot arriva en Russie, la commission ne fonctionnait plus, mais son prestige n'était
point encore tout à fait affaibli, et la conception d'où
elle avait pris naissance avait de quoi séduire un cerveau philosophique. Dès ses premiers entretiens avec
Catherine, Diderot s'enflamma et entrevit tout ce que
l'empire aurait pu attendre des délibérations de cette
assemblée, si elle se fût jamais sérieusement réunie.
Ce n'est pas qu'il lui concédât des pouvoirs bien
étendus : son « district » entier devait se borner à la
conservation des lois existantes, sans qu'il lui fût permis de s'occuper ni de guerre, ni de politique, ni de
finance. En dépit de cet étrange programme parlementaire qui rappelle quelque peu les latitudes accordées à Figaro lorsqu'il rêvait de fonder une gazette,
Diderot reconnaît « la supériorité de l'opposition des
volontés générales aux volontés particulières », « l'avan-

tage spécial de la démocratie — le mot y est — sur toutes les autres espèces de gouvernement ». Il n'avait jamais mis le pied en Angleterre, mais ses amis Helvétius et d'Holbach y avaient séjourné, et une lettre à mademoiselle Volland nous apporte l'écho de l'enthousiasme que le spectacle des assemblées délibérantes et l'innovation des « tachygraphes » avaient causé au baron. Aussi ne faut-il pas s'étonner que Diderot vante ici « la force politique des représentants anglais, l'absence de milice nationale, pas même de maréchaussée », même qu'il s'oublie jusqu'à écrire à la souveraine de toutes les Russies que le seul voleur contre lequel ils soient en garde, c'est leur roi. Il y a, quelques lignes plus bas, une de ces surprises comme Diderot en réserve volontiers à ses lecteurs, et les adversaires de ce tunnel sous-marin tant de fois projeté, toujours ajourné, ne s'attendaient certes pas à compter le philosophe parmi leurs alliés. « Une chaussée de cent pieds de large, dit-il, qui s'élèverait subitement de Calais à Douvres, changeant la nature du local, changerait la nature du gouvernement et renverserait la Constitution britannique en un clin d'œil ». Le fait n'est heureusement pas démontré, mais, où Diderot se trompe tout à fait, c'est quand il ajoute que « les nations policées ne se révoltent pas, elles souffrent ». S'il avait vécu cinq ans de plus, il aurait bien vu le contraire.

§ II

DE LA COMMISSION

Je ne sais ce qui me manque pour traiter de cet objet dignement, peut-être la tête de Montesquieu ou la vôtre. Je ne me sens pas la force de former un plan. Il faut que je m'en tienne à des vues générales, moi qui sais que les vues générales sont le produit des hommes ordinaires, et qui ne fais cas que des vues particulières, les seules qui touchent à la chose et au fond de la chose.

Celle qui a fait son bréviaire de l'*Esprit des Lois*, où le despote est comparé au sauvage qui coupe l'arbre pour en cueillir le fruit plus commodément, entendra patiemment ce que j'oserai lui dire, ma hardiesse sera certainement la marque la plus forte d'admiration que je puisse lui donner.

Faire le bien et assurer la durée du bien qu'on a fait, c'est à quoi se réduira l'objet de ce papier.

Tout gouvernement arbitraire est mauvais; je n'en excepte pas le gouvernement arbitraire d'un maître bon, ferme, juste et éclairé.

Ce maître accoutume à respecter et à chérir un maître, quel qu'il soit.

Il enlève à la nation le droit de délibérer, de vouloir

ou de ne pas vouloir, de s'opposer, de s'opposer même au bien.

Le droit d'opposition me semble, dans une société d'hommes, un droit naturel, inaliénable et sacré.

Un despote, fût-il le meilleur des hommes, en gouvernant selon son bon plaisir, commet un forfait. C'est un bon pâtre qui réduit ses sujets à la condition des animaux; en leur faisant oublier le sentiment de la liberté, sentiment si difficile à recouvrer quand on l'a perdu, il leur procure un bonheur de dix ans qu'ils payeront de vingt siècles de misère.

Un des plus grands malheurs qui pût arriver à une nation libre, ce seraient deux ou trois règnes consécutifs d'un despotisme juste et éclairé. Trois souveraines de suite telles qu'Élisabeth, et les Anglais étaient conduits imperceptiblement à un esclavage dont on ne peut déterminer la durée.

Malheur aux peuples dont le monarque transmettrait à ses enfants cette infaillible et redoutable politique !

Malheur au peuple en qui il ne reste aucun ombrage, même mal fondé, sur la liberté !

Cette nation tombe dans un sommeil doux, mais c'est un sommeil de mort.

Dans la famille, dans l'empire, le bon père, le bon souverain est séparé d'un bon père, d'un bon souverain par une longue suite d'imbéciles ou de méchants; c'est la malheureuse condition de toutes les familles et de tous les États héréditaires.

Calculons les chances.

Le souverain peut être éclairé et bon, mais faible; éclairé et bon, mais paresseux; bon, mais sans lumières; éclairé, mais méchant.

Sur cinq cas, le seul favorable est celui où il est éclairé, bon, laborieux et ferme, et dont Sa Majesté Impériale puisse espérer la durée du bien qu'elle aura fait et la suite de ses grandes vues.

Si ces qualités prises séparément sont rares, combien leur réunion dans un même homme ne l'est-elle pas davantage !

On assemble sa nation pour former des lois; c'est un acte bien généreux dans une souveraine que d'abdiquer l'autorité législative.

Ces lois se forment, s'inscrivent, se publient ; elles sont claires et brèves.

Elles se propagent dans les esprits par l'instruction publique.

Elles s'y gravent par le temps et la succession des générations.

On pourvoit à ce qu'elles ne s'altèrent point sous la main des commentateurs.

Rien n'est omis pour leur assurer une pureté constante et traditionnelle.

C'est beaucoup, mais ce n'est pas tout.

Celui qui, en laissant à ses successeurs les mains libres pour le bien, n'a pas trouvé de moyens plus sûrs de les lui gêner pour le mal, le secret d'échapper à la chance fatale, s'est beaucoup fatigué, peut-être pour peu d'effet.

Sa Majesté Impériale ne s'est-elle proposé que d'immortaliser son nom? Il l'est. Plus ses sujets seront heureux sous son règne, plus des successeurs odieux qui ne marcheront pas sur ses traces ajouteront à sa gloire. Mais une des qualités distinguées de Sa Majesté Impériale, c'est de préférer le bien, même ignoré, à toutes les sortes d'éclat.

Qu'elle daigne donc considérer que les lois formelles, écrites, publiées, connues, observées ne sont pourtant que des mots qui ne peuvent subsister sans un être physique, constant, immuable, permanent, éternel, s'il en est auquel ces mots soient attachés, que cet être physique doit agir et parler, et que par conséquent ce n'est pas le marbre qui résiste peu et qui est muet.

Quel doit donc être cet être physique, résistant, parlant et agissant?

C'est la commission même. C'est ce corps rendu permanent que j'opposerais à la ruine à venir de mes lois et de mes institutions.

C'est là le dépositaire de ma sagesse pour le moment présent et pour les règnes qui suivront.

Je lui donnerais toute la consistance et toute la forme compatibles avec la tranquillité générale.

Représentante de ma nation, elle aurait le plus grand intérêt à n'y porter que les sujets les plus intègres et les plus éclairés que j'abandonnerais sans réserve à sa nomination.

La brigue connue serait une loi d'exclusion, et les grandes brigues sont toujours connues.

La province pourrait seule révoquer son représentant, sans aucune forme de procès.

Il n'en serait pas ainsi du ministère, impuissant soit pour introduire, soit pour exclure.

Je déterminerais bien rigoureusement la portion de mon autorité qu'il me plairait de lui confier. Chose essentielle et difficile, mais non impossible.

Cette portion déterminée, je le resserrerais bien strictement dans cette enceinte.

J'exigerais le serment public de la nomination libre et incorrompue du représentant. Le parjure est rare, même en France. Le cas du serment est presque le seul où le respect de Dieu et des hommes revienne avec quelque force.

Je cimenterais par toutes les voies, pour moi et pour mes successeurs, l'aliénation faite de mes droits à ce corps.

Je ne l'appellerais dans aucune circonstance étrangère à son objet, de peur qu'il ne fût tenté d'empiéter.

Il ne se mêlerait ni de guerre, ni de politique, ni de finances.

Son district, et son district entier, se réduirait à la conservation des lois faites et à l'examen des lois soit à faire, soit à abroger, des institutions, etc.

Je fixerais le temps de ses assemblées. J'en fixerais également la durée, sans qu'on pût l'abréger d'autorité.

J'observerai cependant à Sa Majesté Impériale que la surcharge de l'impôt, sa répartition injuste et sa perception tortionnaire sont partout les causes principales de la ruine des Etats.

C'est à ce tribunal que je renverrais ou que je susciterais toutes les questions épineuses de législation que je ne me soucierais pas de résoudre moi-même.

Il sera certainement dévoué à Sa Majesté Impériale pendant toute la durée de son règne.

J'emploierais toute cette durée à le mettre en vigueur par un continuel exercice de ses fonctions.

On donne de la durée aux corps par la multiplicité des affaires et par l'occupation ; il serait déjà bien important et bien vieux sous mon successeur.

La nation l'aurait tant vue qu'elle aurait oublié sa date.

Il est rare que le bien général ne soit croisé par l'intérêt de quelques particuliers : par l'intervention de ce corps, le bien général se ferait, sans qu'il en résultât d'offense contre ma personne. Quel merveilleux moyen de lever les obstacles ! Qu'il est sûr ! C'est le concours et l'opposition des volontés générales aux volontés particulières, l'avantage spécial de la démocratie sur toutes les autres espèces de gouvernement.

Votre Majesté Impériale observera qu'il ne peut

prendre de la force qu'avec le temps, et que s'il avait à devenir redoutable, ce ne serait pas avant trois siècles;

Que, composé de sujets, il entendra toujours mieux l'intérêt public ou le sien que le souverain;

Que le souverain étant fait pour la nation, et non pas la nation pour le souverain, il n'y a nul inconvénient à ce qu'il devienne très fort, surtout son objet étant bien déterminé;

Que les souverains sont plus sujets à la folie que les nations policées;

Que les peuples sont plus souvent vexés par leurs maîtres que leurs maîtres par eux;

Qu'un souverain éclairé et bon qui veut bien s'abaisser à parler à ses sujets, finit toujours par leur faire entendre raison, quand il l'a et même quand il ne l'a pas;

Qu'un corps de citoyens, dans la vérité, n'est presque rien quand le souverain commande à l'ordre militaire et qu'il en dispose;

Que le souverain seul, à la tête du corps des représentants, peut beaucoup contre le militaire, et qu'à la tête du militaire, le corps des représentants peut très peu de chose contre lui;

Que si le corps des représentants anglais a tant de force politique, c'est qu'il n'y a point de milice nationale, pas même de maréchaussée; ils ont si peur des rois que c'est l'unique voleur contre lequel ils soient en garde;

Que si dans les contestations du Parlement d'Angleterre et du souverain, on examinait sans partialité l'état de la question, on trouverait presque toujours que le monarque a tort, que le roi attaque la liberté du peuple et que le peuple la défend ;

Qu'une chaussée de cent pieds de large qui s'élèverait subitement de Calais à Douvres, changeant la nature du local, changerait la nature du gouvernement et renverserait la Constitution britannique en un clin d'œil. Dans le besoin, nous aiderons le roi d'Angleterre à devenir un tyran. Le prétendant serait sur le trône ;

Que par la position des États de Sa Majesté Impériale son corps de représentants ne sera jamais dangereux ;

Que s'il le devenait, par des combinaisons d'événements impossibles à prévoir, ce ne serait presque jamais au détriment de l'empire ;

Que les empires malheureux ne sont pas ceux où l'autorité populaire va en s'accroissant, mais au contraire ceux où l'autorité souveraine devient illimitée ;

Que si l'on avait l'un de ces deux choix à faire, ou d'un souverain trop fort contre sa nation, ou d'une nation policée trop forte contre son souverain, le dernier de ces deux inconvénients serait le moindre. Les nations policées ne se révoltent point : elles souffrent ;

Qu'où il n'y a point de propriétés il n'y a point de sujets ; qu'où il n'y a point de sujets l'empire est pauvre, et qu'où la puissance souveraine est illimitée, il n'y a point de propriété ;

Que si l'on proposait à Sa Majesté Impériale de voir subitement la constitution de l'empire russe transportée dans la constitution anglaise, je doute fort qu'elle le refusât. Libre pour le bien qu'elle veut, liée pour le mal qu'elle ne veut pas, en effet, qu'y perdrait-elle? Et quelle raison pourrait-elle avoir de souhaiter à ses successeurs une autorité dont ils seraient tentés d'abuser ?

Que ce tribunal si utile qui a coûté des flots de sang à l'Angleterre ne lui coûtera rien, et par malheur n'en aura jamais l'importance ; et, pour le remarquer encore une fois, que, quand un jour il en aurait les inconvénients et les avantages, ce ne sera jamais que sous des successeurs éloignés, peut-être même sous une autre race ;

Qu'il obvie aux temps orageux des régences et des minorités, temps où le ministre est faible et destructeur, où chacun écoute son intérêt aux dépens de la nation ; où il importe d'avoir un représentatif de la souveraineté, non pour élever, mais pour empêcher la destruction ; où nous savons par expérience que, sans une puissance législative qui fasse tête aux dépositaires de la souveraineté, l'édifice de plusieurs siècles se renverse ;

Que ces sortes de corps n'ont vraiment de force qu'au moment où il faut qu'ils en aient, celui où le maître est enveloppé de langes ;

Que s'il survient alors des abus, ceux du corps sont bien plus aisés à redresser par le souverain que ceux de la souveraineté par les dépositaires de sa puissance qui bégaient par sa bouche ;

Que, si les lois ne sont jamais rien, lorsque, confiées à un seul homme, elles subissent toutes les vicissitudes de ses passions et de ses caprices, les suites de cet inconvénient sont beaucoup plus fâcheuses ici qu'ailleurs. Qui sait dans quel siècle la Russie sortirait jamais de la barbarie s'il arrivait qu'elle y retombât?

Que Pierre Ier et Catherine seconde sont deux phénomènes très rares et qu'un empire est insensé lorsqu'il compte souvent sur cette faveur du ciel ; que Sa Majesté Impériale doit envier à ses successeurs tout le bien qui dépend d'elle ; prévenir tout le mal qu'elle prévoit ; songer qu'un souverain meilleur qu'elle se fera longtemps attendre ; que le grand-duc, son fils, le dirait comme moi ; qu'elle doit avoir le courage de jeter les premiers fondements d'institutions dont le fruit ne sera recueilli que par la postérité la plus reculée, qui se demandera avec surprise : A qui devons-nous ces sages établissements? A qui l'on répondra : C'est à Catherine seconde ; que son nom soit répété avec admiration ; qu'il soit béni ; que, grande actuellement, elle le soit encore quand elle ne sera plus ; que les Russes retrouvent de toutes parts des traces de son règne, et que la seule précaution qu'elle ait à prendre, c'est que ces traces précieuses ne s'effacent point ;

Que les choses qu'elle ne fera pas seront beaucoup plus difficiles pour ses successeurs ; parce que les obstacles que l'avenir leur suscitera s'ajouteront aux obstacles que le passé lui a suscités à elle-même et qu'ils n'auront ni son génie, ni sa pénétration, ni son courage, ni le même amour pour ses sujets, ni peut-être la même confiance de ses sujets en eux ;

Que si le Parlement français avait été tout ce qu'il pouvait et devait être, il subsisterait encore ;

Qu'il a conspiré lui-même en trahissant la nation et en manquant aux devoirs que les rois lui avaient imposés, à sa propre ruine ;

Que, tout méprisable qu'il était, il n'a pu être renversé qu'avec l'ordre public ;

Que la permanence de sa commission ne reproduira jamais qu'un corps de cette nation, très utile quand il fait son devoir, très innocent quand il y manque ;

Que, bon ou mauvais, s'il ne fait pas de grands biens, il empêche toujours de grands maux ;

Qu'au lieu que notre Parlement enregistrât les volontés du souverain, il faudrait au contraire que ce fût le souverain qui enregistrât les représentations de la commission. Nos magistrats disaient : Nous voulons aussi ce que le roi veut ; c'est Votre Majesté et ses successeurs qui diront : Nous acquerrons aussi ce que notre nation nous demande par la voie de notre commission ; ce qui est fort différent ;

Que, quand la demande de la commission sera conforme à l'utilité publique, elle se réitérera et qu'elle finira toujours par être accordée ;

Que l'avancement des enfants lui donnera toujours assez et trop d'autorité sur les pères qui formeront la commission ;

Qu'un corps de héros est une chose rare sur laquelle il ne faut pas compter, mais qu'à tout hasard, lorsqu'il stipule pour l'intérêt général, il serait à souhaiter qu'il existât et qu'il durât ;

Qu'un corps de brouillons n'embarrasse qu'un moment, se fait mépriser, et que, s'il n'a pas mérité d'autre nom en France, c'est que l'argent et non la nomination des citoyens y installait ;

Qu'en créant ce corps elle forme un État, une première ou seconde classe de citoyens distingués ;

Que cette classe s'incorporera à la longue avec la noblesse et le militaire ;

Que cette classe, jalouse de conserver à ses descendants son illustration, instruira ses enfants, les fera étudier, voyager, et deviendra une nouvelle pépinière très féconde de citoyens doués de talents et de mœurs ;

Que de là, sans s'en apercevoir, l'empire aura les trois états que Sa Majesté ambitionne de créer, comme il est arrivé chez nous ;

Que les grands progrès de la civilisation partiront de ce corps ;

Que ce corps, par sa nature, est fait pour étendre ses racines en tous sens, comme il est arrivé parmi nous avec de l'illustration, de la fortune et du temps ;

Qu'il serait à propos, tant pour fixer leur résidence que pour épargner les honoraires et travailler à leur instruction, que la plupart des membres en fussent répandus dans les différents collèges du ministère ;

Qu'isolés dans tous les districts ils ne fassent corps qu'en commission ; lorsque les représentants sont tous en même temps magistrats, au moindre mécontentement comme représentants, ils déposent leurs robes de magistrats, et le royaume tombe en anarchie.

Occupés et répandus dans différents districts, ils ne seront jamais pauvres ; s'ils s'enrichissent, ils deviendront le lien commun des conditions supérieures et des conditions inférieures ; une espèce d'amalgame, qui s'unira également bien et avec la noblesse pauvre et avec la riche bourgeoisie. Vous n'avez pas encore ces états bien séparés, mais l'empire les aura, et les aura par ce moyen d'autant plus vite.

Il est impossible que ceux du corps des représentants répandus dans les différentes fonctions ministérielles ne soient dévoués au souverain ; moyen sûr pour le souverain de se faire demander par la nation les choses de bien public, de n'y trouver aucun obstacle, de se rendre agréable et jamais odieux.

En un mot, quand ce corps ne serait, avec le temps, qu'un grand fantôme de liberté, il n'en influera pas moins sur l'esprit national, car il faut qu'un peuple ou soit libre, ce qui est le mieux, ou qu'il croie l'être ; parce que cette opinion a toujours les effets les plus précieux.

Que Votre Majesté Impériale crée donc ou cette grande réalité ou ce grand fantôme, qu'elle le fasse le plus beau, le plus distingué, le plus chamarré, le plus éclatant, le mieux composé, le plus honoré qu'elle pourra, et qu'elle se persuade bien qu'on peut gêner, mais qu'on ne peut jamais emmailloter l'enfant qui naît avec quatre cent mille bras.

O Montesquieu, que n'es-tu à ma place ! Comme tu parlerais ! Comme on te répondrait ! Comme tu écouterais ! Comme tu serais écouté !

COROLLAIRE.

Deux principes que je crois également certains.

Le premier.

Peu d'avantages à l'éducation particulière sans une base nationale. Nulle base nationale à l'éducation particulière ; nulle récompense au talent et à la vertu, nulle ressource pour ôter à l'or son attrait et sa puissance sans le *concours*, même aux places les plus importantes.

Sa Majesté Impériale m'objecte l'incompatibilité de caractère, la diversité des vues, les différentes manières de voir et d'opérer entre elle et un ministre donné par le talent et les bonnes mœurs.

Deux réponses à cette objection : la première, c'est que deux âmes honnêtes et deux esprits éclairés dont l'un est subordonné à l'autre finissent toujours par se concilier, et que la manière d'aller au bien qui convient à la souveraine est toujours la préférée.

La seconde, c'est que Sa Majesté ne voit que l'instant de sa durée et sa facilité particulière, au lieu qu'il est question de la durée et du bien d'un empire, de la récompense générale des talents et de l'encouragement à la vertu, non seulement sous son règne, mais sous le règne de tous ses successeurs, qui auront plus souvent besoin d'un homme instruit et ferme qui les arrête que cet homme ne se trouvera.

Le second.

Nulle certitude de la durée des lois d'un empire, sans un corps particulier dépositaire de ces lois et leur conservateur.

Même avec ce corps bien autorisé, bien composé, bien maintenu, bien perpétué, grande difficulté de les conserver dans leur vigueur, de les réformer à temps, d'y en ajouter qui ne les croise point, et de les rappeler à leur activité quand elles se relâchent.

Mais à l'impossible nul n'est tenu.

On a tout fait, lorsqu'on a cherché, trouvé et mis en œuvre les meilleurs moyens que la prudence humaine pouvait inspirer, prudence qui ne s'étend ni à la violence ni aux hasards qui sont réels dans la poitrine obscure du destin et qui sont au-dessus de nous.

· Le corps dépositaire et conservateur est le meilleur des moyens qu'on peut fortifier de l'instruction générale de l'esprit public, et d'une infinité d'autres qui supposent tous le premier, sans lequel les lois ne sont qu'un bruit passager, des spectres aériens, des voix ou des abstractions sans corps solide qui les soutienne.

§ III

SUR L'INAUGURATION D'UN DÉPUTÉ.

Les hommes sont plus touchés des cérémonies extérieures qu'on ne pense.

Les protestants, en anéantissant les cérémonies religieuses, commémoratives, auront, avec le temps, anéanti la religion pour le peuple, à qui il faut des images et des spectacles.

J'ai entendu dire à un peintre protestant qu'il ne

mettait jamais le pied dans Saint-Pierre de Rome sans devenir catholique.

Je désirerais donc que l'inauguration d'un député fût très solennelle ; qu'elle fût accompagnée d'un serment sur la légitimité de sa nomination et sa fidélité à remplir ses devoirs ; que ce serment fût fait avec dignité ; qu'il se renouvelât d'année en année par le corps entier : que ce corps eût un vêtement distingué ; enfin, que Votre Majesté Impériale imaginât tous les moyens possibles de le rendre respectable à la nation et important à ses propres yeux.

Les hommes ne sont que de vieux enfants ; et lorsque la procession de Saint-Sulpice passe sous mes fenêtres, je me retrouve enfant malgré moi.

Les grandes masses d'hommes animées d'un même esprit me font toujours une profonde impression.

L'homme et l'animal ne sont que des machines de chair ou sensibles.

§ IV

SUR UNE IDÉE PEUT-ÊTRE SYSTÉMATIQUE D'AMENER UNE NATION AU SENTIMENT DE LA LIBERTÉ ET A L'ÉTAT CIVILISÉ.

Je serai court, car les idées purement systématiques en matière grave me déplaisent.

Si j'avais à civiliser des sauvages, que ferais-je? Je ferais des choses utiles en leur présence, sans rien leur ni dire, ni prescrire. J'aurais l'air de travailler pour ma seule famille et pour moi.

Si j'avais à créer une nation à la liberté, que ferais-je? Je planterais au milieu d'elle une colonie d'hommes libres, très libres, tels, par exemple, que les Suisses, à qui je conserverais bien strictement ses privilèges, et j'abandonnerais le reste au temps et à l'exemple.

Si ces idées sont justes, j'en ai dit assez ; trop, si elles sont chimériques.

Peu à peu, les femmes et les hommes de mon empire s'engageraient dans cette colonie.

Peu à peu, ce levain précieux changerait toute la masse, et son esprit deviendrait l'esprit général.

§ V

DE LA COMMISSION DES LOIS, DU CONCOURS, DES INSTITUTIONS ET EN GÉNÉRAL DE TOUTES LES SORTES D'ÉTABLISSEMENTS ET DE VOLONTÉS PUBLIQUES DE SA MAJESTÉ IMPÉRIALE.

Votre Majesté est sage. Elle ne se détermine à rien d'important sans l'avoir mûrement pesé. Elle est ferme, et, quand elle a bien vu, elle ne se laisse décourager par aucun obstacle ; et, pour me servir de son expression, *ce qu'elle désespère de renverser avec la force, elle le mine.* Ces deux ressources sont immanquables. Ce sont elles, avec lesquelles le temps, qui ne s'arrête point, et la nature, qui travaille toujours, viennent à bout de tout.

Jusqu'à présent, dans tous les papiers que j'ai osé écrire et lire à Votre Majesté Impériale, c'est moi qui lui ai parlé. C'est moi qui lui parlerai dans tous ceux qui suivront, et moi seul.

Mais ici, je ne suis que l'organe passif de la raison.

S'il y a une grande gloire à créer de ces établissements utiles ; s'il y a bien du courage à vaincre les difficultés qui s'y opposent ; s'il est généreux d'en abandonner le succès au temps et les avantages à la postérité, il en est d'autant plus important de les maintenir dans leur intégrité pour le moment et de les bien cimenter pour l'avenir.

J'ai peu d'expérience de ce pays-ci, mais assez pour voir que la nation ne conçoit pas encore ses institutions, ne sent pas l'étendue de ses bienfaits, est bien loin de soupçonner leur influence sur la génération suivante, et ne calcule que d'après les privilèges accordés aux maisons et aux élèves qu'on y reçoit. C'est-à-dire qu'elle est fort éclairée sur son intérêt personnel ou de l'instant et fort peu sur son intérêt futur ; cet inconvénient est de tous les siècles et de tous les pays. La postérité loue, admire, se récrie sur les mêmes choses que les pères avaient arrêtées, compulsées, dédaignées, croisées ; presque tous les grands hommes ont pleuré en mourant sur l'ingratitude dont on avait payé leurs travaux. Votre Majesté est peut-être (grande comme eux) destinée à verser les mêmes pleurs qu'eux. On n'accordera qu'à sa cendre les bénédictions qu'on devrait à sa personne. Mais elle est femme à se contenter de cette récompense éloignée, et rien n'empêche que dès à présent elle en jouisse par la pensée qui nous rend contemporains des hommes à naître.

Pour cet effet, c'est beaucoup d'avoir créé, mais ce n'est pas tout. Il faut conserver ses créations et les conserver sans atteinte. Il faut être supérieure, comme une souveraine aussi juste, aussi aimée, aussi respectée peut l'être, à la continuité des propos de l'ignorance, du cri des préjugés, des lenteurs de la paresse, des travers de l'inconstance, des efforts de la mauvaise volonté, des imputations de la calomnie, de la méchanceté ou de la jalousie ; car on est jaloux, sinon de la souveraine, du moins de ceux qu'elle honore de sa confiance. Les courtisans sont une race de vipères qui viennent s'entre-déchirer à ses pieds, et je ne pense pas que Votre Majesté Impériale soit étrangère à cet affligeant spectacle, parce qu'il est de toutes les cours du monde.

Sans un exercice perpétuel de cette force d'âme avec laquelle elle est née et que sa conscience du bien qu'elle se propose doit fortifier, plus d'édifice qui dure, plus de zèle qui ne se ralentisse, plus de bons serviteurs qui ne se découragent.

Mais quel remède à ce mal ? Quand on a la tête bonne, et certes je ne crois pas que sous le ciel il y en ait une meilleure que la vôtre, tout laisser dire et aller à sa tête. Est-ce que Votre Majesté Impériale ne sait pas ce qu'elle est, et qu'elle passe, même parmi ses sujets, pour la femme la plus lumineuse de son empire?

Le législateur doit respecter ses lois. L'instituteur n'a qu'un véritable but, c'est de suivre opiniâtrément ses instructions. S'il a accordé des droits, des immunités, des privilèges, s'il en a annoncé la constance et l'irrévocabilité, il faut qu'ils tiennent.

Et c'est moi qui parle ainsi, l'ennemi le plus décidé des exclusions, que je regarde comme autant d'injustices générales.

Mais il faut que la promesse, et surtout la promesse publique des souverains, soit sacrée.

Si le souverain abat de ses propres mains un des appuis, il n'y a rien qu'on ne se promette d'en obtenir, aucune sorte d'importunités auxquelles il ne s'expose, aucune espèce de pièges qu'on ne lui tende.

Voici comment on réussit à tout renverser. Plusieurs institutions sont tuées par un intérêt commun. On se garde bien de les attaquer toutes à la fois. On en ébranle une, elle s'écroule. La ruine de celle-ci entraîne la ruine d'une seconde, et avec le temps la ruine du tout, et presque l'inutilité du plus beau des règnes.

Si Sa Majesté Impériale rend sa commission permanente, que, sous quelque prétexte que ce soit, elle ne souffre pas que ses séances et ses fonctions soient dérangées, son district ni étendu ni restreint, ses prérogatives diminuées ou augmentées, ses privilèges abolis, ses honneurs affaiblis ou flétris. La première impulsion vers la décadence est presque sans ressources. Il y a une différence infinie entre un corps intact et un corps débilité. C'est un grand mal qu'on sache qu'on peut l'attaquer, et l'attaquer avec succès.

C'est un fâcheux encouragement à donner à ceux qui sont ; c'est un plus fâcheux exemple à donner à ceux qui suivront.

Que Votre Majesté Impériale pense que telle est naturellement la pente du cœur humain : c'est de déplacer dans le temps les choses dont on ne partage pas la gloire et d'y prendre peu d'intérêt dans l'avenir.

Je n'ai jamais vu ni lu d'aucun ministre qu'il ait eu le courage et l'honnêteté de suivre le projet commencé de son prédécesseur.

C'est un mot qui ne manque jamais de se vérifier dans mon pays : « Ce ministre est mort, ou il est disgrâcié. Cela ne s'achèvera pas. »

On a renversé et l'on continue à présent la ruine de tout ce qu'avait institué M. de Choiseul. Fait-on bien ? Fait-on mal ? Je n'en juge pas.

Tout ce que je sais, c'est que M. de Gribeauval, militaire dont l'éloge est souvent dans la bouche du roi de Prusse, qui s'y connaît, ne gémit ni sur son inutilité actuelle, ni sur ses places perdues[1], ni sur ses revenus réduits, ni sur le hasard de ses pensions, mais bien sur dix années de peines, de travaux, d'expériences, de voyages, de fatigues de toutes les espèces employées à mettre notre corps de génie et d'artillerie sur le meilleur pied ; il gémit de ce qu'il a plutôt fait le mal que le bien, parce qu'on ôte les bons principes qu'il avait établis, et qu'on ne retrouvera plus la routine qu'on suivait. Il m'a dit à moi-même, et avec l'amertume d'un bon militaire, d'un bon citoyen et d'un excellent homme : « Ils étaient mal, mais, si j'avais pu prévoir, je les aurais laissés tels qu'ils étaient. »

Je supplie Votre Majesté Impériale d'arrêter un moment son attention sur cet exemple seul, que je pourrais appuyer de cent autres.

M. de Maurepas proposait à M. de Buffon l'exécution du plan le plus magnifique qu'on pût imaginer : c'était d'élever à l'histoire naturelle et à tous les arts et sciences adjacentes un domicile digne d'elles.

1. Allusion au procès dit *des Invalides* (parce qu'il fut jugé dans cet hôtel), intenté en 1773 à M. de Bellegarde, lieutenant-colonel d'artillerie, accusé d'avoir, sur l'ordre de Gribeauval, son supérieur, vendu des fusils jugés défectueux. M. de Bellegarde fut condamné à mort, mais sa peine fut commuée en un emprisonnement à Pierre-Scize, et Marie-Antoinette obtint sa grâce définitive en 1777. Gribeauval, privé de sa place de premier inspecteur de l'artillerie, ne rentra en fonctions que sous le ministère de Saint-Germain.

Celui-ci s'y refusa ; et quand je lui en demandai la raison, il me répondit : « C'est qu'au milieu de l'exécution M. de Maurepas sera disgracié, et que, l'histoire naturelle et moi, nous coucherons dans la rue. Nous sommes mal, mais nous restons comme nous sommes. »

C'est ainsi, madame, qu'on raisonne sous un gouvernement fixe, chez un peuple policé ; et l'on raisonne bien !

Que votre propre autorité, à plus forte raison, qu'aucune autre, ne viole vos engagements publics.

N'ébranlez pas la confiance qu'on a dans vos promesses. Sans cette attention, la nation cessera de vous croire : laissez cette méfiance des peuples à tous les souverains du reste de la terre qui jurent et qui font rire.

Cela est d'autant plus essentiel que la foi du serment est la seule garantie de celui qui peut tout. Les peuples font bien assez pour les souverains quand ils croient à leurs serments.

Si l'on dit : « Catherine seconde n'a jamais rien promis qu'elle n'ait effectué », vous aurez vraiment sur le roi de Prusse l'égalité de grandeur et la supériorité de bonté et de fidélité.

Les peuples ne dorment d'un sommeil paisible que sur la parole des rois.

Les vingtièmes, chez nous, d'une durée tant de fois limitée et tant de fois prorogée, ont déshonoré et le souverain, et ses ministres, et les magistrats. Il valait mieux dire : « Cet impôt sera perpétuel, ne vous y trompez pas. »

Vos établissements sont uniques, vous devez vous en promettre le plus grand bien, ils le produiront. Soutenez-les, soutenez-les tous fermement, et qu'il n'y ait pas un mot dans leurs règlements qu'on va publier, contre lequel on puisse protester.

Votre Majesté Impériale, qui peut dire à toutes demandes, à toutes insinuations : « Je ne le veux pas », aura si bonne grâce à dire : « J'ai promis, j'ai promis solennellement, ma promesse ne serait pas authentique et publique qu'elle n'en serait pas moins sacrée ; mais elle est publique et je n'apprendrai pas à mes sujets à s'en défier. »

Cette réponse si honnête, si belle et si rare ne souffre point de réplique.

J'ai peine à excepter de ces principes, qui sont ceux de votre cœur, le cas même où la chose serait évidemment mal.

Il faut que le mal soit bien grand pour être réparé au détriment de la parole d'un roi.

J'ai conçu une telle opinion de vos établissements que je serais désolé si on m'apprenait qu'ils chancellent ; à plus forte raison, qu'ils sont ou dégradés ou détruits.

Et que le Ciel conserve Votre Majesté assez longtemps pour jouir des fruits précieux qui en résulteront !

Son règne commence où une longue suite de règnes n'arrivent pas.

On lit au frontispice de Saint-Pierre de Rome ; *Sixte-Quint, souverain pontife, la première année.*

Je puis assurer que cette si simple et si belle inscription irait peut-être mieux encore au frontispice de vos établissements : « Catherine seconde, impératrice de Russie, de son règne, la première année. »

En effet, quel rapport du plus bel édifice de pierre et des institutions capables de changer les lois, les mœurs, les usages, l'esprit national, l'esprit domestique en un mot, toute la face d'une immense nation ?
- Que Votre Majesté Impériale soit ferme dans ses résolutions et fidèle à ses promesses.

Elle en sera plus grande dans l'avenir et plus heureuse pour le moment.

Je n'en dirais pas autant à qui n'a pas son génie.

Il y a des souverains qui reculent toujours et qui font bien.

Mais une chose que j'ai à demander à Votre Majesté Impériale, c'est si elle a attaché des fonds à ces maisons, et si ces fonds appartiennent à ces maisons de manière à n'en être distraits par quelque moyen que ce soit. Sans cette précaution, ces établissements peut-être n'iront pas au delà de son règne.

* *
*

Cette fois encore, Diderot se trompe : le couvent des Demoiselles nobles et l'Institut des Enfants trouvés ont survécu à toutes les crises de l'autocratie russe depuis un siècle, et cependant jamais les diverses créations de Catherine II ne coururent plus le risque de disparaître que sous Paul Ier.

C'est une étrange figure que celle de cet enfant maladif, fils d'un père dont on sait la vie et la fin, confié, après le refus de d'Alembert de se charger de son éducation, à un gouverneur frivole et débauché, le comte Panin, tenu par sa mère aussi bien en dehors de son intimité que des affaires publiques, montrant toutefois, lors de son voyage en France, des aptitudes variées et cet esprit de repartie sur lequel, alors et comme toujours, on jugeait un homme ; puis, au lendemain de la mort de l'impératrice, devant son cercueil un moment rapproché de celui de Pierre III et veillé toute une nuit par ses complices survivants, savourant une vengeance que M. de Vogüé a qualifiée à bon droit de shakspearienne, pour finir lui-même, à son tour, quelques années plus tard, sous les coups de talons de bottes d'un groupe de conjurés.

Rien en 1773 ne faisait présager ces destinées lugubres. Le grand-duc venait d'épouser la princesse Sophie-Dorothée de Hesse-Darmstadt, mais à cette union qui ne devait durer que bien peu de mois, succédait un nouveau mariage avec Dorothée de Wurtemberg, et ce fut seulement en 1782 qu'il accomplit non une tournée à travers son futur empire, comme le souhaitait Diderot, mais un long et fastueux voyage en Allemagne, en Hollande, en France et en Italie, sous le nom du *comte du Nord*.

§ VI

SUR LE FILS DE SA MAJESTÉ IMPÉRIALE MONSEIGNEUR LE GRAND-DUC.

Celui qui ose parler à une femme de génie et à une mère telle que Votre Majesté Impériale de l'instruction de son fils est un étourdi, s'il n'est pas un sot. Je me le suis dit. J'accepterai de ces deux épithètes celle qu'il vous plaira de me donner, même toutes deux, pourvu que le profond dévouement que je porte à Votre Majesté Impériale suffise pour m'excuser et me sauver du mépris.

Le prince est jeune, et tous ceux qui ont eu l'honneur de l'approcher font l'éloge de sa pénétration, de son aptitude à tout, de son affabilité que je connais, de son cœur et de son esprit.

Il est à présent amoureux de sa femme, et il a raison.

Il s'occupe de son mieux à se donner un successeur à l'empire, et il fait bien.

Il sort d'une vie instructive, utile et occupée. Il serait très facile et très dangereux qu'il se fît à une vie oisive et dissipée. Les suites en seraient redoutables et pour son bonheur domestique et pour le bonheur de son empire futur.

Voici donc ce que j'oserais proposer à Votre Majesté Impériale : c'est qu'il assistât dans les différents collèges d'administration où les affaires sont débattues; qu'il y fût pur et simple auditeur, et cela pendant deux ou trois ans, jusqu'à ce que les différents objets de ces assemblées ministérielles lui fussent très familiers. Voilà la véritable école d'un souverain de son âge ; qu'au sortir de là il vous fît à vous-même le rapport de ce qui se serait passé, et qu'il vous en dît son avis, qui serait ou juste ou rectifié par vos réflexions.

C'est là qu'il apprendrait à connaître le tour d'esprit et de caractère, la manière de penser, de sentir et de voir, les lumières et les talents de ceux qu'il jugerait à propos dans la suite d'appeler auprès de sa personne.

Pendant cet intervalle, je dépêcherais dans les différentes contrées de l'empire un astronome, un géographe, un médecin, un naturaliste, un jurisconsulte, un militaire, avec ordre de s'instruire profondément chacun dans sa partie de ce qui la concerne. Voilà les compagnons de voyage que je lui préparerais et qui lui feraient observer sur les lieux les choses qu'ils auraient vues.

Sans quoi, tous également ignorants, ils seront tous forcés d'étudier ce qu'ils auront à apprendre à leur disciple, et le voyage manquera en grande partie son objet.

A ces docteurs, je joindrais un homme de bien uniquement occupé à lui montrer les malheureux, à le toucher, à l'attendrir, etc., etc. Celui-ci aurait peu de chose à faire, mais il est doux d'avoir à côté de soi quelqu'un qui soit témoin et qui partage les sentiments honnêtes de notre cœur.

La garde qui l'accompagnerait serait commandée par l'un des Orlof, tous gens prêts à verser leur sang pour Votre Majesté Impériale et avec juste raison.

De retour de cette immense tournée qu'il n'entreprendrait lui-même qu'après avoir bien lu et avoir bien médité tout ce qu'il y a de mémoires manuscrits et imprimés sur l'empire, je le laisserais reposer et reprendre l'ouvrage de sa succession, à moins que sa femme ne l'eût accompagné.

C'est alors qu'en parcourant les différentes contrées de l'Europe, il saisirait rapidement ce qu'elles auraient dans leurs mœurs, leurs usages, leurs lois, leurs sciences, leurs arts, d'applicable au bien de la nation.

Cette seconde tournée serait préparée, comme la première, par les lectures préliminaires et l'instruction propre et personnelle des compagnons de voyage.

Les deux endroits de l'Europe où je l'arrêterais davantage seraient l'Angleterre et l'Italie : l'Angleterre pour la sagesse et la liberté, l'Italie pour le goût. Pas plus en France qu'il ne faudrait pour qu'il pût comparer deux peuples rivaux dont l'un est riche en crédit et l'autre est riche en propriétés. L'air de la France est, à la longue, très contagieux. Paris est une coquette à côté de laquelle il ne faut pas demeurer trop longtemps.

Le voyage de l'Angleterre suppose des notions de politique; celui de Hollande, des notions de commerce; celui de France, des notions d'art, de science, de littérature, d'agriculture et de goût; celui d'Italie, des notions de beaux-arts. Ce dernier article demande un peu de détail.

Les monuments en bronze, en pierre et en marbre sont d'une durée presque éternelle. Ils restent et pendant toute la durée d'un règne et longtemps après. Ils constatent pendant des siècles le bon et le mauvais goût du prince qui les a ordonnés. Ils font rougir la nation; ils flétrissent un règne; ils font sourire malignement les étrangers.

Je désirerais donc qu'un grand seigneur, qu'un prince eût les notions élémentaires de l'architecture, de la sculpture et de la peinture, mais surtout de l'architecture; on cache un mauvais tableau, on casse une mauvaise statue, mais il n'en est pas ainsi de la façade d'un palais, et l'on ne bâtit pas des palais tous les jours.

A ces notions élémentaires d'architecture données et

raisonnées par un habile homme, je joindrais la vue des grands modèles, soit en relief, soit en gravure. Au reste, ces notions sont courtes; elles se réduisent à la symétrie et à la convenance qui disposent toujours de la proportion et du caractère des ordres et des ornements et des parties pleines ou vides.

Cela fait, il n'aurait plus qu'à s'asseoir à côté de son auguste mère, l'écouter et la regarder faire, pour qu'un jour ses peuples heureux sous deux règnes consécutifs, bénédiction rare et réservée à la Russie, joignissent sa statue à côté de la sienne, l'une à la droite et l'autre à la gauche de Pierre Ier.

Ainsi soit-il! Personne n'a fait et ne fera ce souhait plus fortement et plus sincèrement que moi.

§ VII

SUR LES INSTITUTIONS DE SA MAJESTÉ IMPÉRIALE ET SUR L'ESPRIT DE SA NATION

Je ne pense, je n'écris que pour Sa Majesté Impériale, et ma pensée et mon écrit lui sont également et consacrés et soumis; mais spécialement ici.

1° Il est très important que ses sujets connaissent mieux ses institutions. J'ai vu quelques Russes, gens honnêtes et instruits, fidèles serviteurs de Sa Majesté

Impériale, bons Russes. Aucun qui n'en sentît tout le prix, aucun qui ne m'en ait entendu parler avec plus ou moins de surprise, aucun qui en connût la sagesse et qui en prévît les avantages à venir; aucun que je n'aie éclairé et converti. J'ai fait le rôle d'apôtre; et je le fais volontiers quand je le suis de la vérité. Je n'excepte de ce nombre que mon compagnon de voyage M. de Narischkine, quoique de retour dans sa patrie, après une absence de quatre ans.

Je leur ai dit : « Savez-vous ce qu'on a fait là? On y a résolu le problème impossible : élever, élever bien sans contrister. On y prépare des femmes honnêtes et instruites. On y tire le plus grand parti possible du talent naturel. On y laisse à lui-même le soin de s'appliquer et de se développer. On a réalisé la plus merveilleuse et la plus utile des chimères. On a formé une école, comme il n'y en eut jamais, comme il n'y en a et comme il n'y en aura point, et comme il est peut-être impossible qu'il y en ait une dans aucune contrée de l'Europe. Si cet établissement dure, les femmes donnant partout la loi aux hommes, il faut qu'avant vingt ans la face de l'empire change. Aura qui l'on voudra le mérite de cet établissement; mais c'est un trait rare de génie; et son exécution et sa direction supposent un zèle, une patience, une opiniâtreté incroyables. C'est ainsi que j'en parlerai chez moi. On commencera par de la plaisanterie. On finira par de la haine, mais je m'en soucie fort peu. Le point important est d'être juste et vrai. Je dépose entre les mains de Votre Majesté Impériale ce témoignage, afin qu'elle me déshonore, si je change d'avis et de langage; mais elle est aussi assurée que moi que cela ne m'arrivera pas.

Je ne sais où en est votre corps de cadets; mais je me jette aux pieds de Sa Majesté Impériale et je la supplie d'abréger des trois quarts l'attente de la révolution dans les mœurs, en le portant au même degré de perfection que celui des filles. Ces deux puissances réunies produiront un effet quadruple de l'une ou de l'autre.

2° Il me semble qu'en général vos sujets pèchent par l'un ou l'autre de ces deux excès, ou de croire la nation trop avancée, ou de la croire trop reculée.

Ceux qui la croient trop avancée sont contempteurs outrés du reste de l'Europe; ceux qui la croient trop reculée en sont admirateurs fanatiques.

Les uns ne sont jamais sortis de leur pays; les autres ou n'y ont pas assez séjourné, ou ne se sont pas donné la peine de l'étudier. Tous n'ont vu que deux surfaces, les uns de loin, les autres de près; la surface de Paris et la surface de Pétersbourg. Je les étonnerais bien tous si je leur démontrais qu'il y a entre les deux nations la différence d'un homme vigoureux et sauvage qui naît et d'un homme délicat et maniéré attaqué d'une maladie presque incurable.

Si j'ai un moment de chaleur et de verve, je susciterai le génie de la France et je le ferai parler à Pierre Ier au bord de la frontière [1].

3° Excepté dans les Orlof, il me semble avoir remarqué assez généralement une circonspection, une méfiance qui me paraît opposée à cette belle et loyale franchise qui caractérise les âmes hautes, libres et assurées, telle que nous l'avons, telle que l'ont les Anglais ; nous avec finesse, les Anglais avec rusticité; je ne sais ce que je leur inspire, mais je ne les trouve pas hommes entre eux comme avec moi. Il me semble que mon caractère les rassure et les entraîne. Je voudrais qu'ils restassent ce qu'ils sont, quand je les quitte, à moins que leur franchise apparente ne soit hypocrite ; ce que j'ignore.

4° Il y a dans les esprits une nuance de terreur panique : c'est apparemment l'effet d'une longue suite de révolutions et d'un long despotisme. Ils semblent toujours à la veille ou au lendemain d'un tremblement de terre, et ils ont l'air de chercher s'il est bien vrai que la terre se soit raffermie sous leurs pieds ; tels au moral que sont au physique les habitants de Lisbonne ou de Macao.

Je ne suis pas inquiet de ce défaut. Il est impossible que la durée du règne d'une souveraine tendre, aimée, adorée, ne le dissipe pas. Mais il ne faut pas qu'elle

---

[1]. Ce mouvement de verve, Diderot l'éprouva sans doute peu après, mais il ne lui inspira qu'une esquisse assez courte; on la trouvera page 263.

ait l'air de s'en occuper. La moindre affectation se pressentirait et augmenterait le mal, quoi qu'en ait dit la marquise de Tencin en mourant, que les hommes étaient si bêtes qu'elle regrettait les trois quarts de la finesse qu'elle avait employée à les mener.

Je suis sûr que nous avons éprouvé la même chose que les Russes, après la Ligue, après la mort d'Henri III, d'Henri IV, après la Fronde. Et je me souviens très bien qu'à l'aventure de la veille des Rois [1] nous avions tous l'air effarouchés, comme si nous étions au moment de la chute d'une comète sur notre globe.

Voilà par exemple, une sensation inconnue à l'âme ferme et robuste de Votre Majesté Impériale, qui trouve son élément dans le péril ; c'est une sorte de sensation que je ne connaîtrais pas si je ne l'avais pas éprouvée, et qu'il est impossible de transmettre à un autre par le discours, pas plus que l'idée d'une douleur qu'on n'a pas ressentie.

Il n'y a peut-être pas un mot de vrai dans tout ce qui précède : c'est un aperçu si léger, si frivole et par conséquent si hasardé ; mais il est sûr qu'il y a de la vacillation dans les têtes qui vient peut-être de l'intérêt personnel déconcerté par votre sagesse et votre justice, et le changement de l'ordre des choses.

1. L'attentat de Damiens commis le 5 janvier 1757. On trouvera dans la *Correspondance littéraire* de Grimm (15 janvier 1757) la trace de la stupeur que l'annonce de ce crime causa au philosophe et à son ami, précisément occupés à disserter sur la perfectibilité humaine.

§ VIII

DES RÉVOLUTIONS.

Par qui les révolutions sont-elles tentées ? Par ceux qui n'ont rien à perdre au changement de l'ordre des choses ; par ceux qui ne peuvent qu'y gagner.

Que sont ces hommes ? Des hommes puissants dans la nation par leur poste et malaisés par le dérangement de leur fortune.

Quel parti prendre avec eux ? Il y en a deux : le premier de les enrichir ; c'est le plus sûr, mais ce n'est pas le plus courageux ; le second, de les lier par des fonctions honorables qui les éloignent.

Il m'a semblé que la personnalité, qualité sauvage, entrait un peu dans le caractère national.

Le sauvage n'est ni père, ni époux, ni frère. Il est lui, il est l'enfant de la nature.

Il m'a semblé que les liens de la famille étaient encore faibles et qu'en général on avait peu de souci des siens après soi. C'est une des plus fâcheuses et des plus constantes causes des révolutions. Les pères se ruinent ; ils ne laissent rien à leurs enfants qu'un nom et des prétentions : un nom impossible à soutenir parce qu'on est pauvre, des prétentions difficiles à soutenir parce que le souverain n'y a pas toujours égard. Si l'âme est bouillante et forte, quel dessein conçoit-elle? Un dessein violent qui détruise l'autorité subsistante, bonne ou mauvaise, et nous rende agréable à l'autorité qu'on aura élevée au péril de sa vie.

Quand on ne peut devoir tout cela à la bienfaisance de celui qui règne, on cherche à se recommander à la reconnaissance de celui qui régnera.

Il est donc important d'empêcher la ruine des grandes familles. Leur misère est plus dangereuse que leur opulence. La misère irrite, l'opulence endort. La misère est audacieuse, l'opulence est pusillanime.

Point de seigneur pauvre et considéré, surtout proche de soi. L'une de ces deux choses, je le répète, les enrichir ou les éloigner.

Quel moyen d'empêcher les grandes familles de se ruiner? Le dégoût du faste dans le souverain, l'exemple de l'économie, l'éloge des vertus domestiques, la faveur accordée aux bons pères, l'approche de sa personne, dont ils sont le rempart, la bonne éducation des enfants, le mépris des superfluités nationales et étrangères, des secours donnés aux pères malheureux, que sais-je? Tous les moyens qu'un homme peut avoir d'encourager la vertu et de décrier un vice : la table, l'oisiveté, le jeu.

Mais partout empêcher les grandes familles de se déguenniller.

J'y ai un peu rêvé. Il me semble que c'est une cruelle chose que de flotter éternellement entre la faiblesse et l'ingratitude. Si vous refusez la moindre grâce à celui à qui vous devez tout, qui a exposé sa vie pour vous placer où vous êtes, vous êtes un ingrat. Si vous accordez, vous êtes faible ; vous irritez toute une nation envieuse ; vous vous suscitez à vous-même et à vos amis des haines dont on ne peut deviner les suites ni pour eux, ni pour vous. Qu'il est doux alors d'avoir obligation à des hommes vrais, francs, généreux, fermes, grands et honnêtes, tels que me paraissent et sont les cinq frères [1] ! Que Votre Majesté Impériale me permette de saisir cette occasion de la féliciter d'avoir été servie par les hommes de la nation dont elle aurait fait choix dans une de ces circonstances où l'on accepte quiconque ose se dévouer.

Puisse le ciel les conserver longtemps pour Votre Majesté Impériale, et Votre Majesté Impériale longtemps pour eux ! Ce sont des yeux toujours ouverts autour de vous.

§ IX

DE L'IMPORTANCE DE FONDER LA SUCCESSION
DANS L'EMPIRE.

Tant que cette succession n'est pas une loi fondamentale ;

[1]. Les Orlof : Grégoire, dont le courage et la fermeté furent dignes de tout éloge lors de la peste de Moscou, en 1771 ; Alexis, l'un des favoris les mieux partagés de Catherine ; Théodore, procureur général du Sénat ; Ivan, directeur des affaires de l'Archipel ; Wladimir, directeur de l'Académie des sciences.

Tant que cette loi fondamentale n'est pas consentie par le concours général des volontés des sujets;

Tant qu'elle n'est pas établie comme sacrée et inviolable dans l'opinion générale;

La paix de l'empire n'est pas assurée.

Faire statuer la commission sur ce point :

La couronne doit-elle passer au premier-né, mâle ou femelle ?

Le souverain régnant peut-il en disposer à son gré et la placer sur la tête de celui de ses enfants qu'il préférera ? Quelle source de divisions dans la famille ! Quelle source de révolutions dans l'empire ! Quelle source d'hypocrisie et de basse adulation ! Quelle incertitude pour la nation ! pour la nation dont le choix sera très souvent contraire à celui du souverain ! Quel motif de brigues !

Je n'ose insister davantage. Ce sujet est au-dessus de mes forces. Je l'abandonne à la sagesse de Sa Majesté Impériale et de sa commission.

Mais je la ferais statuer sur le cas où la race régnante viendrait à manquer ; en décidant ce point, elle déciderait en même temps que la couronne ne retourne à la nation que dans cette seule circonstance.

Dans le cas où la race régnante viendrait à manquer, voici mon rêve :

La couronne serait à la nomination de la commission subsistante,

Il y aurait un conclave de ces commissaires...

Mais pourquoi suivre un rêve? Je n'en ai pas le courage.

J'aurai bien assez souvent rêvé sans m'en douter, sans rêver en m'en doutant.

Je ne serais peut-être pas éloigné du sentiment de Sa Majesté Impériale de rendre la couronne élective entre les enfants; mais ce serait à la condition que l'élection ne se ferait pas par le père.

Il me semble que la nation assemblée et choisissant par ses représentants serait bien moins sujette à se tromper que le père.

§ X

D'UN TIERS ÉTAT.

Autant qu'il est possible à un homme particulier d'entrer dans la pensée d'un souverain, à un homme ordinaire de sonder les vues d'un homme de génie, Votre Majesté Impériale tend sourdement à la formation d'un tiers état.

En conséquence, que ceux qu'elle fait élever au loin soient tous tirés des basses conditions; partout cette classe fournit les hommes éclairés.

Qu'elle étende l'objet du *concours* le plus qu'elle pourra.

Qu'elle se garde bien d'anoblir.

Qu'elle acquière le plus de possessions qu'elle pourra, et par la voie qui tranquillise, c'est-à-dire d'enrichir à vie seulement les grandes familles pauvres ; il n'y a rien qui aveugle comme l'intérêt et la bienfaisance.

Qu'elle se hâte de fonder les petites écoles et qu'elle force par la loi tous les parents à y mener leurs enfants, qui y trouveront du pain.

Qu'elle fonde des bourses dans ses grandes écoles ou collèges publics, et qu'elle les accorde aux enfants du peuple qui promettent.

Mais surtout qu'elle rende la commission permanente. J'ai discuté ailleurs l'article de la commission.

§ XI

SUR LE JEU DU SOUVERAIN [1].

Un souverain qui permet un gros jeu dans un empire naissant a la vue courte.

Sous quelque état d'empire que ce soit, un souverain qui joue un gros jeu est un malhonnête homme ; car il est malhonnête de jouer un jeu inégal.

Le souverain joue l'argent de son sujet contre l'argent de son sujet.

---

1. Ce feuillet serait mieux fait pour son Altesse Monseigneur le grand-duc que pour Sa Majesté Impériale sa mère. (DIDEROT.)

Quand un sujet a fait une perte énorme contre son souverain, c'est un mot bien dur à lui dire : qu'il vende sa terre.

Le souverain ne risque rien contre son sujet, quelque perte qu'il fasse. Le sujet risque sa fortune, celle de sa femme, l'état de ses enfants.

Point de Marly.

§ XII

DES ARTS ET DE LEUR LIBERTÉ.

Je ne connais que quatre états qui semblent demander une inspection continue de la part du gouvernement :

1° Les vivres ou denrées qui se mangent ; l'inspection de leur qualité ;

2° L'inspection des poids et mesures ;

3° L'exercice de la médecine, quoique quelques charlatans, sur les confins des grandes villes, ne soient pas sans utilité. La médecine n'a commencé et ne peut se perfectionner que par l'empirisme.

Les charlatans guérissent ou tuent les malades désespérés. Il y a la vie saine, la vie malade, la vie de l'enfance, la vie de la vieillesse et la vie de l'âge vigoureux ; de ces cinq vies, il n'y en a qu'une dont le gouvernement fasse cas par elle-même :

L'exercice de la chirurgie et de la pharmacie ;

4° Les métiers qui emploient l'or et l'argent. Les ouvriers volent trop aisément et trop pour s'en rapporter à leur bonne foi.

Il ne faut point gêner les autres ; tôt ou tard ils sont châtiés par le décri.

§ XIII

SUR LA COMMISSION.

Puisque ces membres de la commission ont été si peu sensibles à l'honneur que la souveraine leur faisait, au bien de leur pays et à l'importance de leurs fonctions, pour souhaiter une prompte dissolution de leurs assemblées, ne pourrait-on pas remédier à cet inconvénient, en réduisant le nombre total de ces représentants à un moindre nombre ?

Ces derniers ne pourraient-ils pas être presque tous résidents dans la capitale, et répandus dans les différents collèges du ministère ?

Chacun de ces derniers ne pourrait-il pas représenter différentes provinces ?

Les vœux de ces provinces ne pourraient-ils pas être également distribués entre les résidents ? Je dis également, afin qu'un résident n'eût pas plus de suffrages et de poids dans les assemblées qu'un autre.

Les provinces ne pourraient-elles pas proroger ou révoquer à discrétion leur résident ?

Ne pourrait-on pas obliger chaque résident de la province dont il est représentant à la consulter dans les cas difficiles?

Il me semble qu'alors il n'y aurait plus aucune difficulté à la permanence du tribunal.

Pourquoi une province ne serait-elle pas la maîtresse d'envoyer son représentant dont la présence dépouillerait sur-le-champ le résident de sa représentation, qu'il ne reprendrait qu'au départ du représentant?

Pourquoi les représentants perdraient-ils le droit de venir tous, si cela leur convenait, et par leur présence ne réduiraient-ils pas les résidents à des représentants purs et simples, chacun de sa province particulière?

Alors le corps des représentants, composé d'un plus ou moins grand nombre de membres, selon les circonstances et la volonté des provinces, ne formerait jamais que le même nombre de voix.

Il y a deux idées auxquelles j'avoue que je tiens beaucoup : le *concours* qui assure au mérite sa récompense, et la *commission* qui assure aux lois et aux institutions toute la durée qu'elles peuvent avoir.

Ces deux idées, au défaut desquelles les nations ont vu de siècle en siècle s'empirer le désordre, sont tout à fait analogues à celles d'après lesquelles vos institutions ont été formées.

§ XIV

SUR NOTRE GREFFE.

Le greffe est chez nous un endroit où sont déposés les vols, comme corps de délit qu'il faut pouvoir représenter au malfaiteur pendant toute la durée de son procès.

Le procès se jugeait, le malfaiteur était jugé selon son crime. Le greffe restait saisi du vol, et rien ne revenait au particulier spolié.

Le lieutenant de police actuel est le premier qui ait mis ordre à ce brigandage.

Le procès fini, les effets retournent immédiatement au citoyen lésé, que l'espérance de recouvrer le vol qu'on lui a fait intéresse à la poursuite du voleur. Auparavant il disait : « Eh! que m'importe que ma chose reste au greffe ou dans la poche du voleur! Perdre pour perdre, il vaut autant que je reste en repos. » Il restait donc en repos. Il n'y avait donc aucune délation, et l'indolence du citoyen spolié qui ne se plaignait pas faisait la sécurité du malfaiteur.

Il me semble que les choses sont ici, à votre police, sur l'ancien pied de notre greffe.

On se dégoûte de la poursuite des fripons, des

escrocs, des voleurs, par la difficulté d'en obtenir justice. On se donne bien de la peine, on dépense beaucoup d'argent, le fripon s'échappe et les effets volés ne reparaissent pas. Je ne saurais dire à Votre Majesté Impériale combien j'ai entendu de plaintes ici à cette occasion, surtout de la part des étrangers.

On hait dans ce moment les Français, parce qu'on les regarde comme auteurs de la guerre. Cette haine ne me surprend point du tout, non plus que les difficultés qu'ils trouvent à se faire rendre justice. Cependant, qu'est-ce qu'il y a de commun entre notre ministère et la nation? Le ministère a son esprit qui, certes, n'est pas le nôtre, et j'oserai répéter à Votre Majesté Impériale ce que j'ai eu l'honneur de lui dire cent fois : après la Russie, la France est l'endroit de l'Europe où elle a le plus d'admirateurs. C'est là qu'on la célèbre et qu'on la célèbre sans cesse.

Mais s'il n'y a rien de commun entre le ministère et la nation, il y a bien moins encore de relation entre un particulier lésé en Russie et la haine qu'on porte soit à la nation, soit au ministère.

La justice est due à tout homme, quel qu'il soit.

Je crois que votre police pourrait être mise sur un meilleur pied.

Il ne s'agit pas du maître ; dans ces sortes de tribunaux, il est presque toujours honnête ; mais des subalternes, qui sont presque toujours des fripons, du moins chez nous.

§ XV

SUR NOTRE POLICE.

M. le baron de Klingschted[1] arrive à Paris, il est indisposé; il se renferme quelques jours. M. de Khotinski, votre chargé d'affaires, va à Versailles, et le premier mot de M. d'Aiguillon, c'est : « Monsieur, qu'est-ce que c'est qu'un baron de Klingschted arrivé tel jour à Paris, de tel endroit et qu'on ne voit point ? »

Il n'y a pas longtemps qu'un riche commerçant arrive de Lyon à Paris; on l'arrête à la barrière, on l'enferme; au bout de quelques jours, il est conduit à

---

[1]. Gentilhomme russe, amateur de médailles et d'estampes, dont il est question dans le *Journal* du graveur Wille, et que Diderot présentait en ces termes au fameux John Wilkes par ce billet *inédit* conservé au British Museum (fonds Macaulay) :

» A Paris, ce 10 juillet 1772.

» Ami Wilkes, vous vous êtes bien trouvé jusqu'à présent de tous ceux que je vous ai adressés; ils étaient tous dignes de vous connaître et d'être connus de vous. Monsieur le baron de Klingschted ne fera pas exception. C'est un homme également recommandable par la bonté, la franchise et la douceur de son caractère, et par son esprit et ses lumières. Accueillez-le donc comme j'accueillerais celui qui vous honorerait de son amitié. Monsieur le baron de Klingschted m'a honoré de la sienne; il est attaché à une souveraine, ma bienfaitrice, et nous aurions une haute opinion de la cour de Pétersbourg, si l'Impératrice était entourée d'un grand nombre de pareils serviteurs. Bonjour, mon digne et très aimé Wilkes. Mademoiselle Biheron se loue infiniment de vous. Je vous salue et vous embrasse de tout mon cœur. » DIDEROT ».

la police où le magistrat lui dit : « Vous pouvez, monsieur, devenir à présent ce qu'il vous plaira, vous êtes en sûreté. Les fripons qui vous suivaient depuis Lyon, pour vous enlever les deux cent mille francs dont vous êtes porteur, sont pris. »

M. de Morangiès tenait à Bruxelles une femme qu'il avait subornée dans sa malheureuse affaire[1]. Cette femme, oubliée par M. de Morangiès et abandonnée sans secours, revient en France et est arrêtée à la barrière.

Point de bijoux filoutés qui ne se retrouvent dans la huitaine.

Le roi de Prusse, curieux de connaître le fond de ce mystérieux tribunal, dépêche un émissaire à Paris. Cet homme y demeure trois ans, s'instruit et s'en retourne. « Eh bien ! lui dit le roi, connaissez-vous la police de France ? — Oui, Sire, à peu près. — Qu'est-ce ? — Une branche d'administration qui coûte deux millions. — Je n'en veux pas savoir davantage. »

---

1. Le procès en captation et détournement de fonds de M. le comte de Morangiès, maréchal de camp, contre les familles Véron et Dujonquay, est une des causes les plus retentissantes et les plus scandaleuses du xviiie siècle. Morangiès fut défendu par Voltaire, devenu l'allié assez inattendu de Linguet, mais les amis du patriarche, et nommément Grimm, étaient loin de partager sa manière de voir. Le 28 mai 1773, Morangiès fut déchargé de l'accusation de subornation de témoins, mais condamné à payer 299.000 livres aux familles Véron et Dujonquay, 20.000 livres de dommages-intérêts envers les mêmes et 10.000 livres d'amende, sans parler des dépens. Je n'ai pas retrouvé dans les mémoires de l'avocat Falconet pour ses clients le nom de la femme que Morangiès retenait à Bruxelles et à laquelle Diderot fait allusion.

Si Votre Majesté Impériale se proposait d'introduire dans son empire cette grande nasse, il ne serait peut-être pas impossible de la lui faire bien connaître [1].

§ XVI

DE L'ADMINISTRATION DE LA JUSTICE.

Si l'on rend gratuitement la justice, on peut s'attendre à voir les procès pulluler sans fin.

D'un autre côté, il paraît bien indécent que le magistrat se fasse payer comme un manouvrier.

---

1. L'organisation de la police de Paris, vers le milieu du XVIIIe siècle, était pour les souverains étrangers un objet d'admiration et d'envie dont on a d'irrécusables témoignages. M. A. Gazier a retrouvé dans la collection des papiers de Grégoire et communiqué à la Société de l'Histoire de Paris (tome V, 1878), un long Mémoire sur cette administration, rédigé de 1768 à 1771, à la demande de Mercy-Argenteau et sur l'ordre de Sartine, par le commissaire J.-B.-Ch. Le Maire, pour être remis à Marie-Thérèse. Ce travail a eu pour complément un *Détail sur quelques établissements de la ville de Paris, demandé par S. M. I. la Reine de Hongrie, à M. Le Noir, conseiller d'État, lieutenant général de police* (à Paris, MDCCLXXX, in-8°) qui a trait aux hospices, aux approvisionnements, à la voirie; tandis que le *Mémoire* de Le Maire, qui expliquait le fonctionnement secret de l'institution, était demeuré inédit jusqu'à nos jours. Dans l'*Introduction* d'une *Collection des lois, ordonnances et règlements de police, depuis le* XIIIe *siècle,* demeurée inachevée (1818-1819, tomes I-VIII), Peuchet cite le Mémoire de Le Maire dont il avait, paraît-il, une copie et avance qu'une demande de même nature avait été adressée par l'ambassadeur de Russie à Sartine. Cette fois on aurait fait imprimer chez Valade « à mille exemplaires et en plusieurs volumes in-4° » la série des documents réclamés par l'Impératrice. De plus, cette collection aurait été envoyée « tout

N'y aurait-il pas un milieu à prendre entre ces deux inconvénients ?

Tout citoyen qui attaque injustement son concitoyen peut être regardé comme un perturbateur de la tranquillité publique, et, sous ce coup d'œil, il est digne de châtiment.

Que celui donc qui succombera dans une affaire quelconque, soit condamné à une amende proportionnée à la nature de la demande injuste.

Que ces amendes entrent dans les coffres du souverain, pour être appliquées à l'acquit des honoraires du magistrat et au dédommagement du trouble causé au citoyen injustement attaqué.

entière et sans en excepter un seul volume » à Saint-Pétersbourg. Malgré l'apparente précision de cette assertion, répétée par Dupin dans la 5ᵉ édition des *Lettres sur la profession d'avocat* de Camus (1832, tome II, p. 470, n° 2483), il est permis de la tenir pour singulièrement suspecte. Pourquoi aurait-on procédé en faveur de Catherine autrement qu'à l'égard de Marie-Thérèse ? Pourquoi aurait-on imprimé pour Saint-Pétersbourg un travail que l'on communiquait en manuscrit à Vienne ? Enfin, comment admettre qu'on eût, en cette circonstance, et pour une publication quasi officielle, transgressé les règlements formels qui prescrivaient le dépôt à la Bibliothèque du Roi de tout livre imprimé avec privilège ? On n'a jamais, que je sache, signalé l'existence, en Russie, d'un seul exemplaire de cette fameuse collection et il n'en est pas trace non plus à la Bibliothèque nationale. Jusqu'à plus ample informé, elle appartient donc à la classe des livres célèbres qui n'ont jamais existé.

D'ailleurs, sa mise au jour serait postérieure au séjour de Diderot en Russie, puisque celui-ci, dans une lettre datée de la Haye, 15 septembre 1774, qu'on trouvera plus loin, promettait à l'Impératrice de s'efforcer de lui faire parvenir « ce qu'on sait de notre police ». Ce ne serait pas Sartine qui aurait pu l'y aider, car il fut nommé ministre de la marine cette année-là même et avant le retour de Diderot (24 août 1774).

Quant à l'ordre judiciaire, c'est un sujet qui peut être simplifié.

Il n'y a que deux sortes d'affaires : 1° des affaires d'audience ; 2° des affaires de rapport.

J'appelle affaires d'audience toutes celles dont la décision n'exige qu'un examen prompt et facile : A-t-il tué? N'a-t-il pas tué?

J'appelle affaires de rapport toutes celles qui ne peuvent être jugées qu'après une infinité de faits constatés, de pièces examinées, de titres discutés. Celles-ci doivent être renvoyées par-devant un magistrat rapporteur.

Si le nom du rapporteur transpire, de quelque manière que la chose soit arrivée, il est révoqué de droit. C'est encore ainsi que la chose se pratique à Amsterdam. Là, point de sollicitations soit directes, soit indirectes, auprès du rapporteur.

Le rapporteur n'est connu qu'à l'audience, un moment avant la sentence définitive. Le tribunal ne lève point la séance que le rapport ne soit fait et le jugement prononcé.

S'il y a appel d'un tribunal de province au tribunal de la capitale, l'affaire sera toujours de rapport et mise au scrutin.

Les pièces seront envoyées, il sera fait défense aux parties de se déplacer. La sentence se renverra au lieu de la contestation, pour être notifiée aux parties, par le tribunal même dont il a été fait appel.

Et pour limiter la multitude des appels, seconde amende contre l'appelant qui succombe.

Nous avons à Paris et même dans toutes nos villes de France une très belle juridiction, la juridiction consulaire; c'est là que sont portées toutes les affaires de commerce.

Les juges sont des commerçants. La durée de leur fonction est limitée. On y peut plaider sa cause soi-même. Si on la fait plaider par un homme de robe, le salaire de cet homme est de dix sols. Les juges n'ont aucune sorte d'honoraires. Ils ne quittent jamais le tribunal que toutes les causes ne soient jugées, dussent-ils tenir audience deux fois vingt-quatre heures de suite. Le tribunal de Paris rend jusqu'à vingt mille sentences dans l'année. Il y a appel de ces sentences au Parlement où elles sont presque toutes confirmées. Les jeunes commerçants sont obligés de venir s'instruire à ce tribunal. L'absence est punie d'une pistole d'amende. Le juge qui sort de fonction est rapporteur des affaires compliquées. Ces affaires lui prennent quelquefois six mois de son temps. Il se soumet à cette tâche gratuitement. On ne lui paye pas même ses plumes et son papier. Ils n'ont jamais voulu souffrir qu'on attachât le moindre salaire à leurs fonctions, parce que ces fonctions seraient devenues un objet de cupidité, de faveur, de sollicitations, quelque modique qu'eût été le salaire. Ce tribunal ne peut juger définitivement que jusqu'à la concurrence de cinq cents livres. Voilà son unique défaut.

Il y a quelque temps qu'ils rendirent une sentence digne de Salomon ou de Sancho dans son île de Barataria. Un particulier perd un sac de 1200 livres et promet par affiches quatre louis à celui qui le lui rapportera. On lui rapporte son sac dans lequel il prétend qu'il n'y a plus que 1104 livres et que par conséquent le trouveur s'est payé par ses mains.

L'affaire est portée aux juges consuls. Le trouveur dit que s'il avait été assez malhonnête pour prendre quatre louis, il aurait été assez malhonnête pour garder le tout. Le juge demande à celui qui avait perdu le sac combien ce sac contenait d'argent, quand il l'a perdu. Cet homme répond : 1200 livres. « En ce cas, ajoute le juge, le sac que votre partie adverse a trouvé n'est pas le sac que vous avez perdu. » Et il adjuge le sac de 1104 livres au trouveur, jusqu'à ce qu'il se présente quelqu'un qui le réclame et qui prouve qu'il lui appartient. Ce jugement n'est pas le seul où ce tribunal ait montré sa pénétration et sa sagesse.

Cette institution subsiste à côté de nous ; et presque personne n'en a connaissance.

§ XVII

SUR LE DIVORCE.

Je voudrais bien que Sa Majesté Impériale (si le lien du mariage est indissoluble dans ses États, comme il l'est chez moi) trouvât quelque moyen de l'introduire sans fâcheuses conséquences.

L'indissolubilité est contraire à l'inconstance si naturelle à l'homme. En moins d'un an, la chair d'une femme qui nous appartient nous est presque aussi propre que la nôtre.

La paix domestique se perd, et l'enfer commence. Les enfants sont malheureux et corrompus par la division des parents. Les bonnes mœurs s'altèrent. Il en est du mariage comme de l'existence de Dieu : l'un est un lien, l'autre une notion qui fait le bonheur, qui fortifie la vertu d'un seul pour cent qu'il rend malheureux, qu'elle déprave.

Le divorce permis chez les Romains n'en a pas été plus commun.

La faculté de se séparer fait qu'on se ménage réciproquement. La liberté de se séparer fait qu'on se sépare rarement. Le divorce, consenti par les autorités civiles, ramène le mariage de l'autorité ecclésiastique vers l'autorité publique.

N'est-il pas bien étrange que l'Église soit restée la dépositaire des trois actes les plus importants de la vie, la naissance, le mariage et la mort ?

Lorsque j'incline pour le divorce, c'est pour celui qui permet de convoler à de secondes noces.

Celui qui condamne les époux séparés au célibat est détestable. Il perd les mœurs par la dissolution de la femme et du mari. Il est encore plus favorable à la dissolution que l'indissolubilité du lien.

Le divorce diminuerait le nombre des célibataires, qu'on doit regarder dans un état bien policé comme des corrupteurs en titre dans une contrée où cette race fourmille. Une grande courtisane célèbre disait avec raison : « Je suis un personnage essentiel, j'occupe à moi seule une vingtaine d'hommes. Eh bien ! c'est la vertu que je sauve à dix-neuf honnêtes femmes. » Ce raisonnement, ridicule en apparence, est celui de la police dans toutes les contrées où ces créatures sont souffertes.

Le point embarrassant du divorce, ce ne sont pas les enfants. Il faut qu'ils appartiennent à la République. Regardés comme des étrangers dans les maisons de leurs pères et mères remariés, ils seraient trop malheureux. Peut-être leur vie n'y serait-elle pas en sûreté, car que l'intérêt ne suggère-t-il pas ?

Le point embarrassant, ce sont les tuteurs. Il est malheureusement d'expérience que les parents sont de mauvais tuteurs, les indifférents des tuteurs pires que les parents, et les magistrats pires encore que les parents et les indifférents.

Je ne connais de vrais tuteurs que les membres de votre commission. Encore ne m'y fierai-je pas trop. C'est une affaire de législation très épineuse, un de ces cas qui conviennent vraiment à Votre Majesté Impériale, dont la pénétration aime à s'exercer.

Au reste, on limiterait aisément la multiplicité des divorces par la division des fortunes. S'il y a cinq enfants, la masse du bien des époux se divisera en cinq parties, dont trois appartiendront aux enfants.

Cette division ne permettrait guère à un époux de changer deux fois de femme, à une femme de changer deux fois d'époux.

Que cette question est difficile! Car il y a le cas des souverains et celui où le divorce n'est demandé que par un des deux époux.

§ XVIII

SUR LE CODE.

Lorsque le code serait fait et arrêté par la commission, j'inviterais tous les habiles gens de l'Europe à m'envoyer leurs observations.

Quelle sanction cela ne lui donnerait-il pas!

Le Russe dirait : « C'est aux lois que j'ai faites moi-même que je me soumets ; et ces lois ont été confirmées au tribunal de l'univers entier. »

VIII

ÉCONOMIE POLITIQUE

§ I

DE L'USURE.

Qu'est-ce que l'usure ou plutôt la loi sur l'usure? C'est un privilège exclusif du commerce de l'argent accordé à quiconque est assez adroit pour échapper à l'infamie, et cette adresse n'est presque rien.

L'argent est une denrée comme toute autre. Avec de l'argent on a du velours, avec du velours on a de l'argent ; l'argent représente tout, et tout représente l'argent.

Pourquoi donc l'avoir assujetti à des lois particulières?

Pour empêcher la ruine des fous?

Premièrement, on a beau faire des lois contre les dissipateurs et les fous, ce sont des lois inutiles, aussi inutiles que les lois contre le suicide.

D'ailleurs les lois contre l'usure sont diamétralement contraires au but qu'on se propose. Moins il y a des marchands d'argent, plus l'argent est cher, plus l'acheteur d'argent est vexé.

Si l'on peut aller chercher de porte en porte de l'argent à acheter, on suscite la concurrence entre les marchands, et la marchandise baisse de prix.

Mais qu'en arrive-t-il de ces lois? C'est qu'au lieu de vous vendre de l'argent, au taux fixé par la loi, l'usurier vous vend du velours au prix qu'il veut, velours que l'acquéreur revend, quelquefois au marchand même d'argent et à une perte exorbitante. On appelle chez nous ce velours du velours d'affaires.

On n'a donc rien empêché, on n'a donc fait qu'une chose, c'est de consommer la ruine de l'acquéreur.

D'ailleurs, la loi est injuste. Est-ce que le taux de l'argent ne doit pas varier, comme celui de toutes les autres denrées? Selon le plus ou le moins.

Est-ce qu'en variant dans la société, il ne doit pas aussi varier d'un particulier à un autre? Un commerçant peut-il, doit-il donner un argent qui travaille au même prix qu'un citoyen riche dont l'argent dort?

Est-ce que tous les hasards qu'on court de la part de l'acquéreur ne doivent pas être évalués par le marchand?

La loi contre l'usure fait des fripons et des infâmes bien en pure perte.

Enfin, fixer le taux de l'argent dans une société me paraît plus singulier que de fixer le taux des concombres sur le marché.

J'ai bien de la peine à croire qu'il y ait quelque chose de vicieux dans ces principes.

Les lois contre l'usure sont comme beaucoup d'autres que quelques désastres ont inspirées, sans qu'on s'aperçût que ces désastres étaient nécessaires et que la loi ne faisait que les augmenter.

L'usurier est le plus ordinairement prêteur sur gage.

Le prêt sur gage est d'une si absolue nécessité dans une grande société qu'il est toléré chez nous par la police.

D'ailleurs toutes les lois sur l'usure s'éludent par la tournure qu'on donne aux actes, par lesquels l'emprunteur reconnaît avoir reçu plus qu'on ne lui a donné. Toutes les apparences sont conformes à l'équité, et l'usurier, quand il n'est pas un sot, échappe toujours à la justice.

Les billets de l'emprunteur passent par tant de mains qu'il n'y a aucune sorte de réclamation juste ni légale contre les derniers qui les présentent.

L'exécution de ces lois fait autant de pitié que leur institution.

Ce qui conduit tout bon esprit à l'avantage des

lombards ou monts-de-piété, qu'on a toujours proposés et qui n'ont jamais eu lieu chez moi par des raisons que je dirais bien et qui paraîtraient bien singulières. Qui est-ce qui fait l'usure chez moi?

La réponse à cette question satisferait à tout.

§ II

DES BORNES.

Comment un homme prit-il possession d'un espace de terre en friche? Par son travail. Lorsque tout est à tous, il est certain que ce titre de propriété est le seul légitime.

Lorsque l'homme eut acquis ce titre, que fit-il pour garantir sa propriété de l'homme, son semblable, et des animaux avec lesquels il est, a été et sera toujours en guerre? Il fit une ceinture à l'espace cultivé qu'il appela sien.

Quel fut l'effet de cette ceinture sur ses sens, sur son esprit, sur son imagination? De l'accoutumer à se regarder comme chez soi au dedans de cette ceinture, et comme hors de chez soi au delà de son enceinte.

La haie fut la première marque distinctive du tien et du mien. Peu à peu ses voisins mêmes attachèrent les mêmes idées à la haie. La haie fut respectée avec le temps, la haie fut sacrée.

Les Romains ont eu leur dieu Terme; il y eut peine capitale décernée contre ceux qui remuaient les bornes ou termes.

Les bornes ou termes furent stipulés dans les actes de vente, de cession, de mutation, de division, de partage.

Je ne veux point de haies ni d'arbres en Russie, parce que tout couvert multiplié jusqu'à un certain point amène l'humidité et le froid; point de pierres, parce que cela est dispendieux et ne désigne pas assez, mais des barricades légères de bois, comme on en voit en Hollande, en Westphalie, en Saxe.

Ces barricades ou enceintes légères auront bientôt leurs effets primitifs: c'est d'accoutumer le paysan à regarder comme sien tout l'espace renfermé entre ces barricades qu'il aura placées lui-même. Voilà l'avantage du moment; mais il en est un autre plus éloigné et plus important: c'est d'obvier à jamais à toutes contestations entre les seigneurs et entre les petits propriétaires, car il faudra bien qu'un jour vous en ayez sur l'étendue de leurs propriétés, et de couper racine à la pépinière la plus féconde des procès chez toutes les nations policées.

Une contestation qui survient chez nous entre deux petits propriétaires limitrophes, pour une seule raie de champ dont l'un a empiété sur l'autre, les ruine tous les deux; après un procès de deux ans, après des arbitres nommés, après un arpentage, un rapport, un examen des titres et des baux, une ou deux sentences, des frais immenses, il se trouve qu'au lieu de plaider, les deux particuliers auraient beaucoup mieux fait de céder leur champ à la justice.

Des seigneurs de paroisse, désolés de cette calamité, ont fait faire des terriers. Depuis ces terriers faits et légalement reconnus et autorisés, leurs seigneurs subsistent tranquilles au milieu du trouble des seigneuries voisines.

Il survient une contestation entre deux fermiers ; on va chez le seigneur, le compas à la main, la grande carte se déploie, on mesure, et l'on trouve quelquefois que le premier voleur est à cent toises du dernier qui se plaint; alors il se fait de proche en proche une longue suite de restitutions qui restreint chacun dans les justes limites de sa possession.

Ces bornes n'auront peut-être pas tout de suite le bon effet qu'on s'en promettra ; mais le temps, qui crée toutes les habitudes, doit entrer dans le calcul de tous les souverains, parce que les empires ne passent pas avec la rapidité des fortunes particulières.

Si ces bornes ou barricades subsistaient dans deux cents ans, la postérité qui en recueillerait le fruit, retrouvant sur toute la contrée les traces de votre règne, ne pourrait qu'admirer votre sagesse et la bénir.

Combien de soins inutiles! Combien de travaux perdus! Que de vastes pensées avortées! Si la Russie devait rester ce qu'elle est! Votre Majesté ne le croit pas ; elle se conduira donc en conséquence, et fera d'avance tout ce qui ne peut être apprêté qu'après elle.

§ III

SUR LES FABRIQUES ET MANUFACTURES.

« Mais, dira Votre Majesté Impériale, j'ai fait un million de frais pour en avoir, et l'effet n'a pas répondu à mon attente. » En voilà les raisons :

Ceux à qui l'argent avait été donné connaissaient-ils le pays? Connaissaient-ils la chose? Étaient-ils des économes?

Pour n'avoir pas voulu coucher sous des baraques, les manufacturiers, chez moi, n'ont jamais enrichi que leurs troisièmes successeurs ; les précédents se sont ruinés.

De vos fabriques, l'horlogerie de Pétersbourg a réussi. Pourquoi? C'est qu'elle est conduite par des hommes intelligents et modestes.

C'est un plaisir partout comment on jette l'argent de l'État par les fenêtres

L'embarras est presque toujours de trouver des honnêtes gens. Il y en a pourtant.

Voilà le terrain. Voilà quinze mille roubles. Au bout de l'an, qu'en avez-vous fait? La seconde, dix mille ; la troisième, cinq mille ; la quatrième, vous devez être en gain, ou votre régisseur est un fripon ou un sot.

Le manufacturier demande de l'argent et le sollicite longtemps. On lui en donne une portion. Le reste est dissipé et la manufacture manque. Cela est dans l'ordre.

Il s'est élevé ici une manufacture en gaze avec trois cents roubles, et ce qu'il faudrait savoir, c'est comment cela s'est fait.

Cet homme a maintenant quinze mille roubles, vingt à vingt-cinq métiers, une poussinée d'enfants. Il exécute toutes sortes d'étoffes. Il exécute vos gazes en argent et vous avez été habillée de sa façon. Ce qu'un homme a pu faire, cent autres le peuvent.

Ce manufacturier-là, pourquoi ne serait-il pas utile à vos Enfants-Trouvés, ou par lui-même, ou par ses conseils ?

J'apprends que monseigneur le Grand-Duc aime les arts mécaniques. Heureuse disposition qui marque un excellent esprit, un véritable goût pour les choses utiles. Lui faire faire des modèles.

Je vais questionnant tant que je peux. Je voudrais bien être utile.

§ IV

SUR LES GROSSES FORGES OU MANUFACTURES EN FER.

Vous prenez huit kopecks sur le poud de fer. C'est fort peu, mais c'est la perception de ce petit impôt qui gâte tout.

Pour grossir le tribut, on force le maître de forges à surcharger continuellement son fourneau. Qu'en arrive-t-il ? Qu'en effet on fait plus de fer, mais qu'il est cru, imparfait et mauvais. Vos fers perdent de leur réputation ; on les laisse et l'ouvrier en fer s'en pourvoit en Suède et en Allemagne.

Autre défaut de vos grosses forges. L'affinage s'y fait mal et vous dépensez un tiers au lieu de ne dépenser qu'un quart.

Vous fondez la gueuse par morceaux, tandis que nous la fondons ou affinons par le bout qu'on pousse toujours d'affinerie.

Aussi il faut deux fourneaux d'affinerie au lieu d'un.

Et puis je crois que vos fourneaux de fusion pourraient être mieux construits.

C'est qu'au lieu d'art, vos artistes n'ont qu'une routine.

Ayez une fabrique de serrurerie. Employez vous-mêmes vos fers. Préparez vos serruriers aux Enfants-Trouvés et vous vous épargnerez une traite de cent mille roubles.

Et puis j'apprends que vous n'avez point de fonderie.

Quel énorme profit pour la seule clouterie, si vous aviez un atelier ! Il y en a presque d'attachés à toutes nos grosses forges.

Vous faites la chose, vous la faites à prix très modique, et ce sont des étrangers qui vous la renvoient façonnée et vous la revendent fort cher.

Quel profit pour les seuls lits en fer !

Le plomb laminé vous revient d'Angleterre à près de huit sols la livre.

Il me semble que, puisque vous avez du plomb, il serait bien simple d'avoir des laminoirs.

§ V

SUR LE COLZA ET LE TABAC.

J'apprends que les environs de Saratof, sur le Volga, peuvent vous donner du colza et du tabac d'une excellente qualité.

Qui empêche les colonies de cette contrée d'être fertiles dans ces deux denrées ? Le défaut d'encouragement et de débouchement.

Autre moyen d'occuper les Enfants Trouvés : fabriquer du tabac à Moscou..

Un intérêt d'une part dans une fabrique de tabac à Moscou, où quatre à cinq cents de ces enfants seraient employés rendrait cent pour cent.

Cet emploi des fonds vaudrait infiniment mieux qu'un intérêt de six pour cent.

Tout cela se peut et se fera un jour.

Sans compter la progression du tiers état qui ira toujours sourdement.

§ VI.

SUR LES COMMERÇANTS ET MARCHANDS, TANT INDIGÈNES QU'ÉTRANGERS.

Voici une idée bien hardie, et peut-être bien folle à force d'être hardie. Je n'ai pas promis à Sa Majesté Impériale d'être toujours sensé.

Je sais seulement que, mise en exécution, elle ferait plus de bruit et plus d'honneur que le gain de dix batailles.

Je sais qu'elle opérerait un changement aussi subit qu'incroyable dans la nation.

Je sais qu'elle attirerait des étrangers dans l'empire de toutes les contrées de l'Europe.

Je sais qu'en moins de six mois elle ferait tomber de moitié ce luxe terrible qui s'est introduit ici.

Je sais qu'elle restreindrait, dans toutes les conditions, les dépenses au niveau des fortunes.

Je sais qu'elle anéantirait cette facilité des emprunts également ruineux et pour celui qui achète la chose cinq, six fois plus cher qu'elle ne vaut, et pour celui qui la survend et qui n'en est jamais payé.

Je sais qu'elle ferait tomber de prix toutes les marchandises étrangères, et qu'elle réduirait et les marchandises et les denrées du pays à leur juste valeur.

Je sais qu'elle mettrait au désespoir les usuriers, parce qu'ils resteraient sans pratique.

Je sais que dans mille circonstances où la loi reste sans vigueur, surtout contre les hommes puissants, elle remédierait à ce terrible inconvénient assez fréquent dans toutes les sociétés, très commun dans tous les États despotiques, où le faible ne peut presque jamais faire valoir son droit contre le fort.

Je sais qu'elle établirait la plus grande confiance dans tous les achats et dans toutes les ventes.

Voilà bien des avantages. Il serait bien fâcheux que mon idée fût extravagante.

Extravagante ou sensée, je suis sûr que si le roi de Prusse y voyait quelque intérêt, je ne dis pas national, mais seulement personnel, elle ne tarderait pas à être exécutée ; mais venons au fait.

Dans mon pays, si un duc fait une lettre de

change et qu'il la laisse protester, il y a sur-le-champ une contrainte par corps décernée contre lui ; et tout. grand seigneur qu'il est, il sera arrêté dans la rue, et constitué en prison jusqu'à ce qu'il ait payé. Il m'a semblé que cette rigueur n'avait pas lieu ici.

J'ai demandé à des commerçants pourquoi ils vendaient si cher, même à ceux qui payaient argent comptant ; je n'ai pas fait cette question une fois, je l'ai faite dix, et tous m'ont répondu : « Nous vendons » cher à ceux à qui nous faisons crédit, parce qu'il » faut presque réduire à rien toutes les ventes à » crédit ; on n'est jamais payé. Il est presque im- » possible de se faire payer par les hommes puis- » sants. La loi se tait devant eux. Vous entamez une » poursuite dont vous ne voyez jamais la fin. Nous » vendons cher à ceux qui payent comptant, parce » qu'il faut que leur argent acquitte et la marchan- » dise qu'ils payent et celle qu'on ne nous payera » jamais. »

J'ai répliqué : « Que n'exigez-vous des lettres de change au lieu de billets ? »

On m'a répondu : « C'est que les lettres de change ne valent pas mieux que les billets. On dit à un débiteur qui insiste : Est-ce que tu veux être bâtonné ? » — Mais pourquoi vendez-vous à crédit ? Voici, moi, ce que je ferais : je mettrais ma marchandise au juste prix. Je ne ferais aucun crédit. On irait chez mon voisin quand on n'aurait point d'argent; on viendrait chez moi quand on en aurait. — « Vous connaissez bien la nation, m'a-t-on dit en riant ; l'on aime mieux acheter dix fois trop cher, sans débourser, que d'acquérir à bon prix en déboursant. » Et c'est un seigneur qui m'a fait cette réponse.

L'incertitude des payements s'étend sur tout, sans aucune exception; et ce n'est pas seulement l'étranger qui survend à l'étranger et à l'indigène ; c'est l'indigène qui survend également à son compatriote.

Tout cela m'a paru, par son étrangeté, mériter la confirmation de gens qui n'eussent aucun intérêt à m'en imposer.

Je me suis adressé à des hommes de tout état, de toute nation, de tout commerce, et leur réponse a été la même; tous ont unanimement ajouté que c'était la cause pour laquelle de dix marchands en détail, dont les marchandises avaient été survendues, il y en avait neuf qui se ruinaient.

J'ai pensé d'abord que le seul remède était de donner de la vigueur aux lois, et d'y soumettre également et le fort et le faible. Mais ce remède est long et difficile, surtout l'exécution des lois étant confiée à des hommes que la crainte rend pusillanimes, et le mal est urgent.

Il y a trois sortes d'engagements : des engagements pris avec des usuriers par des hommes solvables ou insolvables ; des engagements pris avec des particuliers honnêtes, mais devenus insolvables, ou malhonnêtes, puisqu'ils étaient insolvables au moment même de l'engagement ; des engagements pris avec des particuliers honnêtes ou malhonnêtes, mais solvables.

De ces trois sortes d'engagements pris par lettres de change, je demande à Sa Majesté Impériale quel serait l'effet d'un oucase publié demain, par lequel elle déclarerait qu'on n'a qu'à lui envoyer les lettres de change protestées sur les particuliers solvables et qu'elle se charge de les payer, sauf à avoir son recours contre ces débiteurs infidèles, dont la liste lui sera présentée tous les jours, et le lendemain affichée au coin des rues, afin qu'au cas qu'un débiteur ait été frauduleusement soustrait de la liste, le créancier pût se pourvoir par-devant elle, par un placet présenté à sa personne, contre cette prévarication du magistrat constitué à cet effet ; il y aurait demain quatre millions de payés ou des arrangements solides de pris pour le payement.

Et puis, comme les plus courtes folies sont les meilleures, je finis ici la mienne.

§ VII

SUR LES MAISONS DE COMMERCE.

Si la bigoterie religieuse, une sorte de pudeur, le rigorisme de quelques supérieurs n'avaient pas mis des entraves à l'activité et à la rapacité de nos moineries, elles auraient envahi tout le commerce d'argent de la France et de la plupart des autres contrées de l'Europe. Tout monastère se transformait en une maison de commerce.

Vous alliez aux Carmes déchaux du Luxembourg qui ont des couvents dans presque toutes les bonnes villes de l'Europe, et vous disiez au vice-procureur, le frère Ange [1], mon parent : « Mon frère, je voudrais faire toucher vingt mille francs à Rome, à Florence, à Madrid, à Lisbonne, à Marseille, etc. ; combien me prendriez-vous ? — Tant. — Voilà mon argent. — Voilà ma lettre. » On partait avec la lettre du frère Ange, on arrivait, on était payé. Je pourrais m'arrêter ici tout court, et laisser à Votre Majesté Impériale le soin de faire l'application de ce fait.

Pourquoi la Russie n'aurait-elle pas ses maisons de commerce ?

Pourquoi ces maisons ne seraient-elles pas toutes sous la dépendance de son collègue des finances ?

Pourquoi ne seraient-elles pas l'entrepôt de ses marchandises ?

Pourquoi ces maisons, liées entre elles, ne se lieraient-elles pas avec les autres ? etc.

1. Le frère Ange a joué, malgré lui, un rôle dans la jeunesse de Diderot lors de ses velléités monastiques; voir pour cette anecdote les *Mémoires* de madame de Vandeul sur son père, édition Assézat, t. I, p. 35-36 ; voir aussi *Jacques le fataliste*, même édition, t. VI, p. 48.

Que les maisons soient conduites par d'honnêtes gens, voilà le point le plus difficile.

Que les banquiers en soient amovibles à la volonté du ministère.

Qu'ils entrent dans le profit de la banque.

Qu'ils vivent sans faste.

Qu'ils s'occupent à se donner du crédit réciproquement.

Que leur papier soit sur toutes les places équivalent à de l'argent.

Qu'ils ne se surchargent pas de marchandises.

Qu'ils sachent en soutenir le prix.

Votre Majesté Impériale tirera sur eux sans escompte pour tout ce qu'il lui plaira, parce qu'ils seront dépositaires de ses fonds.

Vos sujets payeront l'escompte, soit à Pétersbourg, soit à Paris, et cet escompte rentrera dans vos coffres.

Il est naturel que tous les Russes, ou résidant à Pétersbourg, ou répandus en Europe, s'adressent à ces maisons qui, plus sûres que les autres, partageront d'ailleurs avec les autres l'étendue et les avantages du même commerce.

Je ne sais ce qu'une pareille association peut devenir en moins de dix ans.

Mais il faut d'honnêtes gens, et d'autant plus honnêtes qu'ils ne seront plus sous l'autorité de Votre Majesté. Cette difficulté ne suffit pas pour arrêter le projet.

§ VIII

SUR LE RÈGLEMENT DES ENFANTS-TROUVÉS.

On n'accorde aux enfants, à leur sortie, qu'un rouble ; mais ils peuvent être huit jours, quinze jours, un mois sans trouver à se placer. On ne vit pas pendant un mois avec un rouble ; que feront-ils ? Demanderont-ils l'aumône ?

Dans ma fourmilière, lorsqu'il arrive à un ouvrier de sortir de chez son maître (et je parle d'un bon ouvrier), il est très communément quinze jours sur le pavé.

Il faut leur accorder au moins cinq roubles.

Si l'on n'accorde pas assez aux enfants qui sortent de l'hôpital, il me semble qu'on prend trop sur les spectacles.

On prend à Paris le quart des pauvres ; mais c'est le pays des oisifs ; c'est le lieu où l'on dit, comme les Romains disaient : *du pain et le cirque*. Je ne pense pas que ce qui convient à cette ville puisse convenir à aucune autre ville de la terre. Les spectacles sont là une affaire de mode, d'engouement et de police. Le quart des pauvres y est un monopole ecclésiastique. L'Église regarde le comédien comme excommunié, et le vexe. Je voudrais bien savoir de quel droit on assied sur cet état un impôt qu'on ne puisse asseoir sur un autre.

Ces comédiens ne sont-ils pas tout autrement utiles sur leurs planches que les prédicateurs dans leurs chaires? Si les spectacles sont bons, il ne faut pas les décourager ; s'ils sont mauvais, il faut les supprimer. Pour l'avantage et des comédiens, et de la nation, et de l'établissement, il faudrait que le prix du spectacle fût très bas, afin que les spectateurs fussent très nombreux. Il y a plus à gagner sur beaucoup de spectateurs qui paient peu que sur peu de spectateurs qui paient beaucoup.

Et puis, un mot sur les manufactures. Les multiplier le plus, qu'il est possible, surtout celles qui emploient les productions du pays, et les placer au loin.

Il ne doit y avoir que des marchands dans la capitale, des vendeurs de tout et des faiseurs de rien.

§ IX

IDÉE POUR RAPPROCHER L'ÉDUCATION DE VOS ENFANTS-TROUVÉS DE L'INSTITUTION DE VOS JEUNES FILLES.

Lire et écrire. L'arithmétique. Éléments de géométrie. Éléments de mécanique. Tous ces enfants doivent être destinés aux arts et métiers.

Autour de leur maison, une grande enceinte, boutiques et ateliers de toute espèce, où ils peuvent aller apprendre par goût le métier qui leur convient.

Chez moi, où il y a malheureusement des corporations et des lieux privilégiés, celui qui élève un enfant trouvé entre dans la corporation sans payer de maîtrise.

Ici, céder ces enfants en propriété aux ouvriers, à condition de leur apprendre un métier, et les céder pour un temps fixé, et même attacher aux soins du maître quelque autre récompense, par exemple, affranchir celui qui aura appris son métier à trois ou quatre enfants.

Et certainement affranchir l'enfant.

§ X

FEUILLET SUR UN MOYEN DE TIRER PARTI DE LA RELIGION ET DE LA RENDRE BONNE A QUELQUE CHOSE[1].

Les mahométans dansent dans leurs temples. Si j'étais sultan et que je voulusse inspirer à mes sujets de la sociabilité, je partirais de là pour faire danser dans les temples les hommes seuls, les femmes seules,

---

1. C'est, comme je l'ai dit plus haut, le seul fragment du manuscrit qui ne soit point autographe. Une main inconnue en avait fait don à Goethe qui ne l'a point conservé ; du moins on n'en trouve aucune trace au musée spécial fondé à Weimar.

les hommes avec les femmes. Je ferais tant par mes imans que la danse religieuse passerait des temples dans les maisons, des maisons dans les rues, et que peu à peu l'esprit religieux s'oublierait et que la danse deviendrait un amusement public et général.

J'ai dit à Votre Majesté Impériale que l'honnêteté nationale tenait par des fils imperceptibles à des qualités très essentielles et qu'il était impossible de l'inspirer aux conditions basses sans les changer en bien.

J'ai avoué à Votre Majesté que j'en ignorais le moyen. En y pensant un peu davantage, voici la folie qui m'a passé par la tête. Le bain est presque ici un usage religieux. J'engagerais mes prêtres à beaucoup prêcher sur la sainteté du bain. De la sainteté du bain, ils passeraient bien naturellement à la netteté de la tête et des vêtements, dont ils feraient une affaire grave et sérieuse aux yeux de Dieu, et c'est ainsi que j'amènerais peu à peu mes prêtres à tuer la vermine de nos moujicks.

Nos prêtres feraient à Pétersbourg ce que font les grues et les cigognes, si respectées à Amsterdam et si nuisibles aux rats, aux souris et à tous les insectes aquatiques.

Nous avons des couvents d'hommes et des couvents de femmes. Ceux-ci sont aussi nets que les premiers sont sales. Les femmes sont plus attentives à la propreté domestique. Il faudrait donc introduire l'usage de leur service et renvoyer aux terres cette foule d'hommes oisifs qui ajoutent à la saleté domestique par la leur. Ils sont par troupes dans les maisons ordinaires. Que font-ils là? Rien. Je les aimerais bien mieux artisans ou cultivateurs.

§ XI

DU GOUT NATIONAL DE LA PROPRETÉ.

Il me semble que la nation n'a pas encore le goût de la propreté qui règne ailleurs.

J'en excepte les maisons des seigneurs et des riches, d'où elle passera nécessairement à la longue dans les autres; mais s'il y avait quelque moyen d'abréger le temps?

Ce goût de la propreté me paraît tenir de fort près à des qualités beaucoup plus importantes. La liberté nationale l'inspire.

Je désirerais donc qu'on l'inspirât, même jusqu'à une certaine recherche, sinon à vos jeunes garçons, du moins à vos jeunes filles. Elles en rabattront toujours assez dans le monde et par le mauvais exemple et par la paresse naturelle qui n'est vaincue dans nos contrées que par la coquetterie, et en Hollande que par la crainte des effets d'un local malsain.

Ce défaut vient, je crois, de ce qu'on use peu du service des femmes.

Je ne vois partout que des valets, et les valets n'y entendent rien.

Et encore ces valets sont, pour la plupart, tirés des campagnes.

Je dis à Votre Majesté Impériale tout ce qui me passe par la tête. Quand je manque de choses fortes, j'ose lui en dire de frivoles.

L'âme d'un esclave est avilie; il néglige jusqu'à lui-même dont il n'a pas de propriété. C'est un locataire qui laisse dégrader une maison qui ne lui appartient pas.

§ XII

DU LUXE.

Je ne sais pourquoi cette question s'est si étrangement compliquée dans la tête des penseurs et dans les écrits des politiques et des philosophes.

Melon attaque le luxe en général[1] ; la secte des économistes amplifie les raisons de Melon. Je crois qu'ils ont tort, et que le luxe en général n'est ni une bonne, ni une mauvaise chose.

1. On trouve dans les diverses éditions de Voltaire, à la suite du *Mondain* et en tête de la *Défense* de ce charmant badinage, un fragment d'une prétendue lettre de Melon à la comtesse de Verrue, où il se flatte tout au contraire d'avoir démontré, dans son *Essai politique sur le commerce*, combien le goût des beaux-arts et l'emploi des richesses sont nécessaires pour la circulation de l'espèce et le maintien de l'industrie. C'est pour cela que J.-J. Rousseau a qualifié la théorie de Melon de « doctrine empoisonnée ». (*Réponse à M. Bordes.*)

Survient Voltaire, qui fait en vers l'apologie de notre luxe ; ces vers sont charmants, mais sa pièce est l'apologie de la fièvre d'un agonisant, fièvre que je ne prendrai jamais pour une bonne chose, quoique peut-être la fièvre de ce malade venant à cesser, il mourra.

Helvétius noie les vrais principes sur le luxe dans un si prodigieux luxe de détails qu'il ne me paraît pas en avoir eu des idées bien nettes [1].

Cependant l'histoire du luxe est écrite sur toutes les portes des maisons de la capitale, et en si gros caractères que je ne conçois pas comment, avec d'aussi bons yeux, ces écrivains ne l'ont pas lue tout courant.

Il s'établit, par mille funestes moyens qu'il est inutile d'exposer, une incroyable inégalité de fortune entre des concitoyens.

Il s'y forme un centre d'opulence réelle; autour de ce centre d'opulence, il existe une immense et vaste misère.

Chez une nation, par un concours de mille circonstances, le mérite, la bonne éducation, les lumières et la vertu ne mènent à rien.

L'or mène à tout. L'or qui mène à tout est devenu le Dieu de la nation.

---

1. Helvétius a parlé du luxe dans son traité posthume *De l'homme* (section VI, chapitre III), et Diderot a commenté une partie de ce chapitre dans sa *Réfutation*, en termes presque identiques à ceux qu'il emploie ici, mais en deux pages : « Tout cela n'est que croqué, dit-il, mais je ne fais pas un traité. » (Voir Œuvres complètes, tome II, p. 414.)

Il n'y a qu'un vice, c'est la pauvreté. Il n'y a qu'une vertu, c'est la richesse. Il faut être riche ou méprisé.

Si l'on est effectivement riche, on montre sa richesse par tous les moyens imaginables. Il n'y en a point de déshonnête.

Si l'on n'est pas riche, il n'y a rien qu'on ne fasse pour cacher son indigence.

Voilà donc une espèce de luxe, signe d'une opulence réelle, dans un petit nombre de citoyens et masque de la misère qu'il accroît dans la multitude.

Ce centre d'opulence réelle donne la loi à toutes les conditions.

Il inspire une immense émulation aux conditions supérieures, et l'exemple des uns et des autres entraîne le reste de la nation.

Cette nation serait parfaitement représentée par trois animaux symboliques qui, s'efforçant de garder entre eux une certaine proportion de volume, s'enfleraient successivement et à l'envi les uns des autres et finiraient par crever tous les trois.

Je m'arrête ici pour interroger tous les philosophes et tous les politiques, et leur demander si ce n'est pas là une peinture très fidèle de leur malheureux état. Je ne crois pas qu'il y en ait un seul qui ose le nier.

La première conséquence de ce court exposé, c'est qu'ils ont tous vu le luxe où il n'est pas, au centre de l'opulence réelle.

« Mais c'est là qu'il y a des équipages, des chevaux,

des statues, des tableaux, des vins de toutes les contrées, des parcs, des châteaux, les chefs-d'œuvre des Gobelins et de la Savonnerie. »

Tant mieux ; où voulez-vous donc qu'ils soient ? Que voulez-vous que ces gens fassent de leur or ? S'ils ne dépensent pas au delà de leurs revenus, ils sont sages ; mais vous, de quelque état que vous soyez, qui, pauvres ou moins opulents, les prenez pour vos modèles, vous êtes fous. Eh ! permettez à tous ces insectes faméliques qui entourent ces corps bouffis d'embonpoint de s'y attacher, de les piquer, de les sucer et d'en répandre goutte à goutte une petite portion de ce sang dont ils ont épuisé les veines de leurs concitoyens.

L'ivresse de l'or leur tourne la tête, et dans ce vertige leur fortune passe plus rapidement encore qu'elle ne s'est acquise ; on en peut nommer plusieurs à qui, de vingt millions, il ne reste qu'un million ou deux de dettes ; tant mieux. Ce vertige sauve la nation.

Mais quel est l'effet de ce luxe sur les mœurs, sur les beaux-arts, sur les sciences et sur les arts mécaniques ?

Les mœurs sont perdues dans tous les états, au centre de la richesse par la richesse même, mère des vices ; dans l'état supérieur à ce centre, par la bassesse ; dans les états inférieurs, par la prostitution et la mauvaise foi ; dans tous, par l'indifférence sur le choix des moyens ou d'acquérir plus qu'on n'a, ou de masquer son indigence.

C'est là qu'on voit le grand seigneur faire sa cour à la courtisane du souverain étranger.

C'est là qu'on voit la fille de boutique, qui gagne douze sols par jour, se promener aux Tuileries en robe de soie et la montre d'or à son côté.

C'est là que tous les états ou se confondent ou se précipitent dans les plus effroyables et les plus extravagantes dépenses pour se distinguer.

C'est là qu'une courtisane passe entre des colonnes pour entrer dans son palais [1].

C'est là que le lieutenant de police s'interpose pour empêcher une danseuse ou une chanteuse de se montrer à Longchamp avec des harnais couverts de stras [2].

---

[1]. L'allusion s'applique aussi bien à Sophie Arnould qu'à la Guimard, dont les hôtels contigus (sur l'emplacement du Vaudeville actuel) avaient été décorés dans le style que le xviiie siècle prenait sérieusement pour une restitution de l'antique: Le péristyle de l'hôtel bâti à la Chaussée-d'Antin par Ledoux, pour la seconde de ces fameuses « impures », était soutenu par quatre colonnes. Voy. KRAFFT et RANSONNETTE, *Plans, coupes et élévations des plus belles maisons et des hôtels construits à Paris...* (An IX, 1801, in-folio), pl. 49.

[2]. Au mois d'avril 1742, mademoiselle Leduc, maîtresse du comte de Clermont, parut à Longchamp dans une voiture bleu et argent, garnie à l'intérieur de velours bleu brodé d'argent et attelée de six poneys. Le scandale fut grand, et Louis XV lui-même, si l'on en croit Barbier qui nous l'a conservé, rima un couplet contre l'insolence de la courtisane protégée par un prince du sang. Depuis, la Guimard, la Duthé et autres s'exhibèrent à la fameuse promenade dans des voitures encore plus somptueuses que celle de la Leduc. Gagnée par l'exemple, la duchesse de Valentinois, fille de la duchesse de Mazarin, figura au défilé de 1780 dans un carrosse de porcelaine attelé de quatre chevaux gris pommelé, retenus par des harnais de soie cramoisie brodée d'argent.

C'est là que le commerçant a une campagne où il oublie ses affaires dans la dissipation, la joie et la débauche. Les savants quittent leurs cabinets pour fréquenter les antichambres. Ils promènent de tables en tables leurs bonnes ou mauvaises productions. Ils se font gens du monde. Ils perdent leurs talents et leur temps. Destinés à atteindre la dernière période de leur art, ils restent médiocres.

Les beaux-arts trouvent plus d'avantages à travailler beaucoup qu'à travailler bien. Vien ne fait plus que des dessus de portes. Boucher peint des ordures pour le boudoir d'un grand [1]. Vernet est occupé pour la salle à manger d'une actrice [2]. Le petit peuple court en foule sur le pont Notre-Dame chercher des copies ou de sottes compositions faites par les élèves de l'école ou clandestinement par quelques maîtres de l'Académie. Il y a de la peinture depuis Versailles jusqu'au fond du faubourg Saint-Marceau, mais pas un bon tableau.

Les arts mécaniques dégénèrent. Une petite fille va chez le marchand de soie et lui dit : « Monsieur, une jolie étoffe, bien voyante, bien légère, bien gaie et surtout qui ne me coûte guère. »

---

1. Boucher a peint nombre de sujets plus que galants; le baron de Schwiter en a possédé un qui a été décrit par Edmond de Goncourt, et le marquis de Marigny lui en avait commandé un autre en 1753 « pour un cabinet tout petit et fort chaud ».

2. Joseph Vernet a peint, en 1772, pour madame Du Barry, cinq tableaux destinés à l'une des salles à manger de Louveciennes et qui lui furent payés 18 000 livres.

Chez l'horloger : « Une montre, monsieur. Je ne me soucie pas du mouvement, que la boîte soit marquée ou non, cela ne me fait rien, pas plus qu'elle soit de Paris ou de Genève. Mais que le bouton soit plat, afin qu'on la croie à répétition, et qu'elle ne soit pas trop grosse. »

Et ainsi des autres arts.

C'est là qu'une grande dame a vingt robes et six chemises, beaucoup de dentelles et point de linge de corps.

Toute la société est pleine d'avares fastueux. On loue une première loge à l'Opéra et l'on emprunte le livret. On garde deux ou trois équipages et l'on néglige l'éducation de ses enfants. On a un bon cocher, un excellent cuisinier et un mauvais précepteur. On veut que la table soit somptueuse et l'on ne marie pas ses filles. La société est inondée de célibataires, de filles et de femmes dissolues. Si le ministère crée des rentes viagères, on y jette tous ses fonds, afin de doubler son revenu, c'est-à-dire qu'il n'y a plus ni pères, ni mères, ni parents, ni amis. On force son fils à se faire ecclésiastique, sa fille à entrer au couvent. Les parents sont étrangers à leur famille. La famille attend la mort des parents. Le détail de cette corruption ne finirait point.

Helvétius conclut de là qu'il n'y avait qu'un remède : c'est l'invasion de la nation par une puissance étrangères. Je ne suis pas de son avis. Le royaume de France est une terrible machine et il faut travailler longtemps avant de la déranger.

Me voilà couronné par les mains de Votre Majesté Impériale, et le philosophe Denis proclamé par Melchior Grimm. Voyons comment il s'y prendrait pour rendre l'éclat, les mœurs et la vie à sa propre nation, ou faire renaître une autre sorte de luxe qui ne soit pas le masque de la misère, mais le signe de l'aisance publique et du bon goût général :

1° Je vends mes domaines, parce que je ne sais ce que c'est que des propriétés particulières à celui qui est censé maître de tout et dont la bourse est dans la poche de ses sujets. Les domaines du souverain sont toujours mal administrés. Aliénés, ils ne tardent pas à être mis en valeur. Ils coûtent énormément. Ils ne rendent rien. Vendus, on en reçoit le prix, et ils rentrent sous la loi générale de l'impôt.

2° Je n'ai plus cinq mille chevaux dans mes écuries qui coûtaient chacun une pistole par jour à mon prédécesseur. J'en ai cent, cent cinquante, deux cents, c'est beaucoup. Je ne veux pas que M. le grand écuyer et ses gens prêtent mes chevaux à leurs amis pour deux mois, trois mois, six mois, qu'on les remette ruinés dans mes écuries où ils étaient tenus présents, et qu'on m'écrase par des réformes dont on met le produit dans sa poche. Cela ne me convient pas, quoi qu'en disent le vieux M. de Beringhen et la belle madame la comtesse de Brionne[1]. Je coucherai avec elle, si elle veut, mais je n'aurai ni grande ni petite écurie.

3° Je réduirai ma maison et celle de mes enfants à la pure et simple décence ; je ne serai, ni eux ni moi, accablé d'une foule d'officiers de toutes couleurs, et si j'ai envie de manger une omelette, elle ne me coûtera pas cent écus[2]. Je ne dédaignerai pas d'entrer sur ce point dans des détails minutieux de garde-robe, de fournitures de toutes les choses, parce que je sais que c'est la source d'une déprédation qui ne se conçoit pas. D'ailleurs, c'est qu'il n'y a rien de bas quand on doit, et qu'après tout on ne paye pourtant jamais que de l'argent de ses sujets. C'est leur bourse et non la mienne que j'épargne.

4° Je me fais apporter la liste énorme de ces pensions et je m'en fais rendre compte. Je raye toutes celles qui sont sans motif, cela va sans dire, toutes celles de cinquante, de soixante mille livres par an accordées à des ministres disgraciés qui n'ont d'autre

---

1. La charge de grand écuyer était en quelque sorte héréditaire dans la famille de Beringhen, à laquelle était alliée celle de Brionne. Le comte de Beringhen, dont parle Diderot, était mort en 1770, laissant une galerie de tableaux, de bronzes et de laques et une collection d'estampes qui furent vendues l'année même de son décès.

2. Il est de tradition courante que Louis XV préférait à tous les autres raffinements culinaires une omelette dite « à la royale », dans laquelle entraient surtout des crêtes de coq et des laitances de carpe et dont la confection ne revenait pas à moins de cent écus. Marin, cuisinier du prince de Soubise, passe pour l'inventeur de cette friandise ; cependant il n'en fait pas mention dans les diverses éditions de ses *Dons de Comus*.

coup d'œil devant moi que de m'avoir mal servi. Je n'épargne que celles qui sont nécessaires à la subsistance et acquises par des services réels. Toutes les exorbitantes, je les réduis.

5° Je détruis les trois quarts de mes maisons. J'en chasse les gouverneurs qui s'enrichissent, à moins que les seigneurs de ma cour et les riches particuliers de mon royaume ne veuillent les habiter et les entretenir. Je ne relève que celles qui font l'admiration de l'étranger et du régnicole, et le nombre en est petit.

6° Je ne fais plus de voyages, parce que je ne saurais me déplacer qu'il n'en coûte plus de deux cent mille francs, ou, si je voyage, je voyagerai comme Henri IV, qui me valait bien.

7° Je n'aime point la chasse et, quand je l'aimerais, je sais qu'avec un très petit équipage, mon ami M. Le Roy[1] a et m'a donné cet amusement beaucoup plus qu'il ne l'est pour son souverain.

8° Et l'on croit que j'aurais des ambassadeurs dans toutes les cours? Oh! pour cela non, parce que cela est inutile ou ruineux, parce que je ne voudrais guère me mêler de leurs affaires, et que ce que j'aurais de plus à cœur, roi d'un État redoutable quand il aura toute sa force, c'est qu'elles ne se mêlassent point des miennes. Je me contenterais pour longtemps, ou peut-

---

1. GEORGES LE ROY, l'auteur des fameuses *Lettres sur les animaux*, lieutenant des chasses du parc de Versailles. La phrase qui le concerne est fort peu claire; elle est en partie raturée sur le manuscrit. Diderot a oublié de la revoir et de la compléter.

être pour toujours, d'habiles chargés d'affaires que je trouverais plus aisément que d'habiles ambassadeurs.

9° Lorsque les moines me sollicitaient pour être sécularisés[1], est-ce que j'aurais fait la sottise de les refuser ? Je n'aurais plus de moines et je serais l'héritier de leurs biens à mesure qu'ils décéderaient. Et toutes ces moineries sont bien riches.

10° La dépense des affaires étrangères se réduirait beaucoup. Les dépenses de la marine et de la guerre ne sont pas si compliquées qu'en m'en occupant très sérieusement, je ne parvinsse à les évaluer à peu près au juste. Il est vrai que je travaillerais et que j'aurais aussi quelquefois les doigts tachés d'encre ; que je ne me lèverais pas tard, que je ne me coucherais pas toujours de bonne heure, et que celui qui m'aurait volé s'en trouverait fort mal. Après tout, quand on y regarde de près, un souverain n'est qu'un administrateur du bien d'autrui, et je crois qu'on peut sans honte en être économe.

11° Et ces prêtres ? En bonne foi, peut-on s'attendre qu'un monarque un peu sensé laisse à l'un cinq cent cinquante mille livres de rente, à un autre

---

1. En 1765, les bénédictins de Saint-Germain-des-Prés et d'autres abbayes présentèrent au roi une requête pour être dispensés de la tonsure, de l'obligation de faire maigre et d'aller à matines, etc. ; ils offraient en échange d'instruire et d'entretenir soixante gentilshommes. Cette démarche, qui provoqua un certain nombre de facéties, n'eut d'autre résultat que de faire exiler ses principaux instigateurs. Voir *Mémoires secrets*, 1er et 13 juillet 1765, et GRIMM, 15 août de la même année.

trois cent mille, à un troisième deux cent cinquante mille? Je ne crois pas me tromper, quand j'avancerai que j'en trouverais de plus honnêtes, de plus miséricordieux et de plus éclairés à meilleur marché. Je ne dépouillerais personne de son vivant, mais à mesure qu'un évêque décéderait, je réduirais son évêché à une très juste mesure. Quant à ces prieurés, abbayes et autres bénéfices qui ne servent qu'à nourrir les vices d'un certain nombre de jeunes et de vieux fainéants, je les supprimerais. Vous me direz qu'on me tuera. Peut-être. Premièrement, parce qu'on ne tue guère que ceux qui en ont peur; secondement, c'est qu'on ne fait guère de bien quand on a peur de mourir; troisièmement, que, puisqu'il faut mourir une fois par un petit gravier engagé dans l'urètre, une goutte remontée ou quelque autre plate manière, il vaut autant mourir pour quelque chose de grand.

12° Oh! pour cela, il y a assez et trop longtemps que je serais le tributaire de la cour de Rome pour cesser de l'être. Ou Sa Sainteté me donnerait ses dispenses et autres fadaises pour rien, ou je m'en passerais, ou je m'en pourvoirais chez moi.

13° « Quand on doit, il faut payer ses dettes, n'est-il pas vrai? » dirais-je à mon clergé. Il ne pourrait pas se dispenser d'en convenir. « Eh bien! ajouterais-je, payez donc les vôtres. — Mais, sire, c'est que nous n'avons pas d'argent. — Vendez. — Nous

sommes des mineurs, nous ne pouvons pas vendre.
— Comment! Vous êtes majeurs pour emprunter et mineurs pour vendre! Vous vous moquez! » Et ils vendraient.

14° Je ne serais peut-être pas encore en état de réduire l'impôt aux justes besoins de l'État ; je continuerais d'être un fripon sur les traces de mon prédécesseur, mais il n'y a rien au monde que je ne fisse pour que sa répartition fût en raison des fortunes. Ce point est très difficile, mais on vient à bout de tout quand on veut bien ; mais un autre qui ne l'est pas, c'est celui de la perception simplifiée.

Comme je vous rayerais tous ces officiers entre les mains desquels passent et se fondent mes revenus, et qui en retiennent une si bonne portion que le reste en entrant dans mes coffres se réduit aux trois ou quatre cinquièmes et à moins! Je vous jure que je n'aurais pas huit jours cette nuée de receveurs du vingtième, des tailles, de la capitation, de receveurs généraux et de cent mille autres receveurs sous toutes sortes de noms. Je sais qu'ils ont tous acquis à prix d'argent le droit de me voler. Je leur ferais l'intérêt de leur finance, en attendant que je puisse les rembourser.

15° Je serais le plus injuste et le plus imbécile des souverains si je laissais subsister toutes ces exemptions de militaire, de noblesse et de magistrature. J'acquitterais bien les services de ces hommes utiles ; mais parbleu! ils rentreraient tous dans la classe générale des citoyens. Comment! il y aura dix-sept cents ans que ceux qui jouissent le plus des prérogatives et de la protection de la société, seront ceux qui fournissent le moins à ses dépenses ; et je les souffrirais plus longtemps! Et l'agricole qui n'a rien, et le citoyen qui a peu, et le manufacturier qui n'a que ses bras, seront toujours écrasés? Oh! cela ne se peut. Tous mes prédécesseurs l'ont entendu ainsi. Ç'a été leur bon plaisir, mais ce ne serait pas le mien.

17° Je n'aurais point d'ouvriers suivant la cour, parce que ce sont tous des fripons suivant la cour. Mon ami Doucet[1], architecte du Roi, m'a fait ma leçon là-dessus. Il demandait à M. de Buffon quatre-vingt mille francs pour des ouvrages qui n'en valaient pas quarante mille, et il en donnait pour raison qu'il ne serait pas payé de sitôt, et que quand on le payerait demain, il n'en rabattrait pas un liard, parce qu'il ne faut pas être un faux frère, qu'il serait un fripon malgré lui pour ne pas se brouiller avec d'autres fripons qui parviendraient à lui ôter son état. Et notre Dauphin qui fait faire pour vingt-cinq louis

---

1. Il n'y a eu, au siècle dernier, aucun architecte du Roi portant ce nom ; peut-être Diderot a-t-il voulu écrire celui de Pierre-Noël Rousset, membre de l'Académie d'architecture, mort en 1763, qui construisit plusieurs hôtels importants et fut même l'un des concurrents de Jacques-Ange Gabriel pour la création de la place Louis XV. Un homonyme, ou plus probablement son fils, fut chargé, en 1775, d'ériger dans l'église Saint-Thomas de Strasbourg le tombeau du maréchal de Saxe, exécuté par Pigalle.

par un ouvrier inconnu un secrétaire tout pareil à un autre que les Menus lui avaient fait payer deux mille écus! Et j'aurais des Menus? Non, non, je n'en aurais pas, et je saurais bien les remplacer. Je payerais comptant le peu que j'ordonnerais, je serais très bien servi et à trois fois meilleur marché. J'aurais la bêtise de compter avec moi-même ou plutôt de stipuler en toute occasion pour mon peuple..

18° Et la ferme générale? Je n'en dis rien parce que j'y ai toute ma pauvre petite fortune. J'aime encore mieux pourtant qu'on vole le roi que d'être ruiné. Mais je ne ruinerais pas mes enfants, et je crois que mes fermiers ne me voleraient guère, et cela sans leur ôter une récompense très honnête de leur gestion.

Votre Majesté me permettra-t-elle de supposer qu'avec ces moyens je ne tarderais pas à me liquider? Et il y en a mille autres que j'ignore et que j'apprendrais en régnant. Voyons ce qui arrivera de la même administration continuée après ma liquidation et rentrons dans la question du luxe.

Mais je m'aperçois que j'ai sauté du quinzième au dix-septième, et qu'il me manque là un article : remplissons-le.

Certes, je remédierais, et très promptement, au plus abominable luxe qu'on pût imaginer : je parle de celui des grandes routes. Ce luxe coûte peut-être cent, deux cents millions à la France en bonnes terres perdues, et je ne sais combien en entretien superflu.

On parle de cette opération comme de la plus belle du règne présent ; et peut-être a-t-on raison. Qu'on juge des autres! Des chemins de soixante pieds, où il ne passe pas dix voitures par semaine et cela par folie ou par bassesse pour un ministre ou un intendant!

Que doit-il arriver sous mon règne, si, après avoir relevé et enrichi ma nation, je prends quelque précaution pour que l'or ne soit pas le dieu de mon pays, et que, *par le concours* aux places, j'assure quelque récompense au mérite et à la vertu ? Ne puis-je pas me flatter, ainsi qu'Henri IV, que mes paysans de la Brie auront le dimanche une poule dans leur pot ?

Mais quand le paysan de la Brie a une poule dans son pot, quelle est et quelle doit être l'aisance des autres conditions de la société ? J'ose le demander à Votre Majesté. Surtout si j'avais l'attention de ne me plus mêler de rien, et de croire que chacun de mes sujets entend mieux que moi ses intérêts dans son état ; si les opinions religieuses n'entraient pour rien dans mes préférences ; si je ne me mêlais du commerce que pour l'aider et soutenir les grandes maisons de commerce défaillantes ; si je ne voulais donner aucun règlement aux manufactures, si je récompensais parfois les inventeurs non par des privilèges exclusifs, mais par de l'argent et des honneurs, si j'empêchais la justice d'être ruineuse, si je rendais à la presse toute sa liberté, etc.

Mais lorsque le talent et la vertu mèneront à quelque chose, lorsque la nation entière aura toute l'aisance que chaque condition comporte, lorsqu'il n'y aura d'inégalité entre les fortunes que celle que l'industrie et le bonheur doivent y mettre, lorsque j'aurai anéanti toutes ces corporations où l'on ne peut entrer sans argent, et qu'on doit regarder comme autant de privilèges exclusifs qui condamnent des milliers de citoyens industrieux à mourir de faim ou à entrer dans une prison; lorsque j'aurai encouragé l'agriculture, la mère nourrice de tout un empire; lorsque j'aurai des citoyens riches, que feront ces citoyens de leur or? L'or ne se mange pas. Ils l'emploieront à multiplier leurs jouissances. Et quelles sont ces jouissances ? Celles de tous les sens. J'aurais donc des poètes, des philosophes, des peintres, des statuaires, des magots de la Chine, en un mot tout le produit d'un autre luxe, tous ces vices charmants qui font le bonheur de l'homme en ce monde-ci et sa damnation éternelle dans l'autre.

Mais ce luxe ne sera plus l'enfant de la maison, il sera l'enfant de la prospérité. Quelle sera son influence sur les mœurs? Plus de crimes, mais beaucoup de ce que la théologie appelle des vices ou des péchés mortels. Beaucoup de voluptés de toutes espèces, beaucoup d'orgueil, beaucoup d'envie, beaucoup de luxure, beaucoup de paresseux. Je dirais en moi-même au docteur de Sorbonne : « Prêche, prêche tant que tu voudras. Pour moi, je te promets que je travaillerai de toute ma force à ce qu'ils soient tous bien gais, bien joyeux, bien libertins et que les voisins et les voisines se damnent plutôt deux fois par jour qu'une. »

— Vous aurez donc des courtisanes ?
— Assurément.
— Des filles entretenues?
— Pourquoi non ?
— Des filles séduites ?
— Je m'y attends.
— Des maris et des femmes non fidèles?
— J'en ai peur. Mais je m'épargnerai, du moins, tous ceux d'entre ces vices que la misère, le goût du faste et l'indigence produisent. Cela deviendra ce que cela pourra. Je ne me mêlerais que de faire durer l'aisance et le bonheur, quelles qu'en puissent être les suites.

Je veillerais seulement à ce qu'on n'ait pas avec de l'or et de l'or toutes les prérogatives du mérite et de la vertu. Le seul contrepoids à celui de l'or, c'est le mérite et la vertu ; et quand on est riche, si l'on a tout, quel intérêt à avoir du mérite et de la vertu ?

Ce que deviendront tous les beaux-arts ? Il n'est pas possible que, suivis par goût et chez un peuple nécessairement délicat, ils ne fassent pas de grands progrès.

Conduisons une femme du peuple chez le peintre Roslin ; elle veut avoir son portrait, et voici ce qu'elle dira : « Monsieur, je ne suis pas une duchesse, mais je veux être peinte comme une duchesse, parce que j'ai de quoi payer comme une duchesse. » Et Roslin fera un bon portrait.

Conduisons-la chez l'horloger et, si nous l'écoutons, nous l'entendrons dire : « Monsieur, je veux une bonne montre, une boîte bien forte et au titre de Paris ; point de Genève, s'il vous plaît, j'aimerais mieux m'en passer. » Genève gardera ses montres.

Et que dira-t-elle à la marchande qui lui déploiera ses étoffes : « Fi donc ! madame, c'est de la guenille que cela ; montrez-moi quelque chose de mieux ou je vais ailleurs » ; en un mot, ce que dit aujourd'hui le petit nombre de nos bourgeoises aisées ; et la manufacture de Lyon fleurira.

Et puis, quand Denis passe dans les rues de la capitale, c'est un tumulte, un bruit, des acclamations, des *Vive Denis !* qui ne finissent point ; et puis Denis, qui a l'âme tendre, s'élance de son carrosse, on l'embrasse ; il est embrassé sur le Pont-Neuf comme Catherine seconde l'est dans son couvent[1] et le sera un jour dans les rues, et puis il meurt doucement, pleuré, regretté, honoré ; ou bien on le tue et il meurt violemment. Et qu'est-ce que cela fait ? Il n'en est ni plus ni moins mort.

J'oubliais de dire à Votre Majesté Impériale que la plupart de mes opérations faites, lorsque mon carac-

---

1. Des Demoiselles nobles, une des créations favorites de Catherine.

tère serait bien établi, et que la nation, dont le défaut est de prendre une confiance trop facile en son souverain, m'aurait accordé la bonne opinion que je m'efforcerais de mériter, j'aurais bien le courage de présenter mon bilan à ma nation, et que je ne doute point que le reste de la dette nationale ne se répartît entre les provinces, et que chaque province ne se chargeât d'en acquitter une portion proportionnée à ses ressources.

Partout où le souverain sera honnête, après une guerre et d'autres dépenses publiques surérogatoires, ce compte rendu produira le même effet sur une nation flattée de cette condescendance, et qui a quelque sentiment de justice et d'honneur.

On fait avec de la bonté et de l'équité tout ce qu'on veut des peuples, Votre Majesté Impériale le sait bien, et plus son règne durera, plus elle en sera convaincue. On envoie dans les provinces des intendants ; si ces intendants, tels que M. Dodart, intendant de Bourges[1], aiment et font le bien de la province, sont des hommes de bien, et par conséquent peu favorables aux vues de la cour, ils n'arrivent à rien. Voilà ce qu'on appelle un excellent moyen de faire des scélérats. Je vous promets bien que cela n'arrivera pas ainsi sous le roi Denis, et que l'intendance serait le

1. Fils du premier médecin de Louis XV enfant, Dodart fut intendant de la généralité de Bourges de 1728 à 1764 et mourut au château de Nozet, près Pouilly-sur-Loire, le 1er octobre 1775, à l'âge de soixante-dix-sept ans.

séminaire de mes ministres, l'épreuve à laquelle je discernerais ceux que je dois appeler dans mes conseils. En vérité, c'est le roi qui, par son exemple, fait tout le bien et tout le mal d'un empire.

J'ai pensé quelquefois que si les méchants avaient essayé de la douceur et de la bonté, ils ne voudraient plus être méchants; et pareillement que si un souverain avait essayé du bonheur d'un bon souverain, il n'y pourrait jamais renoncer. Un père qui s'isole de ses enfants, un roi qui s'isole de ses sujets, sont deux êtres monstrueux pour moi.

Il pourrait arriver au roi Denis de manquer de lumière, de se tromper, d'être égaré par de mauvais conseils, de s'engager dans une fausse opération, d'affliger un honnête homme, de faire du mal à son peuple sans s'en douter; mais je suis sûr qu'au moment où il reconnaîtrait sa faute, elle serait réparée, et que si elle était irréparable, il en pleurerait très souvent. Le Mazarin disait, je crois, à un ministre étranger : « Le roi ne doit jamais *reculer*. » L'ambassadeur répondit : « Et pourquoi faut-il qu'il ne *recule* pas, s'il s'est avancé mal à propos ? »

Il s'examine bien, et après s'être bien examiné, il croit qu'il ferait précipiter du Pont-Neuf dans la rivière, publiquement, le ministre qui lui en aurait imposé de propos délibéré ; ce serait une exécution une fois faite pour le reste de son règne. Les punitions très sévères rendent quelquefois les crimes fort rares.

A Constantinople on ne jette guère qu'une fois tous les cent ans un boulanger frauduleux dans son four.

« S'il l'ignore, tout est bien ; s'il le découvre, il est bon, il me pardonnera, mais il l'ignorera », est le mot de tous ceux qui trompent les rois.

Encore un mot que j'ajouterai, parce qu'il contient une idée qui peut germer entre les mains de Votre Majesté.

Nous avons un séminaire subsistant de grands hommes publics, ce sont nos intendants. Un homme de tête devient à l'intendance très promptement un habile homme. Un homme médiocre y met plus de temps. Ce n'est jamais un homme de génie, mais il s'instruit.

L'intendant est obligé d'envoyer à la cour des mémoires sur la population, le commerce, les manufactures, l'agriculture, les productions en tout genre, les travaux publics faits et à faire, les bois, les rivières, les canaux, toutes les parties de l'administration, l'imposition, la richesse des bourgs, des villages, des villes, des hameaux, etc.

Le malheur est que l'honnête homme périt à sa place et n'arrive presque jamais au ministère.

M. Turgot (je le prédis à Votre Majesté) est un des plus honnêtes hommes du royaume et, certes, peut-être le plus habile en tout genre. Il ne sortira jamais de Limoges[1], et s'il en sort, j'en pousserai un cri de

---

1. Diderot n'avait pas, cette fois, prédit juste : quelques mois plus tard, Turgot était nommé ministre de la marine, le 20 juillet 1774, et presque aussitôt après appelé au contrôle général.

joie, car il faut que l'esprit de notre ministère soit tout à fait changé, et que l'état des choses s'amende d'une manière presque miraculeuse. Il y a de petits phénomènes qui annoncent de grands événements ; c'en est un.

Mais cet homme est-il connu du roi ? Sans doute, mais pour une tête chaude qui brouillerait tout : ce qu'on dit aux rois, lorsqu'il faut écarter un homme de mérite.

IX

POLITIQUE INTÉRIEURE ET EXTÉRIEURE

Le 12/23 novembre 1773, sir Robert Gunning, chargé d'affaires d'Angleterre en Russie, écrivait au comte de Suffolk : « Le comte Panin m'a dit, en grande confidence et sous le sceau du secret, que M. Diderot, qui a ses libres entrées auprès de l'impératrice, a été sollicité par M. Durand de remettre à la souveraine un papier contenant des propositions de paix avec la Turquie, propositions que la cour de France s'engage à faire agréer si ses bons offices sont acceptés. M. Diderot s'est vivement défendu de sortir ainsi de sa sphère, et de s'exposer à se faire enfermer à la Bastille lors de son retour, et il s'est absolument refusé à accéder au désir du ministre français[1]. »

1. Recueil de la Société historique russe, tome XIX, p. 383 et 388.

Ces informations étaient sans doute prématurées, car sir R. Gunning écrivait peu après (22 novembre/3 décembre) : « Malgré la façon dont, selon M. Panin, l'impératrice aurait accueilli le papier remis au nom du ministre français par M. Diderot, celui-ci est actuellement à Tsarkœ-Selo ; preuve qu'il a pu apaiser sa colère. »

Diderot diplomate ! M. Alfred Rambaud s'est demandé si l'on avait pu sérieusement confier à ce rêveur autre chose que quelques paroles d'encouragement et d'amitié. Il n'avait pas eu égard, il est vrai, aux deux passages que je viens de citer, mais il n'a point omis, en revanche, cet extrait d'une dépêche du duc d'Aiguillon à M. Durand : « L'exhortation que vous avez faite à M. Diderot est très bien placée. Je ne sais si l'on peut assez compter sur ses sentiments pour croire qu'il se conduira d'après les principes que vous lui avez rappelés. Son admiration continuelle pour l'impératrice est une disposition bien prochaine à l'adulation. Ces observations ne nous empêcheront pas de rendre à M. Diderot la justice qu'il aura méritée et je présume que vous nous mettrez en état d'apprécier sa conduite et sa véritable valeur [1]. » Quelle exhortation avait-on faite au philosophe ? Si contradictoires qu'ils soient, les deux extraits du diplomate anglais sont, bien à l'insu de leur

---

1. Versailles, 2 décembre 1773. Dépêches citées dans les appendices de la Correspondance de Catherine II et de Falconet. (*Recueil de la Société historique russe*, tome XVII, p. 289.)

auteur, le meilleur commentaire de la *Rêverie* qui suit. Diderot a beau dire qu'il n'est pas un enfant à qui on fait la leçon, et en dépit de ses craintes plus ou moins sincères de se voir perdre par ce papier, « lui et sa postérité », il se trahit un peu plus bas quand il ajoute : « Voilà, en général, ce que notre homme public, ici, voudrait bien persuader à Votre Majesté Impériale, et je présume qu'il a, avec juste raison, regardé ma bouche comme moins suspecte que la sienne. » Il suffit de lire toute la première partie de cette *Rêverie* pour se convaincre qu'il avait assumé, bon gré mal gré, la responsabilité d'une démarche aussi délicate que celle de l'alliance de deux grandes puissances ; la fin, tout à fait dithyrambique, dépare un peu cet exorde si curieux, et Diderot s'y livre à tous les écarts de l'admiration la plus enthousiaste. C'est à croire que Gunning lisait par-dessus son épaule quand il écrivait à son chef que toutes les lettres du philosophe dépeignaient Catherine comme au-dessus de l'humanité. Cette fois cependant le flatteur allait trop loin, et, tout en l'encourageant «. par ses gestes et ses propos », Catherine le définissait à son tour « en disant qu'en certains points il avait cent ans et qu'en d'autres il n'en avait pas dix[1] ». Elle ne se montrait pas toujours aussi sévère. A propos du partage de la Pologne et du rôle que la Russie y avait joué, elle se plaignait d'avoir été dupée par Frédéric :

1. Durand à d'Aiguillon, 31 décembre 1773.

— Vous n'aimez pas ce prince ? demandait-elle à Diderot.

— Non, c'est un grand homme, mais un mauvais roi et un faux monnayeur.

— J'ai eu, dit-elle en riant, ma part de sa monnaie [1].

Parfois aussi l'*impératrice*, qui selon l'heureuse expression de Grimm, n'était jamais absente des entretiens les plus familiers, coupait court aux épanchements satiriques qu'elle avait semblé tout d'abord encourager. Un jour qu'elle discutait avec Diderot sur les méchants par principe :

— Pourriez-vous, dit-elle, m'en donner un exemple?

— Je les prends, répondit-il, dans une classe éclatante ; je nommerai à leur tête le roi de Prusse.

— Je vous arrête là, dit-elle sans s'émouvoir davantage ; et elle changea de conversation [2].

§ 1

MA RÊVERIE A MOI DENIS LE PHILOSOPHE.

Feuillet où je m'imposerai spécialement la loi d'être vrai, parce qu'il faut être homme vrai avant que d'être bon citoyen, bon patriote.

1. Durand à d'Aiguillon, 7 décembre 1773.
2. Durand à d'Aiguillon, 13 février 1774.

L'esprit actuel du ministère est de détruire tout l'ouvrage du ministère précédent ; peut-être même y procède-t-on sans le moindre discernement.

M. de Choiseul s'en est allé en triomphe dans son exil, et la cour a fait ce qu'elle fait même dans les choses les plus frivoles : c'est de prendre le contre-pied de la ville.

Une pièce de théâtre qui réussit à la ville est bien bonne si elle ne tombe pas à la cour, et réciproquement.

Nous avons un moyen sûr d'exclure un habile et honnête homme d'une grande place : c'est de gagner la cour de vitesse par une nomination anticipée. Et puis l'éternelle petitesse des successeurs du ministre décédé dont ils anéantissent toutes les vues ! Ils ne veulent pas qu'il reste un vestige de son administration. Il faut absolument qu'il ait été ou un fou, ou un sot, quelquefois tous les deux.

Nous portons la plus belle haine au roi de Prusse ; sur ce point, la cour et les philosophes sont d'accord, mais leurs motifs sont bien différents ; les philosophes le haïssent parce qu'ils le regardent comme un politique ambitieux, sans foi, pour qui il n'y a rien de sacré, un prince sacrifiant tout, même le bonheur de ses sujets, à sa puissance actuelle, l'éternel boute-feu de l'Europe ; la cour, parce que c'est un grand homme qui peut-être croise ses vues présentes. Si le système change, la cour ne le haïra plus sous ce dernier coup d'œil, mais elle continuera de le haïr, ou du moins de l'envier pour le premier.

Celui qui fera son éloge en France passera toujours pour un mauvais Français.

Il n'y a pas un honnête homme, pas un homme qui ait un grain d'âme et de lumière à Paris qui ne soit l'admirateur de Votre Majesté. Elle a pour elle toutes les académies, tous les philosophes, tous les hommes de lettres, et ils ne s'en cachent point. On a célébré sa grandeur, ses vertus, son génie, sa bonté, les efforts qu'elle fait pour établir les sciences et les arts dans son pays; les faits dans la paix et dans la guerre, on les a célébrés, dis-je, bien franchement et en cent façons diverses, et je crois que la cour n'a pas été trop fâchée de voir au roi de Prusse une rivale préférée dans notre estime et dans nos éloges.

Que la cour lui pardonne bien sincèrement d'être grande, je ne le pense pas.

Qu'elle sente dans ce moment tous les avantages qu'elle pourrait retirer d'une bonne intelligence entre une puissance qui est déjà très redoutable et qu'elle voie s'acheminer à grands pas vers un degré de force dont la limite est difficile à déterminer, c'est ce dont je ne doute pas.

Que dans ce moment les avances qu'on fera vers Votre Majesté Impériale soient sincères, et qu'elles continuent de l'être jusqu'à ce que les intérêts changent, c'est la loi éternelle des empires.

Que, dans tous les temps, la France a été des puissances de l'Europe une des plus fidèles à ses engagements, c'est ce qu'on désirerait beaucoup que Votre Majesté crût, et ce sur quoi il lui est bien plus aisé de prononcer qu'à moi.

La France est loin de la Russie, et la Prusse en est bien voisine. En dépit du traité de Versailles, notre ennemi naturel, c'est l'Autrichien. Votre ennemi naturel, c'est le Prussien. Tôt ou tard le sang français se mêlera sur le champ de bataille avec le sang autrichien et le sang russe avec le sang français.

Qui est-ce qui gagne actuellement à votre guerre avec les Turcs? Ce n'est pas la France. Qui est-ce qui doit l'éterniser? Celui qui vous redoute et qui disait au marquis de Valory : « Les Russes? Vous ne les connaissez pas. Vous ne savez donc pas qu'ils peuvent, en partant de grand matin, venir dîner chez moi [1] » ?

La France ne doit avoir aucune répugnance à vous compter entre les puissances premières de l'Europe. Ce sont vos deux voisins qui feraient tout pour que vous ne soyez qu'entre les puissances secondaires.

Je la crois infiniment plus disposée à s'allier avec Votre Majesté qu'avec la Prusse. Elle compte plus sur vous. Si notre cour vous envie personnellement, elle hait personnellement le roi de Prusse et s'y fie moins.

---

[1]. Le mot n'est pas cité dans les *Mémoires des négociations du marquis de Valory*, 2. vol. in-8º, publiés par sa famille en 1820.

Nous pensons tous que votre puissance est stable et ne passera pas.

Nous regardons tous la puissance prussienne comme momentanée et précaire, et notre mot perpétuel est celui-ci : « Qui est-ce qui mènera cette voiture-là lorsque le cocher nerveux qui tient les rênes sera tombé de son siège ? »

A la première bataille qu'il perdrait, nous ne doutons point que les soldats, presque tous enrôlés de force, ne désertassent par grands pelotons, et j'ai bien, moi, quelque raison particulière pour le croire.

Nous regardons très sincèrement le démembrement de la Pologne comme une affaire faite. Nous ne doutons pas que le partage de ce mouton ne devienne un jour la source d'une longue querelle entre les trois loups et, dans le vrai, je pense que c'est un spectacle qui nous réjouirait, si surtout l'Autriche y était bien malmenée. En vérité, cela peut-il être autrement?

Mes trois loups sont le Russe, l'Autrichien et le Prussien. La France est le quatrième, et voici comment ce dernier raisonne : « S'il arrivait que le loup autrichien, mon voisin, me montrât un jour les dents, je serais bien aise que, tandis qu'il aurait la gueule béante tournée de mon côté, le loup russe ou prussien le menaçât de le mordre aux fesses. » Cette menace réciproque nous tiendrait peut-être tous les quatre en repos.

Les penseurs sont désolés de la durée de la guerre

présente. Ils sentent bien qu'il est d'une âme grande, fière, haute, telle que la vôtre, et peut-être d'une très saine politique, de vouloir la finir de vive force, parce que ce succès établit la terreur de ses armes chez l'Ottoman et le respect de son nom, de sa nation, de son génie, de sa fermeté chez tous les peuples de l'Europe. Mais les précieuses années de Sa Majesté s'écoulent, et il lui est impossible de suivre ses grandes vues pour le bonheur de son pays. C'est à Sa Majesté, et à Sa Majesté seule, à balancer l'avantage avec le désavantage qui est immense à mes yeux et aux yeux des amateurs tranquilles de la paix. Mais l'œil du philosophe et l'œil du souverain voient bien diversement.

Madame, une victoire vaut beaucoup si elle vaut une de vos années.

Lorsque votre paix avec le Turc se fera, la France n'en sera ni réjouie ni fâchée, mais le loup prussien en rugira.

Dans son manifeste sur la Pologne, il fait valoir un motif qui menace Riga. Quand un souverain envahit *per far corpo*, qui sait l'ampleur qu'il a prescrite à son corps ?

Madame, notre monarchie est bien caduque. Les dernières années d'un long règne d'un grand roi ont souvent gâté les premières ; jamais les dernières années d'un long règne d'un roi ordinaire, pour ne rien dire de pis, n'ont réparé les désastres des années précédentes. Aussi nous avons peut-être encore du chemin à faire vers la décadence. Mais qui sait notre sort sous le règne suivant? Moi, personnellement, j'en pense mal. Puissé-je me tromper! Puisse-t-il ne pas toujours chasser sans voir goutte[1]!

Je m'arrête ici pour représenter à Votre Majesté Impériale que je n'écris pas comme un enfant à qui l'on a fait la leçon. Ce rôle ne me va pas. Je sens très bien que ce papier me perdrait, moi et toute ma postérité. Mais je sais encore mieux à qui j'ai l'honneur de parler, et quel est le vrai sanctuaire sacré où je dépose mes pensées. Elles sont plus sûres là qu'au fond de mon cœur, au fond de ce cœur où n'habita jamais le mensonge et d'où la vérité est toujours prête à s'échapper.

Je crois qu'on aurait aussi des vues de commerce, et c'est un avantage réciproque. Ainsi j'y donne.

Je crois qu'ils se prêteraient à vous envoyer tous les sujets en tout genre qu'il plairait à Votre Majesté Impériale de demander. Peut-être même le Gribeauval[2]. J'ignore ce dernier point.

Je crois que, quelles que fussent les vues de Votre Majesté Impériale sur l'entière civilisation de son

---

1. Le Dauphin, qui allait quelques mois plus tard monter sur le trône. Sa myopie ne l'empêchait pas de préférer la chasse à tout autre délassement. On sait qu'il tenait un compte rigoureux des pièces abattues par lui et que ce journal « interrompu par les événements » des 5 et 6 octobre existe aux Archives nationales.

2. Voyez ci-dessus, page 165.

empire et l'extrême police de ses sujets, ils les seconderaient.

Ce point, qui sera toujours de quelque importance dans la balance de Votre Majesté Impériale, me paraît constaté par la facilité avec laquelle ils ont accordé des passeports à tous ceux qui en ont demandé.

Voilà, en général, ce que notre homme public ici voudrait bien persuader à Votre Majesté Impériale, et je présume qu'il a, avec juste raison, regardé ma bouche comme moins suspecte que la sienne. On a défini l'ambassadeur ou le ministre un homme rusé, instruit et faux, envoyé aux nations étrangères pour mentir en faveur de la chose publique, et il est ministre. Cette définition du ministre n'est pas tout à fait celle du philosophe.

Au reste, quant à M. Durand, voici ma pensée. Je le trouve un peu persifleur, mais avec cette juste mesure qui marque un esprit sain, une âme honnête et qui ne blesse pas. Il a dans son pays, où l'on échappe difficilement à la censure, la réputation générale d'un honnête homme. Cette réputation, qui s'est soutenue dans toutes les cours de l'Europe où il a passé, je ne pense pas qu'il ait voulu la perdre ici. Il désirerait ardemment qu'il s'établît une sorte d'équilibre entre les quatre grandes masses qui balancent le sort de l'Europe, et il est persuadé que cela ne se fera jamais sans l'intervention de Votre Majesté Impériale. Ce sont ses propres expressions.

Il sera toujours l'organe de notre ministère, mais tout en faisant son devoir, je crois que son âme souffrirait beaucoup si on l'engageait dans des avances qu'il suspectât. Et puis, quelle que soit l'opinion que puisse avoir Votre Majesté de ma rêverie, j'espère qu'elle reconnaîtra dans mon procédé un homme incapable de ces petites menées qui ne vont qu'aux petites têtes. Je ne veux que des choses honnêtes, et je veux mettre dans la manière de les dire la simplicité et la droiture de mon caractère.

Il faut que je sois, moi aussi, attentif à me souvenir que je suis un homme de lettres, que Votre Majesté Impériale l'est à oublier qu'elle est souveraine et à se rappeler qu'elle est homme.

Ils croient vous connaître, mes bons compatriotes! Quelque haute idée qu'ils aient de vous, ils ne vous connaissent pas. C'est moi qui leur apprendrai le reste. C'est moi qui leur dirai de ces mots de caractère qui vous peignent mieux que tous leurs éloges. C'est moi qui leur dirai que vous réunissez l'âme d'une Romaine et les séductions de Cléopâtre; la force avec la douceur, le mépris du péril et de la vie, la pénétration qui, à tout moment, me gagnait de vitesse, avec un jugement sain; la dignité avec l'affabilité, cette bonté de Benoît XIV, lorsqu'il déposait sa tiare et qu'il disait : *Ecco il papa*, avec cette différence que, quand il vous plaisait de la reprendre, ce n'était jamais qu'en concurrence avec un autre souverain ; la

chaleur de l'âme, même son impétuosité, avec la patience et la modération ; l'amour du bien avec cette constance qui ne se décourage pas et qui sait attendre le moment du succès ; les grandes vues, avec cette modestie singulière qui en abandonne le mérite aux autres et qui ne se réserve que celui de l'approbation ; et lorsque je finirai ils ajouteront : « C'est donc une femme d'un grand génie? — Grand génie assurément, répliquerai-je, et, avec ce rare génie, elle a le tact le plus délicat des choses et des personnes, mais ce qui nous surprendra, c'est qu'elle n'en croit rien, c'est qu'elle souffre avec peine qu'on le lui dise, c'est qu'il faut qu'on le lui prouve ; encore dispute-t-elle vos preuves comme on les dispute dans nos cercles lorsqu'il s'agit d'un particulier dont on serait jaloux, et cette dispute-là n'est pas un moyen adroit de prolonger son éloge ; c'est de bonne foi, comme celui qui s'ignore lui-même. »

- Ah! mes amis! supposez cette femme sur le trône de la France! Quel empire! Quel terrible empire elle en ferait, et en combien peu de temps! Et vous, quels hommes vous seriez, car je vous déclare que vous ignorez tous ce que la nature vous a donné. Vous êtes des ressorts que le poids d'une mauvaise administration a tenus courbés, et cela depuis que vous êtes nés, et qu'elle tiendra courbés tant que vous durerez. Venez seulement passer un mois à Pétersbourg. Venez vous soulager d'une longue contrainte qui vous a dégradés ; c'est alors que vous sentirez quels hommes vous êtes !

Puissé-je, à mon retour, laisser à Riga l'âme que j'ai trouvée à côté de son palais, et reprendre celle qui convient à votre séjour ! C'est le plus grand bonheur qui puisse m'arriver, pour moi, pour mes enfants, pour tous mes amis. Je ne me suis jamais connu plus libre que depuis que j'habite a contrée que vous appelez des esclaves, jamais plus esclave que quand j'ai habité la contrée que vous appelez des hommes libres. Avez-vous jamais entendu dire à une souveraine à une foule d'enfants : Venez, mes petits enfants, etc.[1] ? Mais je me réserve ce spectacle touchant pour le moment où je vous reverrai.

Et combien d'autres choses, que l'homme flegmatique[2] que j'aurai à côté de moi attestera comme moi !

Et puis j'avoue que je serais transporté de joie de voir ma nation unie avec la Russie, beaucoup de Russes à Paris et beaucoup de Français à Pétersbourg. Aucune nation en Europe qui se francise plus rapidement que la Russie, et pour la langue et pour les usages.

---

1. Allusion à l'appel que Catherine avait fait à tous les peuples et à toutes les confessions de l'empire russe, lorsqu'elle avait promulgué sa fameuse instruction pour le code des lois. Diderot invitait alors Falconet à immortaliser l'attitude de leur bienfaitrice par un bas-relief symbolique : c'est l'idée que le peintre Monnet a reprise dans un dessin gravé en 1777 par Choffard, et représentant l'impératrice entourée de ses sujets.

2. Grimm.

§ II

SUR LES MINISTRES DANS LES COURS ÉTRANGÈRES.

Peut-être vais-je en exiger ce qui leur est prescrit et ce qu'ils font.

Je vois qu'ils envoient à leurs cours des dépêches toutes les semaines ; il est impossible que les affaires d'État y fournissent matière. De quoi sont-elles donc remplies? Je gagerais bien qu'il y a peu de choses importantes noyées dans beaucoup d'inepties.

Leur tâche devrait être, ce me semble, de s'instruire parfaitement de tout ce qui concerne une nation et d'en fournir des mémoires.

On comparerait ces mémoires avec les mémoires du ministre qui aurait précédé dans la même contrée, et les choses fausses se rectifieraient, les incertaines s'éclairciraient.

Un ministre qui n'aurait plus rien à apprendre d'une contrée serait envoyé dans une autre.

La limite de son instruction serait celle de sa résidence dans une même cour.

Et c'est après avoir fait sa tournée dans toutes les cours de l'Europe qu'il serait rappelé dans la sienne pour s'asseoir au conseil du souverain.

Si l'on n'avait pas par cette voie des hommes de génie, on en obtiendrait au moins des hommes fort instruits ; et il arriverait quelquefois que le génie se trouvant joint à de grandes lumières, on aurait ce qu'on peut appeler des hommes extraordinaires.

. La longue résidence dans une même cour serait un signe infaillible d'imbécillité.

Voilà pour les dépêches. D'après ce qui précède, on conçoit que les réponses les plus fréquentes consisteraient en questions explicatives des différents points sur lesquels deux ministres successifs dans une même cause se trouveraient en contradiction.

Ces questions, lorsque les deux ministres auraient dit l'un et l'autre la vérité, marqueraient les vicissitudes d'un État, d'une puissance, son agrandissement, sa décadence dans tout ce qui concerne son administration intérieure et son influence au dehors ; connaissance essentielle en mille circonstances pour le parti qu'il convient de prendre dans les affaires publiques et connaissance toujours vague lorsqu'elle est du moment pour lequel on en a besoin.

§ III

SUR LA NÉCESSITÉ DE LAISSER A SA PLACE CELUI QUI A ACQUIS LES CONNAISSANCES NÉCESSAIRES POUR LA BIEN REMPLIR.

Un des grands inconvénients de notre société, et dans la capitale et dans les provinces, c'est qu'au moment où un père a fait fortune dans le commerce, tous ses enfants dédaignent l'aune et la boutique ; en sorte que ce spectacle d'émigrations d'une condition à une autre montre une foule d'hommes qui quittent la chose qu'ils savent pour aller à celle qu'ils ignorent.

Un excellent moyen pour n'avoir jamais ou que des ignorants ou que des hommes instruits qui mourraient sans avoir eu le temps d'être utiles, ce serait de les déplacer de trois ans en trois ans.

Si un homme a une très forte tête et qu'il y joigne une grande application, peut-être acquerra-t-il les connaissances nécessaires à ses fonctions ; mais s'il est déplacé au bout de ces trois ans, quel bien l'État retirera-t-il de son travail ?

Si l'on en usait ainsi dans les différentes conditions de la société, on quitterait la médecine quand on serait médecin, la chirurgie quand on serait chirurgien, la mécanique quand on serait mécanicien.

Mais, quand on est quoi que ce puisse être pour un temps aussi limité, on n'apprend rien. On en use relativement à un état qu'on doit incessamment quitter comme avec une contrée qu'on traverse et où l'on n'a que peu de temps à rester : on ne se donne pas la peine d'en étudier la langue.

Et quand on posséderait cette langue, quel en serait l'avantage si l'on passait aussitôt dans une autre contrée ?

Un voyageur de cette espèce aurait appris toutes

les langues de l'Europe sans avoir eu ni le temps ni l'occasion d'écrire une bonne ligne dans aucune.

Je ne sais jusqu'où ces principes peuvent être applicables ou non à la Russie, dont les usages et la constitution me sont tout à fait inconnus.

Je hasarde des conjectures.

§ IV

HISTOIRE GÉNÉRALE DU DESPOTISME. — LE POSTILLON DE HAMM A LIPPSTADT [1].

Nous allions de Hamm à Lippstadt. Nous avions à choisir, ou d'une grande route fort spacieuse, mais très gâtée, ou d'une contre-allée fort unie, mais fort étroite. Nous prîmes la contre-allée.

D'autres voyageurs à qui nous allions ou qui venaient à nous s'étaient engagés dans la même contre-allée, qui était bordée de droite et de gauche par un fossé et qui ne laissait pas le passage à deux voitures. Nous crions au postillon :

— Postillon, sonne donc du cor, sonne donc pour arrêter ces gens-là et les avertir de nous faire place et de gagner la grande route comme ils pourront !

— Moi, *nix* sonner du cor...

---

1. Hamm, ville située dans l'ancien royaume de Westphalie et anciennement ville libre et hanséatique. Lippstadt, ville de l'ancienne principauté de Lippe-Detmold, à 80 kil. Sud-Ouest de Minden.

Ils vont, nous allons; nos chevaux se trouvent nez à nez, on jette à bas dans le fossé la plus légère des deux voitures, — c'était la leur, — et nous passons. Je demande au postillon :

— Mais, dis-moi donc, mon ami, pourquoi tu n'as pas voulu sonner du cor ?

Il me répond en mauvais français-allemand :

— Pourquoi ? Est-ce que vous n'avez pas reconnu à l'uniforme les officiers du roi ? Diable, ils auraient bien pu me revaloir cela tôt ou tard.

D'où je conclus qu'un État sous le despotisme n'était qu'une longue suite d'esclaves dont aucun n'osait sonner du cor devant son supérieur, depuis le dernier des valets jusqu'au premier vizir, dont le cor se taisait devant le sultan, et que les cors ne sonnaient jamais qu'en descendant. Il peut arriver que le premier cor sonne juste; mais les autres?... Ce n'est pas en Russie, c'est en Prusse que le postillon m'a donné cette leçon.

§ V

DISCOURS DU GÉNIE DE LA FRANCE A PIERRE Ier, SUR LA FRONTIÈRE[1].

C'était une grande figure fantastique, simple, noble et triste, qui lui dit :

1. Voyez page 177 ci-dessus.

— Tu as vu mon peuple. Tu t'en retournes la tête pleine de ses édifices, de ses arts, de sa population, de ses sciences, de sa politesse, de sa noblesse, de ses grands, de ses savants, de ses manufacturiers.

Mais as-tu demandé en quel état étaient ses finances ?

T'es-tu instruit du chaos de ses lois ?

Es-tu entré dans la chaumière de ses paysans ?

Connais-tu ses tribunaux de judicature ?

Sais-tu quels sont ses préjugés ?

Sais-tu qu'il y a trois sortes de prisons ?

Sais-tu qu'il y a autant de codes que de villes et de villages ?

Sais-tu qu'à chaque lune on change de poids et de mesure ?

Et la nature, la quotité de l'impôt, sa répartition, sa perception, en as-tu entendu parler ?

As-tu demandé ce que c'est qu'un fermier général ?

T'a-t-on montré les deux cents volumes in-folio sur l'administration seule de la finance ?

Quelque homme honnête t'aurait-il expliqué comment se sont formés et continuent de se former ces immenses recueils d'ordonnances ?

Et son clergé, que t'en a-t-on appris ?

Et ses moines, et la multitude de ses célibataires, et le caractère de son luxe, et ses mœurs générales et domestiques ?

Et les diverses conditions de cette société ?

Et le regorgement de l'or dans les unes, et l'indigence dans les autres ?

Et ses écoles publiques ?

Et l'éducation de ses enfants ?

Et ses vices ? et ses vertus ? et son honnêteté ? et sa corruption ?

Et ses magistrats ?

Et son monarque ?

Et ses ministres ?

Et l'administration de la justice ?

Et l'influence de sa religion surtout ?

Et ses factions ?

Et ses dissensions publiques ?

Et son ressort intérieur ?

Ah ! grand homme, tu as fait bien du chemin pour voir bien du mal, sans remède, et un peu de bien dont je crains que la durée ne soit que passagère.

§ VI

SUR UN MOYEN INFAILLIBLE DE MANQUER UNE GRACE DANS NOS CONTRÉES ; UNE GRACE ! MÊME UNE PLACE MÉRITÉE.

Ce moyen infaillible, c'est de l'obtenir du souverain.

Celui qui s'adresse au souverain est un maladroit, et la raison, c'est que la prétention secrète des ministres est que le souverain ne soit rien.

Et si le souverain s'avise une fois d'accorder ou des faveurs ou des récompenses, de faire des actions de justice sans notre participation, d'user de son autorité, sans notre agrément, qu'est-ce que nous devenons?

Le roi lui a accordé cette place? Il est allé droit au roi? Oh! il ne l'aura pas, et, en effet, il arrive qu'il ne l'a pas.

On a obtenu une chose refusée par le roi et accordée par le ministre ; presque jamais une chose accordée par le roi, sans l'intervention du ministre.

Aussi je dirais au client : allez au ministre, allez au commis du ministre, allez à la maîtresse du commis et n'y allez pas les mains vides, la maîtresse parlera au commis, le commis au ministre, et vous arriverez.

§ VII

A SA MAJESTÉ IMPÉRIALE
PAR UN AVEUGLE QUI JUGEAIT DES COULEURS.

Je ne me suis point écrié de Riga à Pétersbourg, comme le fit de Berlin à Moscou un Français[1], homme de mérite et de probité, mais homme qui se croyait, un peu ridiculement, autorisé par ses lumières et par les places qu'il avait occupées, à se donner de l'impor-

---

1. Le Mercier de la Rivière. Voyez ci-dessus pages 14-21.

tance : « Madame, arrêtez ; on ne fait rien de bien qu'après m'avoir entendu ; celui qui sait comment on administre un empire, c'est moi ! » Quand la chose aurait été vraie, le ton était à faire rire.

En m'établissant chez M. de Narischkine, je n'ai point dit : « Voilà mon antichambre ; c'est ici que les particuliers s'inclineront devant moi et que je recevrai les humbles placets qui me seront présentés ; c'est là que les ministres étrangers me parleront ; cet endroit sera fort commode pour conférer avec les ministres de Sa Majesté Impériale. Voilà mon cabinet, et le lieu d'où je donnerai des lois à toutes les Russies. »

Je me suis dit : « Je ne suis rien, mais rien du tout. Sa Majesté Impériale m'a comblé de bienfaits ; je lui dois l'aisance, le repos et la sécurité. Je vais mettre à ses pieds ma reconnaissance et l'hommage de tous les gens de bien qui ont pris part au bonheur qu'elle m'a fait. J'ai auprès d'elle la plus forte des recommandations, ses bontés. Elle me fera donc un doux accueil. » J'ai bien plus obtenu que je n'aurais jamais eu la vanité de me promettre. Elle m'a traité comme un de ses enfants ; elle m'a permis, comme elle l'aurait permis à un de ses enfants de dire toutes les innocentes folies qui lui auraient passé par la tête et Dieu veuille que je n'aie point abusé de son indulgence ! Si cela m'est arrivé, je me jette à ses pieds et je lui en demande mille pardons. Cela fait, l'enfant gâté va continuer à bégayer.

Ces premiers législateurs du genre humain, à qui l'on a élevé des autels, et dont la mémoire est restée et restera à jamais en honneur parmi les hommes, ont pourtant fait une chose bien singulière.

Dans le soi-disant état de simple nature, les hommes étaient épars sur la surface de la terre comme une infinité de petits ressorts isolés. Il arrivait de temps en temps à quelques-uns de ces petits ressorts de se rencontrer, de se presser trop fortement et de se briser. Les législateurs, témoins de ces accidents, y ont cherché un remède, et quel est celui qu'ils ont imaginé? De rapprocher les petits ressorts, et d'en composer une belle machine qu'ils ont appelée société; dans la belle machine société, les petits ressorts, animés d'une infinité d'intérêts divers et opposés, ont agi et réagi les uns contre les autres de toutes leurs forces et pour un moment de guerre accidentelle, il en est résulté un véritable état de guerre continue où tous les petits ressorts affaiblis et fatigués n'ont cessé de crier et où il s'en est plus brisé en un an, qu'il ne s'en serait brisé en dix, dans l'état primitif et isolé où le ressentiment d'un choc était l'unique loi.

Mais il est arrivé bien pis. Ces belles machines appelées sociétés se sont multipliées et pressées et le choc n'a plus été d'un ressort contre un ressort, mais d'une, de deux, de trois belles machines, les unes contre les autres, et dans cette collision épouvantable, il est resté plus de ressorts brisés en une seule journée, qu'il n'y en aurait eu dans mille ans de l'état de nature sauvage et isolée.

J'en demande pardon aux anciens et premiers législateurs. Si c'est là ce qu'ils ont fait, on leur en doit peu d'obligation ; mais ce n'est peut-être pas là ce qu'ils ont fait.

On a imaginé bien des origines à la société : beau texte pour cette sorte d'oiseaux qui s'engraissent dans le brouillard et qu'on appelle métaphysiciens [1].

Les uns ont dit que l'homme, ainsi que tous les animaux faibles, tels que le bœuf, le mouton, le cerf, était né pour vivre en troupeaux ; cependant il est léger à la course ; il est nerveux, il est agile, il a toujours une défense contre l'animal agresseur, et la raison, aidée d'une branche d'arbre, supplée à toute la variété des instincts.

D'autres, ayant considéré l'attachement du mari pour la femme, celui de la mère pour l'enfant, nécessaire au moment de la naissance, et celui de l'enfant

---

1. Cette définition humoristique appartient-elle bien à Diderot, ou n'était-ce qu'une réminiscence ? « On sait, dit le Dr Réveillé-Parise *(Hygiène des hommes adonnés aux travaux de l'esprit)*, à propos de la corpulence exceptionnelle de l'encyclopédiste, on sait que Marivaux en ayant fait la remarque à une dame, celle-ci lui répondit : « En effet, ces philosophes ne ressemblent pas mal aux bécassines qui s'engraissent dans le brouillard. » Malheureusement le docteur oublie de citer ses autorités : l'*Esprit de Marivaux;* de Lesbros de la Versane, non plus que le livre si richement documenté de M. G. Larroumet *(Marivaux, sa vie et ses œuvres)*, sont muets sur cette répartie et sur le nom de l'interlocutrice.

pour la mère par la longue imbécillité de l'enfant, ont formé la famille ou la première société.

Il y en a à qui il est venu une idée fort fine. Ils ont dit: il y avait des faibles, il y avait des forts. Les faibles se sont réunis pour faire tête aux forts, et la société doit sa naissance à la faiblesse et à la vexation.

Puisque chacun rêve à sa manière sur ce sujet, il me sera bien permis de rêver aussi. Le point est de ne pas ennuyer Votre Majesté, et quand je l'ennuierais, ce ne sera jamais qu'autant qu'il lui plaira; cela est commode pour moi.

Si l'homme trouve en naissant un ennemi, et un ennemi redoutable, si cet ennemi est infatigable, s'il en est sans cesse poursuivi, s'il ne peut se promettre quelque supériorité que par des forces réunies, il a dû être porté de très bonne heure à cette réunion de forces. Cet ennemi, c'est la nature, et la lutte de l'homme contre la nature est le premier principe de la société. La nature l'assaille par les besoins qu'elle lui a donnés et par les dangers auxquels elle l'a exposé; il a à combattre l'inclémence des saisons, les disettes, les maladies et les animaux.

Il a peut-être poussé sa victoire beaucoup plus loin qu'il ne le fallait pour son bonheur; car il y a bien loin de l'arête de la flèche jusqu'au magot de la Chine. Mais tout s'est enchaîné, après le premier élan de l'esprit humain; il est impossible de deviner où il s'arrêtera.

Quoi qu'il en soit, il n'en est pas moins évident que tout ce qui tend à isoler l'homme de l'homme tend aussi à affaiblir la puissance de la lutte contre la nature, et à le rapprocher de la condition primitive de l'homme sauvage ; par conséquent, celui-ci doit être regardé comme animal, surtout dans l'état actuel des choses, où l'inimitié réciproque des sociétés a succédé à la poursuite de la nature. L'homme isolé n'avait qu'un adversaire, la nature. L'homme réuni en a deux, l'homme et la nature. L'homme réuni en a donc un motif d'autant plus urgent de se serrer.

Ce que je dis des grandes sociétés est démontré par l'état des petites, lorsque la division s'y introduit ; le lien général se brise, chacun travaille pour soi, et la condition sauvage renaît.

Il est encore démontré par la grande maxime de la tyrannie : *diviser pour régner* ; elle veut des individus, et point de corps, des nobles et point de noblesse ; des prêtres et point de clergé ; des juges et point de magistrature ; des sujets et point de nation ; c'est-à-dire, par la plus absurde des conséquences, une société et des hommes isolés.

L'ennemi de la tyrannie forme des corps ; le tyran les dissout. Le premier forme des corps par des prérogatives, le second les dissout par l'extinction de ces prérogatives. Ce sont ces prérogatives qui distinguent la monarchie du despotisme. A Constantinople tout est égal : la tête d'un vizir tombe comme celle d'un esclave.

À Paris, il faut un peu plus d'apprêt pour ôter la vie ou la liberté à un duc, ou à un citoyen obscur.

La monarchie est une haute pyramide dont les différents États forment les plans. Le peuple est à la base, écrasé du fardeau des autres plans.

Le monarque est la boule qui termine la pyramide et qui presse trois ou quatre autres boules qu'on appelle ministres.

Dans l'état despotique toutes les boules sont sur un même plan, mais isolées; malheur pour le despote, quand elles viennent à s'approcher ou à se toucher !

Dans l'état démocratique, toutes les boules sont sur un même plan, mais elles se touchent ; malheur pour la république si elles viennent à s'isoler !

Dans l'état monarchique, malheur à la monarchie si les boules de la base viennent à s'agiter! La pyramide se renverse, et il ne reste plus qu'un amas de ruines.

J'écris à Votre Majesté comme elle me permet de causer avec elle. Je me livre à tous les écarts de ma tête. Je ne perds cependant pas de vue mon chemin et j'y rentre.

Dans une société d'hommes quelconque, plus les parties en sont éparses, moins elles sont rapprochées; plus cette société est éloignée de la véritable notion de société, moins elles se soutiennent; moins elles s'entr'aident, moins elles sont fortes; moins elles luttent avantageusement et contre l'ennemie constante de l'homme, la nature, et contre les ennemies accidentelles, les sociétés adjacentes, plus le tout est voisin de l'état sauvage.

C'est un principe général de conduite qui s'étend depuis l'action la plus importante jusqu'à un mot ou dit ou répété. Ce mot resserre-t-il les hommes, dites-le. Son effet est-il de les isoler, de les ramener à l'état sauvage, ne le dites pas; à moins qu'il ne soit utile à votre ami.

Il ne s'agit que d'examiner dans un tout comment les parties disjointes pourraient se lier et se rapprocher.

Entre ces parties, il y en a une principale qui donne la loi à toutes les autres, c'est la ville capitale.

Quelle est la nature de cette partie? Elle est vorace. Si elle dévore trop, elle amaigrit toutes les autres. Si elle n'est pas assez nourrie, elle est faible et toutes les autres languissent.

La capitale attire tout à elle. C'est elle qui absorbe et qui reçoit. C'est le coffre-fort de la nation. On n'y fait rien. Sa fonction est comme le cœur dans l'animal : la fonction du cœur est de prendre et de renvoyer du sang; celle de la capitale est de recevoir et de renvoyer de l'or, en échange de ce que le tout fournit à sa voracité. C'est le lieu de la grande consommation.

Où doit être placé ce lieu de consommation? Au centre, ce me semble, des parties qui travaillent pour lui et des choses qu'il consomme.

Placé là, qu'en arrive-t-il? C'est que naturellement il s'établit vers ce centre, et il en part une foule de routes qu'on peut comparer aux veines et aux artères ; des veines qui portent le sang ou la substance qui nourrit, des artères qui renvoient le sang ou l'or qui paye. C'est ainsi qu'il s'établit une tendance réciproque du centre à la circonférence et de la circonférence au centre.

C'est ainsi que d'espace en espace les villages se multiplient, et qu'il s'ouvre des routes de traverse entre ces villages ou petits dépôts de consommation, dépôts qui vont toujours en s'accroissant, passent successivement de l'état de hameaux à l'état de villages, de l'état de villages à l'état de bourgs, et de celui-ci à l'état de villes petites, moyennes et grandes.

Le ministère n'a plus besoin de veiller à ces formations. Le besoin s'en acquitte pour lui.

Je ne sais même, quand tout d'ailleurs est bien ordonné, s'il doit fixer les limites à la capitale.

Le cœur ne devient trop gros que si le reste de l'animal est malade.

C'est ainsi que s'engendre ce que l'on appelle la circulation intérieure qu'on ne gêne jamais par aucune institution, sans nuire à toute la machine.

Une capitale à l'extrémité d'un empire, est comme dans un animal où le cœur serait au bout du doigt, ou l'estomac au bout du gros orteil. C'est le mot de M. de Narischkine.

Mais comme l'empire a des denrées qu'il ne saurait toutes consommer, et qu'il lui en manque d'autres qui sont nécessaires à son bien-être, à sa fantaisie ou à son besoin, et qui lui viennent des contrées éloignées, où est la place naturelle de ces lieux d'échange? A la circonférence, ce me semble, sur la frontière, sur la ligne commune aux parties contractantes.

Les sociétés étant dans un état de guerre perpétuelle, ou elles s'attaquent, ou elles se menacent : il est, ce me semble, d'une bien mauvaise politique d'être sans cesse exposé à être blessé au cœur, blessure presque aussi souvent mortelle dans le corps politique que dans le corps animal. Lorsque la capitale de son empire est prise ou brûlée, l'empire est presque détruit et par le désastre et plus encore par la consternation générale.

La frontière me semble destinée à deux sortes de villes : de grandes villes de commerce ou d'échange de nation à nation, et de grandes places de guerre, les murailles de la grande maison.

J'ignore jusqu'où ces lois sont applicables à la Russie. Ce n'est pas mon affaire, c'est celle de Sa Majesté Impériale.

Mais ce que je vois bien distinctement, c'est que si la cour de France transportait la capitale du royaume de Paris à Marseille, toute l'ordonnance physique du royaume serait bouleversée et que le royaume en serait moins puissant, moins riche, moins vivant, moins peuplé et moins fort. Auguste fut tenté d'établir le siège de l'empire dans l'Asie Mineure. S'il eût exécuté ce projet inspiré par la terreur, il ne laissait rien à faire aux barbares.

Votre Majesté Impériale m'a dit que si Pierre Ier avait donné la préférence à Pétersbourg sur Moscou, c'est qu'il n'aimait pas Moscou, parce qu'il ne s'y croyait pas aimé. Cette raison est nulle pour Catherine seconde; elle aime tous ses enfants, et tous ses enfants aiment leur mère.

Moscou est de cinq degrés, je crois, plus méridional que Pétersbourg. Cette différence de climat est trop considérable pour ne pas se faire sentir avec le temps.

Moscou est, je crois, encore plus voisin de la Pologne, et très assurément plus loin de la Suède, du Danemark, de l'Empire, et de la Prusse. Tout cela avancé un peu au hasard, est à la vérification du globe. Toujours aussi voisine de ses ennemis, elle est plus loin d'eux.

Il me semble d'ailleurs que le séjour de Pétersbourg doit être très dispendieux, et par conséquent ingrat pour les propriétaires qu'il éloigne de leurs possessions. Ils ne peuvent être si éloignés et si longtemps absents que la valeur de leur propriété n'en souffre. Je ne crois pas que le déplacement de la cour leur déplût. S'il leur déplaisait, il serait facile de les y disposer. Il est bien simple que Sa Majesté Impériale ait un grand palais à Moscou, qu'elle y fasse porter la meilleure partie de ses tableaux où ils seraient peut-être plus utiles aux arts que dans son palais, par une libre entrée à tous les jeunes élèves ; qu'elle y fasse un voyage ; qu'elle y séjourne la première année deux mois, la seconde trois, la troisième six, et qu'elle finisse par y fixer son séjour, après ces essais.

Reste l'objection de la sécurité, à laquelle il n'y a point de réponse. Mais je présume que, gardée partout par sa bonté, par sa bienfaisance, par l'amour de ses sujets, la seule vraie garde des souverains, elle est également en sûreté partout.

Que Votre Majesté, qui a coupé les lisières à son joli et fol enfant, lui permette une question.

Comment les mœurs qu'elle se propose de donner à sa nation s'établiront-elles et subsisteront-elles à Pétersbourg qui ne sera jamais qu'un amas confus de toutes les nations du monde qui ne valent rien ? Le lieu des vices est-il bien celui de l'institution de la vertu ? Le premier soin de celui qui veut faire des bons, et les conserver tous, n'est-ce pas de les éloigner des méchants ? Y aurait-il dans un monastère le moindre vestige de règle, si l'on en permettait indistinctement l'entrée aux hommes et aux femmes de toutes les conditions ? Pétersbourg, par sa situation et son asile de toutes les nations, n'est-il pas destiné à n'avoir jamais que des mœurs d'Arlequin ? Le grand prédicateur doit-il se placer ou au centre de son auditoire, ou dans l'angle d'une somptueuse chapelle, s'il en veut être entendu ? Est-il indifférent que Sa Majesté qui veut être écoutée de ses sujets prêche où ils ne sont pas, et ne soit entendue que par un porte-voix dans l'endroit où ils sont?

On ne place pas un foyer au loin. Si cette position ne rend pas la distribution de la chaleur et de la lumière impossible, elle la ralentit et la rend plus difficile.

Votre Majesté veut éclairer un vaste appartement avec un seul flambeau? Où placera-t-elle ce flambeau pour que tout l'espace environnant en soit éclairé avec le plus d'avantage? Sera-ce dans un angle où la vapeur lui ôte une partie de son éclat, ou au milieu de cet espace peuplé où l'air est pur, où sa lumière a toute sa force, et d'où elle se répand, en raison de sa distance, à tous les yeux qui l'attendent?

Peut-être que Sa Majesté Impériale aurait de grands édifices à laisser à Pétersbourg et d'autres grands édifices à élever à Moscou.

Je suis désolé de voir tant de choses faites ici, je voudrais presque y voir dix fois plus de chaumières.

Quant aux édifices à construire à Moscou, elle en fera la dépense, elle sera comme la fondatrice de la ville. Comparée à l'importance de l'objet, la dépense n'est rien.

Pétersbourg restant toujours une grande ville d'entrepôt et de commerce, la résidence d'un grand nombre d'officiers et de tribunaux, jamais ses édifices construits ne seront inutiles ; ils donneront même à ce lieu un air de grandeur que n'a et n'aura jamais aucune ville de commerce, sans en excepter Amsterdam.

Il n'y a pas à balancer sur le point dont je vais entretenir Sa Majesté. Le déplacement de son séjour entraîne le déplacement de ses deux couvents [1]. Ces deux établissements les plus intéressants de son administration ne peuvent prospérer que sous ses yeux, et il faut absolument qu'ils la suivent. Ce sont les futurs apôtres de sa religion.

Madame, je suis long, je le sens; mais c'est le caractère des enfants d'être bavards. J'use de mon privilège, et puis, je supplie Votre Majesté de se rappeler qu'elle m'a ordonné elle-même d'être long et que je lui obéis, peut-être trop fidèlement. Au reste, quand elle m'a ordonné d'être long, elle m'a fait un compliment fort doux; car elle a supposé que cela ne m'empêcherait pas d'être clair. En conséquence de mon privilège d'enfant et de très rigoureux serviteur de Votre Majesté, je vais lui confier mon petit secret.

A l'approche de Pétersbourg, Votre Majesté devinerait-elle bien, en se faisant bien petite, bien petite, ce qui m'a bien étonné? C'est, en m'informant sur certains grands édifices, longs et à petites fenêtres, d'apprendre que c'étaient des casernes. Des casernes? me suis-je dit en moi-même. Et qui est-ce qui a ordonné cela? Des troupes casernées, dans un empire sujet à révolutions? Où la succession au trône est rendue

---

1. Le couvent des Demoiselles nobles et celui des Enfants trouvés.

incertaine par une loi expresse du fondateur le plus justement révéré de toute la nation? Où cette succession n'est pas cimentée par un long intervalle de temps, et par une continuité qui en fasse une loi fondamentale dans l'opinion de tous les sujets? Où un prince régnant peut avoir plusieurs enfants et, parmi ces enfants, une tête ambitieuse, populaire et remuante? Où la certitude de la couronne n'empêchera pas un père de traiter ses autres enfants, comme un sultan ombrageux traite ses frères et son successeur à qui il crève les yeux, tantôt au physique, toujours au moral? Où les officiers ont une si prodigieuse influence sur leurs soldats? Où ils peuvent en disposer à leur gré en masse et rassemblés? Où c'est pis encore que les prêtres dans mon pays, les seuls qui aient conservé la prérogative vraiment royale de parler aux peuples rassemblés, et où cinquante mille de ces fanatiques brouillons sont écoutés, les mêmes jours, à la même heure, entre dix et onze, de vingt millions d'hommes à qui ils disent et font croire tout ce qu'ils veulent? Les chaires des églises chez moi, les casernes à Pétersbourg me font trembler.

Cette position est peut-être fort indifférente pour Votre Majesté, généralement aimée, adorée et qui n'a qu'un enfant sur lequel il n'y a qu'une voix. Mais se promettrait-elle une suite ininterrompue de successeurs qui lui ressembleraient à elle-même et à son fils? Je ne le pense pas.

Il n'y a pas plus de cinquante ans qu'il y a des casernes dans quelques-unes de nos villes de province. Il n'y en a guère plus de trente que les soldats aux gardes sont casernés dans la capitale. Nos souverains n'ont pris ce parti que quand ils ont été si fermes sur leurs étriers et si maîtres de leurs officiers et de leurs soldats que s'ils leur avaient dit : « Allez tuer votre père et votre mère », ils l'auraient fait, comme ils le feraient aujourd'hui ; que quand la famille royale a été assez nombreuse pour fournir des gouverneurs à toutes les provinces et des officiers généraux à des régiments ; qu'après avoir même incorporé dans leurs gardes une petite troupe étrangère ; qu'après avoir établi dans la capitale une police qui enveloppe tous les sujets, comme dans une nasse immense qui les touche, qui les enlace sans qu'ils s'en aperçoivent ; en sorte que dans cet amas incompréhensible d'atomes agités et voisins, il ne se fait pas un mouvement qui soit ignoré, soit qu'ils se concertent, soit qu'ils se divisent, soit qu'ils se mutinent, soit qu'ils s'approchent, soit qu'ils s'éloignent ; toutes nos vies et mœurs sont écrites à la police. On y a la liste des honnêtes gens et des fripons, des bons et des mauvais citoyens ; on y sait toutes nos actions et tous nos propos. Si le philosophe Denis Diderot allait un soir en mauvais lieu, M. de Sartine le saurait avant que de se coucher. Un étranger arrive-t-il dans la capitale, en moins de vingt-quatre heures on pourra vous dire, rue Neuve-

Saint-Augustin, qui il est, comment il s'appelle, d'où il vient, pourquoi il vient, où il demeure, avec qui il est en correspondance, avec qui il vit, et quelque soin qu'il se donne pour échapper, on le trouve : c'est qu'il avait fait cent lieues sous la nasse, avant que de s'en douter. Les malfaiteurs ignorants viennent chercher la sécurité à Paris ; c'est là qu'ils sont attendus et qu'ils se perdent. Leur signalement était à la barrière trois ans avant leur personne, et si l'obscurité est quelque part, c'est sous un habit de paysan, dans une chaumière.

Ce n'est, Madame, que toutes ces précautions ont été prises, lorsque le moindre trouble était impossible, que la moindre assemblée clandestine ne pouvait être ignorée, le moindre concert de citoyens dérobé, qu'on a caserné les troupes ; encore, depuis que Louis XIV, sous la régence, se sauva du Palais-Royal, nos souverains n'ont-ils pas osé faire leur séjour dans la capitale.

Si la disette ou l'enlèvement des enfants [1] ont suscité deux misérables petites effervescences populaires,

---

1. Sur la disette de 1740, on peut consulter le *Journal* de Barbier (édition Charpentier, tome III, p. 222 et 237). Les enlèvements d'enfants occupent aussi une large place dans ce même *Journal* (voir mai 1750, tome IV). Ce fut à la suite de ces émeutes que Louis XV, pour éviter de passer par Paris, adopta la route qui mène du bois de Boulogne à Saint-Denis, lorsqu'il se rendait de Versailles à Compiègne ; de là le nom de route *de la Révolte* qu'elle a conservé ; mais elle n'avait pas été tracée à cette époque, comme on l'a souvent imprimé : elle existe dès 1730 sur le plan de Roussel. C'est en la parcourant en voiture, le 13 juillet 1842, que le duc d'Orléans trouva une mort si tragique.

c'est qu'il y a des choses qui forcent et d'autres si sacrées qu'il n'y faut pas toucher, car alors il n'y a plus d'esclaves.

Le transport de Votre Majesté Impériale à Pétersbourg remédierait à cette faute. Les soldats y seraient distribués chez les particuliers qui, sans se le proposer, en sont toujours des observateurs assidus, et ils ne seraient plus sous la main et à la disposition du premier factieux.

Il en serait des casernes de Pétersbourg, ainsi que des autres bâtiments qui ne seraient pas inutiles.

J'ignore l'histoire circonstanciée de l'heureuse révolution qui a placé Votre Majesté Impériale sur le trône. Mais elle eût peut-être souffert plus de difficulté et eût été plus longtemps différée, si les troupes n'avaient pas été casernées, et si, dispersées chez les particuliers, il eût fallu les rassembler. Et une révolution différée d'un jour ne se fait peut-être jamais.

Quoi qu'il en soit, voilà le caquet de l'enfant ou la suite des rêves du bon abbé [1] qui faisait un enfant le samedi par principe de conscience. Si cet enfant pouvait être un vaurien, ce pouvait être aussi, par hasard, un honnête homme. Son devoir était de faire l'enfant. Voilà le mien, bien ou mal fait.

1. L'abbé de Saint-Pierre.

§ VIII

SUR PÉTERSBOURG

Puisque Votre Majesté Impériale prétend que Moscou ne peut devenir le séjour de la cour que dans cent ans, ne serait-il pas possible de peupler davantage Pétersbourg, de le rendre plus vivant, plus agissant, plus commerçant en joignant cette multitude de palais isolés par des maisons particulières ?

Et qu'est-ce qui occupera ces maisons ? Des ouvriers dans tous les genres, des charrons, des charpentiers, des maçons, des cordiers, etc., comme cela est à Paris.

Et d'où tirer ces ouvriers ? Des campagnes où ils existent et où ils exercent ces fonctions dans les grandes maisons des seigneurs.

Et comment les tirer de là ? Ou par l'affranchissement subit, ou par un affranchissement dont ils payeraient une portion d'année en année, ou par des étrangers. C'est ainsi qu'il se formerait un tiers état sans qu'on s'en doutât.

La cour donne la loi à la ville, la ville donne la loi aux provinces. La ville, pour donner la loi, doit être très peuplée et ne pas ressembler aux villes de la province.

Cette proximité des hommes les lie, leur liaison les adoucit et les civilise; c'est de ces boutiques que sortiront tous les beaux-arts qui seront alors indigènes et durables.

Dépeuplez Paris par la dispersion des arts mécaniques, trafiquants et subalternes, et vous ruinez tous les beaux-arts.

Dépeuplez la ville de Lyon, dispersez-en les soixante mille ouvriers en soie qu'elle rassemble en vingt ou trente villes de province, et adieu l'émulation, le bon goût ; et vous opérerez la ruine des manufactures.

Serrez vos sujets et par cette seule opération vous aurez un Empire.

En y réfléchissant beaucoup, il me semble qu'une des plus grandes différences de la Russie et des autres centres de l'Europe, c'est qu'ici on n'est plus rassemblé.

Jamais l'Allemagne ne sera civilisée, n'aura des poètes, des statuaires, des peintres, des hommes éloquents, de grands ministres, une langue sans laquelle on ne fait rien qui vaille, des mœurs polies, une sorte d'urbanité, etc., jamais, dis-je, que la maison impériale n'ait dévoré les électorats.

§ IX

FAIRE DES RUES

Votre Majesté Impériale n'a presque jamais besoin que d'un mot ; et j'ai été tenté de n'écrire que celui-ci.

Voyez le campement d'une horde de sauvages. C'est une chaumière ici, c'est une autre chaumière là ; sans ordre, sans suite, sans liaison.

Et quand, au lieu de chaumières, vous supposeriez des palais? L'image de la nation sauvage, plus grande, plus noble, n'en subsisterait pas moins.

Et quand cette image cessera-t-elle? Lorsque, en liant ces maisons par des maisons intermédiaires, l'ensemble me rappellera l'idée d'une ruche.

Tant que vos abeilles seront éparses, vous aurez peu de miel.

Lorsque vos abeilles seront rassemblées, elles se défendront contre les frelons.

Mes idées, pour n'être ni profondes ni sublimes, peuvent n'en être pas moins vraies. Les notions simples ont quelquefois de grands effets ; et c'est quand l'effet est produit, qu'on les appelle sublimes et profondes. Si d'un coup de baguette, Votre Majesté Impériale pouvait demain remplacer tous les palais de sa capitale par des maisons, mon mot *faire des rues* serait bien beau.

Et puis quoi faire encore? Des rues.

Et comment en fait-on?

J'en ai déjà indiqué deux moyens à Sa Majesté Impériale dans un autre feuillet.

Ces deux moyens sont moraux.

En voici un troisième qui est physique :

Circonscrire la capitale.

Lui donner une enceinte.

Les abeilles entreront toutes au dedans de l'enceinte, et peu à peu les alvéoles de la ruche deviendront contiguës.

Et il y aura une ruche, où un grand nombre d'abeilles voisines seront forcées de travailler conjointement au bien du tout pour leurs besoins réciproques, et de se civiliser par leur proximité.

D'ailleurs, c'est bien le cas de la règle de Fénelon, qui voulait que dans un grand édifice les parties essentielles se tournassent en ornement.

Ce sera une belle chose que cette enceinte, un ouvrage vraiment digne des Romains, d'une grande souveraine.

Les villes anciennes ont été ruinées ; leurs enceintes sont restées.

Je recommanderai toujours aux maîtres du monde jaloux de l'éternité de leur gloire, trois choses ;

Les grandes routes ;

Les monnaies ;

Les enceintes.

§ X

SUR UN COIN DE L'ESPRIT NATIONAL ET SUR UN USAGE ÉTABLI A AMSTERDAM.

Longtemps après un tremblement de terre ; longtemps après une grande catastrophe publique, comme, en France, après le renversement de la magistrature ; longtemps après l'assassinat d'un roi, comme en France encore, après l'attentat commis sur Louis XV ; longtemps après une proscription comme à Rome, après le triumvirat ; longtemps après une révolution, comme à Pétersbourg après la déposition de Pierre III, il reste une vacillation dans les esprits, une sorte d'inquiétude fondée sur la crainte d'un pareil événement. Cette inquiétude, qui leur montre sourdement leur souverain comme un être passager, empêche ou nuit du moins à leur véritable attachement, sème entre les grands de la méfiance et altère plus ou moins cette tranquillité, compagne de la certitude et de la sécurité d'un état fixé. Ceci est un état qu'on sent mieux qu'on ne peut le développer.

Cet état empire encore, si les grands sont partagés en factions opposées. Cette méfiance particulière s'accroît du vent de la méfiance générale.

Que faire ? ce que fait Votre Majesté. Vouloir le bien, persuader de plus en plus sa nation qu'on veut le bien, y apporter les deux grandes qualités dont Votre Majesté Impériale est douée, la force de César et les séductions de Cléopâtre.

Et surtout être bien convaincu que rien n'est plus dangereux que l'oisiveté et la mélancolie.

Tenir les grands en action, de toutes les manières possibles, et multiplier les fêtes.

Je vois à ces deux moyens un avantage secret

que je n'explique pas, mais que Votre Majesté devinera de reste.

Et puis, tandis que l'ignorance, les préjugés, les haines, les factions s'usent et passent, susciter puissamment l'instruction publique.

Et surtout presser les provinces les unes contre les autres, les villes les unes contre les autres, les maisons dans la ville les unes contre les autres.

Je n'aime pas les hommes épars, je n'aime pas les palais isolés, je les aime liés par un grand nombre d'autres domiciles particuliers.

Rien qui contribue tant à la civilisation qu'une population nombreuse. Les angles des cailloux qui se touchent, s'émoussent, et les cailloux se polissent.

Favoriser de toute sa force les arts mécaniques, appeler beaucoup, beaucoup d'ouvriers. A mesure que les ateliers deviennent nombreux, les ouvrages utiles se font en dedans de la nation. La nation y gagnera, et les mœurs aussi, par les artistes industrieux qui s'enrichissent. Beaucoup de travaux publics.

Mais surtout des lois, des lois si générales qu'elles n'exceptent personne.

La généralité de la loi est un des plus grands principes de l'égalité des sujets.

Que personne ne puisse impunément en frapper, en maltraiter, en injurier grièvement un autre.

L'homme le plus vil prend de la hauteur, du courage, de la fermeté, quand il sait qu'il a un défenseur dans la loi,

Employez surtout votre commission à établir cette sorte d'égalité légale ; elle est si naturelle, si humaine, qu'il n'y aurait que des bêtes féroces qui pussent s'y refuser.

Donnez de la vigueur aux peuples, vous en ôterez d'autant aux grands.

Faites payer la dette au grand seigneur comme au dernier de vos sujets, sans rémission,

Et puis, établissez dans vos tribunaux de magistrature le même usage qu'à Amsterdam, usage qui n'est qu'à Amsterdam et qui devrait être partout où il y a l'ombre du sens commun : qu'il y ait parmi vos magistrats, avocats, prôneurs, gens de justice, des défenseurs du pauvre, qu'il y ait le tribunal, le juge, l'avocat, le procureur du pauvre, qu'on n'y prenne rien, que la justice y soit prompte et gratuite.

Créez ce tribunal de différents membres de votre commission.

Choisissez entre ces membres les plus indigents, les derniers, parce qu'ils tendront plutôt à favoriser leur semblable que l'homme puissant. Que le président en soit un homme d'une honnêteté sévère, comme j'oserais vous nommer votre chambellan Narischkine que je crois connaître ; son caractère tient beaucoup de celui de Caton le Censeur.

Stipendiez ce tribunal, qu'il soit comme vôtre.

Que son arrêt soit sans appel, il ne peut être trop fort.

Et que le ciel bénisse Votre Majesté Impériale et accorde tant de succès à ses armes qu'elle puisse jouir incessamment d'une paix glorieuse.

MORALE ET RELIGION

§ I

SUR LA TOLÉRANCE.

Sanguis martyrum, semen Christianorum[1] : le sang des martyrs fut une pépinière de chrétiens.

Voilà l'histoire de l'intolérance dans tous les siècles, chez toutes les nations et sur toutes sortes d'objets.

Il est dans l'homme une qualité singulière, dont je fais grand cas : c'est de se porter à toutes les actions hasardeuses. On punit de mort un homme convaincu d'avoir affiché un placard séditieux et injurieux au roi. Le lendemain, on en affiche vingt autres plus atroces que le premier. Du moment où il y a

[1]. TERTULLIEN, *Apologétique contre les Gentils*, c. 50.

danger de mort, l'action qui n'était qu'une lâcheté prend un caractère d'héroïsme. Quel plaisir que de courir le hasard de la vie!

L'intolérance, surtout celle du souverain, donne de l'importance aux choses les plus frivoles.

L'intolérance, surtout celle du souverain, devient une source d'accusations et de calomnies.

L'intolérance, surtout celle du souverain, devient un motif d'exclusion et une raison d'avancement aux places où on ne devrait arriver que par le mérite.

L'intolérance engendre les dénonciations odieuses et les haines entre les sujets.

L'intolérance rétrécit les esprits et perpétue les préjugés.

L'intolérance, qui n'est jamais favorable à la vérité, ne peut être avantageuse qu'au mensonge. La vérité aime l'examen, elle ne peut qu'y gagner; le mensonge le craint, il ne peut qu'y perdre.

L'intolérance a été, un des grands fléaux de ma nation, non pas seulement par le sang qu'elle a répandu, la multitude prodigieuse d'excellents hommes en tout genre qu'elle a expatriés et dont elle a enrichi les royaumes circonvoisins, mais par la perte d'un grand nombre d'excellents esprits.

Il fut un temps où il n'était pas permis d'enseigner d'autre philosophie que celle d'Aristote. Il y a eu des aristotéliciens anciens, moyens et modernes. Quand on parcourt par curiosité les ouvrages de ces hommes, on est étonné de la pénétration, de la force de tête et des efforts inouïs qu'on y remarque, et l'on se dit à soi-même : « Que ces qualités si rares n'auraient-elles point produit si elles avaient été appliquées à des objets plus utiles ! » Et comment cela serait-il arrivé ? Par la liberté.

Celui qui a dit : *Oportet esse hæreses in Ecclesiâ*[1], « il faut qu'il y ait des hérésies dans l'Église », n'a pas senti toute la profondeur de ce mot. La querelle s'élève sur des riens. Ces riens prennent de l'importance. Un homme de génie naît. Il cherche la fortune ou la gloire. Si c'est la gloire, il s'engage dans le parti persécuté ; si c'est la fortune, il suit les drapeaux du parti persécuteur, et il est également perdu pour la société. C'est la réponse à la question : Pourquoi tant d'hommes de talent se sont-ils engagés dans le christianisme à l'origine de cette religion ? C'est que, en naissant, ils trouvèrent la querelle engagée entre Jupiter et Jésus-Christ.

Quel est donc le grand mal que le jansénisme et le molinisme ont fait à la nation ? C'est l'inutile existence pour le progrès des sciences et des arts dans ma patrie, d'Arnaud, de Nicole, de Pascal,

---

[1]. Saint Paul, 1re épître aux Corinthiens, XI, 19. Les mots *in Ecclesiâ* ne se trouvent pas dans le verset original, mais dans le verset précédent. Cet axiome ne fait pas allusion d'ailleurs aux dissensions de l'Église tout entière, mais au désaccord des Corinthiens entre eux. Le sens du passage cité est : « Il faut qu'il y ait séparation entre vous, afin qu'on distingue les bons des méchants. » Voir l'*Intermédiaire* du 10 juin 1883, col. 345.

de Malebranche, de Lancelot, et d'une infinité d'autres. A quoi tous leurs talents et toute leur vie ont-ils été employés ? à une masse énorme d'ouvrages de controverse qui montrent partout du génie et où il n'y a pas une ligne à recueillir. De deux cents volumes d'Arnaud, il ne reste que sa *Grammaire générale raisonnée*, ouvrage de quelques feuillets, mais ouvrage profond, l'ongle du lion. Qu'a produit le génie incompréhensible de Pascal ? un petit traité de la roulette et les *Lettres au provincial*, c'est-à-dire la haine des sottises qui disposèrent de son temps, dépravèrent son caractère moral et ouvrirent à ses côtés un abîme sur lequel il mourut les regards attachés. Qu'avons-nous hérité de Sacy ? rien. De Malebranche ? des visions. De Nicole ? deux ouvrages de théologie scolastique où l'on regrette la mauvaise application de la logique la plus vigoureuse à des impertinences ; et des *Essais de morale* où une connaissance profonde du cœur humain est flétrie par deux principes absurdes, le péché originel, la grâce efficace, la prédestination gratuite, la gloire éternelle, l'enfer et le diable, où toute méchanceté est de l'homme, toute bonté est de Dieu.

Et puis quatre-vingt mille lettres de cachet décernées sous la seule administration du cardinal de Fleury ; quatre-vingt mille bons citoyens ou jetés dans des prisons ou fugitifs dans des contrées éloignées, ou relégués au loin dans des chaumières, tous heureux de souffrir pour la bonne cause, mais tous morts pour l'État à qui cette persécution coûte des sommes immenses. La seule perquisition des *Nouvelles ecclésiastiques* a dissipé des millions. Qu'on ait permis la libre impression de ce libelle maussade, si couru dans les commencements, et personne n'aurait daigné le lire.

Au milieu de ces calamités paraissent le cartésianisme persécuté et le gassendisme ou l'épicuréisme abhorré. On arrête par la contrainte les biens qui pouvaient résulter de ces deux sectes qui tendaient, chacune à sa manière, à ramener la philosophie corpusculaire ; on en a prolongé le mal à l'infini. Descartes, défenseur de l'existence de Dieu, est forcé de se sauver comme athée ; Gassendi est obligé de coller sur le visage d'Épicure le masque du christianisme pour échapper à la couronne du martyre. Il ne reste rien de ce dernier. Il reste de Descartes l'application de l'algèbre à la géométrie, une *Logique*[1], une *Dioptrique*, une *Méthode*, trois ouvrages immortels.

Les trois académies sont fondées : la langue, l'érudition et toutes les sciences marchent avec une célérité incroyable. Tout à coup, il naît dans la tête d'un ministre l'idée absurde que les lumières nuisent au bonheur d'une nation ; ce qui, traduit fidèlement de la langue de cour en langue vulgaire, signifie que,

1. Descartes n'a rien publié sous ce titre. Diderot veut sans doute parler des *Méditations* (1641), écrites en latin, dans lesquelles il émet l'axiome fameux : *Cogito, ergo sum.*

quand une nation est éclairée, le ministre n'ose pas toutes les sottises qu'il voudrait; et à l'instant défense de rien imprimer, ni sur les mœurs, ni sur la religion, ni sur le gouvernement, ni sur l'impôt, son objet, sa répartition, sa perception, ni sur le commerce, ni sur aucune des matières dignes d'occuper de bons esprits.

Qu'en arrive-t-il ? Les esprits s'indignent et s'irritent; on n'écrit que là-dessus; parce que, en mal comme en bien, il doit arriver ce qui arrive lorsqu'on défendit à Rome les ouvrages de Crémutius : il y en eut à l'instant dix mille copies. L'autorité, du moins pour le moment, manque de prise sur les esprits. Avec le temps, c'est autre chose : elle abrutit une nation.

L'effort de tout enthousiasme est passager. Il n'est tout au plus que de la génération présente. La clandestinité prive de gloire et de profit. Les enthousiastes meurent sans postérité. On ne pense plus quand on ne lit plus. On ne lit plus quand on n'a aucun intérêt à lire. On s'abrutit. C'est alors que la langue dégénère. La langue me semble le thermomètre de l'état des esprits chez une nation. Si je revenais dans un siècle, pour savoir où ils en sont, je demanderais le dernier ouvrage de littérature imprimé.

Ce que j'ai dit de la perte des bons esprits en France, est l'histoire fidèle de leur perte en Italie, en Allemagne, en Espagne, en Portugal.

La théologie, cette science des chimères, a produit et produira de tout temps le même effet.

Lorsque la notion d'un Dieu est plantée dans les têtes, il est impossible qu'elle n'y devienne pas la plus importante des notions.

Et comme on ne peut jamais comparer le portrait avec la personne, ce portrait devient l'objet des divisions publiques et des haines domestiques les plus violentes.

Il importe donc au protecteur de la liberté de penser, ou à l'ennemi de l'intolérance de tenir la théologie dans le mépris et le prêtre dans la médiocrité et dans l'ignorance.

Un pays est menacé des plus grands désastres où toute la théologie n'est pas réduite à deux pages.

Au milieu de cette contrainte des esprits, il s'élève une secte de fous : les convulsionnaires. Le ministère les persécute, et les convulsionnaires pullulent. Heureusement, on n'en mit point à mort. Plus heureusement un magistrat sage leur permit de jouer leur farce publiquement, où ils voudraient, et leur offrit même une loge à la foire[1]. Et plus de convulsionnaires.

Il n'y avait plus de jansénistes. On n'en apercevait plus que quelques-uns, maigres, tristes, hâves, traînant dans le ruisseau leurs figures hideuses et leurs misérables doctrines, pleurant sur le sort de l'Église,

---

1. On ne trouve trace de cette boutade ni dans les *Nouvelles ecclésiastiques*, ni dans les Mémoires du temps.

comme sous Julien ces gueux de Juifs et de Galiléens pleuraient, les uns sur la ruine de Jérusalem, les autres sur la destruction de leurs fanatiques écoles. Un prélat imbécile et têtu [1] se met à la poursuite de ces restes malheureux ; et en un clin d'œil la secte renaît plus nombreuse et plus violente que jamais. Il sort un janséniste de dessous chaque pavé, et sans l'expulsion des jésuites, les boute-feu de cette affaire, je ne sais si le jansénisme et le molinisme ne nous auraient pas conduits un jour dans la plaine de Grenelle.

Cette espèce de schisme, la perte de tant de bons esprits et de tant de millions, la source de tant et tant de vexations pendant un intervalle de cent cinquante ans, pouvait finir par une plaisanterie. C'était l'affaire de deux bouffonneries. Il fallait donner pendant quinze jours, à la foire de Saint-Laurent ou de Saint-Germain, *Polichinelle janséniste ;* les molinistes en auraient bien ri ; mais les jansénistes auraient eu leur revanche quinze jours après, car on aurait affiché et joué *Dame Gigogne moliniste*. On employa la gêne où il ne fallait employer que le ridicule ; le Sartine au lieu du Piron.

J'ai dit que l'éducation particulière ne produirait aucun grand effet, en quelque contrée moderne que ce fût, parce qu'elle n'avait aucune base nationale et publique.

1. Christophe de Beaumont du Repaire, archevêque de Paris de 1746 à 1781.

J'en dis autant des beaux-arts.

Il faut que le souverain tienne le prêtre dans une de ses manches, et l'homme de lettres, mais surtout le poète dramatique, dans l'autre. Ce sont deux prédicateurs qui doivent être à ses ordres, l'un pour ne dire que ce qu'il voudra, l'autre pour dire ce qu'il voudra.

Désigner au poète tragique les vertus nationales à prêcher.

Désigner au poète comique les ridicules nationaux à peindre.

Ce n'est pas dans l'asile de la contrainte, du respect, de l'ennui, du solennel, du sérieux, que les hommes s'instruisent : les uns n'y vont pas ; les autres s'y endorment. C'est dans le rendez-vous de la liberté, de l'amusement, du plaisir. C'est là qu'ils sont intéressés, qu'ils rient, qu'ils pleurent, qu'ils écoutent, qu'ils retiennent, et de là qu'ils remportent et redisent entre eux dans la société les choses qu'ils ont retenues.

Qui est-ce qui sait un mot des petits papiers philosophiques de Voltaire ? personne ; mais les tirades de *Zaïre*, d'*Alzire*, de *Mahomet*, etc., sont dans la bouche de toutes les conditions, depuis les plus relevées jusqu'aux plus subalternes.

On ne lit pas un sermon. On lit, on relit dix fois, vingt fois une bonne comédie, une bonne tragédie. On la trouve jusque dans les faubourgs.

Si Votre Majesté appelle une fois ou deux votre

médiocre Soumarokoff[1], si elle lui donne le sujet de son poème, peut-être en fera-t-elle un homme. S'il reste ce qu'il est, cette faveur éveillera un homme de génie qui prêchera et prêchera fortement son évangile. C'est le parti que Mécène tirait des beaux esprits de son temps, de Varius, d'Horace et de Virgile, ses sarbacanes.

Le coup de ses sarbacanes-là est bien plus sûr et plus durable chez un peuple qui se police que chez un peuple policé.

Avant et après que le code de lois paraisse, aura paru, et tandis qu'il se forme, je montrerais sur la scène l'avantage des plus importantes de ces lois, sur la succession au trône, les factions et le reste. Il n'y a pas une loi qui ne puisse fournir le sujet d'une tragédie ou historique ou d'invention.

Votre Majesté connaît bien les vices et les ridicules de sa nation ; j'agacerais là contre les chiens du Parnasse.

Avant que mon premier essaim de jeunes filles et de jeunes garçons sortît de leur maison, je les mettrais en scène, et en opposition avec les sots, les sottes et les impertinents qui les attendent dans le monde pour les désoler et leur ôter les avantages de leur

---

1. Alexandre Soumarokoff, né à Moscou en 1718, mort en 1777, a écrit neuf tragédies et une douzaine de comédies qu'on ne lit et ne joue plus guère, mais qui sont les premières en date dans la littérature russe. Soumarokoff a beaucoup imité Corneille.

bonne éducation. Il n'y a qu'un poète national ou Votre Majesté qui puisse remplir cette tâche. Si c'était Votre Majesté même, l'effet serait le plus grand possible et je sais qu'elle le peut. Une seule pièce excellente ferait le bonheur de ces enfants.

Il n'y a aucun lieu de la terre où l'on ait pensé à diriger l'esprit des beaux-arts vers un but utile et honnête, d'où il est résulté, dans le recueil des poèmes d'un auteur, un éloge du vice à côté d'un éloge de la vertu; dans une galerie, une prostitution à côté de l'action de Virginie; dans un jardin public, un enlèvement d'Orithye, vis-à-vis d'un Énée qui porte son père; partout l'image du maître, nulle part l'image des grands hommes; nulle vertu nationale illustrée; cependant un buste à vingt-cinq ans assure à la vertu un citoyen pour le reste de sa vie.

La première grande action faite par un Russe, de quelque condition qu'il fût, bientôt je l'abandonnerais au ciseau, au pinceau et à l'éloquence de la chaire et du théâtre, et l'on saurait que Carrare fournit du marbre à tout ce qui saura en mériter un bloc.

Ce qu'il y a de singulier, c'est que cette pente à l'éloge du vrai, du beau et du bon est si naturelle aux beaux-arts qu'il est rare à un vraiment grand homme de faire un ouvrage déshonnête.

Le souverain n'a qu'à souffler et sourire pour les associer à sa lutte contre les mauvaises mœurs.

Au milieu de tout cela, je ne suis pas un capucin,

et je serais bien fâché que La Fontaine n'eût pas écrit ses *Fables* ni ses *Contes*, mais j'aime mieux de tout point les fables qu'il ne s'est jamais repenti d'avoir faites.

Pour cette fois, je rêve peut-être encore, mais en vérité je me crois éveillé.

§ II

PREMIÈRE ADDITION SUR LA TOLÉRANCE.

Je ne dirai rien de Dieu par respect pour Votre Majesté. Elle aime à se persuader qu'elle a dans le ciel un modèle qui a les yeux ouverts sur sa conduite et qui, la voyant marcher avec tant de bonté, tant de noblesse, tant de grandeur et d'humanité, lui sourit et se complaît dans un spectacle que la terre ne lui offre pas souvent. Je respecte cette belle chimère que Socrate, Phocion, Titus, Trajan et Marc-Aurèle ont eue comme elle. Mais, malgré les épreuves auxquelles j'ai mis son indulgence, j'y compte encore, et j'oserai l'entretenir des dangers de la morale religieuse.

Du moment où l'on reconnaît un Dieu, on admet un être qui s'irrite et qui s'apaise. Du moins, ces idées sont essentiellement liées dans l'esprit, je ne dis pas du peuple, mais des déistes les plus éclairés. Reléguer, comme Épicure l'a fait, les dieux dans les interstices des mondes, et les endormir là dans une profonde nonchalance, c'est une façon honnête de s'en défaire.

Il faut un culte à un Dieu qui s'irrite et qui s'apaise. Un culte entraîne des sacrifices, et les sacrifices entraînent un sacerdoce. Mais qu'est-ce qu'un culte? Un ordre de devoirs relatifs à un être qui, ne se montrant jamais, prend autant de formes diverses qu'il y a de têtes. Ce n'est pas Dieu qui a fait les hommes à son image, ce sont les hommes qui tous les jours font Dieu à la leur. Le Dieu du mahométan n'est pas le Dieu du chrétien. Le Dieu du protestant n'est pas le Dieu catholique. Le Dieu de l'enfant n'est pas celui de l'homme adulte, ni celui-ci le Dieu du vieillard. Autant d'idées de la divinité qu'il y a de tempéraments différents entre les adorateurs et de vicissitudes des tempéraments dans chacun d'eux. Moi qui n'y crois pas, j'y croirai peut-être en mourant; c'est un torticolis qui reprend les têtes les plus fermes sur leur pivot.

Mais examinons ce que cet ordre de devoirs supérieurs aux devoirs naturels et humains, aux devoirs fondés sur les rapports essentiels d'un être à un être organisé comme lui, peut produire. Que deviennent les lois naturelles pour celui qui demande pardon à Dieu du mal qu'il a fait à l'homme; qui pense que la première des obéissances est celle qu'il doit à l'Être suprême; qui met les maximes de la foi avant le conseil de la conscience et l'ordonnance de la loi ; qui s'imagine que l'attente d'un bonheur à venir exige le sacrifice d'un bien présent ?

Que deviennent les lois nationales ou le droit des gens, lorsque je vois la haine du mahométan pour le chrétien, la haine du catholique pour le protestant, et que je me rappelle qu'il n'y a pas une seule contrée du monde que la diversité des opinions religieuses n'ait trempée de sang ? Les hommes deviendront-ils plus sages qu'ils ne l'ont été ? Aucunement. Ils ne s'entendront pas davantage sur ce point et ils y mettront plus d'importance qu'à leur vie.

Que deviennent les lois civiles ? Rien. Est-ce qu'il y a quelques lois civiles sacrées où l'on reconnaît un être plus puissant que le souverain ? Quelques droits, quelques propriétés, quelque notion constante de justice, quelque idée fixe de vice ou de vertu, où l'on admet un être qui peut tout ordonner, même à un père d'égorger son enfant, et où la résistance à cet ordre devient criminelle ? Que l'on parcoure l'histoire des différents peuples de la terre et que l'on me montre une action innocente dont la religion n'ait pas fait un crime, et le crime dont elle n'ait pas fait une action innocente.

Que deviennent les lois, les droits ou les devoirs domestiques ? Personne ne le sait mieux que moi. La diversité des opinions éteint les liaisons les plus saintes. L'indifférence, la haine s'établit dans la famille. Il n'y a plus ni père, ni mère, ni frères, ni sœurs, ni amis.

Le Christ a dit : Je suis venu apporter le glaive sur la terre ; je suis venu séparer l'épouse du mari, le père de l'enfant, l'enfant de son frère. Moïse ne l'a-t-il pas dit? Mais que n'a-t-il pas fait, au centre de sa nation et chez les nations étrangères, avec cette opinion? Armée du glaive de Mahomet, n'a-t-elle pas dévasté l'Asie? Qu'en France on lâche les prêtres de paroisse sur les philosophes, et l'on verra ce qu'il en restera en moins de vingt-quatre heures.

Saint Louis, le bon et juste saint Louis, disait à Joinville : « Le premier à qui tu entendras mal parler de Dieu (c'est-à-dire du Dieu de saint Louis et de Joinville), crève-lui-moi le ventre avec ton épée. » Et quand on pense que saint Louis fondait toute morale, toute sécurité publique et particulière, tout lien entre les hommes, toute vertu, sur la notion d'une divinité, son mot n'a plus rien d'atroce! A ses yeux, l'incrédule devait être le plus odieux de tous les malfaiteurs. On décerne une peine de mort à celui qui attaque un particulier ; pourquoi épargnerait-on celui qui attaque la société par ses fondements? On décerne une peine de mort contre celui qui ôte une vie passagère à son prochain ; pourquoi épargnerait-on celui qui l'entraîne dans une damnation éternelle? On regarderait comme un lâche celui qui souffrirait un mot déshonorant pour un ami, et l'on espère qu'un croyant souffrira patiemment qu'on pense ou qu'on parle mal de celui qu'il doit aimer par-dessus toute chose? Cela ne se peut pas. Saint Louis était un fanatique, mais un fanatique très conséquent. D'où l'on voit que la tolérance est plutôt une vertu de caractère qu'une affaire de raison. Aussi les prêtres chez moi ne s'en cachent-ils pas trop et disent-ils, assez ouvertement, que prêcher la tolérance, c'est prêcher l'indifférence en fait de religion.

La tolérance n'est jamais que le système du persécuté, système qu'il abandonne aussitôt qu'il est assez fort pour être persécuteur.

Les chrétiens, plus faibles que les païens, demandaient qu'on les tolérât; plus forts que les païens, il demandaient que les païens fussent exterminés.

S'il est vrai, comme je n'en doute pas, que la parfaite tolérance soit presque un être de raison, dans le souverain, dans le magistrat, dans le prêtre, dans le chef d'une famille, quelle source d'injustices et de divisions !

Mais, dira-t-on, c'est la superstition et non la religion qui produit tous les maux.

Pour répondre, il n'y a qu'à considérer que la notion d'une divinité dégénère nécessairement en superstition. Le déiste a coupé une douzaine de têtes à l'hydre ; mais celle qu'il lui a laissée reproduira toutes les autres.

Si Dieu se montrait au haut de l'atmosphère et qu'il parlât aux hommes en faisant le tour du globe avec notre planète, il retrouverait les hommes s'égorgeant sur le discours qu'il aurait tenu.

Rien ne demeure pur entre les mains des hommes, et c'est une objection insoluble contre toute révélation.

La révélation n'est que pour l'instant où elle est faite. Le père ne la transmet pas à son fils telle qu'il l'a reçue. L'histoire, infidèle au premier moment, dégénère toujours en un conte merveilleux. Plus il y a de témoins, plus il y a de récits divers, et les récits sacrés ne souffrent point de variantes.

Une notion, et surtout une notion un peu compliquée d'un état qui n'a point de modèle, ne peut avoir d'uniformité. Témoins les différents systèmes des déistes. Les uns admettent, les autres nient la Providence. Ceux-ci croient à la liberté, ceux-là n'y croient pas. L'immortalité de l'âme et les châtiments, ainsi que les récompenses à venir, sont problématiques entre eux, et ils se divisent et subdivisent en sectes schismatiques qui ne tarderaient pas à être intolérantes pour leur ennemi commun, la superstition, contre lequel elles sont forcées de se réunir. Le fanatisme et l'intolérance ne sont pas même incompatibles avec l'athéisme. On est porté naturellement à une sorte de mépris pour celui qui ne pense pas comme nous en matière grave; il n'y a qu'une âme d'une douceur et d'une indulgence rares, secondée d'un tour d'esprit qui réduit à peu de chose toute cette obscure métaphysique, qui puisse nous sauver de ce défaut, et malheureusement les âmes de cette trempe ne sont pas communes.

En conséquence, la notion de Dieu, que j'y crusse ou que je n'y crusse pas, serait bannie de mon code. Je rapporterais tout à des motifs simples et naturels, aussi invariables que l'espèce humaine.

En général, je ne permettrais de statuer que sur des objets dont l'idée serait évidente et générale. Tout ce qui serait susceptible d'interprétations diverses, quelque peine que je me donnasse pour le déterminer, comme le libelle, la médisance, même la calomnie, etc., n'entrerait point dans ma législation.

Je n'ai jamais prétendu dire à Sa Majesté Impériale un seul mot qui ne fût vrai et qu'elle ne sût pas beaucoup mieux que moi. Mais ce doit être une sorte d'amusement pour elle que de mesurer la distance immense d'un philosophe systématique, qui arrange le bonheur d'une société sur son oreiller, et d'une grande souveraine qui, du matin jusqu'au soir, rencontre au moindre bien qu'elle projette des obstacles de toutes les couleurs que l'expérience seule des choses apprend à connaître et que le pauvre philosophe n'a point fait entrer en calcul.

Que Votre Majesté Impériale convienne que, pendant les trois ou quatre pages sur le luxe où j'ai régné, j'ai été un assez plaisant roi. Aussi en ai-je un peu ri. Mais, pour ma consolation, riez un peu des autres philosophes, car, sans vanité, je puis protester à Votre Majesté Impériale qu'ils sont tous aussi avancés et tous aussi plaisants. C'est une belle chose que d'écrire. Savoir *comment les choses devraient être* est d'un homme de sens ; *comment elles sont*, d'un homme expérimenté ; comment les changer en mieux, d'un homme de génie.

Et puis, je finis par trois mots de Hobbes, philosophe que Votre Majesté Impériale connaît certainement.

Descartes avait dit : *Je pense, donc je suis.* Hobbes a dit à Descartes : « Quand on veut faire de la philosophie, il faut marcher plus fermement et dire : *Je pense, donc une portion de matière organisée comme moi peut penser.* »

Il définit ensuite la religion une superstition autorisée par la loi, et la superstition une religion défendue par la loi.

Il y a un petit traité de la nature humaine [1] écrit par ce philosophe, dont j'aurais fait le catéchisme de mon enfant, si l'on était libre d'élever son enfant à sa fantaisie ; mais, malheureusement, il faut l'élever pour la société dans laquelle il a à vivre, et espérer de son bon jugement qu'il rectifiera de lui-même beaucoup de choses contraires à la vérité et au bonheur, qu'il le fera avec une sorte de philosophie secrète qui ne le compromettra pas.

P.-S. — Pascal, empoisonné d'opinions religieuses, travailla tant sur son cœur qu'il le rendit

---

1. *Traité de la nature humaine, ou Exposition des facultés, des actions et des passions de l'âme et de leurs causes* (trad. par d'Holbach). Londres[Amsterdam, Marc-Michel Rey], 1772, in-8°.

mauvais. Il parvint à désoler une sœur qu'il aimait et dont il était tendrement aimé, par la crainte que ce sentiment si naturel et si doux ne prît en elle et en lui quelque chose sur l'amour qu'ils devaient à Dieu, Pascal! Pascal!

§ III

DEUXIÈME ADDITION SUR LES OPINIONS RELIGIEUSES.

Le peuple forme ses opinions religieuses d'après l'idée qu'il a de la divinité, et les livres sacrés modifient singulièrement cette idée. Vague en elle-même, elle le devient bien davantage par cette lecture. La meilleure tête s'embarrasse et s'égare.

Quel est aussi le caractère d'un livre sacré? C'est d'y montrer l'homme comme le néant en présence de Dieu ; comme un atome sous la main qui en dispose à son gré.

Quelle est la morale d'un livre sacré? Il n'y en a point : il ne doit point y en avoir. Il faut qu'on y voie l'Être suprême maître du juste et de l'injuste.

Que s'ensuit-il? Que ce livre doit être rempli d'actions atroces justifiées par l'ordre de Dieu, d'actions innocentes punies, purement pour avoir été faites contre sa volonté.

Ce doit être un tissu incohérent de principes honnêtes et déshonnêtes.

Il n'y a rien dont un livre sacré ne puisse fournir la preuve, par des maximes ou par des exemples.

C'est l'ouvrage de la sagesse et de la folie, de la vérité et du mensonge, du vice et de la vertu, l'instrument avec lequel on tue indistinctement le bon et le mauvais roi, on épargne ou on massacre une nation.

Je ne sais si je composerais un livre sacré, mais j'en donnerais bien la poétique, dont une des premières règles serait d'être obscur et sublime, sage et insensé, inspirant ici la confiance, ailleurs l'effroi ; plein de contradictions. Un ouvrage suivi, dicté par la vertu et par la raison, sans enthousiasme, est l'ouvrage d'un homme et non celui d'un dieu.

§ IV

DE L'INTOLÉRANCE.

La tolérance absolue et parfaite est presque une chimère dans le ministre, dans le prêtre et dans le particulier.

Des particuliers qui ont des opinions diverses sur la divinité finissent par se haïr ; même division entre les familles, même division entre les villes, même division entre les empires.

Il n'y a point de justice à Constantinople pour celui qui a gardé son prépuce.

Le prêtre est intolérant par état ; il réduirait son culte à rien s'il pouvait avouer qu'on peut plaire à Dieu dans un autre. Il a fondé dans sa tête toute morale sur la religion, c'est-à-dire la sienne. Sans la croyance en un Dieu, c'est-à-dire le sien, plus de lien social. L'incrédule ou celui qui ne croit pas ce qu'il croit est ennemi de Dieu et Dieu est son ennemi ; c'est un scélérat dans ce monde, c'est le plus grand des malfaiteurs, c'est un réprouvé dans l'autre. Il est impossible d'aimer, de secourir, de vivre avec celui qu'on voit sous ce coup d'œil, et le peuple épouse toujours les idées du prêtre sur ce point.

Le ministère, s'il n'est pas athée, et il est impossible qu'il le soit, sans presque aucun égard au mérite, donnera toujours la préférence à celui qui professe ses opinions.

Il n'y a qu'une longue expérience dans une nation qui puisse lui apprendre qu'aux yeux du souverain l'homme instruit et honnête est tout ce qu'il en exige.

La morale religieuse consiste en une longue suite de devoirs toujours plus importants dans les têtes que la morale civile ou les devoirs naturels. Il n'y a peut-être pas un homme pieux qui ne vît plus de mal à souiller un vase sacré qu'à corrompre une jeune innocente ; ils ont inventé pour la première de ces fautes le mot de sacrilège.

D'après cette importance d'opinion, quand on a foulé aux pieds l'une des deux morales, quel respect a-t-on pour l'autre ? Aussi le mauvais prêtre et la fausse dévote sont-ils tous les deux dangereux.

Que le prêtre prêche la religion, mais qu'aux pieds du trône ce soient la vertu et les bonnes mœurs qui soient bonnes à quelque chose.

C'est le seul moyen, avec le temps, de la réduire à sa juste valeur.

Hobbes dit que celui qui n'a pas pourvu à la seule chose de ce monde que les hommes estiment plus que leur vie a oublié la tranquillité publique.

§ V

DE LA MORALE DES ROIS.

> Méfiez-vous de cet homme-là. J'allais presque dire à Votre Majesté Impériale ce que son père disait à l'impératrice-reine qui sollicitait sa grâce : «... Vous le croyez donc bien méchant? » Je lui crois la morale des rois dans toute son atrocité.

Il n'y a qu'une seule vertu, la justice ; un seul devoir, de se rendre heureux ; un seul corollaire, mépriser quelquefois la vie [1].

---

[1]. Cette phrase est, à peu de chose près, conforme à celle qui termine les *Éléments de physiologie* de l'auteur *(Œuvres complètes*, tome IX) : « Il n'y a qu'une vertu, la justice ; qu'un devoir, de se rendre heureux ; qu'un corollaire, de ne pas se surfaire la vie et de ne pas craindre la mort. »

La justice renferme tout ce qu'on se doit à soi-même et tout ce qu'on doit aux autres, à sa patrie, à sa ville, à sa famille, à ses parents, à sa maîtresse, à ses amis, à l'homme et peut-être à l'animal. Le conte arabe qui met en paradis un des pieds du khalife et le reste du khalife en enfer ne me déplaît pas. Ce pied prédestiné et sauvé était celui dont il avait approché l'abreuvoir du chameau qui avait soif et qui n'y pouvait atteindre [1].

Je doute que la justice des rois, et par conséquent leur morale, puisse être la même que celle des particuliers, parce que la morale d'un particulier dépend de lui et que la morale d'un souverain dépend souvent d'un autre.

Que m'importe, à moi particulier, que mon voisin acquière de droite et de gauche toute la file des maisons adjacentes à la mienne ! Il a beau devenir puissant, ni lui, ni ses enfants, ni ses petits-enfants ne troubleront ma possession.

Il y a un tribunal supérieur à l'homme faible et à l'homme fort, et ce tribunal s'interpose entre l'oppresseur et l'opprimé. Est-ce là l'état des souverains ? Aucunement. Un souverain peut-il raisonner comme moi ? Pas davantage.

---

1. Chacun, en lisant cette phrase, se rappellera le beau poème de la *Légende des Siècles* : *Sultan Mourad* ; mais tandis que, dans le conte arabe, le pied seul du khalife est sauvé, Mourad est absous par Dieu pour avoir chassé les mouches qui importunaient un pourceau.

S'il n'a rien à redouter, pour le moment, d'un autre souverain dont la puissance s'accroît, qui sait comment les descendants de celui-ci en useront avec les siens? Faut-il exposer son fils à coucher dans la rue? Je ne le pense pas. Que faire donc? Imiter le chien qui portait le dîner de son maître. Un particulier qui se mêle des affaires d'un particulier est un brouillon. Un souverain qui se mêle des affaires d'un autre souverain est souvent un homme sage.

La morale (la nôtre) est fondée sur la loi. Il y a deux lois et deux grands procureurs généraux : la nature et l'homme public. La nature punit assez généralement toutes les fautes qui échappent à la loi des hommes.

On ne donne impunément dans aucun excès. Vous faites un usage immodéré du vin et des femmes? Vous aurez la goutte, vous deviendrez phtisique. Vos jours seront tristes et courts.

Vous commettez un vol, un assassinat? Il y a des cachots. Supprimez la loi civile dans une capitale, pour un an seulement. Les indigents se jetteront sur les riches. Ceux-ci s'armeront pour la défense de leurs propriétés. Le sang ruissellera dans les rues. La ville vous offrira l'image effrayante de ce qui se passe et qui doit se passer dans le monde. Elle se partagera en petits cantons ennemis qui auront leurs chefs. Il y aura des guerres, des trêves, des paix; tout se conduira par la crainte, l'ambition et l'intérêt. C'est une condition fâcheuse, mais nécessaire, entre des êtres qui n'ont aucun tribunal où ils puissent être jugés. Ils sont, ainsi que le tigre et le loup, en l'état de nature.

« Mais l'homme vivant en société, instruit, policé, religieux, parlant vice et vertu du matin au soir, semblable au tigre et au loup de la forêt ? » Cela est triste, mais vrai. Cependant, ne dites pas l'homme, mais les souverains.

Je ne saurais blâmer dans un souverain ce que je ferais si j'étais souverain. Celui qui m'accusera d'être méchant aura tort. Je ne le suis pas.

Je vois seulement qu'il est impossible que la justice, et par conséquent la morale de l'homme public et de l'homme privé, soit la même, et que ce droit des gens dont on parle tant n'a jamais été et ne sera jamais qu'une chimère ; le cri du faible, cri que celui-ci arracherait de son voisin s'il était le plus fort, un des plus beaux lieux communs de la philosophie, jusqu'à ce qu'il plaise à la divinité de tenir ses grandes assises au haut des airs et de constituer un tribunal au-dessus de la tête des souverains, comme il en est un de constitué par les souverains au-dessus de la tête de leurs sujets ; ce dont elle ne s'est pas encore avisée, quoique cet acte de providence ne soit pas fort.

« Mais vous désapprouvez donc la conduite de Dieu ? » Beaucoup, et cela parce que Votre Majesté ne s'endormirait pas aussi tranquillement si elle en usait aussi négligemment avec ses sujets.

« Mais qui vous a dit que Dieu devait être un sou-

verain comme vous l'imaginez? » Le sens commun,
car il y a deux notions de souveraineté et de bienfaisance, l'une pour lui et l'autre pour moi; il y aura
deux notions de vice et de vertu, deux notions de justice,
deux morales, une morale céleste et une morale ter-
restre. Sa morale ne sera plus la mienne, et j'ignore-
rai ce qu'il faut que je fasse pour conformer mes actions à ses principes et pour lui plaire.

Jupiter me paraît bien plaisant quelquefois; il entend du bruit sur la terre, il s'éveille, il ouvre sa trappe,
il dit : « La grêle en Scythie, la peste en Asie, la
guerre en Allemagne, la disette en Pologne, un vol-
can en Portugal, une révolte en Espagne, la misère en
France. » Cela dit, il referme sa trappe, remet la tête
sur son oreiller, se rendort; et voilà ce qu'il appelle
gouverner le monde [1].

Sa Majesté Impériale voudrait-elle gouverner ainsi
son empire, et si elle s'en avisait, lui rendrait-on dans
toute l'Europe les hommages qu'on lui rend?

« Mais vous approuvez donc les rois sans foi, sans
morale et sans humanité, qui lâchent les nations irri-
tées les unes sur les autres et entr'assassinent les
hommes par la main des hommes? » Non, mais l'étude
du cœur humain et l'expérience de tous les siècles me

---

1. Ce passage, librement imité de Lucien, se retrouve deux
fois encore sous la plume de Diderot, non sans quelques
variantes : dans le *Salon de 1765*, où il compare Vernet à Jupiter
et dans la Réfutation de *l'Homme* d'Helvétius. (Éd. Assézat,
t. II, p. 449, *De l'Éducation des princes.)*

prouvent qu'ils sont ce qu'ils doivent être, parce qu'il n'en faut qu'un méchant pour forcer la main à tous les bons. Pourquoi Sà Majesté Impériale a-t-elle eu la guerre en Pologne? Pourquoi l'a-t-elle avec les Turcs? Quand elle est entrée en Pologne, son projet était-il de la démembrer? N'aurait-il pas été plus avantageux pour elle d'imiter les voisins de la France à la révocation de l'édit de Nantes, et d'appeler dans ses États tous les dissidents? C'est qu'un roi juste ne fait rien de ce qu'il veut.

« Vous faites donc peu de cas des leçons que la philosophie leur adresse? » Peut-être, pour le moment, moins que des prières des dévots. Le philosophe dit aux rois : « Soyez justes », et le roi lui répond : « Mon voisin ne le veut pas ». Le dévot dit à Dieu : « Seigneur, parlez au cœur des rois! » Le conseil est fort bon, c'est dommage qu'il ne soit pas suivi. Si j'avais quelque chose à demander au ciel contre un souverain oppresseur des peuples, je lui dirais : « Rends-le plaisant; mais que, en nous écrasant, il se moque encore de nous. L'homme peut supporter le mal, mais il ne saurait supporter le mal et le mépris. Tôt ou tard une ironie amère est répliquée par un coup de poignard, et par un coup de poignard qui tue, car on sait que celui qui blesse ne part que de la main d'un sot et ne produit aucun effet. »

Mais si le philosophe parle en vain pour le moment, il écrit et pense utilement pour l'avenir.

Je m'arrêterai pour faire une réflexion : Quelle différence entre la pensée d'un homme dans son pays et la pensée d'un homme à neuf cents lieues de sa cour ! Aucune des choses que j'ai écrites à Pétersbourg ne me serait venue à Paris. Combien la crainte retient le cœur et la tête ! Quel singulier effet de la liberté et de la sécurité !

Le philosophe attend le cinquantième bon roi qui profitera de ses travaux. En attendant, il éclaire les hommes sur leurs droits inaliénables. Il tempère le fanatisme religieux. Il dit aux peuples qu'ils sont les plus forts et que, s'ils vont à la boucherie, c'est qu'ils s'y laissent mener. Il prépare aux révolutions qui surviennent toujours à l'extrémité du malheur, des suites qui compensent le sang répandu.

Les hommes, las d'être mal, ont quelquefois assommé avec leurs chaînes le maître cruel qui a trop abusé de son autorité et de leur patience, mais il n'en est résulté aucun bien ni pour eux ni pour leurs descendants, parce qu'ils ignorent ce que le philosophe prétend leur apprendre d'avance, ce qu'ils ont à faire pour être mieux.

Il n'y a qu'un devoir, c'est d'être heureux. Puisque ma pente naturelle, invincible, inaliénable, est d'être heureux, c'est la source et la source unique de mes vrais devoirs, et la seule base de toute bonne législation.

La loi qui prescrit à l'homme une chose contraire à

son bonheur est une fausse loi, et il est impossible qu'elle dure. Cependant il faut s'y conformer aussi longtemps qu'elle dure.

La vertu se définit pour le législateur : la conformité habituelle des actions à la notion de l'utilité publique; peut-être la même définition convient-elle au philosophe, qui est censé avoir assez de lumières pour bien connaître ce que c'est que l'utilité publique.

Pour la masse générale des sujets, la vertu est l'habitude de conformer ses actions à la loi, bonne ou mauvaise.

Socrate disait : « Je ne me conformerai pas à cette loi, parce qu'elle est mauvaise. » Aristippe répondait à Socrate : « Je sais aussi bien que toi que cette loi est mauvaise ; cependant je m'y conformerai, parce que, si le sage foule aux pieds une mauvaise loi, il autorise par son exemple tous les fous à fouler aux pieds les bonnes. » L'un parlait en souverain, l'autre en citoyen.

Mais on voit par là qu'il n'y a point de code dont la sagesse puisse être éternelle, et qu'il faut de temps en temps rappeler les lois à l'examen.

C'est un point important sur lequel Votre Majesté fera peut-être statuer la commission. Ce sera le dernier.

Il faut rappeler les lois à l'examen, parce qu'il y a deux sortes de bonheur.

Un bonheur constant qui tient à la liberté, à la

sûreté des propriétés, à la nature de l'impôt, sa répartition, à sa perception, et qui distingue les lois éternelles.

Un bonheur accidentel, variable et momentané, qui demande une loi momentanée ; un état de choses qui passe. Ce bonheur, cet état de choses passe ; la durée de la loi deviendrait funeste, il faut la révoquer.

Mais à quoi servent des lois qui sont ignorées de ceux qui ont à les observer ? Votre Majesté s'est proposé deux choses dignes de sa grande sagesse :

L'une, la confection d'un petit catéchisme de morale ;

L'autre, l'association de ce petit code au catéchisme sacerdotal.

Le prêtre, en instruisant l'enfant des principes religieux, l'instruira en même temps de ses devoirs civils. Les devoirs civils deviendront, avec le temps, à vos sujets, aussi familiers, plus évidents et aussi sacrés que les devoirs religieux.

C'est une vue très simple, très profonde et très sûre.

Mais aucune idée ne nous affecte plus fortement que celle de notre bonheur. Je désirerais donc que la notion du bonheur fût la base fondamentale du catéchisme civil.

Que fait le prêtre dans sa leçon ? Il rapporte tout au bonheur à venir.

Que doit faire le souverain dans la sienne ? Tout rapporter au bonheur présent.

Ce principe de bonheur, considéré comme la source de nos devoirs, est si fécond, qu'il s'étend jusqu'à nos moindres actions, jusqu'à la nécessité de laver ses mains et de rogner ses ongles..

Et puis, il y a trois sortes particulières de lois : la loi de nature, la loi civile et la loi religieuse.

La première doit être le type des deux autres, sans quoi elles se contredisent, et plus de mœurs.

On les sacrifie alternativement l'une à l'autre, et l'on apprend à les mépriser toutes. C'est alors qu'il n'y a plus ni hommes, ni citoyens, ni religieux.

Au reste, ce petit code de morale est presque fait. Il s'imprime actuellement chez Rey, à Amsterdam [1]. L'auteur, qui est un de mes amis, le retoucherait volontiers d'après les vues de Votre Majesté; lorsqu'il l'aurait retouché, j'y ajouterais mes observations ; quelques gens de bien ne refuseraient pas d'y mettre la main, et le tout serait envoyé à Votre Majesté pour en obtenir la dernière perfection.

Elle n'a qu'à ordonner. Je préviens seulement Sa Majesté Impériale que les ouvrages élémentaires ne peuvent être bien faits que par un homme consommé; et voilà la raison pour laquelle les bons ouvrages clas-

---

[1]. *Petit Code de la raison humaine, ou Exposition succincte de ce que la raison dicte à tous les hommes pour éclairer leur conduite et assurer leur bonheur.* A Londres (Amst., M.-M. Rey), 1774, petit in-8°. La dédicace, signée J. B.-D. (Jacques Barbeu-Dubourg), est adressée à M. (Franklin). Diderot a de nouveau recommandé le *Petit Code* à l'Impératrice dans une lettre qu'on lira plus loin.

siques sont si rares. Les grands hommes dédaignent de s'en occuper, parce qu'ils préfèrent leur gloire particulière à l'utilité générale. Ils aiment mieux faire du bruit que du profit. De *l'hommerie,* madame! de *l'hommerie,* c'en est bien là. Vous avez inventé un mot bien indulgent et bien juste.

§ VI

SCÈNE ENTRE UN GRAND SEIGNEUR ET SON CRÉANCIER.

LE GRAND SEIGNEUR. — Ah! c'est vous!

LE CRÉANCIER. — Oui, Votre Excellence...

LE GRAND SEIGNEUR. — Qu'est-ce qu'il y a?

LE CRÉANCIER. — C'est pour ce...

LE GRAND SEIGNEUR. — Asseyez-vous.

LE CRÉANCIER. — Votre Excellence me fait trop d'honneur; je venais pour...

LE GRAND SEIGNEUR. — Asseyez-vous, puisque je vous le dis. Avez-vous froid?

LE CRÉANCIER. — Je venais pour ce billet échu...

LE GRAND SEIGNEUR. — Du thé, prenez du thé...

LE CRÉANCIER. — Si Votre Excellence avait la bonté...

LE GRAND SEIGNEUR. — Aimez-vous la musique ?

LE CRÉANCIER. — Assez, Votre Excellence.

LE GRAND SEIGNEUR. — Jouez-vous de quelque instrument ?

LE CRÉANCIER. — Non, Votre Excellence.

LE GRAND SEIGNEUR. — Mais, quand on joue bien d'un instrument, cela vous fait plaisir ?

LE CRÉANCIER. — Oui, Votre Excellence.

LE GRAND SEIGNEUR. — Mon violon !

LE CRÉANCIER. — Je disais à Votre Excellence...

LE GRAND SEIGNEUR. — Comment trouvez-vous que je joue ?

LE CRÉANCIER. — Merveilleusement !... Mais Votre Excellence...

LE GRAND SEIGNEUR. — J'entends. Revenez une autre fois.

On revient une seconde fois et on l'ennuie ; on revient une troisième fois, et on lui donne de l'humeur ; on revient une quatrième fois et l'on entend des propos durs. On revient en tremblant une cinquième fois, et ce sont des menaces qui ne permettent pas de revenir.

Cette scène fait rire d'abord, mais ensuite elle attriste. Je n'aime pas qu'on paye ses dettes avec un air de violon. Cela est bon sur un théâtre, détestable dans la société.

* *

Ce dialogue, dont Diderot avait peut-être été le témoin chez son hôte, ne rappelle pas seulement la scène fameuse de Don Juan et de M. Dimanche ; on en retrouve aussi l'écho dans un livre des plus bizarres et des plus ignorés, intitulé *La Boussole nationale ou Voyages et aventures histori-rustiques de Jaco, surnommé Henri IVe, laboureur, descendant du frère de lait de notre bon roi Henri IV, recueillies par un vrai patriote.* (De l'impr. de la Liberté, sur la place de la Bastille, 1790, 3 vol. in-8°). L'auteur, un nommé Pochet, suivant Barbier, et aussi inconnu que son livre, a pris pour héros, — s'il n'a pas tracé son propre portrait, — une sorte de Gil Blas qui, après avoir fait à l'étranger toutes sortes de métiers, revient fort désabusé dans sa patrie. Durant un séjour à Saint-Pétersbourg il releva sur les livres d'un marchand de drap les comptes d'un grand seigneur, M. de Na... [rischkine?] et voici l'accueil qu'il en reçut :

« Lorsque le seigneur me vit, il me reçut avec la gravité d'un seigneur français ; mais lorsque je lui eus présenté son compte pour les marchandises qu'il avait achetées depuis six ans, il appela un de ses gens, se fit donner son violon et me demanda si je connaissais cet air tiré des *Ombres chinoises* :

Les canards l'ont bien passé, etc.

XI

PÉDAGOGIE.

Les théories pédagogiques de Diderot furent révélées pour la première fois, en 1813, au public, alors fort restreint, qu'elles pouvaient intéresser par l'insertion de quelques pages du *Plan d'une université pour la Russie* dans les *Annales de l'éducation*. M. Guizot, directeur de ce recueil, avait eu communication du manuscrit autographe, longtemps déposé entre les mains de Naigeon, qui ne lui avait emprunté lui-même que quatre ou cinq pages insignifiantes. Les extraits de M. Guizot, mieux choisis et plus abondants, offraient cependant encore de nombreuses lacunes. Elles n'ont été définitivement comblées que par M. Assézat, et c'est ce texte, enfin restitué dans son intégrité, qui a permis à M. Caro[1] et à M. G.

1. *La Fin du XVIIIe siècle*. Hachette, 1880, 2 vol. in-18.

Compayré[1] d'étudier ce côté longtemps ignoré du génie de Diderot. Depuis M. Edmond Dreyfus-Brisac[2] a démontré que cette partie de l'œuvre du philosophe devrait être, dans une refonte de l'édition Assézat, logiquement précédée, sinon de la réimpression intégrale, du moins d'importants extraits d'un petit livre publié en 1763 sous le simple titre : *De l'éducation publique* et trop dédaigné jusqu'à ce jour. Je ne puis entrer ici dans le détail des preuves très concluantes, selon moi, que M. Dreyfus-Brisac allègue à l'appui de son opinion et je me contenterai de rappeler, après lui, qu'en 1793 les rédacteurs d'un *Journal de l'instruction publique* (Thiébault et Borelly) avaient emprunté quelques pages au petit volume en question et les avaient, sans que personne ait protesté, attribuées à Diderot.

En mettant au jour la copie rapportée de Russie par M. Léon Godard, M. Assézat avait noté[3] un passage où Diderot rappelait à l'Impératrice qu'il lui avait laissé « un feuillet sur les moyens de rendre les ambassadeurs bons à quelque chose »; un peu plus haut, il est question « d'un papier que Sa Majesté n'avait pas dédaigné d'enfermer dans un de ses tiroirs », et

---

1. *Histoire critique des doctrines de l'éducation en France.* (Hachette, 1879, 2 vol. in-8º.)

2. *Petits problèmes de bibliographie pédagogique.* (A. Colin, 1892, in-8º, extrait de la *Revue internationale de l'enseignement.*)

3. *Œuvres complètes*, tome III, pp. 508 et 510.

par lequel il insistait sur les avantages que notre Faculté de droit retirait du concours. M. Assézat n'avait pu obtenir d'éclaircissements sur ces deux allusions alors embarrassantes et qui s'expliquent aujourd'hui d'elles-mêmes. On a vu (p. 259) ce que Diderot conseillait d'exiger des ministres dans les cours étrangères, et précisément, dans les pages suivantes, il décrit le mécanisme des concours de l'ancienne Faculté de droit.

§ I

DE L'ÉDUCATION PARTICULIÈRE[1].

A Sa Majesté Impériale.

Sa Majesté Impériale fait élever de jeunes filles et de jeunes garçons[2]. Il est certain que, si ces établissements subsistent, avant qu'il se soit écoulé vingt ans, la face de l'empire sera changée. La Russie aura des pères et des mères instruits. Ces pères et mères don-

1. La Table que Diderot, avait rédigée pour son manuscrit donne à ce fragment un titre beaucoup plus explicite et mieux approprié : *De l'éducation particulière ; défaut de base à cette éducation dans toute l'Europe ; concours aux places, remède à ce défaut.*

2. Le couvent des Demoiselles nobles avait été fondé en 1764 par Catherine et installé dans le couvent de la Résurrection, bâti par l'impératrice Élisabeth sur les bords de la Néva. Sur ce prototype des « instituts » de jeunes filles, aujourd'hui si nombreux en Russie, on peut lire un intéressant article de M. Alfred Rambaud dans la *Revue des Deux Mondes* du 15 mars 1873.

neront à leurs enfants la même instruction qu'ils auront reçue. L'esprit de la bonne éducation, soutenu par les émigrations continuelles de ces deux séminaires, se perpétuera d'âge en âge, et se répandra dans tous les états. Toute la nation, en s'éclairant, se civilisera, et la capitale présentera le même spectacle que Londres ou Paris; peut-être même avec des avantages propres à l'institution primitive et nationale.

Supposons ce prodige opéré, que s'ensuivra-t-il? Dans l'Empire russe, le même effet que parmi nous. On nous élève, on nous élève assez bien ; nous ne manquons ni d'instituteurs ni d'institutrices. Mais à quoi nous sert cette éducation? quelle importance pouvons-nous y mettre? à quoi nous mène-t-elle? à être plus ou moins agréables en société; à obtenir la préférence sur un rival auprès d'une femme; à être des petits soupers d'un grand seigneur; à plaire; à être accueilli par des visiteurs tourmentés d'un profond ennui, et que nous amusons; à obtenir une sorte de considération d'un peuple qui manquera bientôt de pain et à qui il ne restera que le cirque; à boire des vins délicieux; à faire des voyages de campagne charmants; à être payés à la longue de la fatigue et même de la bassesse d'une cour assidue de dix ans, par une place que l'on ravit au mérite. Voilà notre unique récompense, et nous en profitons.

Mais cette frivole récompense dont il n'y a qu'une âme aussi frivole qui puisse se contenter, est-elle bien propre à porter le talent jusqu'où il devrait atteindre? J'en appelle à Votre Majesté : est-il indifférent pour elle d'avoir pour objet de ses travaux ou le bonheur de tout un empire, ou l'amusement d'un petit cercle? Il me semble que notre âme s'élève, s'étend, s'agrandit, et que ses efforts se proportionnent à la hauteur de la fin qu'elle se propose.

D'ailleurs, tandis que l'on promène de maison en maison, ou ses lumières acquises, ou les grâces de son esprit et de sa personne, ou les productions de son génie; tandis que l'on se traîne aux pieds d'un grand seigneur, ou aux genoux d'une jolie femme; tandis qu'on excite l'admiration et qu'on recueille les applaudissements d'un certain nombre de merveilleuses et de merveilleux, soi-disant connaisseurs, s'occupe-t-on à se perfectionner?

Nous avons eu quelques grands hommes; ces grands hommes se sont presque tous séquestrés; ils ont beaucoup vécu avec eux-mêmes. J'oserai pourtant assurer qu'aucun d'eux, ni Corneille, ni Racine, ni Molière, ni Boileau, ni La Fontaine, ni Montesquieu, ni d'Alembert, ni Helvétius, ni Rousseau, quoique entraînés à leurs métiers, par une espèce de fureur naturelle, n'ont pas été ce qu'ils seraient devenus, s'ils avaient pu se promettre de leurs études continues une autre récompense que celle qu'ils en attendaient.

Ce que je dis de l'état de philosophe, de poète, de littérateur, il faut l'entendre de toutes les fonctions diverses de la société; et même à proportion de ce qu'elles sont moins susceptibles d'enthousiasme.

C'est que partout, excepté dans Athènes et dans Rome, l'éducation particulière a manqué de base nationale.

Dans Athènes et dans Rome, tout homme né avec du génie et du talent pouvait se proposer d'arriver et arrivait aux places importantes de l'État. Cicéron fut consul; et ses détracteurs disaient de lui que c'était un homme d'hier. Démosthène, d'une famille obscure, fut ambassadeur et chef de la république par le mérite. On passait de la condition d'esclave à celle d'affranchi et de la condition d'affranchi aux premières dignités. Le seul ridicule qu'on encourait, c'était d'oublier son premier état. Quel était l'objet de la lutte entre les citoyens? L'édilité, la préture, la préfecture et le consulat; et non ce petit bruit de coterie et de quartier, ces petites distinctions domestiques qui font l'unique but de notre mesquine ambition, et qui excitent dans nos âmes cette misérable et pauvre ivresse qu'avec un peu de philosophie, que l'âge amène toujours, nous finissons par prendre en pitié, et qui nous ramène à l'oisiveté longtemps avant l'extinction de nos forces. On se lasse d'allumer de grandes jalousies pour les petites choses.

Je ne connais qu'un seul moyen de sauver un peuple de la frivolité et de la médiocrité; et le voici.

Je désirerais que toutes les places, même les plus

importantes d'un empire, fussent abandonnées au concours ; je n'en excepte pas celle de grand chancelier.

Que celui d'entre vos sujets qui se sentira cette étendue de tête qui embrasse le plan de la législation d'un empire et qui en saisit l'ensemble et l'esprit, puisse s'enfermer pendant dix ans dans un grenier, entre un morceau de pain dur et une cruche d'eau, il se dira à lui-même : « Que te proposes-tu ? d'être grand chancelier ? pourquoi non ? »

Avec cette volonté ferme qui élève l'âme de Votre Majesté au-dessus de tous les obstacles, je crois qu'elle pourrait se promettre de voir ce moment : « Il y a peut-être du danger ? » Eh ! qu'est-ce que cela lui fait ?

Mais un concours suppose des juges.

Ces juges, Votre Majesté les a sous ses mains. C'est sa commission rendue permanente ; que maudits soient à jamais ces Turcs et ceux qui vous ont suscité cette guerre !

Qu'à la vacance d'une place quelconque, les prétendants se fassent inscrire ; qu'ils se montrent devant la commission ; que la lutte s'établisse entre eux ; qu'elle dure plusieurs jours de suite, et qu'il soit permis à tous vos sujets d'assister à cette importante contestation.

Que, préalablement, tous les membres de la commission fassent un serment solennel de prononcer selon leur conscience.

Que la dispute finie, le victorieux soit proclamé par le président, présenté à Votre Majesté, décoré de ses mains des marques honorifiques de sa dignité, et installé dans ses fonctions.

Qu'elle honore le concours de sa présence ; mais qu'elle n'y donne pas sa voix. Son suffrage entraînerait celui du courtisan, animal qui se fourre partout.

Je demande sa présence, parce qu'elle donnera à l'élection une grande solennité.

Et surtout que la formule du serment des commissaires soit très sacrée, très auguste, très solennelle, très effrayante ; que Dieu y soit pris à témoin ; et que les noms d'homme injuste et de traître à la nation n'y soient pas omis. Rien n'est plus rare que le faux serment. On n'ose solliciter personne de se parjurer.

Si j'entretiens Sa Majesté d'une chimère, c'est au moins d'une belle chimère. Cependant ce qui s'est fait en un lieu de la terre peut, avec le temps, se faire partout ; ce qui s'est fait en un point peut se faire en un autre point.

Ce concours a lieu dans mon pays, et de tous les corps le mieux composé, c'est celui qui s'est formé et qui se perpétue par cet usage. Je parle de notre Faculté de droit.

Au moment de la mort d'un professeur, il se présente deux, trois, quatre, cinq concurrents à la place vacante ; presque jamais davantage. Les médiocres s'éloignent d'eux-mêmes. La dispute s'engage à feu et à sang; nulle sorte de ménagement, même entre les amis. Ces rivaux se sont préparés à cette lutte dix, douze, quinze ans de suite. Cependant de quoi s'agit-il? d'un honoraire de trois à quatre mille francs. C'est le corps même de la Faculté qui juge. Assiste qui veut à cette dispute. Les matières à traiter par les concurrents se tirent au scrutin, et communément ce sont les plus profondes et les plus épineuses de la jurisprudence romaine, française et coutumière. Chacun dispute trois fois. La séance commence à huit heures du matin et ne finit qu'à six heures du soir, et dans cette dispute chaque contendant parcourt la plus grande partie du droit entier.

La place n'est pas toujours accordée au plus digne. Lorsque l'inégalité de mérite est légère, quelquefois il arrive que l'esprit de parti, la convenance du caractère et des mœurs et d'autres motifs injustes font pencher la balance; mais c'est toujours en faveur d'un homme de mérite.

Dans ce cas même, on oblige le préféré à faire une pension à son concurrent. On console le malheureux par l'assurance de la première place vacante; il est inouï qu'on ait commis deux injustices de suite; un peu plus tard, le mérite supérieur a sa récompense.

La cabale s'en mêle aussi : il y a dans tous les pays un noir de fumée dont on barbouille ses ennemis. Le plus fort des contendants est connu et désigné à la place longtemps avant la dispute. Les grands, protecteurs de l'ignorant et du faible insinuent au Roi qu'à la vérité ce sujet est un très habile homme, mais que c'est bien dommage qu'il n'ait pas trop de mœurs et qu'il soit janséniste, déiste et athée. Alors il survient une lettre de cachet qui l'exclut de la lice ; ce cas est rare. C'est ainsi qu'on en use, lorsque le protégé est robuste, et qu'il n'est question que d'éloigner un concurrent plus fort.

Mais si le protégé est un pauvre sujet, à qui l'exclusion d'un seul ne serait d'aucune utilité, on empêche le concours, et l'on installe le protégé par lettre de cachet. Ce cas est encore plus rare que le premier, parce que les juges privés de leur privilège accablent de mépris l'intrus et lui suscitent toutes sortes de désagréments. Le public ne manque jamais de partager leur indignation, et cet intrus fait un pauvre et triste rôle dans sa Faculté.

Malheureusement les lumières ne supposent pas toujours la probité : un homme très instruit peut être un très méchant homme ; il importe donc qu'avant tout un concurrent fasse preuve de vie et mœurs. Si l'on en use ainsi à l'Académie française, société purement littéraire, cette règle est d'une tout autre importance lorsqu'il s'agit d'admettre un homme à des fonctions publiques. D'où naît un encouragement général à la vertu. Chacun se dit : « Il n'est pas seulement question d'être un habile homme, il faut encore être un honnête homme. »

Mais cet exemple des avantages du concours, propres à un ordre de citoyens de ma nation, n'est pas le seul qu'on puisse citer à Votre Majesté.

M. l'ambassadeur d'Espagne à la cour de Dresde [1] nous a dit, à M. de Narischkine et à moi, que si le haut clergé était en Espagne le corps ecclésiastique de l'Europe le plus vénérable par ses mœurs, et le plus distingué par ses lumières, c'est qu'on était sûr de s'élever aux premières dignités par ces deux qualités, et que le bas clergé n'était ignorant et vicieux que par la raison contraire.

J'ajouterai à Votre Majesté que si, dans mon pays, le haut clergé est très méprisable et très méprisé, et le bas clergé très instruit et très honoré, c'est que la naissance et la protection font les évêques et que l'instruction et les bonnes mœurs font les curés.

Le cardinal de Richelieu recommande à Louis XIII d'éloigner des grandes places les hommes d'une condition médiocre [2]; maxime détestable : c'est condamner

---

1. En 1773, l'ambassadeur d'Espagne à la cour de Dresde était don Joseph Onis.

2. Ceci est une réminiscence de ce passage de *l'Esprit des lois* (livre III, ch. v) : « Que si, dans le peuple, il se trouve quelque malheureux honnête homme, le cardinal de Richelieu, dans son *Testament politique*, insinue que le monarque doit se garder de s'en servir. » Mais Montesquieu avait résumé et non cité le texte même du *Testament politique* dont voici la teneur : « Une basse naissance produit rarement les parties nécessaires au magistrat, et il est certain que la vertu d'une personne de bon lieu a quelque chose de plus noble que celle qui se trouve en un homme de basse extraction. Les esprits de telles gens sont d'ordinaire difficiles à manier et beaucoup ont une austérité si épi-

à l'inutilité la plus grande partie des hommes de mérite et de génie.

Il ne me reste qu'à exposer à Votre Majesté les suites de l'institution du concours.

Il n'y a qu'un palais dans un royaume ; autour de ce palais, il y cent mille maisons. Le génie tombe du ciel, et pour une fois qu'il a rencontré la porte du palais, cent mille fois il est tombé à côté.

Un des inconvénients de toutes les sociétés policées ; c'est que le génie est ou étouffé ou égaré ; tel meurt ignoré, qui était né pour être illustre. L'espoir de devenir quelque chose, en faisant sortir les hommes à talent, remédie plus ou moins à cet inconvénient. On ne fait rien où l'on n'a point d'objet ; rien de grand, où l'on n'a qu'un petit objet.

Il applique les hommes et les applique fortement, il assure une récompense publique à la vertu et aux lumières, et c'est la seule qu'on puisse leur assurer.

neuse qu'elle n'est pas seulement fâcheuse, mais préjudiciable. » (Ire partie, ch. IV, section I, éd. de 1764.)

Dans une lettre à Linguet sur sa *Théorie des lois civiles* qui est, avant tout, on le sait, une réfutation de *l'Esprit des lois*, Voltaire (éd. Moland, tome XLV, p. 162) prend exemple de cette citation pour accuser Montesquieu de travestir la pensée dont il entendait s'autoriser, et en profite pour revenir sur la vieille querelle suscitée par la question d'authenticité du fameux *Testament*. La critique moderne s'est prononcée en faveur des arguments de Foncemagne contre ceux de Voltaire, et M. G. Hanotaux, par la publication des *Maximes d'État* qu'il a retrouvées à la Bibliothèque Nationale, et insérées, en 1880, au tome III des *Mélanges* faisant partie des *Documents inédits sur l'histoire de France*, a démontré qu'un grand nombre de ces fragments avait pris place dans le *Testament* si longtemps argué de faux.

Il donne une base générale à l'éducation particulière. Un homme de basse extraction, mais d'un mérite transcendant, vient de remporter une place tombée au concours; que dit un père à son fils?

— Mon fils, savez-vous qui est premier président?
— Non, mon papa.
— C'est un tel.
— Quoi! le fils de cette marchande de modes qui vient ici à la toilette de maman avec sa corbeille?
— Lui-même!... Ce qu'il est devenu, vous le deviendrez, si vous vous appliquez. Si vous ne vous appliquez pas, vous ne serez rien...

Que Votre Majesté imagine l'impression de ce discours sur l'enfant, et dans la nation, la sensation générale d'un pareil événement,

C'est le moyen le plus sûr de civiliser une nation et de lui conserver du nerf, parce qu'il ne laisse entre les hommes que la seule inégalité naturelle; la seule distinction réelle, celle de l'ineptie et du talent; du travail et de la paresse; du vice et de la vertu.

C'est un moyen très secret de l'affranchir; ce n'est pas le corps, c'est l'âme qui est serve. Cette certitude publique d'arriver par le mérite à quelque chose de grand donne aux âmes une certaine assurance intérieure que Votre Majesté sentira beaucoup mieux que je ne saurais lui dire. Quand vous marchez, interrogez-vous et vous sentirez que vous vous dites confusément à vous-même : Oui, j'étais faite pour régner. L'homme en qui il bat quelque chose au-dessous de la mamelle gauche, pose son pied ferme sur la terre; il marche, lui, en se disant : Il me semble que je suis destiné, je ne sais à quoi ; mais le moment me l'apprendra, et ce moment vient. J'en atteste les Orloff. En présence du grand seigneur, il avance sans bassesse, parce que son cœur lui dit qu'il sera peut-être un jour aussi grand que lui. Il cesse d'être bas et rampant. Cela ne s'opère pas en un jour, mais cela s'opère nécessairement avec le temps. Que Votre Majesté se rappelle le maintien de l'Anglais, du Français et de l'Asiatique qui a toujours le col baissé, comme s'il l'offrait au cimeterre; et elle reconnaîtra l'esprit des trois nations.

Ce concours ferme la porte aux injustices connues sous le nom de faveurs et de grâces. Votre Majesté conférera les honneurs et la richesse, et puis c'est tout. Le reste ne pourra être que la récompense de la vertu réunie au mérite.

Toutes les conditions se rapprocheront. La fille et le fils de Cicéron, de l'homme d'hier, entrèrent dans les premières familles de Rome. Le simple orateur Hortensius épousa Martia, femme de Caton, son ami, qui la lui céda, signa leur contrat de mariage, et la reprit après la mort d'Hortensius.

Les grandes fortunes se répartiront par les alliances ; car il est d'expérience que partout la richesse va chercher l'illustration qui lui manque, et réciproquement.

Les prérogatives pures et simples de la naissance se réduiront à leur juste valeur.

Une longue suite d'hommes honnêtes et instruits se succédera dans toutes les fonctions publiques de 'Empire.

Mais ce qui me semble d'une tout autre conséquence, c'est que tant que ce concours subsistera avec une certaine vigueur, il sera impossible que l'or devienne le premier mobile d'une nation. Un père dira à son fils : « Mon fils, ne voulez-vous être que riche? vous le serez ; vous aurez hôtel à la ville, maison délicieuse à la campagne, des chiens, des chevaux, des maîtresses, une table somptueuse, des vins de toute espèce, tous les agréments de la vie ; mais, avec toute ma fortune, je ne réussirais pas à vous faire huissier audiencier. »

Cette impossibilité de parvenir avec de l'or fixe chaque particulier dans l'état où il a fait sa fortune et qu'il entend bien.

Un peuple a des mœurs, un esprit qui lui est propre, il sait ce que c'est que le véritable honneur.

Mais quelle source d'émulation pour vos écoles particulières, pour les enfants dont Votre Majesté fait spécialement l'éducation, quelle honte pour eux, si plusieurs places auxquelles ils pouvaient prétendre, leur étaient enlevées par l'enfant d'un particulier obscur et ignoré !

Mais il n'y a que des actions et des exemples qui

puissent donner la sanction à cette loi. Je m'explique.

Cette loi du concours proposée à la commission, acceptée, et faisant partie du code, je me préparerais de loin à donner des exemples éclatants de son exécution.

Votre Majesté a envoyé à Leyde, à Leipzig de jeunes Russes.

J'en ferais instruire de loin et sans affectation, trois ou quatre, profondément, dans les matières propres à certaines fonctions civiles.

Au moment, peut-être très éloigné, de la vacance d'une place, je les appellerais au concours, et j'accorderais la place à celui qui s'en montrerait digne; et il serait à souhaiter que ce fût un homme de rien.

Quand cette idée du concours ne pourrait se mettre à exécution dans sa totalité, ce serait toujours beaucoup qu'elle s'exécutât en partie.

Quand elle ne pourrait avoir lieu dans sa totalité, sur-le-champ, immédiatement après la publication du code, on pourrait fixer un terme de cinq ans, six, sept ans à sa pleine et entière exécution.

Quand ce ne serait qu'une belle rêverie, Votre Majesté sourira, et le rêveur, qui n'a d'autre prétention que de confier à Votre Majesté ses pensées honnêtes et folles, aura toute la récompense qu'il en espère.

Je ne me suis proposé que d'ajouter un chapitre de plus au bon abbé de Saint-Pierre qui faisait des enfants pour s'acquitter avec l'espèce humaine, devoir auquel il avait consacré le samedi. C'est un feuillet de la correspondance de mon ami Grimm, feuillet qui aurait grand besoin de ses apostilles.

§ II

SUR L'ÉCOLE DES CADETS.

Votre Majesté Impériale et M. le général Betzki conviennent que votre école des Cadets n'est pas, à beaucoup près, aussi parfaite que l'école de vos jeunes filles, et je ne suis point surpris que la chose soit ainsi. Cet établissement est une machine très compliquée et présente une multitude de difficultés à lever.

Voici ce que j'ai pu comprendre de cette maison, par la lecture des règlements, par la conversation avec M. le général, avec M. Clerc et par mes réflexions.

L'établissement du corps des Cadets est dû à Pierre Ier. Ce grand homme, qui s'enrichissait dans ses voyages de tout ce qui pouvait contribuer à la force et à la gloire de son empire, avait trouvé cette institution en France, sous la même dénomination. Elle est absolument tombée parmi nous. L'école militaire a succédé aux Cadets qui ne sont plus. Notre École militaire est-elle meilleure ou plus mauvaise que ne l'étaient nos écoles de cadets? C'est ce que j'ignore.

L'âge auquel on pouvait être admis à l'École des

Cadets de Pierre Ier, n'était pas fixé, non plus que le temps qu'on y devait rester. Souvent on y entrait dans l'adolescence pour en sortir peu d'années après. On y avait différents maîtres, mais on y était principalement gouverné par des officiers. L'exercice militaire était l'occupation principale des élèves.

Comme les enfants pouvaient être admis au corps des Cadets de Pierre Ier en âge de pleine puberté, ils devaient y apporter des vices, et comme ils avaient la liberté de sortir, ils en allaient encore chercher hors de la maison. Tels que nos mousquetaires de Paris, il n'était ni extraordinaire, ni rare qu'ils causassent du désordre dans la ville.

Ce plan, sujet à tant d'inconvénients, fut changé, il y a environ sept ans. Les anciens cadets sortirent du corps. Quelques-uns seulement, trop jeunes encore pour être émancipés, furent conservés avec un petit nombre d'autres que des considérations particulières firent apparemment recevoir et qui depuis leur furent associés.

Il en est sorti une vingtaine, il y a quatre mois, et il en reste encore quatorze qui composent ce qu'on appelle le quatrième et le cinquième âge.

Suivant le nouveau plan, les jeunes élèves ne peuvent entrer dans la maison que depuis l'âge de cinq ans jusqu'à six.

On en reçoit cent vingt à la fois, et cette réception se fait tous les trois ans.

Les nouveaux reçus sont remis entre les mains de gouvernantes qui parlent français, et ils apprennent ainsi un peu de cette langue par l'usage journalier; mais, servis par des femmes allemandes et russes auxquelles ils sont à tout moment adressés par la fréquence de leurs besoins, ils parlent plus souvent à celles-ci qu'aux gouvernantes, et leurs progrès dans notre langue doivent être peu sensibles. D'ailleurs longtemps occupés de jeux, les conversations courantes sont de camarades à camarades.

J'ai invité Votre Majesté Impériale à préparer à ses écoles des maîtres et des maîtresses nationaux, et voici le moment d'insister sur l'importance de cette vue.

Je crois que Votre Majesté Impériale ne niera pas qu'il serait très avantageux que les maîtres et les maîtresses entendissent tout ce que leurs élèves se disent; ce qui ne se peut par le défaut de la connaissance de la langue russe. Qu'en arrive-t-il? C'est que les enfants s'encouragent entre eux au mépris de l'ordre, des maîtres, des récompenses et des châtiments, et qu'ils vont quelquefois jusqu'à leur adresser personnellement des propos très injurieux qui sont entendus de leurs camarades, et dont ils ne peuvent pas même se les faire traduire. C'est qu'ils ont la commodité de former, entre eux, je ne sais combien de petits complots clandestins qui ne manquent jamais de leur réussir.

La seconde année, les gouvernantes doivent leur apprendre à lire et continuer ces leçons pendant deux ans. C'est bien du temps, et il faut que la méthode pour la lecture soit vicieuse. J'en connais une très simple et qui m'a réussi, sans fatiguer mon enfant, et cette méthode est également applicable à un seul enfant et à plusieurs. J'ai promis à M. le général de la lui faire connaître. Je suis sûr qu'elle s'étend aussi facilement à toutes les langues qu'à la langue française. Elle consiste à étudier les caractères de l'alphabet et les éléments des mots qui sont infiniment moins nombreux qu'on ne l'imaginerait; cela fait, un enfant lit, les cinq ou six premiers jours, sans l'entendre, la semaine suivante, en l'entendant parfaitement. Je me suis arrêté sur ce point minutieux, parce que j'ai pitié des enfants et des vieillards, et que je désirerais beaucoup épargner de la peine à ceux qui commencent à naître et à ceux qui vont cesser de vivre.

Lorsque la troisième année après leur réception au corps est expirée, ils passent au second âge pour trois autres années et sont dès lors entre les mains des gouverneurs.

A la sixième année de leur réception révolue, ils entrent au troisième âge; à la neuvième année, au quatrième et à la douzième, enfin, au cinquième.

Tous les élèves sont rassemblés dans les classes à sept heures du matin. Ils ont une récréation depuis onze heures jusqu'à midi; ils retournent dans les classes à deux heures, ils ont encore une petite récréation depuis quatre heures jusqu'à quatre heures et demie; ils reprennent leurs études jusqu'à six heures; ils se récréent depuis six heures jusqu'à sept qu'ils se rendent dans les salles à manger, après quoi ils rentrent en récréation jusqu'à neuf, heure de se coucher:

Que leur montre-t-on dans ces classes ?

De quels auteurs se sert-on ?

Quelle est la méthode qu'on suit ?

Quel est l'enchaînement des connaissances par lesquelles on les fait passer successivement ?

Sont-ils tous assujettis aux mêmes études ?

Chacun est-il le maître de suivre l'art ou la science qui lui plaît ?

Qu'en veut-on faire ?

N'y a-t-il qu'un petit nombre d'états dans la société auxquels ils sont destinés ?

Se propose-t-on de les rendre, selon leur capacité, également propres à tout ?

Ceux qui composent une classe, instruits ou ineptes, passent-ils, indistinctement au temps fixé, à la classe supérieure; ou les arrête-t-on dans une classe jusqu'à ce qu'ils soient suffisamment instruits ?

Quels moyens a-t-on pris pour exciter et soutenir entre eux l'émulation ?

Quelle récompense a-t-on attachée à la diligence ?

Cette récompense est-elle publique ou particulière ?

Quel châtiment a-t-on attaché à l'ineptie ou à la paresse ?

Ce châtiment est-il public ou particulier?

Comment s'y est-on pris pour tourner l'amour-propre à l'amour de la science, de la vertu, et des devoirs?

Quels progrès ont-ils faits jusqu'à présent dans l'étude et les bonnes mœurs?

Si ces progrès ne répondent pas aux espérances, quels moyens d'y remédier à l'avenir?

Ce sont autant de questions sur lesquelles il m'est impossible de rien dire, parce que l'état des choses ne m'est pas connu. Je ne puis que conjecturer, comme je vois faire.

M. le Général m'a dit qu'un des vices les plus importants naissait de la mauvaise distribution des bâtiments. Je conçois toute la force de cette observation. Je conçois qu'il doit résulter une infinité de désordres et de contretemps fâcheux pour les maîtres, nuisibles aux élèves, et contraires à toute bonne police, d'une suite de bâtiments, ou isolés ou mal combinés. Ce seul défaut suffit pour détruire tout concert et toute unité. C'est en vain que le plan d'éducation est un, si le local s'y oppose; le vice du local est un de ceux qui se font sentir à toutes les heures du jour et qui servent également ou de prétexte ou d'excuse et aux maîtres et aux élèves. C'est donc un de ceux auxquels il importe de remédier primitivement.

Quant aux temps des récréations, je ne doute point qu'ils ne soient très bien employés pour l'agilité, pour la force, pour la santé. Les jeunes élèves sont maîtres de choisir leurs jeux, comme vos jeunes filles de choisir leurs études. Aussi dit-on qu'ils montent hardiment à des échelles de cordes non fixées par en bas, qu'ils franchissent des fossés d'une largeur incroyable, qu'ils voltigent, qu'ils se balancent sur le faîte d'un toit, qu'ils se précipitent de là dans l'étang, qu'ils en gagnent le bord à la nage, que l'hiver ils gravissent des montagnes de glace, que, légèrement vêtus pendant les froids les plus rigoureux, ils patinent sur l'étang. Cela est prodigieux [1], et que Votre Majesté Impériale juge combien cela doit plaire à un homme dont la première éducation a été aussi dissipée, aussi pénible et beaucoup plus périlleuse, et qui a le front cicatrisé de dix coups de fronde reçus de la main de ses camarades. Telle était de mon temps l'éducation provinciale. Deux cents enfants se partageaient en deux armées. Il n'était pas rare qu'on en rapportât

1. Tout ce qui suit : « Que Votre Majesté juge combien cela doit plaire... » jusqu'à... « le torticolis des nôtres » se retrouve presque textuellement, pp. 10-11 de l'introduction des *Plans et statuts des établissements ordonnés par Catherine II* dont Diderot surveilla l'impression à la Haye, en revenant de Russie. Assézat a reproduit au tome III des *OEuvres complètes* (pp. 545-546) ce passage, présenté par le traducteur des *Plans* (J.-N. Clerc, dit Leclerc) comme les réflexions « d'un homme de bien que la reconnaissance a amené de huit cents lieues, du soixantième degré, à l'âge de soixante ans, aux pieds de sa bienfaitrice ». En rendant compte des *Plans et statuts*, Meister (*Corr. litt.* de Grimm, t. XI, pp. 97-103) a signalé ces réflexions ainsi que le dialogue qui suit ici et dans la même introduction, comme l'œuvre personnelle du philosophe; mais les réminiscences qu'on peut y remarquer sont moins littérales.

chez leurs parents de grièvement blessés. On dit que
cette éducation vigoureuse et lacédémonienne s'est abâ-
tardie ; j'en suis fâché.

L'intention de M. le Général est qu'alors leur gaieté
soit sans entrave, et je n'ai pas de peine à croire que
dans ces moments toute discipline soit oubliée ; qu'il
se fasse mille espiègleries, qu'il y ait quelques dégâts
de faits; que les gouverneurs soient inquiets et tourmentés, qu'à la première issue qui se présente, ils
s'échappent de leurs yeux et se livrent à toutes leurs
fantaisies. Je ne doute pas davantage qu'entre les gouverneurs, il n'y en ait qui se plaignent alors de la
polissonnerie des élèves et du défaut de subordination.
Je suis sûr que M. le Général se moque d'eux, parce
qu'à cet égard son institution est excellente. Je suis
sûr que je m'en moquerais à sa place. Je me souviens
qu'à l'âge de ces enfants, mes camarades et moi, nous
pensâmes démolir un des bastions de ma ville et passer la semaine sainte en prison. Cependant on avouait
que, de mémoire de parents, on n'avait pas vu une
plus heureuse couvée d'enfants. Je regrette qu'à cette
éducation qui préparait des corps robustes et des âmes
fortes, courageuses et libres, il en ait succédé une
efféminée, pédantesque et raide.

Les polissons du collège des Quatre-Nations sont
les plus méchants enfants de l'Université et ceux que
j'aime le plus. Malheur à qui les attaque, malheur
aux archers de police, s'ils saisissent un pauvre ou un

créancier à la sortie de ces écoles! Un essaim de guêpes qui s'échappe du guêpier, en fuite, n'est pas pire.

Vos jeunes garçons acquièrent par ces exercices de la force, surtout de l'intrépidité et une santé à l'épreuve des intempéries des saisons. Ce ne seront pas de malheureux petits hygromètres; ils sauront opposer un tempérament robuste, dans le cours de leur vie, aux conjonctures difficiles qui les attendent. Dans la lutte contre la nature, c'est beaucoup que de s'être affranchi de l'inclémence des éléments.

Ce que j'aime encore, c'est que sur un corps robuste ils ne porteront pas une tête rétrécie par le préjugé. Ils n'en ont point apporté dans le corps où ils sont entrés jeunes. Ils n'y en prendront pas, sans cesse mêlés, conduits, éduqués par des instituteurs de différentes religions; ils apprendront, sans s'en apercevoir, à distinguer les hommes, non par leur croyance, mais par leurs vertus. J'apprends avec plaisir que le pasteur luthérien ou le pope grec ne s'en empare qu'une heure la semaine, et que sa leçon se réduit à un verbiage théologique très court, où il n'est question, ni d'enfer, ni de diable. Vos enfants n'auront pas le torticolis des nôtres.

Quelques-uns de nos élégants me demanderont certainement à Paris :

— Mais ont-ils cette politesse qui annonce une jeunesse libéralement élevée et qui plaît même encore lorsqu'elle ne tient pas ce qu'elle promet?

— Athénien, mon ami, permets qu'au lieu de te répondre, mon Spartiate te tourne le dos.

Quand j'arrivai à Paris, tu étais déjà un petit prodige, et je n'étais qu'un petit ours mal léché ; je ne sais si tu voudrais être ce que je suis devenu, mais je sais bien que je ne voudrais pas être ce que tu es.

Ils ajouteront :

— On ne se donne guère la peine d'être poli, quand on vit toujours avec les mêmes personnes et qu'une longue habitude a engendré la familiarité. Voyez nos enfants. Ils ont déjà la grâce et la politesse du grand monde. C'est qu'ils ne sont pas toujours avec leurs précepteurs et leurs camarades. Nous les présentons de bonne heure en société. Nous leur inspirons, au sortir du berceau, le désir de plaire; ils nous voient, ils nous écoutent, ils nous imitent, mais vos cadets russes ne voient rien, n'ont point de modèles. Je gage qu'ils tiraillent, qu'ils arrachent ceux dont ils s'approchent, qu'ils gambadent, et qu'ils n'ont qu'une rustique gaieté sans gentillesse et sans finesse, je les vois, je les entends d'ici; j'entends leur voix haute ; je vois leur maintien hardi, à moins qu'ils ne soient sottement timides. Convenez que cela ressemble...

— Chez nous, Athénien, mon ami, on ne veut pas que les enfants soient polis et maniérés comme les poupées; et tu crois qu'un homme qui a conservé un peu du goût de la véritable nature n'aime pas mieux la franchise, la liberté, les sauts, les cris, l'impétuosité, les tiraillements de ces espèces de petits sauvages-là que les révérences cadencées, les pieds portés en avant ou retirés en arrière de tes insipides petits mannequins? Mets tes jolis précieux marmots dans des boîtes. Les nôtres ne sont pas faits pour cela. Tu recules à l'aspect de leurs cheveux ébouriffés et de leurs vêtements déchirés. C'est ainsi que j'étais quand j'étais jeune, et c'est ainsi que je plaisais, même aux femmes et aux filles de ma province. Elles m'aimaient mieux débraillé sans chapeau, quelquefois sans chaussure, en veste et pieds nus, moi, fils d'un forgeron, que ce petit monsieur bien vêtu, bien poudré, bien frisé, tiré à quatre épingles, le fils de madame la présidente du bailliage; parce que mes bonnes provinciales avaient de la raison, de la simplicité, et un goût naturel pour la santé, pour la liberté, pour des qualités vraiment estimables. Elles voyaient que deux polissons comme moi, lâchés sur une douzaine de petits présidents en miniature, les auraient mis en déroute. Elles voyaient à ma boutonnière la marque de mes progrès dans les études, et un enfant qui montrait son âme par un mot net et franc, et qui savait mieux donner un coup de poing que faire une révérence, leur plaisait plus qu'un sot, lâche, faux et efféminé petit flagorneur. Ce que tu cultives si soigneusement dans tes petits enfants, les nôtres l'apprendront 'en deux ans dans le monde, avec cette différence que leurs premières années auront été mieux employées, et qu'ils conserveront à jamais l'empreinte de leur originalité propre. Tous vos petits enfants semblent avoir été fondus dans le même joli moule. Nous voulons que les nôtres, sortis divers des mains de la nature, restent divers. Tu prépares des modèles à Boucher, nous en préparons à Van Dyck. Tu élèves des courtisans, nous élevons, nous, des magistrats et des soldats. Fais comme tu voudras, mais ne dédaigne pas sottement ce que les autres font. Tu as ton but et ils en ont un autre, ou plutôt tu n'en as point et ils en ont un. Tu veux avoir des agréables, et ils veulent, eux, avoir des hommes.

— Mais quels progrès font-ils dans les sciences qu'on leur enseigne ?

— La question est plus solide que je ne m'y attendais. Aussi je te laisse pour adresser ma réponse à ceux qui se mêlent de leur éducation.

Il me semble que leurs progrès dans les connaissances sont lents.

Ceux du second âge, qui ont déjà passé trois années avec les gouvernantes, et qui sont depuis plus de six mois entre les mains des gouverneurs, ne connaissent pas encore bien leurs lettres.

La plupart de ceux du troisième âge lisent mal, quoiqu'il y ait près de sept ans qu'ils sont au corps.

Il s'en manque bien qu'ils parlent français comme les jeunes filles ; ils le parlent par usage, et cependant ils l'entendent peu. Lorsqu'ils ont lu une phrase avec bien de la peine, si on les interroge, on découvre qu'ils n'y ont rien compris, ce qui n'empêche pas de surcharger des têtes qui ne sont pas disposées à recevoir de leçons de géographie, d'histoire, d'annales de Russie, d'histoire des arts, de quelques parties de mathématique.

Lorsqu'on passe à l'étude des choses, il faut que celle des mots n'ait plus de difficulté; avoir à apprendre en même temps la science et l'idiome, c'est une tâche même au-dessus d'un homme fait.

Que doit-il s'ensuivre de là ? Le dégoût. Et quels sont les propos du dégoût ? « Je ne me soucie pas de ces connaissances; à quoi voulez-vous que ça me serve ? Est-ce qu'on veut faire de moi un savant? Je saurai bien faire ma cour à l'Impératrice et me battre à l'armée sans cela. »

Leur faire entendre qu'à la vérité on se bat bien, mais qu'on commande mal et qu'on n'est pas agréable à la souveraine, quand on ne profite pas de l'éducation qu'elle nous donne ; c'est une leçon passagère qui n'a qu'un effet passager. Où il y a un vice constant, il faut un remède constant. Quel est ce vice ? quel est ce remède ?

Le vice, ce me semble, est le manque d'émulation. Excepté dans les moments des exercices du corps auxquels les enfants sont portés par un accroissement de force et d'énergie qui se développe en eux et qui cherche de l'emploi, ils doivent languir dans un état d'inertie qui tient à leur situation. Je m'explique et je supplie

Sa Majesté Impériale de rapporter mes idées à la profonde connaissance qu'elle a du cœur humain, afin d'en apprécier ou la faiblesse ou la solidité. Ces enfants passent quinze années au corps, toujours sous les mêmes yeux, sans aucun but fixe, car on n'en peut avoir à leur âge, sans espérances que très éloignées.

Nos désirs s'affaiblissent à proportion de la distance de nos espérances. Les cadets du troisième âge en sont à neuf ans ; c'est-à-dire autant de temps sans faire aucun usage de ce qu'ils auront acquis, sans en tirer aucun avantage, du moins pour l'amour-propre. Les années, si courtes pour les hommes, sont bien longues pour les enfants. Neuf années ou neuf siècles, c'est la même chose. Le but qui leur est offert dans le lointain n'est qu'un objet confus qu'ils ne démêlent qu'à travers un nuage. Éloignez une jouissance, et l'homme même se découragera ; reculez le terme, et vous produirez l'engourdissement. Dans nos contrées, lorsqu'un enfant a atteint l'âge de douze ans, il se regarde comme sur le seuil du collège, un pied dans la classe, un pied dans le monde; il y paraît quelquefois, il y est applaudi, il a goûté, il s'exagère le bonheur de la liberté, il raccourcit la durée de son esclavage par ses progrès, il travaille, il étudie, il craint comme la mort de doubler une classe. Mais ici, vos instituteurs ressemblent à des pêcheurs qui, sans appât réel, se proposeraient d'attirer le poisson dans leur filet : ce n'est pas connaître l'homme, ni le poisson.

Voulez-vous que l'homme, que l'enfant se démène, créez-lui quelque passion, quelque espérance voisine, quelque crainte prochaine ; que, pendue au bout de son nez, il la voie et coure sans cesse.

Mais quelle espérance, quelle crainte, quelle passion inspirer à des jeunes gens ?

Voici ce qui se fait chez nous : il y a des marques distinctives pour les diligents. Ces marques distinctives sont disputées tous les huit jours. Il y a des places d'honneur, il y a des places de honte. Tous les huit jours ces places changent d'élèves. Il y a deux fois l'année des exercices publics, et cela pour chaque classe, depuis les plus petits écoliers jusqu'aux plus grands. La matière de ces exercices est indiquée sur un programme imprimé. Ces programmes se distribuent dans toutes les maisons. Les académiciens, les hommes instruits, les parents, les amis, les connaissances, tous les citoyens sont invités à s'y rendre. Ils s'y rendent, tous les élèves répondants sont placés sur de hautes banquettes. Chacun est maître de les interroger sur la matière du programme ; ils répondent ; on les applaudit ou on les siffle. Ceux qui ne sont pas mis en état par leur travail de se montrer à ces exercices sont désignés à leurs parents et au public comme des paresseux, des ignorants ; ils se cachent, et sont des mois sans oser se montrer.

Que Votre Majesté Impériale me permette les demandes suivantes :

Pourquoi la diligence entre ces enfants n'aurait-elle pas tous les huit jours les mêmes marques distinctives?

Pourquoi, dans cette vaste arène, autour de laquelle j'ai vu une partie de la capitale assise, un enfant qui aurait perdu sa marque distinctive de la semaine, ne serait-il pas obligé de s'en dépouiller lui-même, et d'en aller décorer son vainqueur?

Pourquoi n'entreraient-ils pas dans cette arène, selon le rang de leur mérite, en sorte que le dernier en rang serait aussi le dernier en mérite et le premier en mérite le premier en rang?

Pourquoi, ainsi que chez nous, les parents n'auraient-ils pas la facilité de connaître les progrès et l'aptitude de leurs enfants, par la place qu'ils occuperaient et de dire, comme nos pères disaient : il est le premier, il est le second, le cinquième, le dixième de la classe?

Pourquoi n'auriez-vous pas des exercices publics, comme nous, trois ou quatre fois l'an?

Pourquoi ces exercices ne seraient-ils pas indiqués par des programmes imprimés et distribués dans la capitale?

Pourquoi tous les enfants ne paraîtraient-ils pas à ces exercices, même les ineptes? Quelle honte pour les muets!

Pourquoi sur ces programmes, à côté du nom de chaque enfant, n'indiquerait-on pas la chose sur laquelle on peut l'interroger et sur laquelle il répondra?

Pourquoi, ainsi que chez nous, un enfant seul ne

ferait-il pas un exercice particulier, et ne tiendrait-il pas toute la séance qui commence ordinairement à trois heures et finit à cinq?

Pourquoi les rangs obtenus par le mérite dans la classe ne seraient-ils pas gardés à la chapelle, à l'église, partout?

Pourquoi Sa Majesté Impériale, en les visitant, dédaignerait-elle de remarquer ces rangs? Ses éloges aux premiers de leurs classes seraient un assez vif reproche aux derniers.

Ceux qui occuperaient un peu constamment les premières places pourraient-ils ne s'en pas estimer eux-mêmes, et n'en être pas estimés davantage par les autres?

N'est-ce pas ainsi qu'on rapprocherait une société d'enfants de la société des hommes faits, où le désir de la considération et la crainte du mépris ont de si grands effets?

Les dédaignés à la fin ne s'évertueraient-ils pas?

S'il y en avait d'insensibles à une honte continue, ne pourrait-on pas les regarder comme des âmes basses ou des têtes stupides sur lesquelles les passions honnêtes ne pourront rien?

Et croit-on que la même émulation ne gagnât pas les maîtres, et que chacun ne fût pas jaloux de montrer le plus souvent qu'il pourrait et le plus de ses élèves dans des exercices particuliers?

On dirait : ce maître est excellent, sa classe s'est

montrée très instruite, et il y a eu sous lui tant d'exercices particuliers dans l'année.

Suivant l'institution du corps, il doit y avoir chaque mois une assemblée ; on y danse, c'est fort bien fait. Pourquoi ne faire qu'y danser? Pourquoi ne se pas servir de cette circonstance pour piquer les élèves d'un noble orgueil?

Monsieur le général, donnons de l'appareil à cette assemblée, qu'elle s'annonce par une musique de triomphe, que cette musique se fasse entendre, tandis que les élèves, partant les uns après les autres de leurs rangs, iront prendre le rang supérieur de mérite qu'ils ont mérité.

Qu'elle change de caractère et que ce soit une musique de douleur, lorsque les enfants se dépouilleront de leur marque distinctive pour aller l'attacher à la boutonnière de leurs vainqueurs.

Que les deux ou trois premiers de chaque classe laissent entre eux et les suivants une distance de deux ou trois places.

Qu'ils dansent séparément d'abord, avant que de danser en corps ; qu'ils finissent par danser séparément.

Et qu'au sortir de l'arène, les autres marchent, mais qu'eux seuls dansent, au milieu de deux files.

Que si un enfant est coupable d'une faute grave, que s'il se montre insensible, mais absolument insensible à toute honte de châtiment particulier, pourquoi ne serait-il pas dépouillé publiquement de l'habit du corps, et revêtu publiquement de l'habit de moujik ?

Cette punition est ordonnée dans les règlements, je le sais, mais faite sans autres témoins que les camarades ; je suis sûr qu'ils y sont peu sensibles.

Les personnes les plus distinguées se rendraient certainement à ces assemblées. Pourquoi ne leur permettrait-on pas de passer dans l'arène, de complimenter et d'embrasser ceux qui auraient mérité les premiers rangs ?

Quelle solennité la présence des parents et des grands ne donnerait-elle pas à ses assemblées !

Il est permis aux enfants de venir folâtrer autour de ceux qui y assistent ; pourquoi ne restreindrait-on pas cette liberté aux illustres, les autres restant éloignés et honteux !

Les enfants ne peuvent rien recevoir de personne, et c'est bien fait ; mais pourquoi ne ferait-on pas une exception à cette règle en faveur des illustres dont on consulterait le goût et les désirs ?

Pourquoi aux grands exercices de deux ou trois fois l'an, n'y aurait-il pas, comme chez nous, des prix proposés, livres, épées, nœuds d'épées, etc. ?

Pourquoi ces prix déposés à un des bouts de l'arène, sur un autel, avec des couronnes, ne seraient-ils pas distribués aux vainqueurs par la main même ou de Sa Majesté Impériale ou de M. le général ?

Ces moyens sont certainement très propres à inspirer le goût de la gloire et de la science ; et je réponds sur ma tête des prompts effets qui en résulteront.

J'ai vu dans les règlements et avec satisfaction que toute peine corporelle était interdite, quoiqu'il y ait des caractères d'âne qu'on ne fait aller qu'au bâton ; mais pourquoi faire un lieu de supplice d'une maison d'éducation ? N'y a-t-il pas dans tous les états des hommes qu'il faut abandonner au néant?

On m'a dit qu'il y avait déjà de jeunes enfants qui connaissaient le vice. Cela est fâcheux ; d'où cela vient-il ? Des domestiques sans doute ; il faut avoir l'œil sur ces gens-là.

C'est un M. Pourpour qui est, je crois, général-directeur du corps ; il est homme de mérite, à ce qu'on m'en a dit. Depuis sa gestion, les instituteurs souffrent moins de changements. C'est un grand vice de moins. Il est à souhaiter que les places de gouverneur prennent de la solidité, il y en a plusieurs qui ne manquent pas de talent. Et pour résumer ce feuillet, je le réduis à trois points :

Ordonner le bâtiment selon ce plan ; créer de l'émulation ; et négliger des inconvénients minutieux qu'on ne corrigerait peut-être que par d'autres.

La perfection de la maison des filles fait une si forte impression sur les étrangers ; leur malheureuse petite jalousie se rabat d'une manière si cruelle et si affligeante sur le médiocre succès de la maison des garçons ; j'ai entendu sur ce point des propos si mortifiants croiser mes éloges ; je désire si fort que Sa Majesté Impériale qui 'va donner incessamment à sa nation de bonnes mères, prépare à ces mères des époux dignes d'elles, et aux enfants qui en naîtront des parents jaloux de leur transmettre la bonne éducation qu'ils auront reçue dans ces deux grandes écoles, qu'il a fallu céder, malgré la lassitude et l'indisposition, au tourment qui me pressait d'écrire un feuillet sur cet intéressant objet. Le voilà écrit. Et sur ce, je prends la liberté de souhaiter une bonne nuit à Sa Majesté Impériale, et la supplie de permettre que je me repose, car j'en ai besoin.

§ III

DES ÉCOLES PUBLIQUES

Votre Majesté a institué deux maisons, où elle prépare des sujets d'un mérite rare. Mais ces deux grandes maisons ne peuvent renfermer tous ses enfants; et parmi ceux qui restent épars et négligés dans l'empire, et qui y perpétueraient l'ignorance et les préjugés, il y en a certainement que la nature a destinés aux grandes choses.

Votre Majesté, qui est la mère tendre des uns, ne

veut certainement pas se montrer la marâtre des autres.

Son projet est de mettre tout son bien en valeur, et d'ouvrir toute sorte d'issues au génie, dans quelque condition que la nature l'ait placé.

Dans toutes les contrées, presque tous les hommes qui se distinguent dans les sciences et dans les arts sont de basse extraction, et la raison en est simple. Ces conditions communes fournissent mille hommes contre un homme de naissance. Les premiers sont élevés plus sévèrement; moins chers à leurs parents indigents, ils en sont moins corrompus; ils n'imaginent pas qu'on sait tout sans rien apprendre; ils se tourmentent; ils travaillent; ils se hâtent de sortir de leur obscurité, l'unique moyen d'obtenir les aisances de la vie qui leur manquent, ou de s'en consoler par la considération générale, l'estime de leurs semblables, et la conscience de leur valeur. Ceux-ci sont relégués dans un grenier où ils sont heureux.

Quoi qu'il en soit, les basses conditions de la société seront donc dans tous les empires la pépinière des mœurs, des connaissances, des talents, de la gloire et de l'illustration présente et à venir de leurs nations.

Ce n'est pas que l'homme qui naît avec du génie et le goût du travail, dans une condition relevée, n'ait un grand avantage sur nous[1]. A la table de ses parents,

---

[1]. Encore faut-il supposer que les parents ont de bonnes mœurs. (DIDEROT.)

sans s'en douter, son âme s'accoutume aux grands objets. Les enfants des premiers Romains n'ont point eu d'autre éducation, et ils furent des hommes.

Je sens toute l'importance de la matière que je vais traiter, et peu s'en faut que je ne m'arrête tout court, tant elle me semble au-dessus de mes forces.

Il est donc nécessaire d'ouvrir, dans chaque grande ville, une seule école; ou, si la commodité en demande plusieurs, qu'elles soient toutes formées sur un même plan.

Et comme l'éducation qu'on y donne doit tendre à faire des citoyens honnêtes et éclairés et convenir à toutes les classes de la société, les parents doivent être forcés par la loi d'y envoyer leurs enfants[1]. Voilà l'avantage de votre commission : c'est de conduire les esprits à tout ce qu'il vous plaira, sans avoir l'air de les contraindre, et sans les révolter; et c'est là pourquoi je la rendrais permanente. La nation la prendrait sans cesse pour sa machine; et ce serait toujours la mienne. La nation croirait faire toujours sa volonté, et ce serait toujours la mienne qu'elle ferait. Jamais Votre Majesté n'aurait l'odieux prétendu d'aucune opération.

Si la police de ces écoles publiques est bien faite,

---

1. C'est des basses ou dernières conditions de la société dont les enfants restent sans aucune sorte d'éducation que sortent toutes les sortes de malfaiteurs. On a voulu à Paris les enlever à leurs parents, et cette violence a causé une révolte; c'est qu'il fallait les contraindre à se rendre dans les écoles publiques et leur fournir du pain dans ces écoles. (DIDEROT.)

Sa Majesté verra combien peu il lui restera de tous ces enfants, à la fin de l'éducation.

En conséquence, il doit y avoir dans une école générale et publique trois sortes d'élèves : des pensionnaires, des boursiers et des externes.

Des pensionnaires. — Ce seront les enfants des parents aisés, mais trop distraits ou trop occupés pour veiller eux-mêmes sur leurs enfants; point, mais point absolument ni de précepteurs particuliers, ni de valets; point d'appartements séparés; qu'ils soient tous confondus; qu'ils apprennent l'égalité; qu'un pensionnaire noble soit aussi parfaitement sous la férule du maître que le pensionnaire roturier; et que celui-ci puisse s'en venger, s'il est insolent. Je me garderais bien d'encourager des querelles entre eux, mais je ne serais pas fâché qu'il en survînt.

Les maîtres ne pourraient infliger aucune punition d'eux-mêmes. Je ferais juger un écolier coupable par ses camarades; et l'on verrait, je n'en doute pas, ces petites sentences tempérées par l'indulgence, sans trop de partialité.

Il faut que le prix de ces pensions soit égal pour tous, et qu'il soit très modique; que la maison fasse toutes les sortes de dépenses, et qu'il n'y ait aucune sorte de distinction. Peut-être même serait-il bon que l'enfant qui naît décoré, laissât sa décoration à la porte.

Des boursiers. — Ce seront les enfants de ceux qui ne sont pas assez aisés pour fournir soit à l'éducation, soit à la subsistance de leurs enfants, et que le collège adopte. Je désirerais que les parents, pendant la durée de l'éducation, perdissent toute autorité sur leurs enfants. Ils n'auront absolument aucune dépense à faire pour eux. Ils voudraient améliorer leur sort, qu'il faudrait s'y opposer.

Ces bourses seront fondées ou par la munificence du souverain, ou par le patriotisme des grands seigneurs et de riches particuliers, à qui je n'en laisserais pas la collation. Cela deviendrait bientôt une affaire de protection et de préférence. L'enfant qui mériterait une bourse l'obtiendrait rarement.

Comme il ne pourrait y avoir autant de bourses que d'enfants indigents, une bourse vacante ouvrirait le concours. Nouveau moyen d'émulation pour les parents et pour les enfants.

J'ai remarqué que les pensionnaires et les externes méprisaient les boursiers. Je ne sais guère de remède à cet inconvénient que la séparation absolue ou par deux maisons, ou dans la même.

J'ai remarqué que la basse avarice des parents aisés les entraînait à solliciter et à ravir à l'indigence une bourse, sa ressource. Il faudrait donc que l'indigence fût légalement constatée. Il y a deux manières : l'information par le juge et l'annonce à l'église par la prêtre.

Des externes. — Ce sont des enfants de parents e état de les garder, de les nourrir, de les vêtir, de fournir à toutes dépenses et de les envoyer à l'école. J'assujettirais ces enfants à un vêtement d'école. L'appel s'en ferait par les maîtres, et l'on s'assurerait de leur absence. Sans cette attention, ils feront ce qu'on appelle chez nous l'école buissonnière. Que la maladie constatée soit l'unique bonne excuse. Celui dont on ne peut obtenir de l'exactitude fait un métier qui lui est antipathique ; il faut l'envoyer promptement à un autre.

Je ne pense pas que les études puissent se poursuivre sans interruption ; il faut du repos aux maîtres et aux écoliers. Je fermerais les classes ou un jour de la semaine, ou un mois et demi de la saison de l'année la plus rigoureuse.

Je n'entre point dans la construction des écoles ; il faut qu'on s'y trouve bien dans tous les temps ; beaucoup d'air, quand il fait chaud ; de la chaleur, quand il fait froid. J'aurais pu me dispenser de parler de cela. J'aimerais mieux les écoles rondes que carrées. Le professeur voit mieux, et il est plus parfaitement entendu.

Mais surtout des surveillants assidus aux endroits où ils sont appelés par leurs besoins ; car c'est là qu'ils se corrompent.

Point de ces billets de parents qui excusent l'absence de leurs enfants.

Faut-il que les maîtres soient stipendiés par l'État, ou par les enfants? Question fort débattue en France, où l'on a prétendu que l'instruction gratuite, en éteignant l'émulation entre les maîtres, a ruiné les écoles [1].

Les jeunes gens que Sa Majesté envoie soit à Leyde, soit à Leipzig[2] deviendraient bientôt la pépinière des maîtres, mais il faudrait qu'ils fussent soumis sans réserve à un directeur autorisé à les garder ou à les renvoyer; et, par conséquent, ce directeur devrait être un homme de poids par son âge, sa sagesse et ses lumières.

Les maîtres seront ou ne seront pas mariés. Il est d'expérience que les maîtres qui sont pères sont plus doux et plus indulgents. Ils habiteront ou n'habiteront pas la maison collégiale, mais jamais leurs femmes n'y doivent mettre le pied, et leurs enfants n'y entrer que comme écoliers.

Notre éducation, bornée à l'étude des langues, a été jusqu'à présent monastique. On dirait que tous les enfants renfermés dans nos collèges sont destinés ou à la magistrature ou à l'Église. On nous montre

---

1. Puisque vous avez des boursiers, ou des places gratuites pour les indigents, il y aurait moins d'inconvénients à ce que les autres écoliers payassent leurs maîtres; plus un maître aurait d'écoliers, plus il serait riche; et plus il serait habile, plus il aurait d'écoliers. Si vous n'avez dans la capitale qu'un ou deux collèges, il faut que les maîtres soient stipendiés par l'État.
(DIDEROT.)

2. Il faut soutenir et même assez longtemps ces envois; il faut que ces enfants aient une maison commune et un maître absolu. (DIDEROT.)

pendant six à sept ans une langue que nous n'apprenons pas. Les choses sont restées jusque sous le règne présent telles qu'elles ont été instituées sous Charlemagne, temps où la langue latine, usitée dans toutes les affaires civiles, était d'une étude indispensable.

On a anéanti, il n'y a qu'un moment, les mauvais instituteurs[1]. Je croyais toucher à la réinstauration des bonnes études; et l'on a remplacé les mauvais instituteurs par d'autres qui sont pires qu'eux. Ils ont encore moins de lumières et moins de mœurs. C'est l'ouvrage de ces magistrats expulsés[2] qui se mêlaient de tout pour gâter tout.

Je ne pense pas qu'on puisse étendre les exercices des écoles publiques à tout ce qui entre dans le plan de vos maisons d'éducation. Cela multiplierait à l'infini les maîtres et les leçons. Je crois qu'il en faut restreindre l'objet à la pure et simple instruction scientifique et morale.

Point de gymnastique, point de musique, point de danse, point de comédies, point de tragédies dans vos écoles publiques. Que ceux des pensionnaires à qui l'on voudra montrer la danse, le chant, les armes, l'équitation, aient des maîtres particuliers qui se rendront au collège dans l'intervalle des études[3].

1. Les jésuites, qui furent expulsés de France en 1762.
2. Par Maupeou en 1771.
3. Une salle commune à cet effet, avec un inspecteur de la maison qui veillera sur ces élèves et sur les maîtres et fera commencer et finir à l'heure ces leçons. (DIDEROT.)

La danse, le chant, les représentations dramatiques, étaient restés en usage aux jésuites, qui sacrifiaient tout à l'ostentation. Il n'y avait point d'écoles plus mauvaises, point d'élèves plus ignorants que les leurs.

Les spectacles ont cessé dans tous les autres collèges, et l'on y a substitué les exercices scientifiques publics qui valent infiniment mieux.

On a vu que la déclamation théâtrale n'est point le ton de la conversation ; que la démarche et le maintien de la scène ne sont ni la démarche ni le maintien de la chambre ; que c'est une pente de dissipation pour le moment et quelquefois le germe d'un goût effréné pour la suite, et qu'une représentation dramatique jette le désordre dans toutes les autres occupations, et occasionne la perte de trois ou quatre mois précieux. Cependant l'on avait l'attention de ne pas laisser dans les pièces le moindre vestige de passion. Le *César* de Voltaire a été fait pour un de nos collèges [1].

Aux spectacles on a donc substitué des exercices fréquents et publiés. La matière de ces exercices s'annonce par des programmes imprimés que chaque enfant distribue à ses parents, à ses amis et à ses connaissances qui s'y rendent. On sait trois ou quatre jours d'avance quelles sont les choses sur lesquelle

---

[1]. La *Mort de César* fut représentée en effet pour la première fois par les écoliers du collège d'Harcourt le 11 août 1735. Reprise à la Comédie-Française en 1743, elle fut de nouveau jouée par les pensionnaires des Visitandines de Beaune en 1748, avec un prologue de Voltaire composé pour la circonstance.

l'enfant répondra. Chacun est maître de l'interroger. On lui propose du français à mettre en latin ; du latin à mettre en français. C'est tout parmi nous. Vos exercices seront tout autrement intéressants et variés, et peut-être que pour faire rougir et corriger ma nation, il n'y aurait qu'à lui présenter un de vos programmes.

Il faut, pour les maîtres et pour les écoliers, fixer le temps de ces exercices ; qu'une fois par an, les maîtres soient tenus de montrer leurs élèves au public. Ils seront jugés dans leurs écoliers. Que l'exercice ne soit pas d'un petit nombre d'élèves d'élite, mais de toute une classe, afin de faire honte aux ignorants, ainsi qu'aux maîtres négligents. C'est ainsi qu'on soutiendra l'émulation et dans les maîtres et dans les enfants [1].

On croirait qu'il y a beaucoup d'émulation dans les écoles publiques : il n'y en a point. Il n'y en a point entre les maîtres, que le public ne voit jamais, et qui se soucient fort peu que leurs enfants profitent ou non. Il n'y en a point entre les élèves, qu'on ne voit pas davantage [2]. D'ailleurs trois ou quatre sujets

---

[1]. Rendre ces assemblées nombreuses et solennelles ; Votre Majesté y assistera quelquefois et y entraînera la cour ; y appeler les académies, les magistrats, etc. Si elles sont clandestines, elles perdent leur utilité. Rien de si public chez nous. Nos cours de judicature s'y rendent. (DIDEROT.)

[2]. Dans nos collèges, tous les vendredis les enfants luttent les uns contre les autres. Les places dans l'école se distribuent selon le mérite. Le premier de sa classe, le second et le troisième sont distingués par des croix qu'ils portent à leur boutonnière, croix qu'ils gardent, qu'ils perdent, etc. (DIDEROT.)

supérieurs découragent tous les autres et les condamnent à l'ignorance et à la paresse.

On remédie à ces inconvénients par les exercices publics de toute une classe; ayant de plus l'attention de faire passer rapidement ces élèves décourageants à une classe plus élevée, sans avoir égard à l'âge. Le mérite seul est une raison suffisante.

Sa Majesté Impériale veut que l'éducation de ses écoles publiques soit civile, c'est-à-dire relative au bien de la société, et convienne, du moins depuis son commencement jusqu'à un certain degré, à toutes les conditions et à tous les individus. Elle veut que l'enfant qui aura pu suivre le cours entier de l'éducation soit par toute terre un enfant honnête et très instruit.

Pour cet effet, je crois qu'il faut considérer dans une pareille éducation trois degrés :

Un premier degré par lequel tous les enfants, même les plus ineptes, passeront ;

Un second degré, à la fin duquel un enfant aurait reçu toutes les lumières d'une excellente éducation et d'où il sortirait avec des connaissances préliminaires qui lui serviraient, quel que fût l'état auquel il se destinât ;

Un troisième degré qui le conduirait à l'état d'habile homme, d'homme savant.

Peut-être ne serait-il pas nécessaire qu'un enfant suivît cette éducation jusqu'au bout.

PREMIER DEGRÉ

Commun à tous les enfants, même les plus inepdes[1].

Bien lire, bien écrire. — La lecture dans le catéchisme religieux et civil, ensuite dans quelques bons ouvrages élémentaires d'une morale claire, pure et simple. Les exemples d'écriture, tous absolument tirés du catéchisme. Apprendre et pouvoir réciter par cœur tout le catéchisme. L'arithmétique : les quatre règles ; les fractions ; la règle de trois, et le calcul par les jetons.

SECOND DEGRÉ

Qu'un enfant peut suivre plus ou moins loin[2].

Des éléments d'algèbre. Des éléments de géométrie. Des éléments de mécanique. Un peu d'astronomie, de

---

1. Ce premier degré est l'éducation des enfants destinés aux dernières conditions de la société, valets, cochers, etc.
Deux choses à observer sur ce degré.
La première, c'est d'y fonder du pain, afin que les pauvres parents n'aient aucun prétexte pour les garder chez eux. Du pain pour tous les repas.
La seconde, c'est d'élever à la condition de boursier surnuméraire celui d'entre ces enfants qui annoncerait un mérite supérieur. (DIDEROT.)

2. Après le petit cours de logique et de morale et un examen sur ces deux points, permettre aux parents de retirer leurs enfants, quand il leur plairait. Aucun, si ce n'est un boursier, ne sera contraint à suivre ce degré jusqu'au bout.
Si un boursier devient un mauvais sujet, il perdra sa bourse. Ces bourses étant des faveurs de l'Etat, il faut qu'elles soient méritées. (DIDEROT.)

connaissance de la sphère, des globes et de géographie. De l'anatomie, ce qu'on en peut apprendre sur des pièces préparées ; et il y en a de si belles que la nature n'est pas plus vraie. Les premiers principes de l'histoire naturelle. La physique expérimentale. Les éléments de la chimie.

A travers ces études, une logique courte et sensée, et la morale, ou la connaissance de l'homme et de ses devoirs, du citoyen, des lois fondamentales de la nation, des contrats, des actes particuliers, etc.

Un enfant ne pourra quitter l'école publique qu'après les cours de logique et de morale faits.

TROISIÈME DEGRÉ

Qui conduit à l'état de savant[1].

La grammaire générale raisonnée. La langue russe par principes, la langue latine, la langue grecque, les

---

1. Ce ne sont pas les écoles, ce sont les grands auteurs qui font une langue. Notre langue a été faite par Rabelais, Marot, Malherbe, Pascal, Corneille, Racine, Fénelon, Voltaire, Du Marsais, l'abbé Girard ; et elle se soutient par les bons esprits de notre temps. Quand Corneille devint vieux, il oublia sa langue ; et il en est de même d'une nation : quand elle dégénère et vieillit, sa langue se corrompt. Voilà la raison, jointe à la difficulté, pour laquelle j'ai renvoyé l'étude de la langue par principes à ceux qui seront un jour maîtres de la langue. Ce qui s'est fait en France sur la perfection de la langue, s'est fait à Athènes, à Rome nouvelle et ancienne, et est encore à faire en Angleterre, parce qu'ils n'ont point de corps qui s'en mêle. (DIDEROT.)

langues italienne, anglaise et allemande. L'éloquence. L'histoire. La poésie et le goût. Le droit des gens. La jurisprudence nationale dans toute son étendue. Un peu de métaphysique. Point de théologie.

On dit que les enfants sont propres à apprendre les langues. Oui, les mots; par habitude et routine. Par principes? Rien n'est plus faux.

Les principes d'une langue supposent l'application la plus subtile de la logique et le jugement le plus ferme. Rien de plus sec, de plus fatigant, de plus dégoûtant et de plus abstrait que la grammaire raisonnée soit générale des langues, soit particulière d'une langue. Les mathématiques n'ont rien d'aussi difficile. Je sais ma langue, et je la sais bien; et à tout moment elle m'offre des difficultés dont nos Quarante auraient bien de la peine à se tirer.

Une langue, pour être bien apprise, demande : le discours habituel; la traduction de la langue étrangère dans sa langue propre; et la traduction de sa langue propre dans la langue étrangère.

Sans cette dernière condition, que quelques philosophes ont rejetée, on ne sait jamais profondément une langue.

Si l'on y regarde de près, on trouvera qu'en traduisant d'une langue étrangère dans la sienne, c'est proprement sa langue qu'on étudie et qu'on écrit, et qu'en traduisant de sa langue dans une langue étrangère, c'est celle-ci qu'on écrit et qu'on étudie. Ce qui tend beaucoup plus droit au but qu'on se propose. Faire des thèmes, mauvais, si l'on veut; mais en faire.

Et puis, s'il y a quelque chose dans ces idées qui approche de la raison, il faut nécessairement que Sa Majesté Impériale se montre seule, sans quoi rien ne se fera.

J'ai peu vécu à Pétersbourg, cependant j'y ai assez vécu pour m'apercevoir que l'*hommerie* y domine autant qu'ailleurs. Chacun y est jaloux de son district, et bien résolu de n'approuver que ce qu'il fait.

Le nom du maître à qui tout ce qui l'environne cherche à plaire lève toute difficulté. Lorsque Votre Majesté dira : « Il me semble que cela serait bien ainsi. », on ajoutera tout de suite : « Votre Majesté a raison », même quand cela ne serait pas ; et cela est bien fâcheux.

Si les souverains sont condamnés à n'entendre jamais la vérité, qui est-ce qui voudrait être souverain ?

Autre malédiction qui nous console de notre médiocrité ; nous sommes sûrs d'avoir un ami.

Un souverain ne sait s'il a un ami, et celui qui se dit l'ami du souverain l'est peut-être, mais il ne le sait pas.

Votre Majesté Impériale est bien digne de faire exception à ces deux règles ; et je crois sincèrement qu'elle a encore ce précieux avantage sur tous les souverains de la terre.

Ce n'est pas tout. A la fin de la journée, à la sortie des classes, j'en ouvrirais une commune et générale : une classe de dessin. C'est de là que sortiraient ceux en qui l'on découvrirait une disposition particulière et naturelle aux beaux-arts.

S'il y a quelque chose au monde de sacré pour moi, c'est la majesté des rois [1]. Je rougirais de mentir à un particulier, j'aimerais mieux perdre la vie que de mentir à un roi. Je jure donc à Votre Majesté Impériale que j'ai vu des enfants, bien conduits, avoir achevé le cours d'études que j'ai esquissé, l'avoir achevé avec succès, écrire et parler plusieurs langues, avoir répété plusieurs des exercices que j'ai prescrits, comme l'histoire naturelle, la physique expérimentale, la chimie, l'anatomie, en état de paraître dans le monde avec avantage, et de voyager utilement, dessiner passablement, être reçus avocats, et n'être pas âgés de vingt ans. Celui qui traitera ce plan de chimère ne connaît ni le produit du temps bien employé, ni celui d'un bon maître.

Il ne faut pas donner trop d'enfants à un même instituteur. C'est un point important.

Les écoles d'une capitale seront toujours les plus célèbres. Elles attireront nécessairement les enfants des contrées adjacentes. C'est encore une raison pour que ces écoles occupent le centre.

---

1. M. Grimm attestera la même chose à Votre Majesté Impériale. (DIDEROT.)

Il faut absolument que ces enfants, envoyés de la province dans la capitale, soient pensionnaires dans le collège, à moins qu'ils ne soient reçus chez des parents. Sans cette précaution, pour un qui réussira, dix perdront leur temps, leur jeunesse et leurs mœurs.

Autre motif, pour que la pension collégiale soit très modique, ce qui se peut sans qu'il en coûte à l'État qui ne regardera jamais l'établissement des écoles publiques comme un objet de revenu : la dépense est d'autant moindre que la communauté est plus nombreuse.

Il faudrait avec le temps abandonner les places de maître au concours des nationaux et des étrangers ; et, pour exciter l'émulation des nationaux, augmenter l'honoraire du national qui remporterait la place.

Il faut un examen des maîtres, soit étrangers, soit nationaux, pour les mœurs et pour la capacité.

Mais un point que je voudrais bien ne pas prêcher aussi inutilement ici que dans mon pays, c'est une inspection immédiate des magistrats sur les écoles publiques, inspection dont je vais expliquer l'objet.

Les magistrats, membres de la commission ou autres, se transporteront quatre fois par an dans la maison collégiale. Là, ils prendront le serment des maîtres de dire vérité, toute vérité, pas plus que vérité ;

et ils s'informeront des enfants qui perdent leur temps dans les écoles par paresse invincible ou par ineptie naturelle, des enfants qui corrompent les autres, etc., afin que ces enfants soient aussitôt renvoyés à leurs parents, et appliqués, lorsqu'il en est encore temps, au métier dont ils feront choix.

Sans cette précaution, il arrivera ici ce qui n'est que trop fréquent en France : c'est qu'un pauvre sujet s'est traîné de classe en classe, depuis six à sept ans jusqu'à dix-sept ou dix-huit ans; qu'il n'est plus bon à rien qu'à déshonorer et à désoler ses parents, et qu'il se fait ou filou, ou joueur de profession, ce qui est la même chose; ou comédien; ou soldat.

En s'y prenant ainsi, on verra les classes s'éclaircir à mesure qu'elles s'élèveront par degrés; le nombre des étudiants diminue, et ne laisse au dernier période de l'éducation que ceux qui sont vraiment signés au front par la nature pour être poètes, philosophes, orateurs, érudits, etc., tous gens inutiles dans une société lorsqu'ils n'excellent pas.

Je sais qu'il y a des génies tardifs, et que tel enfant qui promet ne tient rien, et que tel autre tient ce qu'il ne promettait pas. Mais si ce génie est bien décidé, il se retrouvera, et, quand il devrait être perdu, il vaudrait encore mieux risquer la perte d'un homme de génie que de condamner au vice et à l'oisiveté un certain nombre de sujets ineptes ou médiocres dans des genres qui ne souffrent point la médiocrité.

Et que le ciel conserve longtemps Votre Majesté Impériale sur le trône, afin qu'elle puisse réaliser toutes ses grandes vues, donner des lumières et ses mœurs à sa nation, et entendre à la dernière heure les cris de sa nation désolée, cris avant-coureurs de ceux de l'admiration des siècles à venir [1].

Notes.

J'ai banni des écoles publiques la danse, la musique et la gymnastique, parce qu'il n'est pas nécessaire qu'un peuple soit ou danseur ou musicien.

J'ai laissé la gymnastique de côté, parce que, si les parents sont honnêtes, sains et robustes, ils transmettent la force et la santé à leurs enfants; parce que les enfants dans nos provinces, et même dans la capitale (lorsqu'ils ne sont pas trop contraints par leurs parents, et les enfants du peuple ne le sont pas, c'est un avantage qu'ils ont sur les autres), se livrent aux exercices les plus violents, les barres, la paume, la boule, le billard, la course. Il n'y a qu'à les voir au sortir du collège Mazarin, et les jours de vacance aux

---

[1]. Tous les livres classiques sont à faire, même en France. C'est un ouvrage fort difficile, et bien digne de Sa Majesté; elle pourrait y employer les meilleurs esprits de l'Europe, ou peut-être imposer cette tâche aux maîtres mêmes. Ces bons livres classiques épargneraient un temps et une peine infinis et aux instituteurs et aux élèves. (DIDEROT.)

Champs-Élysées. Ils sont si violents, que très souvent la garde de la ville est forcée de s'en mêler.

Les beaux-arts naissent tous de l'opulence des conditions subalternes. Un manufacturier a six enfants; parmi ces six enfants, il y en a un paresseux qui ne veut rien être, et il devient poète, philosophe, orateur, moraliste, peintre, musicien. Je dis de l'opulence, mais c'est dans les sociétés bien ordonnées; ils naissent de la misère dans les autres; et c'est la cause de la lenteur du progrès des beaux-arts. Les artistes se pressent trop de gagner de l'argent. Ils aiment mieux faire dix ouvrages médiocres qu'un bel ouvrage. Tous les élèves de notre école peignent pour le pont Notre-Dame. Quand on a bien des citoyens et que parmi ces citoyens il y en a beaucoup de riches, on a de grands artistes et qui se perpétuent, parce qu'ils sont indigènes. Les beaux-arts naissent entre les épis des campagnes. Les artistes sont tous des enfants de la bonne Cérès.

§ IV

SUR UN USAGE ANCIEN

Lorsqu'on lit les historiens et les poètes grecs, on trouve toujours, au-devant des noms personnels, une épithète qui les spécifie par quelque vertu : comme le Fort, le Brave, le Prudent, l'Éloquent, l'Avisé, etc.

C'est ainsi qu'ils exhortaient un enfant, un homme à persister dans son caractère; en effet, quelle apparence que celui qu'on avait surnommé le « brave » fît une lâcheté ? que celui qu'on appelait du matin au soir le « véridique » dît un mensonge ?

On mène les hommes par des statues, les enfants par des mots. On ne brise pas sa statue ; on ne renonce pas à son éloge.

Votre Majesté Impériale, qui a coutume de me gagner de vitesse, voit où j'en veux venir.

C'est, au lieu d'appeler vos jeunes filles, vos jeunes garçons, par leurs noms de famille, de bien étudier leur caractère et de les distinguer par leur qualité principale.

On n'aura pas sitôt employé ce secret avec cinq ou six dans l'une et l'autre maison, que l'émulation gagnera la généralité et que la plupart voudront mériter le même éloge.

Et c'est ainsi qu'on produit de grands effets et durables avec des riens.

Je ne doute pas que plusieurs ne gardent dans le monde et leur vertu et leur nom de maison.

Qu'il est facile de faire contracter aux hommes des engagements durables !

Heureux le peuple où les chaînes morales sont plus fortes que les chaînes de fer, et je sais, par ma propre expérience, que les premières peuvent acquérir cette solidité.

Je secouerais des chaînes de fer, si j'en étais chargé, et j'ai souvent éprouvé que je n'avais pas la force de secouer des chaînes morales.

On ne saurait commencer de trop bonne heure à fortifier l'homme civil et policé contre l'homme sauvage et naturel ; et les moyens les plus sûrs sont l'opinion de soi, l'estime des autres, les idées préconçues de loin, et l'effroi des dénominations. La valeur des dénominations louables ou odieuses est une des premières choses que notre mémoire offre à discuter à notre esprit, dans presque toutes les occasions importantes. « Et qu'en dira-t-on ? »

Je destinerais les enfants trouvés aux arts mécaniques et aux manufactures, et je leur assurerais une boutique et une maison dans la capitale.

Voilà le fonds d'où je tirerais des rues, et des rues mêlées de toutes sortes de conditions.

Défense de s'établir ailleurs.

Encouragement à se perfectionner par cette récompense.

§ V

SUR L'ÉCOLE DES JEUNES DEMOISELLES

Après avoir bien réfléchi sur cette admirable institution, j'ai comparé l'éducation générale qu'on y donnait à l'éducation que j'ai donnée à ma fille, et sans en imposer à Votre Majesté Impériale, à qui je me ferais un crime de dire ce que je ne penserais pas, je trouve qu'ayant eu le plus tendre des pères, la meilleure des mères, elle a cependant été moins bien et plus sévèrement élevée que vos enfants. On a pris dans votre couvent des précautions plus sûres pour fortifier la santé, conserver au caractère son naturel, son innocence et sa gaieté, donner des talents sans gêne, former à l'économie domestique sans avilir, en un mot préparer des mères, des épouses et des citoyennes instruites, honnêtes et utiles.

Le seul point, plus ou moins important selon le coup d'œil sous lequel on le considérera, le seul point, dis-je, qu'on ait omis, c'est un petit cours d'anatomie sur des pièces en cire et injectées qui aient la vérité de la nature, sans en offrir le dégoût.

Le corps est pour tous les hommes une partie si importante d'eux-mêmes ! La frêle machine d'une femme est si sujette à des dérangements ! Une femme devient mère, et une teinture légère d'anatomie lui convient si fort, et avant que de le devenir, et quand elle le devient, et après qu'elle l'est devenue !

C'est ainsi que j'ai coupé racine à la curiosité de ma fille. Quand elle a tout su, elle n'a plus rien cherché à savoir. Son imagination s'est assoupie et ses mœurs n'en sont restées que plus pures.

C'est ainsi qu'elle a appris ce que c'était que la pudeur, la bienséance, et la nécessité de dérober aux yeux des hommes des parties dont la nudité, dans l'un et l'autre sexe, les aurait réciproquement portés au vice.

C'est ainsi qu'elle s'est instruite sur le péril et les suites de l'approche de l'homme.

C'est ainsi qu'elle a apprécié la valeur de tous les propos séducteurs qu'on ait pu lui tenir.

C'est ainsi qu'elle a été préparée au devoir conjugal et à la naissance d'un fils ou d'une fille.

C'est ainsi qu'on lui a inspiré des précautions pendant l'état de grossesse, et de la résignation au moment de l'accouchement ; on lui avait fait voir l'enfant dans la matrice. Aussi, à sa première couche, a-t-elle montré une fermeté qu'on n'a peut-être encore jamais vue à une femme ignorante.

Cette connaissance lui servira dans la santé pour la conserver ; dans la maladie pour bien désigner le lieu de sa douleur, dans la maison pour son mari, pour ses enfants et pour ses domestiques.

Mais, me direz-vous, où a-t-elle pu prendre ces connaissances anatomiques, sans conséquences ? Chez une demoiselle, très habile et très honnête, où j'ai fait mes cours d'anatomie, moi, mes amis, vingt filles de bonne maison, et cent femmes de la société, science qu'elle a rendue assez commune parmi nous. Des pères y ont mené leurs fils et leur filles séparément. On formait une compagnie et l'on prenait les leçons en commun.

Votre Majesté Impériale me demandera peut-être à quel âge ma fille et les autres enfants ont pris ces leçons. A seize ans, à dix-sept ans, à dix-huit ans, un ou deux ans avant le mariage.

M. Grimm, qui a passé par cette école, en pourra parler à Votre Majesté Impériale, et, certes je ne le préviendrai pas, afin qu'elle puisse savoir exactement par lui ce qu'il en pense.

Pringle [1], Petit [2], nos plus célèbres anatomistes conviennent tous que les pièces sont très parfaites.

D'Alembert, qui a été l'élève de cette demoiselle, m'a dit avoir appris chez elle plus de véritable anatomie en huit jours que chez notre célèbre Ferrein [3] en six mois.

1. John Pringle, né à Stickel-House (comté de Roxburgh) le 10 août 1707, mort à Londres le 18 janvier 1782.
2. Antoine Petit, né à Orléans en 1718, mort à Olivet (Loiret) le 21 octobre 1794. Il était particulièrement lié avec Diderot, à qui il a écrit sur une question physiologique une lettre qu'on trouvera au tome IX des *OEuvres complètes* du philosophe.
3. Antoine Ferrein, né à Frespech (Lot-et-Garonne) en octobre 1693, mort à Paris le 28 février 1769. La Faculté de médecine conserve son buste modelé par J.-B. Le Moyne.

Lorsque Pringle vit ses préparations, il lui dit « qu'il n'y manquait que la puanteur [1] ».

Elle démontre le cerveau, le cervelet et toutes ses parties, l'œil, l'oreille, la poitrine, les poumons, le cœur, l'estomac, la rate, les intestins, la vessie, la matrice, les parties de la génération de l'un et de l'autre sexe, mais seulement aux femmes mariées ; les muscles, les veines et les artères, etc.

Et ce détail est précédé d'une leçon ou deux, sur une grande pièce où l'on voit l'anatomie animale en général.

Il ne restera plus qu'une question à faire par Votre Majesté Impériale : c'est sur le temps que demande ce petit cours anatomique ; et elle sera bien étonnée lorsque je lui répondrai : pas un mois, pas quinze jours, à peine huit jours.

En huit jours on sait les choses, on en a des idées très nettes, on n'ignore que la langue anatomique, affaire de mémoire qui demande plus de temps que la science.

J'ai fait le cours avec Grimm.

Il n'a guère passé d'étrangers à Paris qui n'aient visité cette fille singulière et qui n'aient vu ses ouvrages.

Je crois que monseigneur le prince héréditaire de Darmstadt y a été.

Je ne pourrais pas l'envoyer pour toujours à Sa

---

[1]. Grimm cite ce mot à propos de la séance des trois Académies à laquelle assista Gustave III (avril 1771) et de la démonstration que mademoiselle Biheron fit devant lui.

Majesté Impériale, parce que ces travaux ont ruiné sa santé ; mais elle ne refuserait peut-être pas de venir avec tous ses ouvrages, former une, deux, trois élèves dans l'école.

Elle a donné des leçons publiques à Londres [1] ; les élèves formées, je crois qu'elle se déferait volontiers de toutes ses pièces anatomiques.

Quoi qu'il en soit, je ne balancerais pas à faire faire aux jeunes filles de la maison un, deux, trois

1. Ce que Diderot ne dit pas, c'est qu'il n'avait pas épargné ses peines pour favoriser la tentative de mademoiselle Biheron en Angleterre. Voici à ce sujet une lettre *inédite* qu'il écrivait à John Wilkes (British Museum, fonds Macaulay) :

« Monsieur et très honoré Gracchus, avez-vous vu mon ami Grimm ? Avez-vu bu à la santé de vos amis de Paris ? Je crois que non. Attaché à un prince, il lui aura été difficile d'approcher sa lèvre de la coupe séditieuse d'un tribun du peuple. Que faites-vous à Londres à présent ? Vous qui savez si bien réveiller dans les âmes le démon patriotique, que n'êtes-vous ici ! L'homme qui sait susciter de grands mouvements aime à être le spectateur de grandes révolutions. Il n'y a que deux instants intéressants dans la durée des empires, celui de leur grandeur et celui de leur décadence, surtout lorsque cette décadence naît de petites causes imprévues et s'accélère avec une grande rapidité. Imaginez un palais immense dont l'aspect majestueux et solide vous en imposait, promettait à votre imagination une durée éternelle ; imaginez ensuite que ses fondements s'ébranlent et que vous voyiez tout à coup ses murs énormes se séparer et se dissoudre. Voilà précisément le spectacle que nous offririons à votre spéculation. Alors les beaux-arts se sauvent de chez un peuple, comme on voit, par un instinct divin, les rats sortir d'une maison qui menace ruine.

» Le philosophe, moins sage que l'habitant à museau pointu et à longue queue, reste jusqu'à ce qu'un moellon de l'édifice lui casse la tête. Mademoiselle Biheron, qui vous remettra ce billet, est une souris effarouchée qui sort de son trou et qui va chercher chez vous de la sécurité. Cette souris est une souris distinguée dans son espèce. Elle justifiera la considération dont

cours de cette curieuse, intéressante et utile science, pendant l'année qui précéderait leur sortie de la maison.

Sa Majesté Impériale sera tout étonnée de la sorte de modestie et de réserve réfléchie qu'elle leur remarquera.

elle jouit ici, par une quantité de très beaux ouvrages ; ce sont des pièces anatomiques d'une vérité et d'une étude merveilleuses. Je vous prie de l'accueillir et de lui rendre tous les bons offices qui dépendront de vous. Ma fille a fait avec facilité et sans dégoût un cours d'anatomie chez elle. Si vous m'en croyez, vous engagerez mademoiselle Wilkes à prendre quelques-unes de ses leçons. Quoique ce ne soit point l'objet du voyage de mademoiselle Biheron, comme elle joint à ses connaissances un grand caractère de bienfaisance, je ne doute point qu'elle ne se fît un plaisir de vous obliger dans votre enfant. Je présente mon respect à mademoiselle Wilkes. Je vous embrasse, vous, de tout mon cœur, quoique vous soyez un grand vaurien ; mais je ne sais comment cela s'est fait, toute ma vie j'ai eu et j'aurai un faible pour les vauriens, tels que vous, s'entend.

» Votre très humble, très obéissant serviteur et un peu vaurien aussi,

» DIDEROT.

» Ce 19 octobre 1771. »

Née à Paris le 17 novembre 1719 et fille d'un apothicaire, mademoiselle Marie-Catherine Biheron n'a point de notice dans les répertoires généraux modernes, sauf dans la *Biographie* Didot qui lui a consacré, d'après le *Dictionnaire* de Chaudon et de Delandine, un article insuffisant et erroné. D'abord élève de mademoiselle Basseporte, chargée de continuer la série des « vélins » commencée pour Gaston d'Orléans et acquise pour le Jardin du Roi, elle abandonna bientôt la peinture des fleurs, des plantes, et des insectes pour se faire, non sans avoir dû vaincre de pénibles dégoûts, une spécialité curieuse du modelage en cire de pièces anatomiques et son nom fut cité avec éloges par Sauveur-François Morand, dans un rapport qu'il fit à l'Académie des sciences, le 23 juin 1759, sur une collection de modèles destinés à l'Académie de Chirurgie de Saint-Pétersbourg; mais son habileté même excita, dit-on, la jalousie de la Faculté de médecine. A Londres, elle ne fut guère plus encouragée, si ce n'est par Hurter et Hewson, et les sollicitations de Diderot à Catherine II

C'est ainsi que ma fille a appris, et ce qu'il lui convenait d'entendre ou de ne pas entendre, et à rester en compagnie ou à s'en retirer à temps, à discerner l'homme honnête de l'homme grossier, l'ouvrage délicat de l'auteur ordurier, le livre dont la lecture lui convenait ou ne lui convenait pas, la raison de ce qui se passait en elle, fille, et de ce qui devait s'y passer, femme.

Un jeune étourdi, homme d'esprit, homme de lettres, Barthe[1], l'auteur des *Fausses Infidélités*, très jolie petite pièce, et de la *Mère jalouse*, comédie qui n'est pas sans mérite, prêtait à ma fille les volumes de Voltaire à mesure qu'elle les lisait.

n'eurent pas un meilleur succès. Mademoiselle Biheron continua de vivre du produit de ses leçons et de l'exhibition payante de son cabinet. M. le Dr Cabanès a retrouvé et publié dans la *France médicale* (1892, p. 523) une pétition par laquelle mademoiselle Biheron offrait de céder ce cabinet aux Enfants de France moyennant trente mille livres (dont six mille comptant et le reste en rente viagère), plus une gratification annuelle de quinze mille livres pour l'aider à compléter ses collections. Sur le compte général présenté par Necker au roi et arrêté au 1er mars 1789, elle figure sous le nom de dame *Bicheron* pour une somme de trois mille livres, sans doute payée à titre d'encouragement, car elle avait conservé son cabinet et l'offrit sans plus de succès au Comité d'instruction publique de la Convention nationale. Mademoiselle Biheron mourut à Paris le 18 juin 1795 (et non en 1786 comme le dit la *Biographie* Didot); son cabinet fut mis en vente le 23 frimaire an V (15 décembre 1796), sur une seule enchère, en l'étude de Me Boulard, le fameux notaire bibliomane ; mais l'acte de vente n'existerait plus dans le minutier de son successeur, et le sort actuel de cette collection ne m'est pas connu.

1. Nicolas-Thomas Barthe, né à Marseille en 1737, mort à Paris le 15 juin 1785. Voir sur lui la *Correspondance* de Grimm, les *Mémoires secrets*, le *Journal* de Collé, et une notice dans la *Grande Encyclopédie*.

— Un jour, je passais à travers la chambre de mon enfant, et je la vis qui riait à gorge déployée,

— De quoi riez-vous de si bon cœur? lui dis-je.

— Je ris du docteur Pangloss qui donnait des leçons de physique expérimentale à madame Paquette, dans un bosquet.

— Comment! vous lisez *Candide!*

— Oui, mon papa, c'est un livre infâme, mais puisque je l'ai commencé, vous me permettrez que je l'achève.

— Et qui est-ce qui vous a prêté ce livre?

— Ah! mon papa, ne vous en mêlez pas, c'est mon affaire, et soyez sûr que cet homme-là ne m'aura pas manqué impunément...

Une autre aurait caché le livre, se serait bien empoisonné l'imagination; ma fille n'en fit rien.

Quelque temps après, arrive M. Barthe; nous causions tête à tête dans mon cabinet, lorsqu'on m'apporte un billet conçu en ces termes :

« Monsieur, vous avez manqué à mon père et à moi en m'envoyant un livre dont la lecture est déshonnête. Je ne sais si mon papa vous le pardonnera; pour moi, je ne vous le pardonnerai pas. Croyez-moi, si vous êtes jaloux d'entrer dans la maison des pères honnêtes, ne portez point de pareils livres à leurs enfants : les pères craindraient, avec raison, que ces lectures ne corrompissent leurs mœurs. J'ai lu votre livre, oui, monsieur, je l'ai lu ; sans l'indignation de votre procédé, j'en aurais beaucoup ri ; et cela sans me corrompre, parce que, heureusement, on ne me corrompt point. »

Alors elle avait dix-sept ans et elle avait fait ses trois ou quatre cours d'anatomie ; rien dans ce livre pervers qui fît travailler sa petite tête, et par conséquent rien de dangereux.

Je dis à Sa Majesté Impériale une aventure domestique ; et si elle approuve ma vue, qu'elle ait la bonté de la proposer comme d'elle-même, sans quoi point de succès.

Lorsque M. le général Betzki lui demandera d'introduire des hommes et des femmes dans le couvent, que Votre Majesté lui dise : « J'ai bien une autre idée par la tête, etc. »

Il ne faut pas que ces leçons soient données par un homme, parce qu'il faut conserver aux jeunes filles l'habitude de rougir devant les hommes ; c'est une vapeur légère qui les embellit et qui se perdrait.

Et lorsque vos grandes filles sauront à quoi s'en tenir sur les discours des hommes, lorsqu'on leur aura traduit en bon français la valeur de nos propos doux, lorsqu'on leur aura bien dit : « Mademoiselle, voici le moment où l'on s'approchera de vous, où l'on vous flattera sur vos charmes, sur vos talents, où l'on vous regardera tendrement, où l'on vous persuadera, si l'on peut, qu'on vous aime à la folie, mais savez-vous ce que cela signifie? Le voici [1] : « Mademoiselle, si vous aviez pour agréable d'oublier en ma faveur vos principes d'honnêteté, de me sacrifier vos mœurs et votre réputation, de vous déshonorer à vos yeux et aux yeux des autres, de changer votre nom de fille honnête contre celui de courtisane et de fille perdue, de renoncer à toute considération dans la société et à tout établissement, de rougir le reste de votre vie, de faire mourir monsieur votre père et madame votre mère de douleur, et de m'accorder un quart d'heure d'amusement, je vous en serais infiniment obligé. » Alors, qu'on les introduise en compagnie ; si les lumières acquises, la bonne éducation, et ce discours ne les contiennent pas dans leur devoir, c'est qu'il n'y a rien à faire.

Ma fille ainsi prévenue se laissait dire toutes les douceurs qu'on voulait; mais qui était bien sot? C'était le doucereux, lorsque, après l'avoir écouté, elle regardait dédaigneusement par-dessus son épaule ou partait d'un grand éclat de rire.

1. Diderot, rapportant à mademoiselle Volland les conseils qu'il donnait à sa fille (22 novembre 1768), lui cite une phrase un peu plus courte, mais dont le sens est absolument identique, et dans le célèbre morceau *sur les femmes (OEuvres complètes*, t. I, p. 261), daté de 1772, on retrouve presque textuellement le développement qu'il en donne ici.

§ VI

SUR LES LEÇONS D'ANATOMIE

Votre Majesté Impériale a très sagement vu, lorsqu'elle a pensé qu'il ne convenait pas que ses jeunes filles reçussent les leçons d'anatomie d'un maître, parce qu'ayant appris à ne pas rougir de la chose, en présence d'un homme, elle rougirait bien moins encore du mot prononcé dans la société par un autre homme.

En conséquence, je n'oublierai pas de solliciter mademoiselle Biheron de faire le voyage de Pétersbourg avec ses pièces anatomiques qui ont cet avantage particulier de n'être aucunement fragiles; en les ménageant, elles seront dans dix ans aussi fraîches qu'aujourd'hui.

Mais n'y aurait-il pas moyen de laisser mademoiselle Biheron chez elle, d'épargner la dépense et d'accélérer l'exécution du projet?

Le docteur Clerc ne pourrait-il pas choisir entre les gouvernantes, les trois, quatre, cinq plus intelligentes, et les former?

Mademoiselle De La Font[1] qui me paraît avoir de

---

[1]. Mademoiselle Wilhelmine-Sophie de La Font était, ainsi que sa mère, attachée à la Maison des Jeunes Demoiselles. Il existe un portrait d'elle gravé par Tardieu, d'après J.-B. de La Pierre.

l'esprit et de la facilité, ne se prêterait-elle pas volontiers à cette vue?

Le docteur instruirait ces femmes par qui les leçons passeraient ensuite, sans conséquence, aux jeunes filles.

Quoi qu'il en soit, si Votre Majesté Impériale croit que, tout bien considéré, il vaut mieux que celle qui a fait les pièces, les accompagne et vienne s'établir dans son couvent, je suis presque sûr de l'y déterminer, ou de l'engager à former une bonne élève qu'elle vous enverrait.

Une observation à faire sur les pièces de notre fille anatomiste, c'est qu'elles sont molles, flexibles, formées, placées, coloriées comme la nature, et qu'elles ne sont pas fragiles, comme la cire. Elle emploie à les faire la soie, la laine, le fil, les plumes, presque toutes les matières. Elle a sa palette de cire, elle forme ses teintes; puis j'imagine qu'elle passe son fil de laine ou de soie dans cette teinte qui ne laisse sur le fil qu'un enduit si léger que le tout en conserve sa flexibilité, sans devenir fragile. C'est la conjecture qui doit venir à tous ceux qui examinent son ouvrage, et elle le laisse examiner tant qu'on veut.

Tout bien considéré, si elle vient elle-même, non seulement elle formerait quelques élèves pour les leçons anatomiques, mais elle pourrait apprendre à quelques autres à disséquer et à préparer les pièces semblables aux siennes. Talent rare et qui produirait un bénéfice assez considérable à la maison où il est permis de vendre le travail de la maison.

§ VII

SUR LA MAISON DES JEUNES FILLES.

Je ne sais ce qui m'arriverait ici, mais si, par malheur, chez moi, dans une maison publique d'éducation, une jeune fille était séduite, et que la séduction transpirât, ou par quelque indiscrétion ou par les suites naturelles, la maison serait perdue, et perdue pour jamais. Il n'y a point de parents qui voulussent y envoyer leurs enfants. Cet accident peut toutefois avoir lieu dans la maison la mieux réglée et la plus fermée. Ce qui effarouche alors les parents, c'est moins encore la frayeur d'un pareil malheur pour leur enfant que le mauvais renom de la maison dans l'esprit du peuple qui généralise tout et qui dit : « On y corrompt les enfants ; il ne sort de là que des filles corrompues ». Je pense donc que la clôture ne peut être trop sévère dans votre maison de filles.

Quelles que soient les précautions que l'on prenne, elles ne peuvent pécher par excès ni contre les supérieurs ou directeurs, ni contre les maîtres, ni contre les valets.

§ VIII

SUR L'IMPORTANCE DU CONCOURS MÊME AUX GRANDES PLACES

De tous les titres inscrits par Diderot soit en tête de ces feuillets, soit à la table des matières, aucun n'est moins justifié en apparence que celui-ci, et l'on serait en droit de se demander s'il ne s'est pas servi, pour noter ce dialogue dont il affirme la parfaite authenticité d'un morceau de papier sur lequel il se proposait primitivement de parler de toute autre chose. Un moment même, j'avais été tenté de supposer que cette confusion s'était produite entre le premier paragraphe de ce chapitre et celui-ci, puisqu'à propos de l'éducation particulière, il y a traité, comme on l'a vu, de l'avantage du concours à toutes les places; mais il n'est pas douteux que Diderot obéissait encore à cette même préoccupation en transcrivant cet entretien dont la verdeur et l'ironie font songer au *Neveu de Rameau* et dont l'auteur nous laisse le soin de tirer la conclusion.

*
* *

Pour achever de persuader Votre Majesté Impériale de la nécessité de cette institution qui manque par toute terre et qui réduit par son défaut les lumières et la vertu à rien, en privant d'une base nationale l'éducation particulière, il faut que je lui ébauche le discours d'une mère à son fils et à son instituteur dans nos contrées, et cela d'après nature.

L'instituteur entre chez la mère, le soir à deux heures du matin, à l'heure qu'elle rentre.

LA MÈRE. — Ah! l'abbé, vous voilà!

L'INSTITUTEUR. — Oui, madame.

LA MÈRE. — Est-ce que vous venez coucher avec moi?

L'INSTITUTEUR. — Je viens vous dire que je m'en vais demain.

LA MÈRE. — Cela n'est pas vrai, vous ne vous en allez pas, et pourquoi vous en aller?

L'INSTITUTEUR. — C'est que je ne puis rien faire de vos enfants.

LA MÈRE. — Et qui est-ce qui vous dit d'en faire quelque chose, mon cher abbé? Vous vous donnez bien du souci et bien de la peine inutilement. Mon fils apprendra de vos mathématiques, de votre latin, de votre grec, de votre physique, de toutes vos sciences, ce qu'il pourra; qu'il se porte bien, qu'il ait de la grâce, qu'il parle avec esprit, qu'il plaise dans le monde, qu'il soit aimable et amusant; c'est tout ce que je vous demande pour l'aîné. Le cadet pourrait bien être un sot, malgré vous. Eh bien! l'abbé, nous en ferons ou un militaire, ou un ecclésiastique; au pis aller, il aura la charge du président, son oncle. Et puisque votre projet n'est pas de coucher avec moi, allez-vous-en, car il est tard; et que je n'entende plus parler de ces fadaises-là... A propos, l'abbé, amenez-moi demain matin mes enfants.

LA MÈRE, LES ENFANTS. ET L'ABBÉ

LA MÈRE. — Ah! mon fils, comme vous voilà! Mais vous avez les yeux battus; vous l'avez excédé, mon cher abbé; et il n'a pas pu dormir. Je veux que mes enfants dorment d'abord; entendez-vous? Petit, avez vous bon appétit? Hier où avez-vous été? avez-vous bien couru?

— Maman, nous avons été chez l'abbé Nollet [1].
— Oui, voir mourir un moineau dans la machine.
— Fi, cela est odieux! ensuite?
— Chez Blondel [2].
— Et quoi faire là?
— Mais voir des modèles d'architecture.

1. Jean-Antoine Nollet, né à Pimprez (Oise), le 19 décembre 1700, mort à Paris le 24 avril 1770. Professeur au collège de Navarre et maître de physique des Enfants de France, il institua des cours publics très fréquentés. La Tour avait peint son portrait qui a été gravé par Beauvarlet.

2. Jacques-François Blondel, né à Rouen, le 17 janvier 1705, mort au palais du Louvre, le 7 janvier 1774. Issu d'une famille d'architectes célèbres et chargé de travaux importants, particulièrement à Metz et à Strasbourg, il avait ouvert en 1743, avec l'agrément de l'Académie d'architecture, une École des Arts qui, dès 1749, était en pleine prospérité et dans laquelle il avait réservé douze places gratuites aux jeunes gens « plus favorisés de la nature que de la fortune ».

— L'abbé, savez-vous bien que vous êtes fou! Est-ce que vous voulez faire de mon fils un maçon? Mes chevaux sont-ils mis?

— Oui, madame.

— Adieu, mes petits. Amusez-vous bien ; et vous, l'abbé, n'oubliez pas ce que je vous ai dit hier au soir. Mes enfants seront riches ; et je ne sens pas la nécessité de toutes ces connaissances qui ne sont d'aucune ressource avec les femmes et dont ils pourront toujours se passer. Mais tandis que je m'amuse à bavarder, la comtesse s'impatiente : adieu, adieu.

Et ce qu'il y a de très plaisant, c'est que c'est l'abbé qui a tort, et la mère qui a raison.

XII

L'ÉDUCATION PAR LE THÉATRE.

Catherine avait inscrit au programme des grands établissements scolaires fondés par elle la représentation d'un certain nombre de chefs-d'œuvre classiques. Ne pouvant s'adresser à la muse nationale, dont les timides imitations ne faisaient point prévoir l'essor qu'elle prendrait un jour, l'Impératrice avait eu d'abord recours au répertoire de notre littérature et spécialement à celui de Voltaire : *Zaïre* et *l'Enfant prodigue* furent interprétés en 1772, par les jeunes pensionnaires de l'ancien couvent de Smolna et l'on peut voir, dans les lettres de Catherine au patriarche de Ferney le compte rendu qu'elle lui fit de ces solennités; mais elle ne se dissimulait pas qu'il y avait « trop d'amour dans la plupart des pièces françaises » et demandait conseil à Voltaire. Celui-ci, tout en proposant de retrancher vingt vers dans *le Misanthrope* et quarante lignes dans *l'Avare*, offrait d'envoyer un exemplaire de sa tragédie des *Lois de Minos* qu'on imprimait à la même époque, avec des pages blanches sur lesquelles il aurait noté les changements nécessaires pour ménager la vertu des belles « amazones » de Smolna. Son zèle, échauffé par les louanges hyperboliques de Catherine, tomba bien vite, et une plaisanterie un peu plus que gaillarde sur la barbe de l'actrice chargée du rôle de Mardochée (dans *Esther*) montra le pied fourchu du satyre drapé dans la robe du pédagogue. Les coquetteries épistolaires entre la « Sémiramis du nord » et le « vieux malade » continuèrent comme par le passé, mais à une nouvelle allusion au théâtre *ad usum juventutis*, celui-ci fit la sourde oreille.

Précisément alors Diderot arrivait en Russie et fut tout naturellement admis aux représentations de Smolna. Tout de suite aussi il s'offrit pour la besogne devant laquelle Voltaire avait reculé.

§ I

DES PIÈCES DE THÉATRE

A Sa Majesté Impériale.

Madame,

Vos enfants ont joué et *les Femmes savantes* et *la Servante maîtresse* à étonner tous ceux qui ont connu et les meilleurs acteurs et les meilleures actrices de la scène française. Qu'ils aient bien joué la scène chantée[1], cela est fort surprenant, mais le chant, quand il est bien fait, dicte la déclamation et la mesure force le mouvement. Mais c'est que ces enfants ont excellé dans la scène parlée et dans l'action théâtrale.

Ces deux petits acteurs sont assez avancés pour en faire un talent. Ce prodige est tel que si je m'en expliquais à Paris d'après ma sensation, je me donnerais un ridicule.

J'en parlerai pourtant, mais le sang-froid de mon ami M. Grimm, qui attestera la même chose que moi, arrêtera les mauvaises plaisanteries d'une nation qui, en ce genre surtout, a les plus fortes prétentions.

J'avouerai pourtant à Votre Majesté Impériale que je serais sinon fâché, du moins un peu soucieux d'avoir deux enfants qui jouassent aussi bien. Les pièces qu'on leur fait jouer ne me paraissant nullement propres à exercer la sensibilité, à inviter à la commisération, à la bienfaisance et à former les mœurs. Combien de propos qui blessent sur les lèvres de ces jeunes bouches innocentes !

Il est de la plus grande importance de leur faire un petit théâtre honnête qui leur appartienne.

Ce que Voltaire n'a pas fait et ce qu'il eût mieux fait que moi, moi, madame, je le ferai. Je l'ai promis à

---

[1]. Dans *la Servante maîtresse*.

Votre Majesté Impériale et je tiendrai parole, trop heureux de contribuer dans une bagatelle à deux des plus belles et des plus grandes institutions qu'on puisse imaginer.

Les passions ne s'éveillent que trop tôt et trop fortement dans le cœur des jeunes gens.

Les pièces honnêtes n'excluent ni la plaisanterie, ni la gaieté.

Je n'ai pas le mérite de ces observations, M. le général Betzki les avait faites avant moi, et je ne fais que transcrire une page de ses lettres.

Mais à ces observations j'en ajouterai une autre que je soumets au discernement de Votre Majesté. Ces enfants ont joué pour nous; mais ne conviendrait-il pas qu'on jouât pour eux? Ne serait-il pas à propos que de grands acteurs les intéressassent, les agitassent, excitassent leur indignation contre les méchants, fissent couler leurs larmes sur le malheur des bons? En scène, ils sont nos prédicateurs; au parterre, ils seraient les auditeurs et les prêchés.

En voyant jouer, ils apprendraient à bien jouer; en voyant jouer, ils seraient instruits et touchés.

Ces deux ou trois représentations qu'on leur donnerait par an ne pourraient-elles pas devenir une récompense pour ceux qui auraient bien rempli leurs devoirs et dont on serait satisfait, les seuls à qui on permettrait d'y assister?

Je confie à Sa Majesté Impériale mes pensées comme

elle me viennent. La grâce que je lui demande, c'est que si, par hasard, il s'en trouve une qui lui paraisse sensée, de vouloir bien se la rendre propre, sans quoi il y a cent à parier contre un qu'elle restera sans effet.

On se fera un plaisir, un honneur de seconder la vue de Votre Majesté ; si cette vue est d'un petit particulier comme moi, qui s'en vient de huit cents lieues se donner les airs d'approuver ou de blâmer, cela se réduira à rien, si ce n'est à me faire des ennemis.

Je crois que toutes les cours se ressemblent ; pour tous les souverains, Votre Majesté Impériale m'a bien appris le contraire.

Ainsi j'ose demander et espère obtenir de Votre Majesté Impériale, qu'elle gardera par devers elle tous mes petits papiers pour en faire l'usage qui lui conviendra.

Je suis avec le plus profond respect, de Sa Majesté Impériale, le très humble et très obéissant serviteur,

DIDEROT.

Peut-être ne faudrait-il songer à quelque innovation que quand je serai éloigné.

Lorsque je n'aurai pas l'honneur de faire ma cour à Votre Majesté, elle peut être assurée que je suis penché sur mon bureau et que je m'occupe à lui témoigner mon entier et profond dévouement comme je puis.

*
* *

Sans attendre un acquiescement dont il était sûr, Diderot indiqua, peut-être le jour même, ce qu'on pourrait tirer d'une adaptation des *Femmes savantes*. Le feuillet suivant n'a pas de titre.

*
* *

Projet d'une pièce de théâtre où les jeunes élèves de Sa Majesté entendront tout ce qu'on leur dira de ridicule en entrant dans le monde, et qui empêcherait ces propos de leur être tenus, soit par leurs parents, soit par les autres femmes, soit par les hommes, si le ridicule en était gaiement et fortement peint.

Il faudrait se conformer, à peu de choses près, à la conduite des *Femmes savantes*, à la place d'Henriette peindre une élève de votre maison, lui donner deux ou trois amies fort ridicules, introduire à la place de Vadius et de l'autre personnage[1] deux ou trois jeunes gens fort ridicules, leur opposer un père pupille et faible, un amant très honnête et très bien élevé, et fourrer tout au travers une suivante très gaie, très vive, très mordante, qui se joindrait au père pour défendre l'élève et sa conduite, écarter les sots amants, faire don-

1. Trissotin.

ner la préférence à l'honnête jeune homme, et le personnage surtout doit être singulièrement national.

Ce que le changement d'intérêt entraînerait de changement dans l'ordre des scènes donnerait à l'ouvrage un air tout à fait nouveau.

Sans perdre de la gaieté, le fond qui ne tombe que sur un ridicule deviendrait moral.

Il n'y a plus de femmes savantes, et il y aura à jamais des têtes extravagantes qui chercheront à déranger celles de vos élèves.

J'ai entendu parler d'un de vos sujets appelé Vizen[1], je crois, qu'on m'a dit bien connaître la nation, les mœurs et avoir de la verve et de la gaieté.

J'insiste sur l'excellence de la pièce. Elle ne peut atteindre au but qu'à cette condition.

*
* *

Dans le troisième fragment, les conseils de Diderot ne s'adressent plus à la directrice spirituelle et temporelle des pensionnaires de Smolna, mais à un confrère et à un confrère couronné auquel il devait toutes sortes d'égards.

---

1. Denis Von Vizine (1744-1792), auteur de deux comédies classiques de l'ancien répertoire russe : *le Brigadier* et *le Mineur*. On a traduit d'intéressantes *Lettres* qu'il adressait de Montpellier et de Paris à sa sœur, en 1777 et 1778. (Paris, H. Champion, 1888, in-16.)

Bien que la chronologie des productions de Catherine II ne soit pas exactement établie, on sait du moins que la comédie intitulée : *O Temps!* n'était pas la première, et qu'elle fut composée en 1772, à Jaroslaw, sur les bords de la Volga, pendant les ravages de la peste de Moscou et le soulèvement de Pougatchef. Écrite d'abord en allemand, puis traduite en russe, elle fut retraduite en français, par Leclerc. Une copie de cette traduction, communiquée en 1827 par un neveu de Leclerc à la Société des Bibliophiles français, fut imprimée au tome V de ses *Mélanges*[1]. Une autre copie fut adressée à Voltaire par l'Impératrice qui, par une fraude dont son correspondant avait usé jusqu'à l'abus, le lui présentait comme l'essai d'un anonyme ; elle lui rappelait en même temps sa promesse d'accommoder « quelques bonnes pièces » à ses maisons d'éducation. Voltaire loua en une ligne « un dialogue toujours vrai et toujours naturel » et passa prestement aux exploits militaires et diplomatiques de Catherine, dont la conquête de Byzance devait être le couronnement. Les applaudissements qui saluèrent *O Temps !* sur la scène privilégiée de Tsarkoe-Sélo (28 janvier 1773), ne consolèrent qu'à demi l'auteur dont le dépit se trahit dans cette phrase : « Je

---

1. Une autre traduction, beaucoup plus littérale et plus correcte, est due à M. A. Legrelle qui l'a publiée dans une collection des *Chefs-d'œuvre du théâtre russe*, imprimée à Gand. *O Temps (O Vrémia !)* a paru en 1888 (imp. F. Dullé-Plus, in-8º, xi-62 p.) et forme le quatrième volume de la série.

suis bien aise d'apprendre que ces deux comédies ne vous ont pas paru tout à fait mauvaises ».

Diderot y mit plus d'égards que son chef de file ; mais le naturel l'emportant bien vite, tout en indiquant les points vulnérables de l'œuvre, il parle moins de la pièce qu'il a sous les yeux que de celles auxquelles il songeait.

§ II

SUR UNE COMÉDIE INTITULÉE : *O Temps ! O Mœurs !* ET COMPOSÉE PAR SA MAJESTÉ IMPÉRIALE DE RUSSIE.

Je ne suis point étonné que ce poème ait eu du succès : il est national, il est gai. Les caractères en sont bien dessinés, bien suivis et fortement peints, les scènes simplement amenées, les incidents domestiques, toute la conduite naturelle et le dialogue vrai.

Mais on sent partout un traducteur mol, qui allonge, qui alourdit, et qui souvent, à côté de l'expression propre, à laquelle peut-être notre langue ne se prête pas, détruit la chose précieuse, l'originalité, le mot qui fait éclater le rire et la force comique.

Il a fallu que le poète ait eu bien de la vigueur pour résister à cette épreuve ; quel mal on lui a fait et qui malheureusement ne peut être réparé que par celui qui saurait également bien les deux langues !

La première scène est trop longue; il m'a semblé qu'il y avait quelques redites, qu'il en faudrait supprimer; c'est l'affaire d'un trait de plume de Votre Majesté.

Je puis protester à Votre Majesté Impériale, à qui j'ai promis la vérité, que la première souveraine de l'Europe sera, quand elle voudra, le premier poète comique de sa nation.

Il y a peu d'action, mais je n'en demande pas davantage, et je vais défendre contre elle-même le peu d'intrigue de sa pièce et la simplicité de son dénouement.

Je ne saurais souffrir ce qu'on appelle un dénouement merveilleux et piquant.

Ce dénouement est presque toujours romanesque. Le romanesque du dénouement qu'il faut préparer répand le même vernis sur tout l'ouvrage, et Votre Majesté Impériale a beaucoup mieux fait en amenant son mariage sur la scène précisément comme il se serait fait dans la maison.

Je la supplie de ne jamais se départir de cette loi qui lui épargnera bien de la peine et qui conservera à ses poèmes une ressemblance rigoureuse avec les choses de la société. Les ouvrages ordonnés avec simplicité donneront le ton aux autres poètes et établiront le bon goût sur le théâtre de sa nation, bon goût dont j'oserai lui dire que nous sommes bien loin dans la tragédie et dont nous nous sommes écartés, en ce point seulement, dans la comédie, sur la trace des Latins et des Italiens. Point d'*imbroglio;* il est détestable dans le genre sérieux, il est maussade dans le genre plaisant.

La tragédie n'aura atteint sa perfection que quand la conduite en sera vraiment historique; ce doit être un fait qui ait cinq instants distincts, liés si nécessairement que l'un étant arrivé, il faut que l'autre s'ensuive.

Exemple pour la tragédie[1] : un shérif est envoyé dans une province pour y faire souscrire une formule de foi.

L'arrivée du shérif; premier acte.

Il propose la formule à souscrire au vieillard qui commande la province et qui refuse d'apostasier; deuxième acte.

Le vieillard est emprisonné et condamné à la mort; troisième acte.

Ce vieillard a une fille très belle. Cette fille demande la grâce de son père, et cette grâce ne lui est accordée qu'à la condition qu'elle se prostituera; quatrième acte.

Elle se prostitue et ne sauve pas la vie à son père. Les habitants se soulèvent et le shérif est massacré; cinquième acte.

---

1. Diderot paraît avoir été, à plusieurs reprises, tourmenté du désir de mettre lui-même à la scène ce drame dont le plan intitulé : *le Shérif,* a été publié au tome VIII des *OEuvres complètes.*

Il y a tout au travers de cela un prêtre, un amant, des paysans. C'est la chose de remplissage et la fourniture des actes.

- Exemple pour la comédie : C'est le méfiant. Il a un procès avec sa sœur qu'on ne saurait venir à bout de terminer. Il a une fille dont la main est sollicitée par un militaire, un magistrat et un commerçant, et il voit des raisons pour les exclure tous. Il a un ami vrai qu'il suspecte, des valets qui ne sont à ses yeux que des fripons. Ses parents, ses voisins, les indifférents, tout lui fait ombrage. Il a une maîtresse charmante qu'il aime et dont il est aimé et il tremble de l'épouser. Dans un entr'acte, son ami lui propose de le mener dîner et il a des objections contre toutes les maisons qu'on lui nomme. Voilà, ce me semble, plus de matières qu'il n'en faut pour conduire la pièce à la fin du quatrième acte, moment où sa maîtresse lui dit net que si son procès n'est pas terminé et sa fille accordée avant la fin du jour, il faut renoncer à elle.

Au cinquième acte, on trouve le méfiant résigné à tout; il arrange son procès avec sa sœur tout comme on veut; il donne à sa fille l'amant qu'elle préfère sans la moindre objection; il souscrit à son contrat de mariage avec sa maîtresse presque les yeux fermés. Cette conversion si parfaite étonne tout le monde, mais quand tout est consommé, alors, avec une éloquence et une force inouïes, il démontre que de la manière dont on a fini son procès, il en renaîtra d'autres;

qu'avec l'époux que sa fille a préféré, il est impossible qu'ils vivent quatre ans ensemble et qu'il fera le supplice de sa femme et elle le sien. La pièce finit et le spectateur s'en va disant : « Ma foi, cet homme pourrait bien avoir raison. »

O le beau sujet dont on ne s'est jamais avisé et comme Votre Majesté Impériale s'en tirerait : l'*Ami de cour !*

Un homme qui protège tout le monde et qui s'en moque.

Un homme qui n'apprend la valeur d'une place par un client que pour en disposer en sa propre faveur, ou en faveur d'un grand à qui il veut être agréable.

Un homme qui se fait honneur de tout auprès de la souveraine.

Un homme qui n'aime la fille du ministre que pour approcher plus près du souverain.

Un homme démasqué à cette jeune fille par son père, qui serait tombé dans la disgrâce du souverain.

Un homme qui abandonne le père à son prétendu malheur pour courir après ses places qu'il croit vacantes, et qui laisse la jeune fille dont la main ne peut plus lui servir à rien.

Un homme ami de son rival, qui vient solliciter le prix de ses services et qui en est joué, éconduit, etc.

Un homme qui donne des paroles à tout le monde, bien résolu de n'en tenir aucune.

Un rival honnête qui ne balance pas à s'associer au

malheur du ministre, et à le suivre dans son exil, si l'on consent à lui accorder la fille qu'il aime.

Que Votre Majesté Impériale n'ajoutera-t-elle pas à ces traits, elle qui connaît ces gens-là bien mieux que moi !

Sa Majesté est faite pour flageller les vices de tous les états.

C'est depuis que j'ai lu sa pièce que je vais vraiment regretter les moments qu'on lui prend depuis trois jusqu'à cinq, et qu'elle emploierait bien mieux à cet utile délassement.

Si Sa Majesté se livrait à ce genre pour lequel elle a un talent très décidé, qu'elle eût la complaisance d'écrire dans ma langue qu'elle sait bien et qu'elle m'honorât assez de son estime et de sa confiance pour me faire passer son ouvrage, certainement je ne lui refuserais pas de revoir de mon mieux les amusements de Tsarkoë-Selo et de faire pour elle ce que je fais toute l'année à Paris, je ne dis pas pour mes amis, mais pour une foule d'indifférents.

J'ai relu la première scène ; je me suis trompé, elle est bien et il faut la laisser telle qu'elle est.

La seule chose que j'aurais conçue autrement que Votre Majesté, c'est le caractère de Blanc-bec. Ayant à épouser Christine qui est une jolie enfant, je n'en aurais pas voulu faire une sorte de benêt, parce que cela chagrine et que Christine prend le jeune homme sans trop s'en soucier, ce qui est encore assez chagrinant. C'est presque une affaire de tempérament. Mais peut-être vous demandé-je nos mœurs lorsque vous peignez les vôtres. Cependant cela aurait jeté dans l'ouvrage de la douceur qui aurait fait sortir davantage le ridicule des autres personnages et inspiré pour les jeunes gens, un intérêt qui aurait rendu Cagote et ses amies très odieuses, si leur amour avait été secret et très vif.

*
*   *

En offrant à sa bienfaitrice de faire pour elle ce qu'il faisait journellement à Paris pour des indifférents et souvent, selon Grimm, pour des polissons dont il ne savait même pas le nom, Diderot était sincère, tout comme il l'était en proposant d'« arranger un petit théâtre honnête » à l'usage des jeunes filles et des cadets; il en prenait l'engagement solennel dans un feuillet écrit la veille de son départ de Saint-Pétersbourg; il le réitérait dans une lettre datée de La Haye (13 septembre 1774); l'année suivante, il assurait encore qu'il n'attendrait pas pour se mettre à la tâche « le long âge » de Voltaire. En réalité, rien ne fut commencé, et la pédagogie dramatique — bien démodée aujourd'hui — attend encore les chefs-d'œuvre qu'il a peut-être rêvés, mais qu'il n'a certainement jamais écrits.

XIII

ENSEIGNEMENT DES BEAUX-ARTS

Malgré quelques protestations isolées et tardives, Diderot est bien légitimement considéré aujourd'hui comme le père de la critique d'art en France. Il n'est pas seulement le premier qui ait substitué à de froides analyses, à de pédantesques conseils sur le genre « noble », la magie de sa propre couleur, l'anecdote pittoresque ou gaillarde, les réminiscences personnelles ; il a surtout et avant tout la gloire d'avoir compris Chardin et La Tour comme nous les comprenons aujourd'hui, de s'être montré sévère pour Boucher dans la mesure qui convenait et d'avoir deviné David ; n'en voilà-t-il pas assez pour se faire pardonner d'avoir traité les eaux-fortes de Rembrandt de « gribouillages[1] », ce Rembrandt qu'il appelle cependant quelque

1. *Voyage de Hollande. Œuvres complètes*, tome XVII, page 430.

part « le Tacite de la peinture[1] », et d'avoir parlé de Watteau comme d'un bon peintre « de théâtre » ? Quant aux principes mêmes de cet enseignement des arts du dessin, qui tint une si grande place au xviiie siècle, Diderot subissait vraisemblablement l'influence de son ami Cochin, dessinateur élégant, mais académiste en diable, et il a cru, comme lui, que l'École et tout son appareil pouvaient remplacer cette étude de la nature vraie qui restera la meilleure gloire des peintres de notre temps. Et cependant, n'est-ce pas Diderot qui nous a conservé le souvenir des admirables et paternels conseils de Chardin réclamant « de la douceur, de la douceur » au petit bataillon des critiques[2] et disant, pour l'avoir bien connu, le désespoir du jeune artiste lorsque, tout frais émoulu des doctrines de ses maîtres, il se trouve en présence de la réalité des choses ?

Diderot était un « curieux » et c'est même une particularité qui le distingue, entre bien d'autres, de ses grands contemporains Voltaire, Rousseau et Montesquieu. « Il ne se refusait pas un livre, dit madame de Vandeul ; il avait des fantaisies d'estampes, de pierres gravées, de miniatures ; il donnait ces chiffons le lendemain du jour où il les avait achetés, mais il lui fallait un peu d'argent pour les payer. » Il en est parmi nous qui mettraient volontiers à la place

1. *Pensées sur la peinture. OEuvres complètes*, tome XII, page 5.
2. Salon de 1765, tome X, page 234 des *OEuvres complètes*.

d'honneur de leur cabinet celui de ces « chiffons » qui leur tomberait entre les mains ; mais nous ne savons sur la nature de ces petites richesses que ce qu'il a bien voulu nous en dire, et leur sort nous est encore plus mal connu. Où est cette tête de vieillard de Rubens qui, lors du grand déménagement provoqué par la libéralité de madame Geoffrin, chassa de la muraille deux estampes d'après Poussin, lesquelles n'étaient cependant pas « sans mérite » ? Où cette *Tempête* de Vernet qui semble avoir émoustillé sa verve presque autant que la fameuse robe de chambre « d'écarlate » ? Et les plâtres de Falconet, réparés par le sculpteur lui-même ? Et les esquisses de Vien et de Machy ? car Diderot « donnait » aussi dans les esquisses. Tout cela s'est dispersé sans doute dans des partages de famille, ainsi que les portraits dont l'*Art* a pu obtenir jadis la reproduction[1], et que bien d'autres « chiffons » dus aux fantaisies du philosophe ou à la reconnaissance des artistes : telles, par exemple, la célèbre estampe d'Augustin de Saint-Aubin, d'après la *Vénus Anadyomène* du Titien, ou l'une de ses planches d'après les camées de la galerie d'Orléans que le graveur lui avait promises et que Diderot lui réclamait dans ce joli billet dont j'avais dû jadis la communication à Eugène Charavay :

« M. de Saint-Aubin a oublié qu'il y a entre lui et

1. Voir l'*Art*, 1878, tome Ier, p. 121 et suivantes.

moi un traité. Je dois lui envoyer le premier ouvrage qu'on imprimera de moi. Lui doit m'accorder en échange une Vénus Anadyomène et sa seconde petite planche des pierres antiques. Si cet oubli vient de ce qu'il estime plus son ouvrage que le mien et de ce qu'il croit avoir fait un mauvais marché, il a raison. Si ce n'est pas cela, il remettra la Vénus au porteur, bien enveloppée de manière que sa main sale et grossière ne puisse la gâter. Je le salue et l'embrasse toujours.

» Ce 11 avril.

» DIDEROT[1] ».

Ces indications, forcément très incomplètes, sur les goûts de délicat du philosophe ne sont pas déplacées ici, car elles expliquent l'importance qu'il attachait à un détail trop souvent négligé. Le sieur Pierre de Rascas de Bagarris, l'un des fondateurs du Cabinet de France, avait commencé un livre pour démontrer « la nécessité d'établir l'ancien usage des parfaites

1. L'adresse porte :

A Monsieur
Monsieur de Saint-Aubin,
Rue Neuve-des-Petits-Champs, chez M. de La Fermière, fermier général.

Saint-Aubin a écrit, au crayon, sous la date de 1781, au bas de la lettre : « Je lui ai envoyé une Vénus avant la lettre en février 1782 », et sur l'adresse : « Rue Thérèse ».

médailles dans toutes les monnaies [1] ». Diderot pensait comme lui qu'un souverain ne saurait trop se préoccuper de laisser à la postérité un témoignage multiple et palpable du soin qui présidait sous son règne à la frappe de ses effigies.

§ I

DES MONNAIES

Vos monnaies sont supérieures à celles des règnes précédents ; mais elles n'ont pas, à beaucoup près, ce caractère mâle, simple, pur et vigoureux des monnaies anciennes.

Il ne faut à Votre Majesté Impériale qu'un mot sur ce point.

Elles voyagent par toute la terre.

Elles dureront éternellement ; elles attesteront à jamais l'état des beaux-arts sous votre règne. Faites que pour le moment ce soient de beaux ouvrages. Faites que pour l'avenir ce soient des choses précieuses.

A tout prendre, il vaudrait mieux pour votre

---

1. Le seul exemplaire connu de ce livre, dont le titre exact est : *La Nécessité de l'usage des médailles dans les monnoyes* Paris, Berjon, 1611, in-4°) et qui ne paraît pas avoir été achevé, puisqu'il s'arrête à la page 26, est déposé dans la réserve de la Bibliothèque nationale.

gloire et celle de votre nation que vos monnaies fussent sublimes, plus que tous les autres monuments ordonnés par Votre Majesté Impériale.

On tirera de la terre vos monnaies longtemps après que tous les monuments de la Russie y seront enfouis. Une belle pièce subsistera, lorsque l'ouvrage merveilleux de Falconet sera détruit.

L'unique usage des belles monnaies anciennes, après avoir constaté le grand goût du temps où elles ont été frappées, ce n'est pas d'éclaircir l'histoire : ou le fait est historique, et la monnaie n'apprend rien ; ou le fait n'est pas consacré par les annales, et la monnaie ne fournit que des conjectures vagues. A quoi donc sert une belle pièce antique ?

Elle sert à mettre sous les yeux des élèves un dessin, à leur donner une manière grande, et à les conduire à la perfection de l'art.

Faites que vos monnaies servent à la postérité la plus reculée à se former le goût.

Que les nations présentes les regardent avec admiration, et que les temps à venir les recherchent avec curiosité.

On dit que vous aimez les beaux-arts, et cela est vrai. N'est-il pas singulier que vos monnaies semblent déposer partout du contraire ?

Ah ! madame, de belles, de sublimes monnaies !

Il faut qu'arrivé en France, j'envoie à Votre Majesté des Duviviers et surtout des Varins. Les curieux les mettent sous verre. Un beau Varin vaut aujourd'hui dix fois sa valeur intrinsèque.

* * *

Les recherches de M. L. Dussieux dans les registres d'admission de l'Académie royale de peinture et sculpture lui ont fait connaître la présence à Paris de vingt-huit artistes russes, de 1758 à 1787, parmi lesquels on peut surtout citer Antoine Lossenko qui fut élève de Restout et de Vien, et dont le musée de Nancy possède un fort beau dessin, provenant de Falconet et représentant le monument de Pierre le Grand, tel qu'il *devait être* sur la place de l'Amirauté ; Ivanof, que nous voyons entrer comme élève chez J.-G. Wille en novembre 1770 ; enfin Théodor Gordef et Fédor Choubin, tous deux statuaires, admis en novembre 1767 sur la recommandation de l'Académie de Saint-Pétersbourg à suivre les cours de celle de Paris. Il est fort probable qu'un dépouillement consciencieux des archives enfouies dans les combles du palais de Vassili-Ostrow révélerait bien d'autres particularités intéressantes sur les relations des deux Compagnies. Faute de ce précieux appoint, je ne puis dire exactement quel motif avait provoqué les plaintes dont Diderot se faisait ici l'écho, ni quelle suite y fut donnée. Cet incident obscur l'amène à des conclusions absolument éloignées de son point de départ, mais qui ne sont pas sans valeur, aujourd'hui que la question de l'internat dans les grandes écoles n'est pas encore réglée et que celle de la dépopulation préoccupe si fort les économistes.

§ II

SUR LES JEUNES ARTISTES QUE SA MAJESTÉ IMPÉRIALE ENVOIE EN PAYS ÉTRANGERS, ET SUR CEUX QU'ELLE APPELLE DES PAYS ÉTRANGERS CHEZ ELLE.

Voici ce qu'on m'a écrit de Paris depuis que je suis à Pétersbourg : « L'Académie de peinture, voyant le peu de fruit que retiraient de leur séjour ici les jeunes élèves envoyés par Sa Majesté Impériale, chargea M. Pierre, peintre du roi et directeur de notre Académie, d'écrire à M. le général Betzki, pour lui représenter les inconvénients qu'il y avait à laisser à Paris des enfants sur leur bonne foi, et la nécessité de renfermer ces enfants dans une maison commune, sous un chef russe ou français qui veillât sur leurs études et leur conduite. M. Pierre écrivit à M. de Betzki, qui, malgré l'importance de la proposition, ne fit lui aucune réponse.

On ajoute : « Cependant les élèves livrés à eux-mêmes ont été leur train ; ils ont peu travaillé. Les uns ont été paresseux, les autres libertins, et presque tous sont partis pour Rome, incapables d'achever en Italie, avec quelque succès, les cours qu'ils avaient commencés à Paris. »

Je ne sais ce qu'il peut y avoir de strictement vrai ou d'exagéré là dedans. Tout ce que je puis affirmer à Votre Majesté Impériale, c'est que je me suis adressé de temps en temps moi-même aux maîtres dans les ateliers desquels ils travaillaient, et qu'ils ne m'en ont pas rendu un compte aussi défavorable que le contenu de cette lettre. Cependant les motifs qu'on y expose sont de la plus grande force et de la plus grande vraisemblance. Paris est un lieu de perdition pour tout jeune homme non inspecté.

J'estimerais donc ou de se passer absolument du séjour de Paris, en augmentant le cours des études ici, et d'envoyer les élèves droit de Pétersbourg en Italie; ou, si l'on veut qu'ils passent de Paris à Rome, de les renfermer, de les assujettir à une discipline rigoureuse, sans quoi les inconvénients représentés par l'auteur de ma lettre auront lieu, si la chose n'est pas encore arrivée.

Voilà pour les élèves qu'on envoie; voici pour les artistes qu'on appelle et même en général pour tous les sujets dont on peut avoir besoin. Il serait de la plus grande importance d'en bien, mais d'en bien rigoureusement constater la capacité, et cette capacité bien reconnue, de les employer et de les satisfaire. Je m'explique.

Qu'importe à Sa Majesté Impériale que le graveur Henriquez, qu'on a fait venir, reste ou s'en retourne? Rien. Il ne dira pas qu'on n'a pas tenu avec lui les conditions de son traité, il mentirait; mais il dira qu'en deux ou trois ans de temps il n'a eu qu'une seule planche à graver [1]. Il dira qu'il perdait ici son talent par désœuvrement. Il dira qu'on a l'air d'y encourager les arts, mais que, dans le vrai, on les y néglige. Il dira du mal de la Russie à des gens qui ne demanderont pas mieux que de l'en croire. Et moi qui ai eu l'honneur d'approcher la souveraine, qui connais tout le zèle dont elle est consumée pour accroître la lumière, favoriser les sciences, allumer le goût des arts et de toutes bonnes choses dans son empire, je crierai à l'imposteur, je me désespérerai, mais on me rira au nez, parce qu'on a cent raisons de crédulité pour le mal et d'incrédulité pour le bien.

Il vaudrait mieux ne point envoyer d'élèves que de les exposer à revenir ignorants et corrompus.

Il vaudrait mieux ne point appeler d'artistes que de les laisser revenir dans leur pays mentir, ou dire la vérité à leurs compatriotes.

Il vaudrait mieux laisser au progrès de la population, de la civilisation, des bonnes mœurs, de la richesse

---

1. Benoît-Louis Henriquez, né en 1732, mort en 1806, élève de C. Dupuis, n'a gravé, en effet, à Saint-Pétersbourg que la tête de la statue de Pierre le Grand, d'après le modèle de mademoiselle Collot.

des particuliers, du goût général, de la bonne éducation, de l'estime des talents honorés et récompensés dans la nation, le soin d'en produire d'indigènes.

Les Grecs ne sortirent point de leur pays pour devenir de grands peintres et de grands sculpteurs. Mais que firent-ils? Ils encouragèrent dans leur propre pays les talents barbares, puis médiocres, puis excellents; et comment les encouragèrent-ils? Par beaucoup d'ouvrages.

Beaucoup d'ouvrages produit beaucoup d'artistes, beaucoup d'artistes produit l'émulation et le bon goût.

Et quand est-ce qu'il y a beaucoup d'ouvrages? Lorsqu'il y a beaucoup de peuple, et parmi ce peuple beaucoup de riches particuliers.

C'est donc la population qu'il faut encourager, et la population, comment s'encourage-t-elle? Par l'aisance, par la liberté, par tous les moyens dont un souverain dispose pour rendre ses sujets heureux.

Et ces moyens, quels sont-ils? Ah! s'ils étaient aussi faciles à mettre en œuvre par Votre Majesté Impériale qu'ils lui sont bien connus, tout serait fini. Après s'être pourvue, comme elle a fait, de grands modèles en tout genre, elle aurait bientôt des hommes.

Elle aura bien de la peine à réparer les ravages de cette guerre dont le seul résultat important est la perte de dix années de son règne.

§ III

SUR LES PLATRES DE L'ACADÉMIE DES ARTS

Presque tous les tableaux que j'ai vus là sont médiocres. Il faudrait que Sa Majesté Impériale y envoyât d'entre les tableaux qu'elle a acquis ceux qu'on appelle non pas tableaux de galerie, mais tableaux d'école.

Ce n'est pas les yeux attachés sur un Gérard Dou, un Wouverman, un Van Ostade, un Terburg, même un Teniers et un Rembrandt, qu'un élève se fera une grande manière, un grand goût de dessin : il lui faut d'autres modèles.

J'ai envoyé à Votre Majesté deux paysages du Poussin, pendants. L'un est *Polyphème et Galathée;* l'autre, je crois, *Hercule et Cacus*[1]. Voilà deux vrais tableaux d'école; ils sont faits pour une Académie.

Vous êtes très riche en beaux plâtres, mais il vous manque une pièce essentielle pour l'instruction de la jeunesse : c'est un grand écorché.

Le plus célèbre est celui de Houdon. On pourrait en envoyer un plâtre à Votre Majesté Impériale, ou faire ce que j'avais conseillé à M. Démidoff, qui vou-

---

1. Voyez ci-dessus, p. 58.

lait offrir à Votre Majesté Impériale quelque chose qui fût digne d'elle : le faire fondre en bronze.

Il me semble que puisque tous les plâtres de l'Académie doivent un jour être fondus, il vaudrait mieux commencer par celui-là, qui, coulé sous les yeux du statuaire, serait réparé par lui et n'en serait que plus parfait.

D'ailleurs, c'est le premier morceau d'une académie, parce que c'est un morceau d'étude.

XIV

LITTÉRATURE

§ I

SUR L'ENCYCLOPÉDIE

J'ai travaillé près de trente ans à cet ouvrage. De toutes les persécutions qu'on peut imaginer, il n'en est aucune que je n'aie essuyée. Je laisse là les libelles diffamatoires de toutes couleurs. J'ai été exposé à la perte de l'honneur, de la fortune et de la liberté. Mes manuscrits circulaient de dépôt en dépôt, recélés tantôt dans un lieu, tantôt dans un autre. On a tenté plus d'une fois de les enlever. J'ai passé plusieurs nuits à ma fenêtre dans l'attente de l'exécution d'un ordre violent. J'ai été sur le point de m'expatrier, et c'était le conseil de mes amis, qui ne voyaient plus de sûreté à Paris pour moi. L'ouvrage a été proscrit et ma personne menacée par différents édits du roi et par plusieurs arrêts du Parlement. Nous avons eu pour ennemis déclarés la cour, les grands, les militaires, qui n'ont jamais d'autre avis que celui de la cour, les prêtres, la police, les magistrats, ceux d'entre les gens de lettres qui ne coopéraient pas à l'entreprise, les gens du monde, ceux d'entre les citoyens qui s'étaient laissé entraîner par la multitude. Cependant, au milieu de ce déchaînement général, tout le monde souscrivait. Ils voulaient avoir l'ouvrage et perdre les auteurs.

Lorsqu'on eut inutilement employé les moyens d'empêcher l'ouvrage, on ne songea plus qu'à ralentir son exécution et à nuire à sa perfection. Nous avons souffert de suspensions de plusieurs années et de défections de coopérateurs, et, pour comble de disgrâce, un infâme imprimeur, qui dépeçait mon ouvrage à mon insu pendant la nuit, a mutilé dix volumes et brûlé les manuscrits qu'il ne jugeait pas à propos d'employer[1].

On fit du nom d'encyclopédiste une sorte d'étiquette odieuse qu'on attacha à tous ceux qu'on voulait montrer au roi comme des sujets dangereux, désigner au clergé comme ses ennemis, déférer aux magistrats comme des gens à brûler et traduire à la nation comme de mauvais

1. Sur les corrections opérées ainsi par Le Breton et par son prote, après le *bon à tirer* de Diderot, voir la *Correspondance littéraire* de Grimm du 1er janvier 1771. « Jamais, dit madame de Vandeul dans ses *Mémoires* sur son père, je ne l'ai vu parler froidement à ce sujet; il était convaincu que le public savait, comme lui, ce qui manquait à chaque article et l'impossibilité de réparer ce dommage lui donnait de l'humeur vingt

citoyens. Un encyclopédiste est encore aujourd'hui un homme de sac et de corde, sans qu'on sache quand cela finira ; c'est ainsi qu'on nous peignait dans les cercles de la société et dans les chaires des églises, et l'on continue.

Il restait une dernière ressource, c'était de nous rendre ridicules.

M. de Choiseul, qui nous haïssait sans savoir pourquoi, tira de l'obscurité un pauvre diable très méchant, sans connaissances, sans génie, sans talent, sans principes et sans mœurs, et lâcha contre nous cette espèce d'Aristophane, qui était bien aussi pervers que l'ancien, mais qui n'avait pas sa verve. On nous mit sur la scène, et l'on vit Rousseau à quatre pattes, Helvétius donnant des leçons de vol à son valet, moi je ne sais comment. Des satires personnelles succédèrent à cette comédie. Le tout, mauvais, tomba dans la boue avec l'auteur, qui y est resté avec ses tristes productions et cette plaisante inscription : *Pâlis, sot*[1] ; c'était l'anagramme du personnage.

ans après. Il exigea pourtant que l'on tirât un exemplaire pour lui, avec des colonnes où tout était rétabli. Cet exemplaire est en Russie avec sa bibliothèque. » Un chercheur heureux remettra peut-être un jour la main sur cet exemplaire qui, jusqu'à présent, n'a pas été retrouvé, non plus que celui où Diderot avait inscrit « une infinité de notes marginales » et que, dans le premier moment de colère, il avait voulu « faire jeter au milieu de la boutique » de Le Breton.

1. Les *Philosophes* furent représentés à la Comédie-Française le 2 mai 1760. Une caricature à l'eau-forte, qui accompagne un des pamphlets publiés à cette occasion porte en guise de légende le jeu de mots auquel Diderot fait allusion.

Il n'est pas surprenant qu'au milieu de ces troubles renaissants l'*Encyclopédie*, avec toutes les qualités d'un excellent ouvrage, ait eu tous les défauts d'un mauvais.

Il serait bien digne de Sa Majesté Impériale de faire le rôle contraire à celui qu'on a fait en France et de porter l'*Encyclopédie*, qui n'est qu'un précieux manuscrit, à l'état d'un bel ouvrage. J'avoue que j'aurais grand plaisir d'écrire au frontispice : « Ce sont les Français qui l'ont voulu mauvais; c'est la souveraine des Russes qui l'a rendu bon. »

Cette tentative trouverait sa ligne dans l'histoire des choses qu'elle a exécutées dans la guerre et pendant la paix.

Très assurément, l'ouvrage lui serait dédié, et ce monument, glorieux pour elle, honteux pour la France, serait également utile à sa nation et à toutes celles de l'Europe.

L'*Encyclopédie*, telle qu'elle est, n'est ni sans mérite ni sans considération. Combien sa réputation et son utilité ne s'accroîtraient-elles pas si elle était ce qu'elle peut être !

J'ai en ma disposition tous mes coopérateurs, tous mes amis, sans en excepter d'Alembert, quoiqu'il m'ait lâchement abandonné au septième volume, me laissant sur les bras les dix derniers, dont je me suis tiré seul en sept années, mais au hasard d'y perdre la vie et le sens commun par excès de fatigue.

Je puis, sans le même danger, avec la multitude des secours qui m'environnent, une douzaine de coopérateurs et le grand nombre de choses qui sont assez bien faites pour n'avoir besoin que d'une revision légère, porter dans un intervalle de temps assez court cette énorme entreprise à un tel degré de perfection que, de plus d'un siècle, nos successeurs ne trouveront pas matière à un supplément de vingt feuilles.

Je m'engage à envoyer le manuscrit complet à Sa Majesté Impériale dans le courant de la sixième année, à compter du jour de mon arrivée en France.

Si Sa Majesté Impériale veut réserver le manuscrit pour son propre usage, cela dépendra de sa volonté, et elle pourra se flatter de posséder le monument de l'esprit humain le plus rare qui existe. Sa Majesté Impériale conçoit que, travaillant pour elle, sous ses auspices et par ses ordres, l'ouvrage sera fait avec liberté; qu'on suppléera ce qui manque; que les articles défectueux seront rectifiés; que les redondants seront resserrés; que les mutilés seront étendus; que les renvois seront soigneusement indiqués et remplis, et que je donnerai à la partie des arts mécaniques toute l'exactitude dont elle est susceptible pour le discours et les planches.

C'est moi qui ai fait toute la dépense des commerçants associés pour notre édition. Elle se montait, l'entreprise achevée, à un million cinq cent mille livres ou à trois cent mille roubles.

Ils ont tiré quatre mille cinq cents exemplaires, dont il ne reste pas un seul depuis plus de quatre ans.

Ils ont vendu l'exemplaire, l'un portant l'autre, neuf cents francs.

Ils ont donc eu une rentrée de plus de quatre millions, et, toutes dépenses prélevées, un résidu de deux millions cinq cent mille francs et ils en conviennent. C'est même cet intérêt pécuniaire qui nous a soutenus contre nos ennemis. On a mieux aimé conserver quatre millions à la nation que d'envoyer cette somme à l'étranger.

Je puis promettre à Sa Majesté Impériale de faire tomber et notre première édition, qui est la meilleure, et toutes les éditions subséquentes. Je la substituerai aux premiers entrepreneurs qui auront fait pour elle une dépense de deux cent cinquante mille roubles.

Dans l'état actuel de l'ouvrage, une dépense de quarante mille roubles, en portant la chose au plus loin, suffira pour rendre l'ouvrage aussi parfait que je le conçois et pour le temps que j'ai fixé. Il en coûterait sept mille roubles de moins à un particulier, mais on n'ignore pas que l'ouvrage se fait pour une souveraine, et les souverains sont faits pour être pillés.

Je rendrai compte de cette somme soit à Sa Majesté Impériale elle-même, soit à M. le général Betzki, d'après les reçus des travailleurs. Entre ces reçus, Sa Majesté permettra qu'il n'en paraisse aucun des miens.

Je prendrai sur moi la direction générale, toute la

partie des arts mécaniques, discours et planches, l'histoire de la philosophie ancienne et moderne et tout ce qui tient à la langue usuelle.

Je n'ambitionne d'autre honoraire que celui d'avoir élevé à l'honneur de Votre Majesté Impériale un grand monument littéraire, de laisser après moi sur la terre quelque trace durable de mon existence et consacrer les dernières années de ma vie à construire une pyramide sur laquelle je puisse inscrire le nom auguste et sacré de ma bienfaitrice.

Peut-être se mêle-t-il à ces motifs un peu de ressentiment du mal qu'on m'a fait, mais je crois qu'une vengeance qui tourne à l'avantage de l'espèce humaine et à l'avantage particulier d'une grande nation peut être pardonnée.

Ce qui suit ne s'adresse plus à Votre Majesté Impériale. Il faut parler à la souveraine d'utilité et de gloire ; à son ministre, de finance et d'intérêt.

A MONSIEUR LE GÉNÉRAL BETZKI

M. le général peut prendre toute confiance en ma parole, parce que, dans cette circonstance, la partie de commerce m'est aussi connue que la partie littéraire.

Je lui assurerai une rentrée de plus de deux millions et demi, toutes dépenses prélevées.

L'ouvrage et sa propriété seraient un fonds sûr, inaltérable et éternel qu'il pourrait attacher à quelques-uns de ses établissements, ce qui concilierait en même temps l'utilité générale, le bien de la nation et la gloire de l'impératrice.

L'entreprise m'a été proposée par des financiers français que j'ai refusés, malgré les conditions avantageuses qu'ils attachaient à mon travail, parce que j'étais excédé de fatigue et de persécutions.

Des libraires de France et de Hollande m'ont vainement tenté, parce que je ne voulais plus avoir affaire à des ingrats et à des fripons.

La rentrée de chaque volume de discours rendait au libraire de Paris quatre mille cinq cents louis; la rentrée de chaque volume de planche environ neuf mille louis.

La somme sera beaucoup plus forte à Pétersbourg.

Le manuscrit prêt, M. le général ouvrira une souscription en faveur de son établissement; rien de plus honnête, rien de plus patriotique.

Cette souscription sera ouverte non seulement pour la Russie, mais pour le reste de l'Europe.

S'il manque un homme à cette manutention, j'en fournirai un, jeune, honnête et intelligent : c'est le même qui a dirigé la vente, la distribution et le magasin de nos propres commerçants. Il s'appelle Stoupe[1]. Sa réputation de probité est faite.

---

1. Jean-Georges-Antoine Stoupe, né à Laon d'un père saxon, fut reçu libraire le 7 avril 1772 et imprimeur le 13 août de l'année suivante. Il vivait encore en 1806.

Il y aurait un de vos magasins ici pour la Russie, un autre à Amsterdam pour le reste de l'Europe. Votre ambassadeur et votre chargé d'affaires le surveilleraient.

Le point est d'avoir le manuscrit et c'est mon affaire. Le reste s'arrangera de cent façons diverses, comme tout autre commerce. La voie la plus expéditive et la plus sûre sera la meilleure. Je suis sûr qu'il ne rentrera pas une fois l'an de vos ports dans les nôtres un seul bâtiment sans une vingtaine d'exemplaires de l'ouvrage souscrit, si vous accordez une légère remise, comme il est d'usage.

Ce que j'offre à Sa Majesté Impériale, je l'ai offert à quatre particuliers que je ne connaissais point et dont je n'exigeais ni n'attendais aucune reconnaissance [1]. Si j'ai voulu leur sacrifier gratuitement six années de ma vie, mes vues ne seront pas moins pures avec Sa Majesté Impériale, à qui je dois tant de dévouement et de reconnaissance. J'entrerai constamment en partage de gloire avec elle ; en la nommant, on me nommera aussi, et cette récompense ne suffit-elle pas à une âme qui a un peu de hauteur et de générosité? Au reste, ce que je ne ferai point pour Sa Majesté Impériale, je ne le ferai pour personne, pas même pour mon souverain. Il me faut de la sécurité et il n'y a que Sa Majesté Impériale qui puisse m'en assurer autant que j'en

---

1. Il serait intéressant de connaître les noms de ces quatre particuliers; malheureusement, ce que Diderot indique ici est la seule trace de cette négociation.

exige. Les quatre particuliers à qui je me dévouais voulaient publier l'ouvrage en France, et ce seul mot rompit net toute négociation.

Que M. le général se consulte et que Sa Majesté Impériale ordonne, et tout sera fait, et fait à point nommé.

* * *

Si les dangers auxquels la première *Encyclopédie* avait exposé son auteur n'existaient plus, l'autre offrait de sérieuses difficultés d'exécution, et l'on pouvait craindre que le gouvernement français ne vît pas d'un œil très favorable une concurrence à une entreprise qui n'avait dû qu'à son importance financière de se voir à peu près tolérée. Puis, l'auteur était-il bien sûr de retrouver parmi ses collaborateurs survivants l'enthousiasme qu'il leur avait soufflé jadis? Il avait vieilli lui-même depuis lors et les dix années qui lui restaient à vivre n'auraient pas suffi pour un pareil labeur. Enfin la longue guerre soutenue à cette époque par la Russie contre les Turcs avait singulièrement compromis ses finances, et le moment était mal choisi pour engager, sur la parole d'un honnête homme quelque peu visionnaire, de si vastes capitaux. Ces objections très sérieuses n'étaient cependant pas les plus redoutables : la faveur dont Diderot jouissait auprès de l'impératrice avait soulevé des jalousies profondes : celle de Betzki n'était pas la moins éveillée ; de plus, son caractère irrésolu remettait souvent en question les décisions en apparence les plus fermes. A la veille de quitter Saint-Pétersbourg, Diderot félicite ironiquement dans une lettre à l'impératrice « cet honnête homme qui, entre mille excellentes qualités, a le défaut, si c'en est un, d'osciller perpétuellement entre le oui ou le non », de refuser « de Sa Majesté un présent de quarante mille roubles » et de lui restituer, à lui Diderot, l'offre d'un travail de douze ans (les chiffres avaient changé). A la Haye, il reçoit du docteur Clerc l'avis que le projet n'est pas abandonné, comme on le pouvait croire.

« Comment! vrai! l'*Encyclopédie* est une affaire décidée! Point de mauvaise plaisanterie, docteur, s'il vous plaît; quoi! je ne mourrai pas sans avoir fait encore une bonne action et refait un grand ouvrage : une bonne action, en dotant, pour ma part, un établissement élevé pour l'humanité; refait un grand ouvrage, en le conformant au plan sur lequel il avait été projeté; je ne mourrai pas sans m'être bien dignement vengé de la méchanceté de mes ennemis; je ne mourrai pas sans avoir élevé un obélisque sur lequel on lira : *A l'honneur des Russes et de leur souveraine et à la honte de qui il appartiendra!* Je ne mourrai pas sans avoir imprimé sur la terre quelques traces que le temps n'effacera pas ! J'y mettrai les quinze dernières années de ma vie ; mais, à votre avis, qu'ai-je à faire de mieux ? »

Et le même jour (15 juin 1774), il écrivait à Betzki :

« Je vous avais prédit, monsieur le général, qu'à peine notre projet aurait transpiré que ceux qui s'occupent à présent des réimpressions en seraient alarmés et me feraient des propositions. La chose est arrivée ; je n'ai pas daigné leur répondre ; car il est bien décidé dans ma tête que, si je ne refais pas l'*Encyclopédie* pour vous, je ne veux plus entendre parler de cet ouvrage, à quelque condition que ce puisse être. Ou vous l'aurez telle que je la conçois, ou elle leur restera telle qu'elle est, telle qu'ils l'ont voulue. Elle n'est encore que trop bien pour cette canaille-là. Il ne leur faut que des hommes et des ouvrages médiocres ; et, à juger de leur état à venir par les premiers symptômes de leur récente maladie [1], j'espère qu'ils n'en manqueront pas. »

L'illusion dura plusieurs mois. Il se réjouissait de l'entrée au ministère de Sartine, qui devait rendre l'exécution du projet encore plus facile. « Je pourrai donc, écrivait-il encore de la Haye à l'impératrice,

1. Le coup d'État parlementaire de Maupeou.

je pourrai donc réparer les sottises de M. l'abbé Chappe et de M. le chevalier de Jaucourt; conformer cet ouvrage à la hauteur de son premier plan, et substituer le nom d'une grande et digne souveraine à celui d'un ministre commun [1] qui me priva de ma liberté pour m'arracher un hommage auquel il ne pouvait prétendre par son mérite. »

Quels revirements vinrent de nouveau contrecarrer la décision impériale? Diderot s'effraya-t-il lui-même de la besogne, et sa santé, jusque-là si robuste, en s'altérant peu à peu, lui imposa-t-elle une renonciation qui dût lui coûter? Rien n'est encore venu nous l'apprendre. Dans ses autres lettres à Catherine, qu'on lira plus loin, il n'est plus trace de son grand projet et sa belle dédicace, ainsi qu'il le prévoyait tout d'abord, resta dans sa tête. Il vécut assez, il est vrai, pour voir paraître les premiers volumes de l'*Encyclopédie méthodique* de Panckouke, et même pour autoriser Naigeon à y employer ses anciens articles sur l'histoire de la philosophie; mais cette entreprise, bien autrement colossale que la sienne, puisqu'elle dura cinquante ans et comporta cent soixante-six volumes, n'était plus son œuvre : œuvre toute de passion, de déclamation et de disparates, mais œuvre puissante, qui a gardé sa phy-

---

1. Marc-Pierre de Voyer de Paulmy, comte d'Argenson (1696-1764), ministre de la Guerre lorsque l'*Encyclopédie* lui fut dédiée, et que Voltaire déclarait « digne de l'entendre et digne de la protéger ». (*Lettres sur Rabelais et sur quelques écrivains accusés d'avoir mal parlé de la religion.*)

sionomie propre et qu'on n'a pas remplacée, même
en faisant mieux. On a parfois comparé l'*Encyclopédie*
à une forteresse en ruines, et, dans les circonstances
désastreuses où elle fut édifiée, elle était exposée, plus
que tout autre monument de cette nature, à une destruction rapide. Toutefois, ne l'oublions jamais, c'est
de ses débris qu'est sorti cet esprit critique auquel
nous devons les conquêtes intellectuelles, historiques
et scientifiques dont nous sommes le plus légitimement fiers.

§ II

DES ACADÉMIES; DES MANIVELLES ACADÉMIQUES
ET PARTICULIÈREMENT
D'UNE ACADÉMIE DE LANGUE NATIONALE.

Diderot n'a été qu'une seule fois candidat à l'Académie française, si tant est que l'on puisse considérer
comme une candidature la campagne entreprise à son
insu par Voltaire au lendemain de la représentation des
Philosophes et de l'incarcération de Morellet à la Bastille. D'Alembert, mieux placé que Voltaire pour peser
les chances du succès, accueillit très froidement ses
ouvertures à cet égard et les exhortations réitérées du
« patriarche » auprès de ses amis et de ses caudataires
ne convainquirent personne, à commencer par le principal intéressé. Diderot se refusait à tenter aucune

démarche et ne se souciait pas davantage d'employer la singulière recette recommandée par Voltaire à madame d'Épinay [1]. Ses principes à l'égard des Académies n'ont jamais varié et s'il accepta de figurer, à titre purement honorifique, sur les listes de celles de Berlin et de Saint-Pétersbourg, il entendait garder dans sa patrie une liberté qui lui semblait incompatible avec les exigences et les obligations que comporte toute agrégation à un corps savant. Il serait même facile, en feuilletant ses Œuvres, d'alléguer nombre de passages significatifs sur ce point et dont le fragment suivant n'est que le résumé.

* *
*

Voici quelques faits d'expérience : c'est qu'au moment où un homme de génie entre dans une académie, il semble qu'il devienne un homme ordinaire. Je n'en vois pas d'autre raison, si ce n'est que le génie dans les sciences et dans les arts ne souffre de tâche que celle qu'il s'impose. Il fait mal tout ce qu'il fait par devoir.

Au moment où un homme de lettres entre à l'Académie française, il semble qu'il devienne stupide. Je

[1]. Dans une lettre classée par les éditions Bouchot et Moland au *11 auguste 1760*, mais qui, dans un recueil de lettres et de billets autographes à madame d'Épinay, était placée entre le 13 et le 30 juin de la même année. Ce recueil, provenant de Renouard, a passé en 1869 sous le n° 842 de la fameuse vente de livres faite alors par M. le baron Pichon ; le nom de l'acquéreur est demeuré inconnu.

n'en vois pas d'autres raisons que sa dépendance de la cour et la crainte de perdre sa place, qui lui ôtent toute énergie, et puis il a obtenu le cordon bleu de son état. Il est mêlé avec des grands auprès desquels il perd son temps et son élévation avec le goût du travail. Il est assujetti à des séances régulières où il prend celui de la paresse et de l'amusement. Et puis le périodique de la pédanterie ! Ce sont une suite de beaux génies et non une académie qui forment une langue. Rabelais, Marot, Malherbe, Pascal, Corneille et Racine ont fait la nôtre. Une académie ne la perfectionne point, ne lui conserve point la pureté; elle n'en fera jamais bien le dictionnaire, quoiqu'il semble que cet ouvrage lui soit propre.

L'Académie française n'a fait qu'un mauvais dictionnaire français, quoiqu'ils y aient travaillé quarante pendant cent cinquante ans. C'est que l'ouvrage d'un corps n'est l'ouvrage de personne. Les ouvrages commandés par le ministère ne se font jamais. Racine et Boileau n'ont pas écrit une ligne de l'histoire de Louis XIV; Voltaire n'a pas écrit une ligne de l'histoire de Louis XV; Duclos, pas davantage; Marmontel suivra leur exemple [1].

Le ministre paye bien; si l'ouvrage s'achevait,

---

[1]. En écrivant ceci, Diderot oubliait ou ignorait qu'on avait publié en 1730 sous le titre de *Campagnes de Louis XIV* un fragment, retrouvé dans les papiers de Valincourt, du travail rédigé par Racine et par Boileau pour satisfaire aux obligations de leur charge ; le surplus aurait été détruit dans l'incendie qui

l'honoraire finirait, et afin que l'honoraire dure et que l'ouvrage ne finisse pas, on ne le commence pas.

L'histoire des arts mécaniques a coûté sept cent mille francs à l'État, et Réaumur, qui en était chargé, est mort sans en avoir publié une page [1].

Si le dictionnaire de notre langue se fait bien, ce sera par un seul homme.

Si l'histoire des arts mécaniques s'achève, c'est que le ministre ne s'en mêle plus et qu'un seul homme est chargé de l'entreprise.

Quand on s'occupe à faire naître des hommes de génie, on peut abandonner la langue à son sort, elle va toute seule.

Un dictionnaire et une grammaire faits trop tôt en retarderont plutôt qu'ils n'en avanceront le progrès, comme toutes les règles précoces.

En général, les ouvrages élémentaires bien faits supposent l'art ou la science poussée à sa perfection.

---

consuma la bibliothèque de Valincourt. Voltaire avait donné en 1768 son *Précis du règne de Louis XV*. Par contre Diderot ne pouvait connaître ni les *Mémoires secrets* de Duclos sur *le règne de Louis XIV, la Régence et le règne de Louis XV* (1790-1791, 2 vol. in-8°), ni la *Régence du duc d'Orléans*, par Marmontel (1805, in-8°), dont la mise au jour est postérieure à sa mort et à celle de leurs auteurs.

1. La direction de cette *Description des Arts et Métiers*, faite et approuvée par Messieurs de l'Académie des sciences, dont la pensée première remontait à Colbert, avait été confiée à Réaumur, qui mourut, en effet, avant la publication des premiers volumes. Sur cette entreprise, souvent confondue avec l'*Encyclopédie*, à laquelle, au contraire, elle faisait concurrence, voir la *Grande Encyclopédie*, tome XV, pages 1010-1011.

§ III

SUR LES GENS DE LETTRES DE FRANCE

Il n'y a presque pas un homme de lettres en France, excellent, médiocre, mauvais, qui ne pense à faire un hommage de ses productions à Votre Majesté Impériale.

J'ai souvent été leur commissionnaire; il est difficile que Votre Majesté Impériale ait eu pour tous ces pauvres diables-là plus de mépris que moi.

Cependant, je pense qu'il serait bien de leur ordonner un mot de réponse par l'un de vos secrétaires; ils s'en tiendraient, et avec juste raison, si honorés !

Il n'est si mince auteur en France qui ne soit remercié de son ouvrage s'il s'avise d'en adresser un exemplaire au roi ou au ministre. Quant aux bons auteurs, je crois la chose presque indispensable. Les grands hommes font les grandes actions, mais ce sont les grands auteurs qui les immortalisent.

Il y eut certainement des héros avant Achille et Agamemnon, mais leur mémoire est restée ensevelie dans la nuit des temps, parce qu'ils ont manqué d'une bouche sacrée qui les célébrât.

L'historien transmet le fait à la postérité, l'orateur

le célèbre, le poète le chante et le statuaire le représente.

Ces hommes sont les trompettes de la Renommée ; sans eux ou les faits s'oublient, ou la tradition, qui altère tout, les rend fabuleux.

§ IV

SUR MA MANIÈRE DE TRAVAILLER

Votre Majesté Impériale m'a demandé quelle était ma manière de travailler.

J'examine premièrement si la chose peut être mieux faite par moi que par un autre et je la fais.

Sur le moindre soupçon qu'elle peut être mieux faite par un autre que par moi, quelque avantage que je puisse y trouver, je la lui renvoie, car le point important n'est pas que je fasse la chose, mais qu'elle soit bien faite.

Lorsque j'ai pris mon parti, je pense chez moi le jour, la nuit, en société, dans les rues, à la promenade ; ma besogne me poursuit.

J'ai sur mon bureau un grand papier sur lequel je jette un mot de réclame [1] de mes pensées, sans ordre, en tumulte, comme elles viennent.

---

1. Dans la langue typographique, *réclame* signifie à la fois le

Lorsque ma tête est épuisée, je me repose ; je donne le temps aux idées de repousser ; c'est ce que j'ai appelé quelquefois ma *recoupe* [1], métaphore empruntée d'un des travaux de la campagne.

Cela fait, je reprends ces réclames d'idées tumultueuses et décousues et je les ordonne, quelquefois en les chiffrant.

Quand j'en suis venu là, je dis que mon ouvrage est achevé.

J'écris tout de suite, mon âme s'échauffe de reste en écrivant.

S'il se présente quelque idée nouvelle dont la place soit éloignée, je la mets sur un papier séparé.

Il est rare que je récrive, et les différents petits papiers que Votre Majesté a entre les mains n'ont été écrits qu'une fois ; aussi reste-t-il des négligences, toutes les incorrections légères de la célérité.

Je ne lis ce que les autres ont pensé sur l'objet dont je m'occupe que quand mon ouvrage est fait.

Si la lecture me détrompe, je déchire mon ouvrage.

mot ou la syllabe qu'on imprimait au bas d'une page et qu'on réitérait au commencement de la suivante, et la note qui rappelle au correcteur le dernier mot ou le dernier folio d'une épreuve. Diderot s'était déjà servi de ce mot dans cette dernière acception à propos des prétendus mémoires de sœur Suzanne, et de la lacune qu'ils étaient censés présenter. Voyez la *Religieuse*, tome V, page 162 des *OEuvres complètes*.

1. Littré donne à ce mot le sens de *regain* : c'est bien ce que Diderot veut dire.

Si je trouve quelque chose dans les auteurs qui me convienne, je m'en sers.

S'ils m'inspirent quelque nouvelle idée, je l'ajoute en marge, car, paresseux de copier, je réserve toujours de grandes marges.

Voilà le moment de consulter les amis, les indifférents et même les ennemis.

Les ennemis! oui, madame, ceux que je méprise. Je fais comme le médecin qui guérit son malade avec du bouillon de vipère.

Je n'ai jamais refusé un bon conseil à celui que je méprisais, ni rejeté celui que j'en pouvais recevoir, ni rougi de l'obligation que je lui en avais.

Il s'en manque bien encore que l'ouvrage puisse être publié; il y a le travail de la lime, le plus épineux, le plus difficile, celui qui épuise, fatigue, ennuie et ne finit point, surtout chez une nation où quatre expressions de mauvais goût tuent un très bon ouvrage, où l'on ne permet pas la rencontre dure de deux voyelles, où l'on est blessé de la répétition d'un même mot quelquefois dans une page; où l'on exige que vous soyez doux, clair, facile, élégant, élevé, harmonieux; où les femmes écrivent purement et jugent en dernier ressort. Ah! quelle tâche que celle d'un auteur chez un peuple qui se soucie fort peu qu'on l'instruise, mais qui veut sur toutes choses être amusé, même dans les matières les plus sérieuses, les plus importantes! Nous faisons bien plus de cas de la couleur que du dessin. Point de salut pour celui qui ne sait pas écrire. Cet auteur travaille pour le premier écrivain qui saura se parer de ses dépouilles et joindre l'agréable à l'utile. Tout le monde crie au plagiat, mais tout le monde laisse le premier dans la poussière et lit le dernier. Les plumes du paon s'attachent si bien, à la longue, sur les ailes de la corneille, qu'elles lui restent en propre. Voltaire en est un excellent exemple ; il est vrai que celui-ci était trop riche de son fonds.

Le désespoir, c'est qu'on croit avoir vu toutes les incorrections, et que l'ouvrage imprimé vous en montre qui crevaient les yeux.

Alors le public se partage ; malheur à l'ouvrage qui n'excite point de schisme !

Au milieu de ce tumulte, l'auteur qui a un peu de fermeté d'âme sourit ; l'auteur pusillanime souffre.

Cependant tout s'apprécie à la rigueur et les censeurs stupides louent aussi impudemment que s'ils n'avaient jamais blâmé.

Pour moi, je ne crains ni le jugement de mes actions, ni la censure de mes écrits.

Je permets au plus déterminé scélérat de publier le libelle le plus atroce contre mes mœurs ; il ne m'empêchera pas de dormir ; il n'attaque qu'un point de ma vie ; et ce point, justifié par le passé et par l'avenir, reprendra bientôt la couleur du fil entier.

J'abandonne mes ouvrages à la censure, parce qu'il

est une trinité contre laquelle les portes de l'enfer ne prévaudront jamais : le vrai qui engendre le bon, et le beau qui procède de l'un et de l'autre.

On a publié contre l'homme et contre l'auteur dix mille papiers. Que sont-ils devenus ? On l'ignore, et l'homme et l'auteur sont restés tout juste à la place qui leur était due, excepté en ce moment, où il plait à Votre Majesté de leur accorder mille fois plus qu'ils ne méritent.

*
* *

Le manuscrit se termine par quatre ou cinq pages dont il serait assurément curieux de pouvoir donner le fac-similé : on dirait, à en suivre les lignes serrées et pressées, les hésitations, les angoisses, les brusques retours d'un amoureux. Visiblement Diderot ne peut se décider à clore à tout jamais ce cahier. Il a beau écrire en tête de son papier *Avant-dernier feuillet*, il a toujours oublié quelque chose. Dans celui-ci, il prend solennellement des engagements que les circonstances ne lui permettront pas de tenir.

§ V

AVANT-DERNIER FEUILLET

Sa Majesté Impériale a désiré :

1° Qu'on lui arrangeât seize ou dix-sept tant comé-

dies que tragédies pour ses précieux et charmants
enfants. Et cela sera fait.

2° Qu'on lui fît passer tous les règlements et tous les
détails relatifs à notre justice consulaire. Et cela sera fait.

3° J'ai promis d'envoyer à M. le général Betzki des
notions élémentaires de mathématiques que Clairaut a
faites autrefois pour l'enfant d'une de ses amies. Et cela
sera fait [1].

4° Je me suis engagé à satisfaire M. le comte de
Munich, qui travaille au catalogue des peintures de Sa
Majesté Impériale, sur toutes les difficultés que cet
objet pourrait lui présenter. Et cela sera fait [2].

1. Le tome XXX des manuscrits de Diderot à la Bibliothèque
Impériale de Saint-Pétersbourg a pour titre : *Premières notions
sur les mathématiques à l'usage des enfants, ou Premier livre classique du premier cours d'études*, et porte en sous-titre : « Il peut
aussi servir pour la maison d'éducation des jeunes demoiselles ».
(In-4°, 41 ff.) Sont-ce là les notices que Clairaut aurait rédigées
pour « l'enfant d'une de ses amies » (sans doute madame
Du Châtelet)? M. Joseph Bertrand, après avoir examiné le texte
dont j'avais présenté une copie à l'Académie des sciences, a déclaré, dans la séance du 7 mai 1883, que ces principes, exclusivement géométriques, ne sauraient être de Clairaut. La copie en
question a été déposée à la Bibliothèque de l'Institut.

2. Dans le tome XXI des manuscrits de Saint-Pétersbourg est
reliée à la suite des *Pensées détachées sur la peinture* une liste intitulée : *Noms des peintres et leur genre*. C'est une nomenclature
fort sèche d'artistes de toutes les écoles, le plus souvent simplement nommés, ou caractérisé par des remarques telles que celles-ci : « Bon peintre » ou : « A écrit sur les arts. » Il y est parfois aussi
question de tableaux vus à Dresde. Ce sont là sans doute des
matériaux trop informes pour avoir jamais pu servir au comte
Ernest de Munich, à qui Diderot les destinait. Le premier catalogue de l'Ermitage, imprimé en 1774 à quelques exemplaires et
dont la rareté fait le principal mérite, a été réimprimé par Paul
Lacroix dans la *Revue universelle des arts* (tome XIII, 1861).

5° Je continuerai certainement, jusqu'à la fin de ma vie, à exécuter dans mon pays tous les ordres qu'il plaira à Sa Majesté Impériale de me faire passer ou directement, ou par la voie de ses ministres.

Et, quand j'aurai fait tout ce qui dépendra de moi, je resterai encore fort en deçà de la reconnaissance que je dois avoir de tous ses bienfaits et de toutes ses bontés.

Il m'est venu en pensée quelques autres moyens de la servir, et je souhaite de tout mon âme qu'ils puissent lui être agréables.

Je crois avoir l'honneur de lui être bien connu, et, quel que soit le jugement qu'elle porte de mes projets, j'espère qu'elle n'y verra rien que de conforme au bien du genre humain, à l'intérêt de sa nation et à la droiture de mon caractère. Jusqu'à présent, je n'ai pas eu le bonheur de faire pour son service quelque chose selon mon cœur et ce que je puis avoir reçu de talent; peut-être serai-je à l'avenir plus heureux.

Je vais essayer.

*
* *

Tantôt c'est un mémoire anonyme sur la colonie de Saratof, qu'il se charge d'annoter et de transmettre à l'Impératrice, ou bien c'est une chaleureuse recommandation en faveur de son hôte.

Toutes les observations renfermées dans les différents papiers dont Votre Majesté Impériale a eu la patience d'entendre la lecture sont le résultat des entretiens de deux honnêtes voyageurs : votre chambellan, M. de Narischkin, et moi.

Quel que soit le jugement qu'elle puisse en porter, ils seront l'un et l'autre récompensés au delà de leur espérance si Sa Majesté Impériale daigne y reconnaître la sincérité de leur zèle et leur profond dévouement.

*
* *

Tantôt enfin il implore l'indulgence de la souveraine en ces termes qui ne manquent pas de grandeur :

*
* *

Voilà tout ce que j'avais de philosophie applicable soit aux circonstances prochaines, soit aux circonstances éloignées de Votre Majesté Impériale.

S'il y a quelque chose qui ait pu lui déplaire, je lui en demande mille pardons. J'ai pu être indiscret, inconsidéré, mais j'ai là, au côté gauche, un censeur sévère, qui m'assure que je n'ai été ni faux, ni méchant. Je suis un philosophe comme un autre, c'est-à-dire un enfant bien né qui balbutie sur des matières importantes. C'est mon excuse et la leur.

Ils veulent tous le bien, ce qui les expose quelquefois à parler fort mal. Le tyran fronce le sourcil. Henri IV et Votre Majesté sourient.

***

Une nouvelle conclusion développe et achève ce qu'avait indiqué la précédente :

***

Et puis voilà Votre Majesté Impériale délivrée de toute la balbutie de l'enfant bien né qui parle sur des matières graves, et qui s'appelle le philosophe. S'il y a par hasard dans tous ces feuillets une bonne ligne, ou s'il n'y a rien qui vaille, et que Votre Majesté Impériale se soit seulement délassée de ses occupations importantes par le spectacle des efforts aussi puérils que singuliers d'un spéculateur qui s'avise dans sa petite tête de régir un grand empire, il sera plus que suffisamment récompensé de ses rêveries et de ses veilles par l'indulgence incompréhensible de Votre Majesté Impériale, ce qui ne l'empêche pas de se prosterner à ses pieds et de lui demander mille pardons de l'indiscrétion de son caquet politique. Quelque peu d'importance qu'il y ait attaché, si Sa Majesté Impériale fermait les yeux sur la sincérité de son zèle, il ne se croirait jamais suffisamment excusé.

Quoi qu'il en soit, Sa Majesté Impériale aura dans ces feuillets la juste mesure de toute la capacité et de toute l'ineptie d'un particulier qui écrit des choses publiques, et le temps qu'elle aura bien voulu donner à leur lecture lui épargnera tout celui que son goût pour des vues utiles lui aurait fait accorder à une infinité de productions à venir, qui ne seront ni pires ni meilleures que celles-ci. Au premier papier politique qui lui tombera ertre les mains, elle le jettera loin d'elle et elle dira : « Cela est fort bien ; cela est tout juste de la force de mon philosophe, dont la dernière page est excellente » ; et cette dernière page, où je m'apprécie moi-même et les autres à notre juste valeur, est celle-ci, et c'est aussi la seule dont je fasse quelque cas.

*
* *

Il y a dans ces suprêmes aveux plus de naïveté encore que de flatterie, et, malgré son scepticisme professionnel en fait de dévouement, Catherine ne put s'empêcher de s'y montrer sensible. Aussi, en parlant à Grimm, quelques années plus tard (18 avril 1776), d'un de ses protégés, le vicomte de Laval, comme du « seul Français » qu'elle ait connu « reconnaissant des bons procédés qu'on a eus pour lui », elle se hâtait d'ajouter : « excepté cependant Diderot, qui, en toute chose, est un autre homme que les autres ».

XV

DÉPART DE DIDEROT ET SECOND SÉJOUR A LA HAYE

Malgré la seconde date inscrite par Diderot lui-même au frontispice de son manuscrit, il est bien improbable qu'à partir du 3 décembre 1773 il ait précisément cessé d'adresser à l'impératrice ses observations et ses conseils. Son séjour à Saint-Pétersbourg se prolongea jusqu'au 5 mars 1774, et il dut plus d'une fois encore noter ce qu'il remarquait ou ce qu'il apprenait : « Je vais, questionnant tant que je puis, dit-il en terminant un de ses feuillets, je voudrais bien être utile. »

La Harpe, dans un long et lourd pamphlet posthume intitulé *Philosophie du XVIII*e *siècle*, se montre fort scandalisé de ce que Diderot se fût permis de demander un jour à l'impératrice, et devant témoins, à combien s'élevaient les revenus de l'Empire. Très suspecte sous une telle plume, l'anecdote est néanmoins rendue vraisemblable par un document demeuré longtemps ignoré[1]. Diderot avait, en effet, sinon de vive voix, du moins par écrit, sollicité de l'impératrice des notions précises sur le commerce de la Russie, et l'on a mis récemment au jour ces deux questionnaires (l'un d'eux porte en marge ses réponses autographes) adressés à Catherine elle-même et au comte Ernest de Munich [2].

Elle se prêtait volontiers d'ailleurs à des interrogatoires de ce genre, et cette apparente indiscrétion était certainement l'une des formes de la flatterie qui se trouvaient le plus assurées de lui plaire. L'étonnement de La Harpe est d'autant moins justifié qu'il avait pu lire soit dans le texte original de William Coke, soit dans la traduction de P.-H. Mallet, un autre questionnaire non moins détaillé, touchant le régime des prisons et portant de même en marge les annotations de Catherine ou d'Ivan Tchernichef, vice-président du Conseil de l'Amirauté [3].

Parfois cependant l'état précaire de la santé de Diderot lui faisait littéralement tomber la plume des mains. Les eaux de la Néva achevaient le désordre

1. Voir aux Appendices les pièces cotées B. et C.
2. Le comte Ernest-Gustave de Munich, fils du comte Jean-Ernest et de la comtesse Anne-Dorothée, née baronne Magden, mourut général major en 1812.
3. *Travels into Poland, Russia, Sweden and Denmark*. London, 1784, 2 vol. in-4°. Le questionnaire de Coke et les réponses de Catherine se trouvent tome Ier, p. 366-367 de la traduction de P.-H. Mallet (Genève à Paris, 1786, 2 vol. in-4°).

qu'une vie trop sédentaire avait provoqué dans sa vigoureuse constitution, et il dut lui arriver plus d'une fois, comme on le voit à la fin de sa grande dissertation sur l'école des Cadets, de souhaiter sans façon « bonne nuit à l'impératrice, parce qu'il n'en pouvait plus », ou d'en être réduit, de par la « maudite colique », à garder la chambre au lieu de fêter, le verre en main, chez Alexandre Galitzin, l'anniversaire de la Sainte-Catherine. Le palais du vice-chancelier n'était pas la seule maison qu'il ait fréquentée lorsque ses oppressions de poitrine et ses tribulations d'entrailles le lui permettaient. Le chagrin et l'embarras que lui avait causés l'accueil de Falconet n'avaient point empêché Diderot d'aller examiner dans son atelier le modèle de la statue équestre de Pierre Ier, et c'est très certainement à la prière de l'artiste qu'il formula sur le papier, au sortir de cette visite, ses éloges et ses critiques où rien ne fait pressentir la rupture définitive qui éclata peu après. Diderot se voyait accueilli à bras ouverts chez le docteur Clerc, chez madame Sophie de La Font, et de la Haye il chargeait le premier de le rappeler « à tous les dignes commensaux de la table ronde », y compris la belle Anastasia Socolof, fille naturelle de Betzki, mariée au comte de Ribas et devenue la femme de chambre favorite de Catherine, celle-là même à qui un autre Français fixé à la cour de Vienne, Valentin Jamerai-Duval, adressait, quelques années auparavant, de brûlantes épîtres.

La fatigue physique dont Diderot se plaint dans les quelques lettres qu'il a datées de Saint-Pétersbourg lui rendait chaque jour plus chère la pensée du retour. S'il eût voulu cependant prolonger sa tournée dans les cours du Nord, ce n'était pas, certes, faute de sollicitations flatteuses. Après l'avoir fait ou laissé dénoncer par Formey, Frédéric ne craignit pas, quelques semaines plus tard, d'employer le comte de Solms, son ministre, à lui arracher la promesse de s'arrêter à Berlin, et Grimm s'évertuait aussi à cette négociation dont il prévoyait l'issue. « Je l'exhorterai bien fort, écrivait-il à Nesselrode, le 7 février 1774, à aller faire sa cour à M. de Heldenruh[1]; mais, en ce genre, personne n'a moins de crédit sur lui que moi, parce qu'il faut le traiter comme un enfant, gronder, tancer et que je ne sais empiéter sur la liberté naturelle de personne, pas même des enfants. » Un moment, toutefois, Diderot feignit de se laisser convaincre, mais, dit le même Grimm, « c'était encore une conversion hypocrite dont je ne fus pas la dupe ».

Le philosophe repoussait en même temps l'offre de se rendre auprès de Gustave III, que nous révèlent deux fragments inédits de la correspondance de Nolcken, ambassadeur de Suède à la cour de Russie; et bien que la démarche n'ait pas abouti, il n'en est pas moins curieux de mettre en lumière ce témoignage

1. Sobriquet sous lequel Grimm a parfois désigné Frédéric II dans sa correspondance privée.

inconnu de la faveur dont Diderot jouissait auprès de la propre sœur de Frédéric II, la reine douairière Louise-Ulrique[1]. C'était elle, en effet, qui avait chargé Nolcken de décider Grimm et Diderot à passer par Stockholm avant de rentrer en France; le premier n'adopta cet itinéraire qu'en 1777, lors de son second voyage en Russie; quant à Diderot, Nolcken nous fait connaître quels impérieux motifs l'attiraient vers la rue Taranne. Il eût été intéressant, à coup sûr, de savoir dans quels termes avait été formulée la proposition de la reine, et de quel voyage Nolcken veut parler dans sa seconde lettre. Malheureusement les Archives royales de Suède sont muettes sur cette négociation d'un caractère tout privé, et le sort des papiers de Nolcken a échappé à mes recherches. Ceux de Beylon, recueillis par Gustave III, se sont trouvés confondus avec les innombrables liasses dont M. A. Geffroy a tiré un si heureux parti. C'est à Upsal même, et grâce à la bienveillance du bibliothécaire, M. Annerstedt, que j'ai pu copier ces fragments[2]. Alors même qu'ils ne nous révéleraient pas un détail ignoré de la vie de Diderot, ils fourniraient au besoin une nouvelle preuve de cette universalité de la langue française que Rivarol

---

1. L'acte de décès de Diderot, relevé par Jal à Saint-Roch et aujourd'hui détruit, le qualifiait de « membre des Académies de Berlin, de Saint-Pétersbourg et de Stockholm »; mais il n'avait droit en réalité qu'aux deux premiers de ces titres.

2. Tome LI de la collection déposée à Upsal, conformément au testament du roi.

allait proclamer, quelques années plus tard, en pleine
Académie de Berlin : c'est en français, non sans
quelques incorrections, j'en conviens, que s'écrivaient
un Suisse et un Suédois, et c'est encore en français
que ce même Suédois rédigeait la majeure partie de
ses dépêches diplomatiques. Jean-François Beylon
appartenait, il est vrai, à une famille originaire
d'Espagne qui, longtemps fixée à Montélimar, avait,
lors de la révocation de l'édit de Nantes, émigré à
Lausanne où elle est encore représentée. Tout en
stipulant avec le duc de Choiseul, durant un séjour à
Paris, les conditions du premier voyage de Gustave,
alors prince royal, à la cour de Louis XV, il s'était
introduit dans le monde encyclopédique, et un borde-
reau conservé par Grimm nous le montre souscrivant
à vingt épreuves de l'estampe « tragique et morale »
gravée en faveur de la famille Calas[1]. Cette part faite
à la « sensibilité » ne nuisait en rien à ses talents de
négociateur ; il obtint même, paraît-il, une pension
du gouvernement français, tandis que sa souveraine
d'adoption lui accordait la croix de l'Étoile polaire et
l'admettait dans sa familiarité à titre de lecteur.
M. Geffroy accuse Beylon de ne s'être point fait scru-
pule d'envoyer à notre ministre des Affaires étrangères
copie de certaines lettres écrites par Louise-Ulrique à
Frédéric ; mais cet abus fut pardonné ou ignoré, car

1. *Correspondance littéraire*, tome XVI, p. 363.

Gustave III l'appelait volontiers son « mentor », et quand Beylon mourut, le 12 novembre 1779, le roi écrivit au baron de Breteuil qu'il perdait « un véritable ami qui lui disait la vérité ». Peut-être n'était-ce pas à ses yeux son unique mérite, car « le philosophe épicurien » (ainsi que le désignait aussi le roi) jouait volontiers son rôle dans les parties de plaisir fameuses dont les palais des environs de Stockholm ont gardé l'écho; ne le voit-on pas, en 1777, s'associant aux fantaisies dramatiques de son maître et s'affublant de la robe bariolée d'un empereur chinois dans un divertissement représenté chez le duc de Sudermanie ?

Telle est, bien imparfaitement esquissée, la physionomie de l'homme à qui Nolcken écrivait de Saint-Pétersbourg le 29 novembre/10 décembre 1773 :

« Je vous envoie ci-joint une lettre de M. de Grimm[1]. Il se plaint aussi de votre paresse. Jugez si j'ai dû l'apaiser, ou excuser votre conduite. Vous n'avez jamais été traité plus impitoyablement que lorsque nous tombons sur ce sujet. C'est l'expression du dépit le plus juste. Vous savez sans doute la commission dont Sa Majesté la reine mère m'a chargé pour M. Diderot. Je m'en suis acquitté proportionnément aux bornes dans lesquelles Sa Majesté avait renfermé mon éloquence. Elle ne pouvait être extrêmement

---

[1] Elle manque dans le manuscrit d'Upsal.

persuasive, quand je n'osais parler de sa part, mais uniquement de la mienne. J'ai rendu compte de tout cela à M. de Piper, et il dépendra de ce que la reine jugera à propos qu'il se fasse ultérieurement. M. de Grimm ne paraît pas éloigné de faire le voyage de la Suède, mais son ami n'a pas les mêmes dispositions. J'avais une toute autre idée d'un philosophe. Je croyais que la gloire, l'amour-propre, la vanité, l'admiration étaient le principe et le but de leurs *(sic)* démarches. Je croyais leur âme inaccessible à ces vertus bourgeoises : la tendresse paternelle, l'amour conjugal, l'amitié. Diderot m'a détrompé. Il donne dans tous ces préjugés. Il ne parle que de sa femme, de sa fille, de son petit-fils, de ses amis et de son envie extrême de les revoir. Grimm craint que cela ne lui donne la maladie des Suisses. Ses vastes connaissances et son génie extraordinaire à part, je trouve ce vieillard extrêmement aimable. Il a été longtemps incommodé et renfermé chez lui. Je vais le voir souvent. J'ai ce courage, malgré la disproportion immense de nos facultés. Il a découvert en moi de la sensibilité, de l'âme, un caractère honnête. Je me suis aperçu que cela me tenait lieu de mérite auprès de lui. J'en ai pris la plus belle idée de son cœur et je l'aime du fond du mien. »

Ce que Nolcken dit ici du désir de Diderot d'embrasser les siens est confirmé par Grimm dans une lettre à Nesselrode et en termes presque identiques : « Denis a la maladie des Suisses *in gradu heroico*, assez pour m'inquiéter quelquefois », et par le comte de Crillon dans ce fragment inédit d'une lettre à d'Alembert, datée de Saint-Pétersbourg, 25 janvier 1774 [1] :

« M. Diderot m'a dit qu'il n'écrivait à personne. Je lui ai demandé pourquoi. Il m'a répondu : « Je suis » trop éloigné de mes amis pour causer avec eux. J'ai » essayé vingt fois ; quand j'ai dit : « Mes parents, mes » amis, je veux m'en aller, je veux m'en aller, il ne me » vient plus rien ». Je crois qu'il partira le mois prochain, comblé de reconnaissance de toutes les bontés de l'impératrice. Vous verrez avec quelle chaleur il parle de ses grandes qualités et combien en même temps il la trouve aimable. S'il écrivait à Paris, ses lettres seraient remplies des sentiments de tendresse et de respect dont il est pénétré, et comme toutes les lettres des étrangers sont certainement ouvertes, l'im-

---

[1]. Affaires étrangères (Fonds de France, n°* 80, ou 319 de l'inventaire imprimé). François-Félix-Dorothée des Balbes de Berton, comte de Crillon, né en 1748, colonel du régiment de Béarn, maréchal de camp en 1784, député de la noblesse du bailliage de Beauvais aux États Généraux, membre du club des Feuillants, nommé duc et pair en 1817, mort à Paris, le 27 janvier 1820. Ami de d'Alembert et de mademoiselle de Lespinasse, il avait visité Voltaire à Ferney en 1771, s'était vu présenter à Frédéric II par d'Alembert dans les termes les plus flatteurs, et Diderot, en le chargeant, à Saint-Pétersbourg, de remettre une lettre à la princesse Daschkof, alors retirée à Moscou, vantait aussi « son jugement et son esprit éclairé ».

pératrice verrait qu'il est aussi utile pour sa renommée
d'être chantée par un homme éloquent que par des
troupes qui gagnent des batailles. »

La reine ne semble pas avoir insisté davantage, et
la seconde lettre de Nolcken ne renferme que quelques
détails sur les préliminaires du départ du philosophe :

« Saint-Pétersbourg, 20 février-3 mars 1774.

» Vos réflexions sur Diderot sont admirables et
l'impression qu'il vous a faite dans ce voyage que vous
fîtes ensemble est un coup de pinceau rempli de vérité. J'ai eu l'indiscrétion de lui montrer cet article de
votre lettre et j'aurais eu tort de le lui cacher. Il en a
été extrêmement flatté, il y a été très sensible et il m'a
chargé de vous dire mille amitiés de sa part. Nous
avons ri beaucoup de votre comparaison de lui au prophète Isaïe. J'en ai été frappé, mais outré contre mon
imagination, qui ne me l'avait pas présentée d'abord.
Il est vrai que ce digne et aimable vieillard m'avait
toujours inspiré un respect, une confiance, une admiration comme je n'en ai senti que pour peu de personnes, un sentiment tout à fait particulier. C'est vous
qui l'avez déterminé. Je voudrais qu'à sa mort, au lieu
d'un manteau comme le prophète en donna un à Élie,
il en pût distribuer une douzaine.

» Il s'est préparé depuis une quinzaine de jours à

partir d'ici ; mais une indisposition subite l'a retenu. Je l'ai vu ce matin, il était fort défait et très faible ; cependant, il a fixé son départ au premier jour et nous nous sommes quasi dit adieu. L'impératrice lui a donné pour l'accompagner, un Grec, M. Bala, homme de mérite. Pour des bienfaits que cette princesse aime à répandre, tant par inclination que par habitude, Diderot a eu la gloire de lui faire la loi à cet égard. Il a exigé d'elle qu'elle lui donnerait tout ce qu'il demanderait et qu'elle ne consultât absolument que sa volonté à lui. Le désintéressement et la délicatesse qu'il a montrés en cela feront l'éloge de sa façon de penser et sont si rares aujourd'hui, surtout parmi les gens de lettres ! Les frais de son voyage pour venir ici et pour s'en aller, les dépenses pendant ce temps-là, tout cela a été exactement calculé d'après les besoins d'un philosophe. Toutes les petites choses qu'il a demandées ont été d'une simplicité parfaite. La pelisse de voyage qu'il s'est fait faire par ordre de l'impératrice est de renard commun, tel qu'en portent les plus minces bourgeois de nos pays. Enfin il a enchaîné la générosité de cette souveraine. « Comment, lui dit-il, moi qui vous res-
» pecte, qui vous admire, qui vous suis si sincèrement
» attaché, comment oserai-je chanter vos éloges si vous
» me comblez de bienfaits? Mes louanges ne pourront
» qu'être suspectes, et j'aurais les plus grands reproches
» à me faire... » Ne croyez pas que cette conduite lui ait fait des amis dans ce pays-ci. Au contraire, il a été

exposé à la jalousie la plus envenimée pendant son séjour à Pétersbourg, et à toute la noirceur de la calomnie. La franchise et le désintéressement sont des vertus que des esclaves sont indignes de sentir et qu'ils détestent. Les Russes ont été au désespoir qu'un homme qui les possédât eût l'accès libre auprès de leur souveraine. Le contraste de ces vertus avec leurs vices devait trop tourner à leur désavantage. Aussi Diderot fait très sagement de quitter la partie. Il eût été tôt ou tard la victime de l'envie et de la méchanceté... »

L'amertume que trahissent ces dernières lignes s'explique par les difficultés incessantes de la mission de Nolcken ; elles ne provenaient pas seulement de la duplicité des deux cours, il lui fallait encore dévorer l'humiliation de ne pouvoir lutter contre un faste ruineux ; dans ses épanchements familiers avec Beylon, comme dans ses dépêches officielles, ce dernier grief revient constamment.

Diderot attachait, on peut le croire, une médiocre importance aux railleries dont ces mêmes courtisans ne s'étaient pas montrés avares à l'égard du vêtement noir qu'il endossait pour ses audiences quotidiennes à l'Ermitage, jusqu'au jour où l'impératrice lui eut fait présent d'un superbe habit de couleur ; mais il entendait couper court aux insinuations plus graves dont son voyage avait fourni le prétexte et démontrer qu'il n'était pas venu « remercier des premiers bienfaits pour en solliciter de nouveaux ». Il accepta, il est vrai, à la fin de son séjour un don de trois mille roubles qui, échangés contre un billet payable en France, se réduisirent à douze mille six cents livres de notre monnaie sur lesquelles il paya deux tableaux et une « plaque » en émail qu'il offrit à l'impératrice ; sur cette même somme il voulait en outre prélever les frais de son retour, ainsi que divers présents à ses hôtes ; mais Catherine ne l'entendit point ainsi. Par son ordre une pelisse, une voiture et un guide furent fournis au philosophe qu'effrayait à juste titre la pensée de traverser seul les steppes, les marais, les fondrières et les fleuves des provinces baltiques. A ces prévenances elle voulut ajouter un souvenir plus intime, et comme Diderot sollicitait la faveur d'emporter la soucoupe sur laquelle on lui présentait chaque matin une tasse remplie de lait : « Non, dit-elle, cela se casserait et vous en auriez du chagrin » et, le jour même qu'il quitta Saint-Pétersbourg, elle lui fit remettre une cornaline sur laquelle était gravé son portrait [1].

Le départ du philosophe avait d'abord été fixé aux premiers jours de février ; mais sa santé chancelante le

1. Ce bijou n'a jamais dû, ce semble, sortir des mains de Diderot ou de ses descendants. Cependant, en 1813, un compilateur oublié, Breton de la Martinière, se vantait de le posséder : voyez tome I, page 129 de *la Russie ou Mœurs, usages et coutumes des habitants de toutes les provinces de cet empire* (Paris, 1813, 6 vol. in-18). Je signale cette allégation sans m'en porter nullement garant.

fit ajourner au 5 mars 1774. D'un commun accord avec la souveraine et pour éviter à ses nerfs ébranlés une émotion trop cruelle, il avait pris congé quelques jours auparavant et remis à l'impératrice la lettre suivante dont il avait préalablement soumis la minute à Grimm et à deux ou trois « honnêtes gens », entre autres au baron de Nolcken.

« Madame,

» Vous m'avez défendu les adieux. Il faut se conformer à vos ordres et vous épargner le spectacle d'une grande peine. Oui, madame, d'une grande peine ; car une chose que je puis assurer à Votre Majesté, parce que je la sens, c'est que je ne me suis point arraché du sein de ma famille, pour venir lui présenter ma reconnaissance et mon hommage, avec plus de douleur que je n'en éprouve à m'éloigner d'elle. Non, jamais des parents et des amis n'ont obtenu et n'obtiendront une marque plus forte d'attachement et de tendresse que celle que je donne aux miens, en retournant à eux.

» Je m'en retourne comblé des bontés de Votre Majesté et rempli d'admiration pour ses rares qualités. Combien je serais vain de l'accueil dont elle m'a honoré si je ne le rapportais tout entier à ce caractère d'indulgence propre à la divinité, qui juge moins les hommes sur ce qu'ils sont que sur ce qu'ils voudraient être, et devant laquelle les vertus du cœur sont aussi précieuses que les dons du génie !

» Toute ma vie, je me féliciterai du voyage de Pétersbourg. Toute ma vie, je me rappellerai ces moments où Votre Majesté oubliait la distance infinie qui me séparait d'elle et ne dédaignait pas de s'abaisser jusqu'à moi pour me dérober ma petitesse. Je brûle du désir d'en entretenir mes compatriotes ; et ce plaisir dont je jouis par anticipation tempère un peu l'amertume de ce moment pour me consoler. Je me dis : « Si tu cesses de voir la grande souveraine, tu auras » du moins la satisfaction d'en parler souvent », et il me semble en effet que je souffre moins.

» Mais après avoir parlé de vous, madame, Votre Majesté, qui est la justice même, ne me pardonnerait pas de garder le silence sur les politesses sans nombre que j'ai reçues de presque tous les seigneurs de sa cour. Lorsqu'on m'aura entendu, peut-être soupçonnera-t-on que celui qui, de retour dans ses foyers, médit de cette contrée n'avait aucune des vertus qui pouvaient le recommander à vos sujets. Pour moi, j'avoue que l'on m'a rendu, partout où je me suis montré, fort au delà du peu que je valais ; et s'il m'arrive de changer de discours, je consens d'être rangé dans la dernière classe des ingrats.

» Je réitère à Votre Majesté mes vœux les plus ardents pour sa santé et pour sa prospérité : puisse-t-elle n'aller causer avec son ami César qu'à l'âge de quatre-vingts ans, comme elle me l'a promis ; elle a d'autant moins de raison de se presser que César ne lui apprendra rien.

» Je ne demande pour elle au destin qu'un peu d'équité. S'il m'exauce, l'histoire, qui ne nous offre dans le passé aucune femme aussi surprenante que Catherine, n'offrira à nos neveux l'exemple d'aucune souveraine plus heureuse qu'elle.

» Madame, ne vous y trompez pas ; vous valez infiniment mieux que votre héros. Vous avez tout son génie, et lui n'a rien de votre bonté. La postérité, qui parlera de tous deux, vous admirera et vous louera sans restriction ; èt son éloge est dès à présent accompagné et flétri d'une longue suite de *mais*.

» Si l'on savait en quel endroit réside la couvée des Frédérics, l'homme de bien en irait casser tous les œufs, et il se presserait de faire éclore les Catherines.

» J'avais l'espérance de revoir Votre Majesté dans cinq ou six ans au plus tard ; mais cet honnête homme qui, entre mille excellentes qualités, a le défaut, si c'en est un, d'osciller sans cesse entre le oui et le non, n'y consent pas, et nous lui devrions tous les deux un remerciement : Votre Majesté, dont il refuse un présent de quarante mille roubles ; moi, à qui il restitue l'offre d'un travail de douze ans. L'*Encyclopédie* ne se refera pas, et ma belle dédicace restera dans ma tête ; car quelle apparence que votre Sphinx[1] et moi, n'ayant pu nous arranger en cinq mois de

---

1. Betzki.

temps, l'un à côté de l'autre, nous nous arrangions mieux à la distance de huit cents lieues?

» J'en dis ce mot à Votre Majesté, à qui je ne veux pas laisser le moindre soupçon défavorable. J'ai senti toute l'étendue de ma promesse. Je la sens, et je persiste. Ma pyramide, qui est tout à fait sur le côté, se relèvera au moindre signe de Votre Majesté.

» Je passerai trois mois à la Haye auprès du prince Dimitri[1], votre ministre et mon ami. Ces trois mois seront employés à publier les règlements de ce grand nombre d'établissements dont la création sera aussi honorable à votre règne que la durée en serait utile à tout votre empire.

» Votre Majesté ne me chargera-t-elle d'aucun ordre pour son ministre à la Haye et me permettra-t-elle, m'excusera-t-elle de lui représenter que le prince Dimitri est un de ses sujets les plus zélés et de ses plus fidèles serviteurs ; qu'il n'a pas une goutte de sang dans les veines qu'il ne répandît volontiers pour son service ; qu'il lui a donné en toute circonstance les marques les moins équivoques de son entier dévouement ; qu'il est actif, intelligent, laborieux et honnête ; qu'il a des enfants et qu'il n'est pas riche, et qu'il espère de sa bienveillance qu'elle le mettra au niveau des autres ministres, et de mon amitié que j'oserai l'en solliciter?

1. Galitzin.

» Madame, et mon pauvre Narischkine? Et cette dette que Votre Majesté m'a si positivement promis d'acquitter?

» Et puis je demande mille pardons à Votre Majesté de l'opiniâtreté inouïe avec laquelle je lui ai fait éprouver, depuis que je suis à Pétersbourg, les inconvénients de la bonté.

» Je suis avec le plus profond respect de Votre Majesté Impériale le très humble et le plus dévoué serviteur, » DIDEROT.

» A Saint-Pétersbourg, 22 (11) février 1774. »

Le trajet de retour ne dura qu'un mois et si Diderot ne fut pas, comme à l'aller, retardé par la maladie, il eut à souffrir d'accidents plus ou moins graves ; la berline impériale fut brisée au passage de la Dwina, et à Mittau le philosophe courut risque de se noyer ou de se casser bras et jambes : « C'était, a dit madame de Vandeul, une rude tâche que de conduire un être qui ne voulait s'arrêter ni pour dormir, ni pour manger. Il avait pris sa voiture pour une maison où il devait habiter depuis Pétersbourg jusqu'à la Haye. » Il consentit cependant à se reposer quelques jours à Hambourg et, tandis que Bala expédiait les bagages par un chariot de poste, Diderot adressait à Emmanuel Bach le curieux billet que voici :

« Je suis Français, je m'appelle Diderot. Je jouis

de quelque considération dans mon pays comme homme de lettres ; je suis l'auteur de quelques pièces de théâtre parmi lesquelles le *Père de famille* ne vous sera peut-être pas inconnu. Je viens de Pétersbourg en robe de chambre et sans une pelisse, en poste et sans aucun vêtement ; sans cela je n'aurais pas manqué d'aller voir un homme aussi célèbre. Je le prie de m'envoyer quelques sonates pour le clavecin, s'il en a de manuscrites et qui n'aient point encore été publiées, il aura la bonté d'y ajouter un prix que je remettrai à la personne qui m'apportera ces sonates de sa part. La seule observation qu'il me permettra de lui faire, c'est que j'ai plus de réputation que de fortune, conformité malheureuse qui m'est commune avec la plupart des hommes de génie sans y avoir le même titre.

» Je suis, etc. »

Enfin on atteignit la Haye et, après les premiers moments d'épanchement avec ses hôtes, Diderot résolut de mettre son courrier à jour. En quarante-huit heures, les 8 et 9 avril 1774, il n'écrivit pas moins de cinq longues lettres à l'impératrice, à madame Diderot, au docteur Clerc, aux dames Volland et à un destinataire inconnu dont rien dans le texte imprimé ne permet de déterminer la personnalité. Il y a forcément de nombreuses redites dans ces lettres et comme la première est encore inconnue en France, je la donne ici, de préférence aux quatre autres insérées dans la dernière édition des *OEuvres complètes :*

« Madame,

» Je souhaite que tout réussisse aussi parfaitement à Votre Majesté Impériale que le soin qu'elle n'a pas dédaigné de prendre pour le succès de notre voyage. Partis de Saint-Pétersbourg le 5 du mois de mars, au soir, nous sommes arrivés à là Haye le 5 du mois d'avril, au matin. Nous avons eu le temps le plus favorable, les plus beaux chemins et nous jouissons de la meilleure santé. Nous n'aurions pas arrangé la saison autrement qu'elle s'est arrangée d'elle-même, quand elle aurait été soumise à nos ordres. Un froid très vif et des neiges très abondantes jusqu'à Riga. De Riga jusqu'ici des nuits sereines et des journées plutôt d'été que de printemps; et ce dont je remercierais presque aussi volontiers la Providence, si elle se souciait un peu de nos remerciements, assez de ces événements fâcheux qui font les beaux règnes et les voyages intéressants, comme des trous où l'on tombe et où l'on est menacé de passer la nuit; des hôtes maussades, de mauvais gîtes, des voitures fracassées; de temps en temps de ces pas dangereux où l'on apprend à se connaître soi-même et où l'on peut montrer une âme grande et forte, quand on l'a reçue de la nature. Il est si doux d'en être sorti; on s'en souvient avec tant de plaisir; on en parle si longtemps et avec tant de satisfaction, qu'à regarder les choses de près, les moments périlleux de notre vie ne sont presque jamais ceux que nous en voudrions effacer. Je suis bien sûr d'écrire ici l'histoire de l'âme de Votre Majesté. C'est l'aventure de Mittaubruck[1] qui m'a valu l'admiration de M. Bala. Il s'est bien promis d'entretenir Votre Majesté Impériale de l'héroïsme que je montrai au moment de la rupture de cette belle et commode voiture que vous aviez ordonnée, et au passage à jamais mémorable de la Dwina, au moment où la voix harmonieuse du poète se mêla au fracas de la glace à demi fondue qui s'entr'ouvrait sous ses pas. J'ai moi-même chanté ce moment; et voici mon chant[2] :

> O toi dont le cri poétique,
> Perçant la profondeur des flots,
> Dans les gouffres de la Baltique
> Arracha Neptune au repos,

---

1. MM. Grot et Bilbassof ont lu *Miltenkruck*, mais l'autographe doit porter *Mittaubruck* : c'est bien en effet au pont de Mittau, sur l'Aa, que se brisa la berline commandée par Catherine pour le retour de Diderot; voir ses lettres à madame Diderot, à mademoiselle Volland et à M. ***, des 8 et 9 avril 1774.

2. Diderot cite ici les deux premières strophes d'une pièce de vers intitulée : *le Trajet de la Dwina sur la glace dans le cours du mois de mars 1774* qu'on peut lire au complet, tome IX, p. 28-31 de l'édition Assézat. Celui-ci avait introduit dans le sous-titre une variante (*mai* au lieu de *mars*) d'après une copie ancienne et en s'autorisant d'une allusion de Diderot à la sortie du soleil du signe du Taureau; mais les dates précises du départ et de l'arrivée des voyageurs ne justifient pas cette correction.

LETTRE A L'IMPÉRATRICE (8 AVRIL 1774). 479

Muse, d'une gloire immortelle
Si ce grand jour te couronna,
Viens, un nouveau laurier t'appelle
Au trajet de la Dwina.

Mais ce ton pompeux t'en impose;
Eh bien! Muse, plus simplement
Daigne me dicter seulement
Quelques vers qui peignent la chose,
Mais si bien, mais si fortement
Que l'amitié frissonne pour ma vie ;
Que de ses bras je me sente pressé.
Et qu'en m'écoutant elle oublie
Qu'il s'agit d'un péril passé.

» J'allais continuer, mais je me suis rappelé que Votre Majesté n'aimait pas les vers, à moins qu'ils ne fussent de Racine ou de Voltaire; et qui est-ce qui en sait faire comme cela? Je préviens Votre Majesté Impériale que le secret en est perdu en France.

» J'ai mille remerciements à faire à Votre Majesté du conducteur qu'elle a bien voulu me choisir. C'est un très galant homme, très aimable, très indulgent et très instruit, avec lequel on peut causer histoire, politique, gouvernement, lois, poésie, comme nous l'avons fait, et puis beaucoup d'amour et un peu de religion. Il est jeune, je ne le suis plus ; aussi j'en étais réduit à payer ses folies d'hier en vieille monnaie. Il me disait hier : « Le chemin m'a paru si » court que j'ai toute la peine du monde à me per- » suader que nous soyons arrivés ». Là-dessus Votre

Majesté Impériale jugera que M. Bala n'est pas homme à se lasser promptement d'avoir des attentions, et qu'il ne lui en a pas beaucoup coûté pour pardonner au vieil enfant sa pétulance. M. Bala est peut-être un ami solide que je devrai à Votre Majesté. Je serais très flatté qu'il lui parlât de moi, comme je pense et lui parle de lui.

» Chemin faisant, j'ai perdu mon Horace[1] et ma verve ; c'est, je crois, dans la Courlande ; sans cet accident, Votre Majesté aurait pardonné à mes mauvais vers, en faveur de la morale charmante de l'ami de Mécène et du plus dangereux courtisan d'Auguste ; et elle aurait eu en entier la pièce dont voici le commencement[2] :

> J'ai fait des vœux aussi, mais ils étaient bornés :
> Un jardin, un ruisseau, quelques champs terminés
> Par un bout de forêt, et mon âme remplie
> Cédait avec dédain le reste à la folie.
> Les dieux m'ont exaucé. Catherine et les dieux
> M'accordèrent un jour ces biens et beaucoup mieux.
> S'il arrive, ô Destin, que ma voix t'importune,
> C'est pour me conserver ma petite fortune.
> Laisse-moi ce que j'ai. C'est assez si j'ai vu
> Le dernier de décembre à mon dernier écu.

1. Très probablement l'exemplaire dans la reliure duquel Diderot avait fait enchâsser le portrait de mademoiselle Volland peint par madame Vallayer-Coster (voir ses lettres du 31 juillet et du 22 août 1762, tome XIX, p. 90 et 110).

2. Imitation libre du début de la satire VI, livre II, d'Horace :
Hoc erat in votis...
Elle est inédite.

» Les moments où M. Bala dormait ont fait éclore beaucoup d'autres bagatelles que je n'ai garde d'envoyer à Votre Majesté Impériale. Je suis sûr qu'elle ne me pardonnerait jamais le parallèle de César et de Frédéric.

» J'attends avec impatience notre bagage que nous avons envoyé à Amsterdam par le chariot de poste, pour me livrer sérieusement à l'édition des Règlements de ces sages établissements dont la durée changera nécessairement la face de l'empire en préparant aux époux des moitiés, et aux femmes des maris qui sentiront les avantages de la bonne éducation qu'ils auront reçue et qui désireront que leurs enfants soient élevés comme eux.

» Sorti de cette occupation, je tâcherai de satisfaire de mon mieux aux différentes commissions dont Votre Majesté Impériale m'a honoré.

» Au moment où j'allais fermer ma lettre, j'en reçois une du docteur Clerc, qui me ferait presque espérer le bonheur que je désirais, de consacrer à Votre Majesté Impériale le reste de ma vie, en préparant une nouvelle édition de l'*Encyclopédie*; ainsi soit-il.

» Je suis encore à trois mois de ma patrie, et c'est un long intervalle pour un homme qu'on accablera de questions auxquelles il aura tant de plaisir à répondre. — Eh bien, vous avez donc eu l'honneur d'approcher Sa Majesté Impériale? — Très assurément. — De la voir beaucoup? — Beaucoup. — C'est une grande souveraine? — Très grande. — Et la figure? et l'esprit? et l'âme? et le caractère? — Jugez, madame, jusqu'où ce texte me mènera. Ah! si je pouvais me rappeler tout ce que la présence de Votre Majesté m'a fait sentir! Mais je ferai de mon mieux; pour les émerveiller il ne s'agit que d'être vrai, et j'en ai l'habitude.

» J'oubliais de dire à Votre Majesté que j'ai été un peu piqué que mon compagnon de voyage vous connût aussi bien que moi et parlât de vous avec la même chaleur; c'est un déplaisir que j'aurai souvent et auquel je ne me ferai jamais. Toute ma vie, je serai jaloux de celui qui aura la prétention de parler de vous mieux que moi.

» Je me prosterne d'ici vers le nord; je réitère à Votre Majesté Impériale mon action de grâce de toutes ses bontés; et je mouille encore sa main de mes larmes.

» Je suis, avec le respect le plus profond, de Votre Majesté Impériale le plus humble et le plus dévoué serviteur.

» DIDEROT.

» A la Haye, ce 8 avril 1774.

» Votre Majesté Impériale aurait-elle la bonté d'ordonner à Grimm de me dire un mot de sa santé? »

Diderot avait en effet rapporté à la Haye le manuscrit préparé par le docteur Clerc de la traduction des *Plans et Établissements ordonnés par Sa Majesté Catherine II*, rédigés par Betzki, ou sous ses ordres, et dont l'impression devait être confiée aux presses de Marc-Michel Rey à Amsterdam ; mais la tâche du philosophe ne devait pas se borner là. « Votre manuscrit, écrivait-il à Clerc, est fourré de lignes qu'aucun censeur royal n'aurait osé laisser passer », et il y introduisit, ainsi qu'on l'a vu (p. 349), deux morceaux au moins qui lui appartiennent légitimement ; puis il eut à faire imprimer les *Plans et Statuts* à la fois dans le format in-4° et dans le format in-12 par un typographe qu'il traite, dans une lettre à Betzki, de « grosse vieille rosse poussive [1] ». On ne sera donc pas surpris que Diderot

1. Voici la description bibliographique de ces deux éditions :
— *Les Plans et Statuts des différents établissements ordonnés par Sa Majesté Impériale Catherine II pour l'éducation de la jeunesse et l'utilité générale de son empire, écrits en langue russe par* M. Betzki *et traduits en langue française, d'après les originaux, par* M. Clerc. A Amsterdam, chez Marc-Michel Rey, MDCCLXXV, 2 vol. in-4°.
Frontispices, plans, fleurons et culs-de-lampe portant des légendes ou des signatures en langue russe.
— *Les Plans et Statuts des différents établissements ordonnés par Sa Majesté Impériale Catherine II...* A Amsterdam, chez Marc-Michel Rey, MDCCLXXV, 2 vol. in-8°.
Un des frontispices a été réduit et placé en tête du tome I.
Les deux éditions ont la même épigraphe : « Un bon prince est semblable à la divinité à qui l'on ne peut rien offrir qui ne fasse partie de ses bienfaits ».
Les *Plans et Statuts* ont été réimprimés sur le titre suivant :
— *Système complet d'éducation publique, physique et morale pour l'un et l'autre sexe et pour les diverses conditions, exécuté dans les diffé-*

ait mis six mois d'intervalle entre son retour à la Haye et sa rentrée en France, surtout si l'on veut bien ne pas oublier qu'il revisa durant ce temps plusieurs de ses propres manuscrits, entre autres ses *Éléments de physiologie,* la *Réfutation* de l'*Homme* d'Helvétius, qu'il y recueillit les notes destinées à son *Voyage en Hollande,* qu'il composa enfin divers petits ouvrages énumérés dans la lettre à Catherine qu'on va lire. Bien qu'il partageât la vie retirée de ses hôtes, il ne pouvait se défendre contre la curiosité respectueuse de ses compatriotes ou des étrangers de passage à la Haye [1], ni résister aux instances du baron de Gleichen qui promenait alors ses « vapeurs » en Hollande et qui l'accompagna dans une excursion à Saardam. C'est de cette époque aussi que datent ses relations avec le célèbre médecin Pierre Camper, auquel il soumettait, au sujet de la variole,

---

rents établissements ordonnés par Sa Majesté Impériale Catherine II pour l'éducation de la jeunesse et l'utilité de son empire, par M. Betzki, *traduit en français* par M. Clerc. Neufchâtel, imprimerie de la Société typographique, MDCCLXXVII, 2 vol. in-8º.

L'épigraphe et la dédicace de Clerc à Catherine II sont supprimées, ainsi que les planches et les divers ornements iconographiques. L'*Addition* de Diderot se retrouve à la fin du tome II.

1. Voyez dans la *Resa till Frankirke, Italien, Sweitz, Holland,* etc., du voyageur et orientaliste Jacob-Jonas Bjœrnstahl (1731-1779) qui se trouvait alors à la Haye, une lettre, datée par erreur du 31 octobre 1773 (sic: 1774), tout entière relative à Diderot et à son séjour auprès de l'impératrice. Diderot avait même récité à son interlocuteur, entre autres pièces, *les Eleuthéromanes, le Roi de la fève, le Passage de la Dwina.* Les lettres de Bjœrnstahl, dont il existe deux versions allemande et italienne, n'ont pas été traduites en français, mais on trouve l'analyse de quelques-unes d'entre elles dans *l'Esprit des journaux* de 1781.

des observations provoquées, selon toute vraisemblance, par la mort récente de Louis XV [1].

Les *Règlements* de Catherine II étaient enfin imprimés et rien ne retenait plus Diderot loin des siens. Il profita de la nouvelle officiellement transmise à D. Galitzin de la paix signée à Koustouch-Kaïnardji pour annoncer à sa bienfaitrice qu'il rentrait enfin à Paris.

« Madame,

» Quelle paix ! Quelle glorieuse paix ! Vous l'avez faite telle que l'âme fière de Votre Majesté la voulait, la pointe de l'épée sur la gorge d'un ennemi réduit à accepter ou vos conditions, ou son entière défaite. Le meilleur de vos sujets, le plus zélé pour votre gloire ne s'en réjouit pas plus sincèrement que moi. Je m'en réjouis comme homme, comme philosophe et comme Russe, car je le suis devenu par l'ingratitude de mon pays et par vos bontés. Ce n'est pas au moment où cette nouvelle allongeait les physionomies de quelques ministres, que j'aurais désiré d'être présent à votre cour ; c'est lorsque M. le prince Repnine est arrivé, précédé de ses courriers et de ses cors ; c'est lorsque M. le maréchal Roumiantsof arrivera ; c'est au milieu des fêtes et des acclamations de vos sujets, que je regrette d'être absent. Voilà, Madame, une grande époque dans votre règne. Vous en serez plus redoutable

---

1. Voyez aux Appendices ces observations cotées E.

à vos voisins, plus importante dans l'Europe, et plus auguste aux yeux de vos sujets. Les victoires en imposent au dedans et au dehors. Il semble que ce soit le caractère de ces grandes destinées sous lesquelles le ciel nous avertit de plier, sans compter qu'il se mêle de la reconnaissance pour un souverain qui nous illustre. On peut être malheureux sous un prince guerrier; mais on est fier.

» Je fais des vœux pour que Votre Majesté s'occupe plus de la durée de la paix que de tout autre avantage. Il est temps que Votre Majesté achève de se couvrir d'une gloire qui émane d'elle seule et qu'elle ne doit qu'à son génie. Le sang de mille ennemis ne peut lui rendre la valeur d'une goutte de sang russe. Les triomphes réitérés font sans doute les règnes brillants; mais les font-ils heureux? Grâce aux progrès de la raison, c'est à d'autres vertus que celles des Alexandres et des Césars que notre admiration est réservée. On a trouvé qu'il était plus glorieux et plus doux de faire des hommes que d'en tuer. Votre Majesté Impériale me permettra-t-elle de lui représenter que les bons réformateurs, toujours rares, le sont particulièrement dans les contrées où ils sont le plus nécessaires, et que les hommes capables de changer en bien la face des empires ne se montrent qu'à de longs intervalles?

» Catherine Seconde est venue après Pierre Premier; mais qui remplacera Catherine Seconde? Cet être extraordinaire peut ou lui succéder immédiatement, ou se faire attendre des siècles,.

» Salluste, l'historien le plus profond après Tacite, dit : « J'ai beaucoup lu ; j'ai beaucoup écouté ; j'ai
» longtemps médité sur ce que les nations avaient
» achevé de grand soit pendant la paix, soit pendant
» la guerre. Je me suis interrogé sur les moyens qui
» avaient mis à fin tant d'étonnantes entreprises, et il
» m'a été démontré que toute la besogne avait été le
» produit de quelques hommes. Ce ne sont pas les
» grands corps, ce sont les grands hommes qui font
» de grandes choses. »

». Les peuples faibles deviennent forts sous des chefs illustres. Les peuples forts se réduisent à rien sous des maîtres stupides et fainéants.

». Vous avez une jeune nation à former ; nous en avons une vieille à rajeunir. Notre tâche est peut-être impossible. La vôtre est sûrement très difficile ; puisse le ciel ne vous en pas distraire un moment, et vous accorder dans une parfaite tranquillité ces trente-six années que Votre Majesté s'est engagée, parole d'honneur, à garder le trône de la Russie.

» Mais, à propos de parole d'honneur, Votre Majesté a un peu ébranlé la confiance que j'avais dans la sienne. Elle n'avait pas dédaigné de souscrire un traité qu'un certain philosophe avait eu la hardiesse de lui proposer. Eh bien ! ce traité a été violé dans tous ses points, précisément comme un traité de souverain à souverain. Ah! si les Turcs savaient cela! Il était dit par ce traité que Sa Majesté Impériale restituerait ce philosophe dans ses foyers, tel qu'il était lorsqu'il s'en éloigna. Tout le contraire s'est fait. Il est allé, il a séjourné, il est revenu, sans bourse délier. On a même réparé jusqu'aux petits dommages qu'il a soufferts sur les grands chemins; ce conducteur très aimable et très instruit qu'on lui a donné s'est moqué de ses réclamations; et voilà, Madame, comme dans ce pacte, ainsi que dans tous les autres, il n'y a rien eu de sacré et que le plus fort a, selon l'usage, donné la loi au plus faible.

» Lorsque je pris congé de Votre Majesté, je lui prédis que j'étais encore à six mois de mon pays. Je ne me suis trompé que d'un mois. Je cours le septième.

» Les plans et les statuts de vos établissements sont imprimés et sur le point de paraître. Incessamment on lui présentera un des plus beaux et des plus utiles ouvrages qui existent, du moins pour ceux qui savent peser les productions de l'esprit dans la balance de la raison. Cet ouvrage est le vôtre. J'espère que Votre Majesté Impériale trouvera fort bonne grâce à la sagesse russe habillée à la française.

» Je répéterai à Votre Majesté ce que j'en écris à M. le général Betzki. Il est impossible qu'on ne bénisse pas, et dans l'empire et chez les autres nations la souveraine qui a ordonné ces instructions. Si sa constance parvient à les consolider, elle s'immortalisera par le bien qu'elle aura fait. Si des obstacles, qui sont quelquefois au-dessus de la puissance des rois, s'y opposent, elle s'immortalisera par le bien qu'elle aura voulu faire.

» A l'occasion des honneurs que le Sénat a décernés, avec votre agrément, à M. le général Betzki, et cela pour vous avoir dignement secondée, j'ai imprimé que lorsque le temps et le courage de Votre Majesté auraient conduit vos établissements au degré de perfection dont ils étaient tous susceptibles et que la plupart avaient atteint, comme on visitait autrefois Lacédémone, l'Égypte et la Grèce, on visiterait la Russie, mais par une curiosité et mieux fondée et mieux récompensée; et je ne m'en dédis pas. Lycurgue fit des moines armés; sa législation fut un sublime système d'atrocité. L'humanité sert de base à la vôtre. Il forma des bêtes féroces très formidables. Vous travaillez à former des citoyens honnêtes et des défenseurs de la patrie qui se feront craindre dans les camps et chérir dans la société.

» Au milieu du renversement général de notre ministère, j'ai senti combien ma présence pouvait servir à mes enfants, mais j'ai tenu ferme. Je n'ai redouté qu'un reproche de Votre Majesté, qui n'en sera point surprise. A présent que j'ai vu la fin de ma tâche, je vais les retrouver; je vais me réinstaller dans mon foyer, au milieu de ces livres dont je dois la possession à votre bienfaisance. Mes concitoyens auront peu de questions à me faire; car je n'ai pas attendu jusqu'à ce moment pour les entretenir de Votre Majesté.

» Elle a reçu le petit Code moral[1] dont je lui avais parlé. Je souhaite qu'elle n'en ait pas été mécontente. Il y a de la simplicité dans le style et de la suite dans les idées. Il est fondé sur l'existence d'un Être qu'elle reconnaît. Votre Majesté veut un grand spectateur qui s'incline vers la terre et qui la regarde marcher. Elle ambitionne au haut de l'atmosphère un approbateur digne d'elle. Pour moi, chétive créature, je m'esquive et je vais comme si personne ne me regardait.

» Si je manquais à remplir quelques-unes des commissions qu'elle m'a données, ce ne serait pas par oubli. Elle a désiré, je crois, que je lui ébauchasse le plan de deux comédies de caractère que je lui arrangeasse un petit théâtre honnête, à l'usage de ses enfants; que je lui fisse passer les règlements de notre justice consulaire, notre code criminel, nos lois sur les eaux et forêts, et ce qu'on peut savoir de notre police; et Sa Majesté perdra bientôt un de ses plus fidèles serviteurs, ou cela sera fait.

» Si Votre Majesté n'a pas jugé à propos d'agréer les services de notre anatomiste mademoiselle Biheron, je ne pense pas qu'elle ait été blessée de ses propositions.

» Par une lettre datée du 9 de mai de cette année,

---

1. Par Barbeu-Dubourg. Voyez ci-dessus p. 323.

M. le général Betzki, que vous m'avez permis d'appeler votre grand Sphinx, s'est expliqué nettement sur la refonte de l'*Encyclopédie*. Il m'apprend que c'est un projet arrêté par Votre Majesté. Je m'en réjouis. Je pourrai donc réparer les sottises de l'abbé Chappe et de M. le chevalier de Jaucourt; conformer cet ouvrage à la hauteur de son premier plan et substituer le nom d'une grande et digne souveraine à celui d'un ministre commun [1] qui me priva de la liberté pour m'arracher un hommage auquel il ne pouvait prétendre par son mérite.

» Votre Majesté dira peut-être que j'ai une cruelle mémoire; car je me rappelle très bien la permission qu'elle m'a accordée de lui envoyer les petits ouvrages, bons ou mauvais, qui me restaient encore à faire. Ils auront l'air un peu vieillots, mais n'importe.

» Il y en aura quelques-uns datés de la Haye ; tandis qu'on y imprimait vos statuts, je m'occupais de la lecture de Tacite; et il en est résulté un pamphlet intitulé: *Notes marginales d'un souverain sur l'histoire des empereurs*[2].

» J'ai relu l'instruction que vous avez adressée aux

---

1. Voyez ci-dessus, p. 442.

2. Le véritable titre donné primitivement par Diderot à cette « satire » est : *Notes écrites de la main d'un souverain à la marge de Tacite*, l'auteur laissant ainsi entendre que'elles émanaient de Frédéric II. Plus tard, suivant Naigeon, il les intitula : *Principes de politique des souverains*. On les retrouvera sous ce titre au t. II, p. 459-502 des *OEuvres complètes*.

commissaires assemblés pour la confection des lois; et j'ai eu l'insolence de la relire, la plume à la main [1].

» Et puis, pour rentrer bien vite dans mon rôle, j'ai ébauché un petit dialogue entre la maréchale de*** et moi [2]. Ce sont quelques pages, moitié sérieuses et moitié gaies.

» J'ai bien peur que ma prédiction ne se soit accomplie; que je n'aie repris à Riga la méchante petite âme pusillanime que j'y avais laissée; et que je ne sois devenu lâche, à mesure que je m'éloignais de votre palais et que je m'approchais de l'hôtel de M. le procureur général.

» Je me souviens d'avoir dit à Votre Majesté que j'avais l'âme d'un esclave dans le pays de ceux qu'on appelle libres, et que j'avais trouvé l'âme d'un homme libre dans le pays de ceux qu'on appelle des esclaves. Ce n'était pas le mot d'un courtisan, c'était celui de la vérité et je m'en aperçois dès ici.

» Je demande mille pardons à Votre Majesté de la longueur de ma lettre. J'oublie que le temps du repos

---

1. Voyez ci-après p. 519 et aux Appendices la pièce cotée D.

2. Le titre exact de ce dialogue fameux est *Entretien d'un philosophe avec la maréchale de**** (Voyez Œuvres complètes, tome II, p. 403-528). Diderot s'y affuble du nom du philosophe italien Tommaso Crudeli (1703-1745) et son interlocutrice serait, selon la tradition, la maréchale de Broglie (Louise-Augustine-Salbigothon Crozat de Thiers) qui aurait eu avec Diderot une conversation de cette nature au moment des négociations engagées pour la vente de la collection Crozat.

pour ses armées va devenir le commencement de ses véritables travaux.

» Je suis, avec le plus profond respect, de Votre Majesté Impériale le très humble, très obéissant et très dévoué serviteur, » DIDEROT.

« A la Haye, le 13 Septembre 1774.

» Votre Majesté 'Impériale me permettra-t-elle de lui rappeler M. de Narischkine, le procureur aux mines? C'est une dette que j'ai laissée à Pétersbourg, à l'acquit de Sa Majesté Impériale. »

Après avoir traversé les Pays-Bas autrichiens et la Flandre française, Diderot débarqua enfin à Paris au commencement d'octobre 1774.

« Je fus au-devant de lui avec ma mère, écrit madame de Vandeul; je le trouvai maigre et changé, mais toujours gai, sensible et bon. —« Ma femme, dit-
» il à maman, compte mes nippes ; tu n'auras point de
» motif de me gronder, je n'ai pas perdu un mou-
» choir. » Au fond de la Russie, il n'avait oublié personne. M. d'Angiviller lui avait demandé, avant son départ, des échantillons de marbre de Sibérie : il lui en rapporta une petite collection rangée dans de petites cases avec un soin incroyable. M. Darcet avait désiré des échantillons de mines, il en avait une caisse... »

XVI

RETOUR EN FRANCE

A peine débarqué, Diderot dut satisfaire la curiosité légitime, sinon toujours bienveillante, excitée par le bruit de son éclatante faveur et des péripéties de son lointain voyage. Les carnets de madame Necker, d'où ses héritiers ont tiré deux recueils de *Mélanges* posthumes [1] et un fragment inédit d'une correspondance littéraire adressée par Suard à divers princes allemands [2], témoignent que Diderot se prêtait volontiers à

---

1. Voir dans les *Mélanges extraits des manuscrits de madame Necker* (an VI (1798), 3 vol. in-8°), tome I, p. 381, la réponse à une lettre de Diderot, datée de la Haye, 6 septembre 1774, et publiée depuis en partie par M. le vicomte O. d'Haussonville dans *le Salon de madame Necker* (Calmann Lévy, 1882, 2 vol. in-18), tome I, p. 173-176. Voir également dans les *Nouveaux Mélanges de madame Necker* (1801, 2 vol. in-8°), tome I, p. 225-230, les *Fragments d'une conversation avec Diderot à son retour de Russie*.

2. Quelques fragments de cette correspondance sont reliés avec des cahiers beaucoup plus nombreux de celle de Grimm

cette sorte d'interview; il l'a d'ailleurs, pour ainsi dire, sténographiée lui-même dans la lettre suivante où questions et réponses sont autant de flatteries ingénieuses à l'adresse de l'impératrice.

« A Paris, ce 17 octobre 1774.

» Madame,

» C'est du sein de ma famille que j'ai l'honneur d'écrire à Votre Majesté ! Père, mère, frères, sœurs, enfants, petits-enfants, amis, connaissances, se précipitent à ses pieds, et la remercient de toutes les bontés dont elle m'a honoré à sa cour. Comme ils ont partagé mon bonheur, il est juste qu'ils partagent aussi ma reconnaissance. J'oserai le dire à Votre Majesté, parce que je lis au fond de mon cœur, que je mérite l'éloge que je vais faire de moi-même; voilà l'avantage des souverains, lorsqu'ils laissent tomber leurs regards sur l'homme de bien : ils répandent la joie dans le cœur d'un grand nombre d'autres. Les talents et les vertus

dans un recueil manuscrit appartenant aujourd'hui à la Bibliothèque de la Ville de Paris et provenant de feu M. Augustus Craven, dernier descendant de la margrave d'Anspach. Une autre copie plus complète des lettres de Suard a passé, en 1861, dans la vente posthume de la bibliothèque de Monmerqué (J. Techener, expert), n° 3877 du catalogue. J'ignore son sort actuel.

J'ai extrait du manuscrit de la Ville le résumé d'un entretien de Suard avec Diderot peu après son retour. On le trouvera aux Appendices, sous la cote F.

de Votre Majesté sont devenus l'entretien de nos soirées. On veut tout savoir. Aucune circonstance ne paraît minutieuse ni à l'orateur, ni à ses auditeurs. On me fait recommencer dix fois les mêmes choses, et je ne me lasse pas de les redire, ni eux de les entendre. — Elle a donc bien de la noblesse dans sa physionomie ? — On ne saurait davantage. — Mais vous dites qu'elle est pleine de grâce et d'affabilité ? — Tous ceux qui l'ont approchée vous le diront comme moi. — Et vous ne trembliez point en entrant chez elle ? — Je vous demande pardon, mais cela durait peu ; car, ne se souvenant jamais ni de son rang, ni de sa grandeur, elle faisait oublier l'un et l'autre en un moment. — A-t-elle de la fermeté ? — Elle m'a dit elle-même que c'était dans les moments de péril qu'elle retrouvait son âme. — Aime-t-elle la vérité ? — Tant, que je condamne au mortier d'Amurat ceux qui n'oseraient pas la lui dire. — Est-elle instruite ? — Mieux de son empire, tout vaste qu'il est, que vous ne l'êtes de vos petites affaires domestiques. — A-t-elle des connaissances agréables ? — Elle parle ma langue au moins aussi bien que nous, et nos bons auteurs lui sont aussi familiers. — Et qui l'a instruite ? — Je lui ai fait cette question, et voici sa réponse : deux grands instituteurs sous lesquels on fait bien du chemin, et sous lesquels elle a vécu pendant vingt ans, le malheur et la retraite. — Permet-elle qu'on la contredise ? — Tant qu'on veut. — L'avez-vous contredite ? — Assurément. — Mais vous faisiez une sottise ? — Elle dirait à cela : est-ce qu'on fait des sottises entre hommes ? — Cela est charmant. Elle doit tourner la tête à tous ceux qui ont l'avantage de la voir. — Ainsi fait-elle. — Et comment avez-vous fait pour nous revenir ? — Ma foi, je n'en sais rien. — A-t-elle de la chaleur ? — Beaucoup; mais c'est un secret qu'elle m'a confié; je n'ai jamais aperçu que son profond jugement et sa pénétration singulière. — Elle vous saisissait donc bien promptement ? — Si promptement qu'aux premiers mots elle avait vu la fin d'une discussion quelquefois difficile. — Est-elle bonne ? — Trop, et c'est peut-être là son défaut. — Il n'est pas trop commun. — Et despote ? — Si peu, que je me souviens de lui avoir fait une fois grand plaisir, en lui avouant que je m'étais trouvé l'âme d'un esclave dans le pays qu'on appelle des hommes libres, et l'âme d'un homme libre dans le pays qu'on appelle des esclaves. — Croit-elle en Dieu ? — Oui. — Et elle vous pardonnait de n'y pas croire ? — Pourquoi non ? — Vous êtes arrivé dans un moment bien orageux : une guerre qui n'était pas heureuse; une révolte sur la frontière ? — Eh bien ! je vous jure que je ne me suis jamais aperçu que sa tranquillité en fût altérée. Elle était bien résolue de donner la paix à son ennemi; et elle ne voyait dans le rebelle qu'un sot qui attendait son supplice. — L'événement a fait voir qu'elle avait raison. — Et puis viennent ensuite les questions sur le climat, sur les mœurs, sur le gouvernement, sur les lois, les ministres, les prêtres, les sciences, les arts, vos académies, le prodige de l'éducation de vos écoles. Que sais-je, quoi encore ? Depuis mon retour j'ai été l'objet de la curiosité d'une infinité de personnes de toutes sortes de rang ; et je puis assurer à Votre Majesté Impériale que je n'ai encore trouvé que deux incrédules : une vieille femme de mauvaise tête et un homme d'un esprit faux ; et cette France sur laquelle Votre Majesté Impériale me permettra de lui dire qu'elle n'est pas sans prévention, est pourtant l'endroit du monde où elle est regardée le plus universellement comme un grand homme et comme un de ces souverains dont le ciel fait si rarement présent aux nations. — Aime-t-elle la gloire ? — C'est sa passion. — En ce cas elle doit être satisfaite. — Elle devrait... mais, j'allais me rengager dans les questions et les réponses...

» Je sais bien que Votre Majesté Impériale m'a permis de lui envoyer tous les petits ouvrages qui me restaient à faire ; et je me suis bien proposé de mettre son indulgence à l'épreuve, mais je dois la prévenir que cette pauvre petite âme, bien faible, bien mesquine que j'avais laissée à Riga, je l'y ai retrouvée et que j'ai fait la sottise de la reprendre.

» Il est arrivé bien des révolutions dans notre ministère ; ce sont les économistes, les disciples de La Rivière qui tiennent le timon de nos finances. Votre

Majesté Impériale n'en aura pas meilleure opinion, mais nous nous sommes si mal trouvés des maltôtiers et des robins, que je défie les gens d'esprit de faire pis. Au moins ceux-ci sont justes, instruits et désintéressés, et l'expérience des choses les défera peut-être de la morgue de l'école et de la folie du système. L'économiste est en administration ce qu'est le stoïcien en morale. Ils ne sont supportables que dans le moment du malheur.

» On se flatte ici que Votre Majesté Impériale va reprendre son projet de législation. Cela m'a fait relire votre Instruction, et j'ai eu la hardiesse de l'apostiller de quelques réflexions.

» A présent que Catherine Seconde n'a plus besoin de l'illustration des armes, elle me permettra de lui souhaiter une paix qui dure aussi longtemps que son règne. Après s'être acquis le nom que donnent les victoires, puisse-t-elle jouir de celui qui imprime moins de terreur, qui produit des fruits plus durables et qui est béni dans tous les siècles, celui de grande législatrice.

» Vous voilà à côté de César, votre ami, et un peu au-dessus de Frédéric, votre dangereux voisin. Il reste une place à prendre à coté de Lycurgue ou de Solon ; et Votre Majesté s'y assoira. C'est le souhait qu'ose lui présenter le philosophe gallo-russe, au renouvellement de cette année.

» Je suis, avec le plus profond respect, de Votre

Majesté Impériale le très humble et très soumis serviteur,

» DIDEROT. »

De toutes les promesses maintes fois formulées et renouvelées par Diderot une seule fut religieusement tenue ; dès qu'il se fut réinstallé dans son cabinet, il jeta sur le papier le *Plan d'une Université pour la Russie* dont il chargea Grimm de faire parvenir le manuscrit à destination et qu'il présentait ainsi à l'impératrice :

« Madame,

» J'ai remis, il y a quatre à cinq mois, à M. Grimm le *Plan d'une Université ou d'une école d'enseignement public des sciences et des arts libéraux*[1], auquel

---

1. Le texte de ce travail comporte deux parties distinctes : un *Essai sur les études en Russie* et le *Plan d'une Université pour le gouvernement de Russie*.
L'*Essai sur les études en Russie*, publié par G.-B. Depping en 1818 (édition Belin) sans indication de provenance, ne figure pas dans les manuscrits de Saint-Pétersbourg. Diderot y recommandait chaleureusement dans une note l'illustre Ernesti, et Catherine écrivait à Grimm le 29 novembre 1775 : « J'ai reçu le traité de M. Diderot sur les écoles, et je vous en remercie bien sincèrement tous les deux. Dès que la gourme de la législomanie sera jetée, je m'occuperai de cet ouvrage-là. Dieu veuille conserver jusque-là M. Ernesti. » Dans le *Plan*, Diderot célèbre, comme s'il venait d'y assister, les triomphes universitaires du jeune Guéneau de Montbeillard qui datent de 1776 : c'est donc à cette date qu'on en peut reporter la rédaction définitive.
La copie formant le tome XXVII des manuscrits dits de l'Ermitage et envoyée en Russie après la mort de l'auteur, a fourni en

Votre Majesté Impériale nous avait proposé de travailler l'un et l'autre. Je commencerai par lui rendre grâce de la marque d'estime qu'elle nous a donnée à tous deux, en nous supposant le talent et des connaissances qui correspondissent à l'étendue et à la difficulté de l'objet. Je doute que les circonstances fâcheuses où mon ami s'est trouvé lui aient permis de remplir sa tâche; car, ayant eu entière et franche communication de mon ouvrage, ce serait pour la première fois de sa vie qu'il aurait négligé mon jugement et mon éloge, au point de me celer le sien. Quant à moi, j'ai fait ce que je pouvais faire de mieux; ce qui ne m'empêchera point d'invoquer votre indulgence et de rappeler à Votre Majesté que cette « hommerie » qu'elle reconnaît dans nos actions et qu'elle nous pardonne se glisse aussi dans nos écrits. En confiant mon manuscrit à M. Grimm, j'ai

outre à M. Assézat deux additions dont une seule se rapporte au *Plan* proprement dit. Diderot y renvoie lui-même (p. 208 de la copie et 469 (tome III) de l'édition Assézat); il y examine le dilemme qui le préoccupait fort : savoir s'il est plus aisé de faire une belle action qu'une belle page ; ce morceau semble de beaucoup antérieur à 1776, car il y est question de mesdames de Meaux et du Grandval et j'y verrais volontiers le fragment d'une lettre, aujourd'hui inconnue, à madame d'Epinay. L'autre fragment, commençant par : « Le prince Orlof est mon voisin... » jusqu'à : « Il y a des hommes bien heureusement nés » et que M. Assézat supposait détaché d'une lettre (également inconnue) à la princesse Daschkof, impliquerait une revision du manuscrit en 1780, car ce fut cette année-là que Grégoire Orlof vint à Paris où, suivant le témoignage formel de Grimm (lettre à Catherine du 1er-12 janvier 1781), il ne se montra que chez deux particuliers, Diderot et Grimm lui-même.

exigé qu'il vous fût envoyé tel qu'il était, sans addition et sans retranchement ; et c'est ce qu'il n'aura pas manqué de faire.

» Les deux grands obstacles à la prompte exécution de ce plan sont la disette de livres classiques et le manque de maîtres.

» J'y ai réfléchi, et j'ai vu qu'un de ces obstacles levé, l'autre ne subsisterait plus.

» J'oserai donc exhorter encore Votre Majesté à employer ses académiciens et les savants du reste de l'Europe à la composition des livres classiques. C'est un service qu'elle rendra à toutes les contrées policées, et qui la comblera d'honneur. C'est un point essentiel à la perfection de l'enseignement public, dont aucun souverain ne s'est avisé. C'est une des premières causes de la durée de la barbarie dans nos écoles, et tant que cette cause subsistera, nos écoles seront barbares.

» Les livres classiques bien faits et traduits en langue vulgaire, Votre Majesté ne sera plus dans le cas d'appeler des maîtres étrangers. Ils se trouveront parmi ses propres sujets. Tout homme capable d'entendre un livre classique est capable de l'enseigner à des enfants.

» J'ai proposé de joindre à l'enseignement de la science ou de l'art l'histoire de ses progrès ; mais je crois que cet historique doit former les dernières leçons ; sans cette attention, les élèves ou n'entendront rien, ou entendront mal.

» Il serait très sage d'ordonner aux professeurs de théologie de terminer l'enseignement de la religion par un traité de la tolérance.

» Si, parmi les ouvrages que j'ai cités, Votre Majesté ne trouve point le cours d'éducation de M. l'abbé de Condillac, c'est que cet excellent ouvrage d'un excellent instituteur, qui n'a pourtant fait qu'un sot élève, n'avait point encore paru [1].

» Je serais aussi trop ingrat si j'avais oublié les différentes commissions dont Votre Majesté m'a honoré. Je n'ai rien de mieux à faire que de lui consacrer ce qui me reste d'années et de sens commun, et je la supplie d'en disposer.

» Se ressouviendra-t-elle qu'au défaut de M. de Gribeauval, elle m'avait demandé un de ses bâtards? Je lui en propose deux. Votre Majesté trouvera sur un feuillet ci-joint [2] quelques questions auxquelles ils désireraient des réponses.

» Un artiste de cette ville a fait une pendule qui montre tous les mouvements du système planétaire. Cette machine, en mettant sous les yeux les corps célestes et leurs phénomènes, en facilite beaucoup l'intelligence. Elle serait bien placée à côté de ce

---

1. Le *Cours d'études pour l'instruction du prince de Parme*, imprimé à Parme en 1775 par Bodoni (13 vol. in-8°), ne fut en effet mis dans le commerce qu'en 1782, après que, sur les réclamations de la cour d'Espagne, plusieurs passages eurent été modifiés par des cartons, et qu'on lui eut substitué un titre portant la rubrique des Deux-Ponts.

2. Le feuillet annoncé n'était plus joint à la lettre.

beau globe que j'ai vu dans le cabinet de Votre Majesté, mieux encore dans une de ses maisons d'éducation. D'ailleurs, l'artiste qui l'a inventée propose d'envoyer avec sa belle pendule l'ouvrier même qui l'a exécutée sous sa direction ; et cet ouvrier s'établirait à demeure à Pétersbourg.

» Je n'ai point envoyé à Votre Majesté le ciment d'un certain Picot, parce que les essais qu'on en a faits n'ont pas répondu aux effets merveilleux qu'on en attendait [1].

» Les comédies pour les jeunes demoiselles se feront ; et cela, sans m'engager d'atteindre le long âge de Voltaire.

» J'ai bien résolu de m'acquitter de tous mes engagements avec une nation dont la souveraine m'a comblé de bienfaits dans ma patrie, d'honneurs dans ses États, et où les grands m'ont fait un accueil que je ne puis reconnaître qu'en ne l'oubliant jamais.

» Nos Français ne sont pourtant pas aussi frivoles que Votre Majesté les imagine, car l'exposition de ses établissements et de leurs constitutions en a été reçue avec un applaudissement général. Ah ! madame, il ne dépend que de ceux qui nous gouvernent de faire encore une grande et belle nation de nous. L'étincelle sacrée qui reste d'un grand brasier n'a besoin que d'un souffle.

1. Je n'ai rien retrouvé dans les journaux et mémoires du temps sur cette pendule et sur ce ciment.

» Les nouvelles publiques nous confirment la grossesse de madame la grande-duchesse. Permettez que je prenne aussi quelque part à un événement qui remplit votre âme de joie. Puisse Votre Majesté être incessamment et heureusement grand'méritée [1]; et puis grand'méritée et regrand'méritée cinq ou six fois de suite.

» Les pères, les mères, les enfants et les petits-enfants, tous ceux qui m'entourent et qui vous doivent leur bonheur, renouvellent au commencement de cette année les vœux qu'ils font tous les jours pour Votre Majesté. Nous disons tous en chœur : Puissent toutes les années de Catherine Seconde être aussi glorieuses que les précédentes ; après avoir donné à ses ennemis des marques de sa puissance, puisse le reste de son règne n'être employé qu'à donner à ses sujets des marques de sa bonté, et à tous les souverains présents et à venir un exemple dans le grand art de régner !

» Je suis, avec le plus profond respect, de Votre Majesté Impériale le très humble, très dévoué et très obéissant serviteur,

» DIDEROT.

» A Paris, ce 6 octobre 1775.

» Je dois à Sa Majesté Impériale et à son artiste

---

1. C'est-à-dire devenir grand'mère.

Falconet un compliment sur le succès de la fonte du monument de Pierre Ier. »

Si fréquentes qu'aient été, semble-t-il, à partir de cette époque, les relations épistolaires du philosophe et de sa bienfaitrice, il s'en faut cependant que nous ayons aujourd'hui toutes les lettres adressées par Diderot à Catherine, ainsi qu'on en peut inférer de plusieurs passages de ses propres épîtres à Grimm : « Lisez, lui écrivait-elle, le 1er septembre 1776, la lettre que je viens de recevoir de Diderot, et voyez si la sienne [sa tête] était bien saine lorsqu'il m'écrivit. » Par malheur la preuve du délit n'est plus jointe à l'acte d'accusation. Le 10 janvier 1778, nouvelle allusion non moins claire à un autre de nos *desiderata* : « Remerciez Diderot au sujet de son souvenir du nouvel an; je m'étonne qu'il se soit souvenu qu'il y en eût un. » Enfin, le 18 février 1778, elle se plaint amicalement que « M. Diderot, M. son beau-fils et compagnie la chargent d'une besogne pour laquelle son employé et représentant [Grimm sans doute] est déjà instruit depuis longtemps, parce que le seigneur maître du seigneur beau-fils lui a écrit en personne il y a je ne sais combien de temps ». Nous ne savons pas davantage pourquoi Diderot se vit un jour obligé d'adresser à la générosité de Catherine un appel qui fut aussitôt entendu, comme en témoignent un passage d'une lettre à l'impératrice et le remerciement qui s'ensuivit.

« Madame,

» M. Grimm m'a remis les deux mille roubles que j'avais osé solliciter de Votre Majesté Impériale dans une de ces circonstances urgentes qui contraignent les âmes les plus honnêtes à s'écarter des lois rigoureuses de la pudeur. En lui rendant grâces de ses bontés récentes, je lui demande encore pardon de ma témérité. Elles m'ont appris qu'il y avait une souveraine au monde à qui l'on pouvait rappeler ses promesses sans l'offenser, et qui savait toujours mettre aux grâces qu'elle accordait une délicatesse qu'on trouverait à peine dans une simple particulière, dont les services peuvent être utiles, mais n'honorent jamais. Votre bienfaisance se serait dérobée à la connaissance de mon ami, si je ne l'en avais instruit. Il vous a bien reconnue et ne m'a pas désapprouvé. L'avouerai-je à Votre Majesté? à en juger par la sensibilité que j'éprouve dans ce moment, il fallait que l'importunité de l'indigence me fût moins pénible que celle d'un créancier; il est moins dur de manquer que de devoir. Je tenais de Votre Majesté le bonheur de vivre en repos; et je tiendrai d'elle celui de mourir en paix.

» Je suis, avec la plus vive reconnaissance et le respect le plus profond, son très humble et très obéissant serviteur.

» DIDEROT.

» A Paris, ce 29 juin 1779. »

La dernière lettre de Diderot à l'impératrice est précisément aussi la seule qui fût depuis longtemps connue, car on la trouve imprimée dès 1783 en tête du second volume de l'ouvrage qu'elle prônait.

« Madame,

» Les mots les plus simples de Votre Majesté ne sont pas de nature à se laisser oublier par l'homme doué d'un sens même ordinaire, qui a eu le bonheur de vous approcher et de les entendre.

» Je me souviens qu'entre les motifs qu'elle employait pour m'attacher à sa personne, elle me disait que le courant des affaires journalières consumait tout son temps, et qu'en me fixant auprès d'elle, elle m'occuperait à méditer sur différents textes relatifs à la législation. Malgré la profonde connaissance qu'elle a des talents et des esprits, je crois sincèrement, et j'oserai lui dire qu'elle avait une trop bonne opinion de moi, et que la tâche qu'elle se proposait de m'imposer aurait exigé tout le génie d'un Montesquieu. Quel autre que cet homme était capable de concevoir une idée digne de la réflexion de Catherine Seconde ! Mais il n'est plus, ce Montesquieu, et son successeur se fera attendre longtemps. Que pensera donc de moi Votre Majesté si, au défaut d'un penseur aussi rare, j'avais la témérité de lui proposer un sujet autant au-dessus de moi qu'au-dessous de l'auteur de votre bréviaire? C'est un jeune homme; il a des parents honnêtes, et il n'est pas sans ressource. Rien ne l'attache à son pays : ni passion ni intérêt ; il désire d'être utile ; il a profondément étudié nos lois, nos usages, nos coutumes, les progrès successifs de notre civilisation ; il a le sens juste, le caractère doux et simple, des mœurs pures, des lumières sans prétention ; avec de la modestie les connaissances qu'une souveraine qui songe la nuit et le jour au bonheur de ses sujets, ne saurait manquer d'ambitionner. Pour qu'elle jugeât elle-même de son talent, il m'a permis de mettre sous ses yeux les premiers cahiers d'un ouvrage auquel il a été conduit par les études de la profession d'avocat [1]. Si elle daignait l'appeler, il irait sans faste ; il reviendrait comme il serait allé, et il aurait trop de vanité s'il était humilié de n'avoir pas su répondre aux vues de Votre Majesté ; il est et je suis à ses ordres. Que je serais satisfait si j'avais trouvé par hasard une occasion de lui témoigner ma reconnaissance !

» C'est avec le sentiment qui ne pourrait s'affaiblir que dans une âme ingrate, et avec le plus profond respect que je suis et serai toute ma vie de Votre Majesté le très humble et le plus obéissant serviteur.

» DIDEROT.

» A Paris, ce 25 août 1781. »

[1]. *De la monarchie française et de ses lois,* par Pierre Chabrit, conseiller au conseil souverain de Bouillon et avocat au Parlement de Paris. Bouillon et Paris, 1783-1785, 2 vol. in-8º.

Pierre Chabrit arrivait trop tard : la « législomanie » avait fait place depuis longtemps dans l'esprit de Catherine à des préoccupations toutes différentes, et le protégé de Diderot ne recueillit aucun bénéfice de cette démarche. Vainement remporta-t-il en 1784 le prix fondé par M. de Valbelle à l'Académie française et qui lui fut, l'année suivante, ravi par André de Murville, le gendre de Sophie Arnould. Réduit à six cents livres de rente et désespéré de ne pouvoir rembourser à Pierre Rousseau un prêt de quinze cents livres, bien que celui-ci lui eût accordé tout délai pour se libérer, il se « défit » avec une forte dose d'opium, le 14 avril 1785, dans l'appartement qu'il occupait rue Saint-Honoré.

XVII[1]

DERNIÈRES ANNÉES ET MORT DE DIDEROT

Diderot écrivait de la Haye aux dames Volland, le 3 septembre 1774 : « J'ai peut-être encore une dizaine d'années dans le fond de mon sac. De ces dix années les fluxions, les rhumatismes et les restes de cette famille incommode en prendront deux ou trois ; tâchons d'économiser les sept autres pour le repos et les petits bonheurs qu'on peut se promettre au delà de la soixantaine... » Il avait calculé, à six semaines près, le temps qui lui était mesuré, et sa santé profondément ébranlée ne devait pas se raffermir ; mais bien que Grimm l'ait, par boutade, dans une lettre à la princesse Galitzin, accusé de « perdre son temps comme à l'ordinaire[1] », rarement au contraire vieillesse fut plus laborieuse. Le

---

1. *Correspondance littéraire* (appendices), tome XVI, p. 498.

Plan d'une université pour la Russie, l'*Essai sur les règnes de Claude et de Néron*, *Jacques le Fataliste* sont là pour l'attester, sans parler d'une sorte d'abaque ou machine chiffratoire qu'il avait imaginée peu de temps après son retour et dont Meister a dit quelques mots [1], de divers plans de comédies, de deux ou trois refontes successives de *Est-il bon? Est-il méchant?* du scénario de *Terentia* que Tronchin des Délices lui avait soumis dès 1770 et qu'il refit presque entièrement, enfin d'une « besogne dont il fut chargé par un de ses amis », et à laquelle madame de Vandeul se contente de faire une trop discrète allusion [2]. Il eut certainement alors aussi le ferme propos de donner une édition authentique de ses œuvres, comme en témoignent les deux lettres inédites suivantes adressées à Marc-Michel Rey [3].

« Je vous salue, monsieur, et vous embrasse, toujours me ressouvenant et gardant toujours la reconnaissance des procédés honnêtes que vous avez eus avec moi, pendant mon séjour en Hollande, et même depuis mon retour.

1. *Correspondance littéraire* (avril 1775), tome XI, p. 65.
2. Il s'agit, selon toute vraisemblance, de la revision de l'*Histoire philosophique et politique des établissements et du commerce des Européens dans les deux Indes* de l'abbé Raynal ; l'édition de 1780 (Genève, 5 vol. in-4º) renferme de nombreuses pages qui appartiennent incontestablement à Diderot.
3. Ancienne collection du prince d'Orange, aujourd'hui aux archives de la Maison royale de Hollande à la Haye.

» Voilà plusieurs lettres que je vous écris depuis plusieurs mois sans qu'elles vous soient parvenues, puisqu'elles sont restées sans réponse; j'ai présumé qu'elles pouvaient être interceptées; car j'aime encore mieux en croire cette raison que de vous supposer absent ou malade.

» J'avais à vous proposer un manuscrit d'un homme[1] qui a été occupé pendant plus de trente ans de nos affaires publiques et qui, maintenant retiré à la campagne, en a jeté sur le papier ses opinions; il s'agit de matières graves et très agitées dans ce moment; du moyen le plus simple de pourvoir à la subsistance des peuples; de l'administration de nos finances dans l'état où elles sont; de l'entretien des grands chemins; de nos ecclésiastiques et de nos maisons religieuses, etc...

» Si cela peut vous convenir, marquez-le-moi, et en même temps à qui il faut que je remette le manuscrit. Lorsque vous en serez possesseur, vous y attacherez l'honoraire qui vous conviendra.

» Je travaille à la collection complète de mes ouvrages. Lorsqu'elle sera faite, j'irai vous voir et nous nous arrangerons ensemble, ce qui ne sera pas difficile.

» Je vis à la campagne, seul et dans la retraite la

1. Gaudet, ancien directeur des vingtièmes. Rey publia en effet le manuscrit que lui proposait Diderot sous ce titre: *Lettres à différentes personnes sur les finances, les subsistances, les corvées, les communautés religieuses* (Amsterdam, 1778, in-8º).

plus profonde; je travaille depuis le matin jusqu'au soir. Je serais fâché de mourir sans avoir fait deux choses : l'une, c'est ordonner la bibliothèque des Inconvaincus[1]; l'autre, sans avoir publié mon propre recueil.

» Je souhaite que quand j'aurai rempli ces deux tâches, les dernières de ma vie, vous aimiez encore assez la vérité et qu'il vous reste autant de courage qu'il en faut pour me seconder.

» L'intolérance augmente de jour en jour. Bientôt on n'y imprimera plus avec privilège que des almanachs et que le *Pater* avec des corrections.

» Imaginez qu'on a fait effacer des paragraphes entiers d'une traduction littérale de quelques traités de Plutarque[2]. Ah ! si les Hollandais le voulaient, bientôt ils auraient toutes nos productions et tous nos auteurs. Il ne s'agirait que d'aider le ministère en nous favorisant un peu. Je vous souhaite tout le bonheur que vous avez bien mérité par votre intrépidité. Sans vous nous aurions prêché dans le désert.

1. Très probablement cette nouvelle édition, refondue et corrigée, de l'*Encyclopédie* dont le projet lui tenait si fort au cœur.
2. *Traduction de différents traités de morale de Plutarque*, par M***. A Paris, chez les frères De Bure, 1777 in-12. Le traducteur était Jacques Gaudin (1735-1811) successivement oratorien, député de la Vendée à l'Assemblée législative (1791) et bibliothécaire de La Rochelle. L'approbation du censeur (de Sancy) est datée du 25 septembre 1776 et conçue dans la forme habituelle ; le livre ne porte aucune trace d'introduction de cartons : les corrections dont parle Diderot durent être exécutées sur le manuscrit.

» Je vous embrasse derechef et je suis avec la considération la plus vraie, monsieur,
» Votre très humble et très obéissant serviteur,
» DIDEROT
» Carrefour Saint-Benoît, au coin de la rue Taranne.
» Paris, 14 avril 1777. »

Un mois plus tard, il renouvelait auprès de son correspondant les mêmes sollicitations et les mêmes promesses.

« N'ayez, monsieur, aucune incertitude sur mes promesses. Je les tiendrai par goût pour la chose, par reconnaissance pour ses bons procédés. J'ai trouvé le moyen de jouir de tout mon temps et ce sera, je l'espère, avec quelque avantage pour vous. Outre la bible ou bibliothèque en question, certainement je vous porterai moi-même l'édition complète de tous les ouvrages que j'ai publiés et d'un plus grand nombre qui se sont entassés successivement dans mes portefeuilles.

» Le manuscrit dont je vous ai parlé dans ma dernière lettre sera déposé chez M. Le Clerc.

» Lorsque vous l'aurez reçu, vous en userez avec l'auteur comme il vous conviendra. C'est un galant homme qui est fort au-dessus de tout honoraire par son âme, mais non par sa position actuelle, mais vous êtes juste et il est impossible que vous ne soyez pas très satisfaits l'un de l'autre.

» Je vous aime et vous estime et vous honore toujours comme ci-devant et dans toutes les occasions où je pourrai vous servir, vous pourrez disposer de moi, car personne n'est avec un plus sincère et plus inviolable attachement que moi, Monsieur,

» Votre très humble et très obéissant serviteur,

» DIDEROT.

» Paris, 12 mai 1777[1]. »

Vers 1780, Diderot éprouva divers troubles organiques, précurseurs d'une irrémédiable décadence. « Il commença, dit madame de Vandeul, à se plaindre tout à fait de sa santé; il trouvait sa tête usée; il disait qu'il n'avait plus d'idées ; il était toujours las ; c'était pour lui un travail de s'habiller ; ses dents ne le faisaient point souffrir, mais il les ôtait doucement comme on détache une épingle ; il mangeait moins ; il sortait moins ; pendant trois ou quatre ans il a senti une destruction dont les autres ne pouvaient s'apercevoir, ayant toujours le même feu dans la conversation et la même douceur. »

Le 19 février 1784, Diderot ressentit les premiers symptômes d'une apoplexie compliquée d'hydropisie et s'il en réchappa, grâce aux soins de Maloet et de Bacher, il traîna désormais une existence de plus en

---

1. Sur le repli est écrit : « 12 may 1777. Reçue le 20... Rép. le... Reçu le ms, le 1er juillet 1777 en deux rouleaux et en deux parties. »

plus languissante. Après quelques semaines passées à Sèvres chez M. Belle, « son ami depuis quarante ans[1] », il revint habiter l'appartement que Grimm avait loué pour lui par ordre de l'impératrice de Russie, au second étage de l'hôtel de Bezons, formant l'angle de la rue Thérèse et de la rue Richelieu, et qui, — chose invraisemblable en ce siècle, — existe encore aujourd'hui[2]. « Il en a joui douze jours, dit madame de Vandeul, il en était enchanté, ayant toujours été logé dans un taudis, il se trouvait dans un palais ». C'est là qu'il s'éteignit le 30 juillet 1784, en achevant un frugal repas dont sa fille nous a conservé le menu.

1. Cet ami n'était pas de la famille d'artistes alliés à celle des Cochin et des Tardieu et dont deux membres ont été attachés, en qualité de peintres, à la manufacture des Gobelins. Etienne-Benjamin Belle était frère d'un joaillier mort à Paris, vers 1777. Il mourut lui-même le 6 fructidor an III (23 août 1795), célibataire ou veuf sans enfants, laissant une succession opulente et notamment une belle maison sise en face de l'ancien pont de Sèvres, qu'il avait acquise en 1766. Cette maison échut à ses neveux et nièce Alexandre et Marie-Anne Belle (celle-ci veuve d'un manufacturier de draps à Sedan nommé Labanche), qui revendirent presque aussitôt la maison et ses dépendances. En 1875, l'un de ces lots appartenait à M. Péligot, membre de l'Institut, et l'autre à M. Rond, ancien négociant. Je tire ces renseignements d'une lettre adressée à cette époque par le notaire de Sèvres à M. Assézat et que j'ai retrouvée dans les papiers de celui-ci.

2. Sur cet hôtel (portant aujourd'hui le n° 39 de la rue Richelieu), ses propriétaires et ses locataires successifs, voir *la Maison mortuaire de Molière*, par Auguste Vitu (Alph. Lemerre, 1883, in-8°), pp. 351, 337 et 476-478 (additions et corrections). En 1887 le Comité des Inscriptions parisiennes a fait apposer sur la façade de l'immeuble une plaque commémorative, avec l'agrément des propriétaires actuels, MM. Bricard frères.

XVIII

DIDEROT POSTHUME.
PART DE LA RUSSIE DANS LA RECONSTITUTION DE SES ŒUVRES

Les manuscrits personnels de Diderot ne faisaient point primitivement partie de la cession de sa bibliothèque, et le *Courrier de l'Europe,* dans un article nécrologique (29 août 1784), annonçait même qu'un libraire avait offert aux héritiers cinquante mille livres des quarante volumes in-4° que formait la copie exécutée sous les yeux de l'auteur. Tout en conservant soit les originaux, soit un double des copies, madame de Vandeul offrit à l'impératrice, dans une lettre parfaitement « bien écrite et avec force [1] » de joindre aux livres de son père le texte de ses travaux posthumes. Catherine acquiesça immédiatement à la proposition : « Faites-moi avoir les œuvres de Di-

---

1. Elle n'a pas, que je sache, été retrouvée.

derot, écrivait-elle à Grimm, le 5 mars 1785, vous les paierez ce qu'on vous demandera ; assurément elles ne sortiront pas de mes mains et ne feront tort à personne ; envoyez-moi cela avec la bibliothèque de Diderot. » Telle est l'origine de la collection longtemps enfermée sous triple clef à l'Ermitage, partiellement transcrite avant 1830 par Jeudy-Dugour[1], et subrepticement communiquée en 1856 à M. Léon Godard ; la transcription intégrale qu'il put en prendre permit vingt ans plus tard à M. Jules Assézat et à son collaborateur de donner des œuvres du philosophe la première édition qui ait répondu aux exigences de la critique moderne..

« La bibliothèque de Diderot est arrivée », écrit Catherine à Grimm le 22 octobre 1785 et, le 22 novembre suivant, elle y découvrait le manuscrit de ces *Observations sur les Instructions de Sa Majesté Impériale pour la confection des lois* auxquelles le philosophe avait fait lui-même deux fois une allusion restée inaperçue. Pour s'être fait longtemps attendre, le jugement de Catherine n'en fut pas plus flatteur.

« Cette pièce, dit-elle, est un vrai babil dans lequel on ne trouve ni connaissance des choses, ni prudence,

---

1. Cette copie, cédée à Paulin, comprenait les lettres à mademoiselle Volland, le *Paradoxe sur le comédien*, les lettres à Falconet sur la postérité, qui furent édités sous le titre doublement inexact de *Mémoires, correspondance et ouvrages inédits*, publiés d'après les *manuscrits confiés en mourant par l'auteur à Grimm* (1830-1831, 4 vol. in-8°), et augmentés en 1834 de la comédie intitulée : *Est-il bon ? Est-il méchant ?*

ni clairvoyance; si mon instruction avait été du goût de Diderot, elle aurait été propre à mettre les choses sens dessus dessous. Or, je soutiens que mon instruction a été non seulement bonne, mais même excellente et bien appliquée aux circonstances, parce que, depuis dix-huit ans qu'elle existe, non seulement en aucun point elle n'a fait aucun mal, mais encore que tout le bien qui s'est fait, et dont tout le monde convient, est fait des principes établis par cette instruction. La critique est aisée, mais l'art est difficile; voilà ce qu'on peut dire en lisant les observations du philosophe qui, toute sa vie, à ce qu'il paraît, était d'une prudence à vivre sous tutelle; il faut qu'il ait composé cela après son retour d'ici, car il ne m'en a jamais parlé. »

Désormais le nom de Diderot n'apparaît plus que de loin en loin dans la correspondance de Catherine et de Grimm, soit à propos de la rectification adressée par Grimm au *Journal de Paris* touchant le chiffre de la pension du philosophe, soit au sujet de celle que l'impératrice entendit allouer à sa veuve, soit au moment du règlement des frais de transport de sa bibliothèque, soit enfin lorsque parut en 1796, à Paris, l'*Essai sur la peinture*, précédé du *Salon de 1765*. Catherine se plaint qu'on ait volé dans la bibliothèque de Grimm cet *Essai*, écrit, lui assurait-on, pour elle (le fait n'est rien moins que démontré). Mais Grimm, chassé par la Révolution qui, le considérant comme émigré, s'était emparée de son hôtel de la Chaussée d'Antin et de ses papiers, n'avait aucune qualité pour s'opposer à cette publication, non plus qu'à celle de la *Religieuse* ou de *Jacques le fataliste*, ni à cette édition prétendue complète des *Œuvres* de Diderot, donnée par Naigeon, à l'insu de madame de Vandeul. C'était le moment, d'ailleurs, où de toutes parts surgissaient des fragments en vers tels que les fameux *Eleuthéromanes*, ou en prose, comme le *Supplément au voyage de Bougainville*, échappés de portefeuilles longtemps fermés et qui, avec le texte d'autres récits parvenus en Allemagne, à titre d'annexes à la correspondance manuscrite de Grimm, continuée par Meister, revenaient peu à peu en France, parfois même sous forme de traduction d'une traduction[1].

C'était le moment aussi où Catherine, reniant ses admirations d'antan et ses sympathies hautement affichées pour l'esprit encyclopédique, excluait, dit-on, de ses appartements le buste de Voltaire, soumettait à une quarantaine humiliante, avant de leur accorder une commande, les artistes qui, comme Doyen ou madame Le Brun, fuyaient devant l'orage, chassait de Saint-Pétersbourg quiconque osait non pas même manifester une sympathie pour la Révolution, mais

1. Tel fut le cas du célèbre épisode de madame de La Pommeraye dans *Jacques le fataliste*, analysé par Schiller et traduit de l'allemand par J.-P. Doray-Longrais sous ce titre : *Exemple singulier de la vengeance d'une femme, conte moral* (Londres, 1793, in-8º). Tel fut encore le sort du *Neveu de Rameau* qui ne fut d'abord connu parmi nous que par l'adaptation que Saur et de Saint-Geniès avaient tirée de la traduction de Gœthe.

montrer une connaissance intempestive des événements qui se précipitaient et promulguait enfin, par l'ukase du 8 février 1793, un serment de fidélité à la cause royale dont elle avait arrêté la formule et que durent prêter, sous peine d'expulsion immédiate, tous les Français résidant dans l'empire.

Catherine meurt, foudroyée par l'apoplexie, le 17 novembre 1796. Aussitôt éclate une réaction inévitable qui passe au crible sa vie privée, son avènement au trône, ses institutions scientifiques, ses relations ou ses velléités littéraires. L'Europe, qu'elle a tenue trente ans attentive à tous les actes de son règne, se venge en prêtant une oreille complaisante aux pamphlétaires qui dévoilent les faiblesses de la femme et aux voyageurs qui prennent plaisir à constater que plus d'un de ces établissements établis à grand fracas et à grands frais tombait en ruine du vivant même de la souveraine[1]. Paul Ier s'acharne à détruire, autant qu'il était en son pouvoir, ce que sa mère a édifié, et c'est miracle si les papiers et les bibliothèques de Voltaire et de Diderot échappent à ses fureurs, alors que Joseph de Maistre date de Saint-Pétersbourg même ses éloquentes diatribes contre les idées et les hommes dont Catherine avait été si longtemps la protectrice. Durant les guerres de la République et de l'Empire, les

---

1. Voyez notamment les tomes III et IV du *Voyage de deux Français dans le Nord de l'Europe* (1796, 5 vol. in-8°) par Fortia de Piles et de Boisgelin.

désastres de 1812, les défaites et les humiliations de 1814 et de 1815, les archives d'État et les archives privées sont forcément closes et la méthode critique qui saura tirer parti de leurs richesses ne naîtra qu'un demi-siècle plus tard. A ce moment, et bien avant que les érudits français eussent été autorisés à pénétrer dans les dépôts de leur pays, aujourd'hui pour la plupart libéralement ouverts, la Russie a donné l'exemple en déversant dans le vaste Recueil de la Société Impériale d'histoire et dans plusieurs autres revues similaires les secrets de ses chancelleries et les correspondances politiques ou intimes de tous les acteurs du grand drame qui s'est joué d'un bout de l'Europe à l'autre; mais là ne se sont pas bornés les services qu'elle a rendus à notre propre histoire. Tandis que les héritiers naturels du philosophe semblaient prendre à tâche d'effacer sa mémoire et laissaient, de leur propre aveu, tomber en pourriture les minutes et les copies, conservées par la piété filiale de leur aïeule[1], les manuscrits de Diderot se retrouvaient au complet à l'Ermitage, et ce sont encore aujourd'hui les collections privées du Tsar qui apportent à l'édition entreprise par Assézat le complément que le lecteur a sous les yeux. Catherine n'a donc pas seulement assuré par ses largesses pécuniaires l'existence matérielle de Diderot et

---

1. Voyez dans le *Bulletin du bibliophile* de 1882, p. 431, une note du baron Ernouf à ce sujet.

forcé sa patrie à respecter sa liberté jusqu'alors toujours précaire ; elle s'est acquis aussi des droits imprescriptibles à la reconnaissance des penseurs et des délicats qui ont depuis longtemps associé son nom à celui du philosophe dont il est à jamais inséparable.

FIN.

APPENDICES

A

Collection complète des œuvres philosophiques, littéraires et dramatiques de M. Diderot. A Londres, .1773, 5 vol. in-8°[1].

Voici la masse de toutes les idées qui ont roulé dans le cerveau d'un des plus célèbres penseurs du siècle. On n'a rien voulu en perdre : cette *collection* est *complète*, et le siècle, qui doit se réjouir de la posséder, va la transmettre à la postérité, comme un des présents les plus précieux qu'il puisse lui faire. L'auteur, encore plein de vie et de feu, pourra cependant grossir dans la suite le nombre de ces volumes ; il rapportera peut-être du Nord où il promène actuellement son individu philosophique, des

---

[1]. Article extrait des *Nouvelles littéraires* de Berlin. Tome IV- juillet-décembre 1773, n° 31, mardi 21 décembre 1773, pp. 385, 391. Sur les particularités relatives à cet article, inspiré, selon Grimm, par Frédéric II à Formey, voyez ci-dessus, p. 77-78.

connaissances qui, entre ses mains, acquerront des développements que son imagination, encore plus que sa raison, est propre à leur donner, Dans l'assemblée de l'Académie impériale des sciences de Pétersbourg, où il a été agrégé à cet illustre corps, il a demandé des éclaircissements sur l'histoire naturelle de la Sibérie, qu'on a promis de lui donner, et qui annoncent de sa part de nouvelles vues. En attendant quiconque voudra lire et méditer a suffisamment de quoi s'occuper dans un recueil aussi volumineux que l'est celui-ci. Il est vrai qu'il ne contient rien de nouveau, et que les divers morceaux dont il est composé ont tous paru, soit séparément, soit dans l'*Encyclopédie*, d'où l'on a jugé à propos de les tirer. On sera peut-être bien aise d'en trouver ici une énumération exacte, qui pourra déterminer ceux qui voudront faire l'acquisition de ce trésor à se le procurer ou à s'en passer. Il est probable que le gros des gens sensés prendra le dernier parti.

Tome Ier, § 1. — *Prospectus de l'Encyclopédie ou du Dictionnaire raisonné des Sciences, des Arts et des Métiers.* C'était l'annonce fastueuse d'un ouvrage, qui n'a point ressemblé à l'idée que ses entrepreneurs voulaient en donner, et qui, de l'aveu de M. Diderot, dans l'article ENCYCLOPÉDIE ne pouvait y ressembler. — § 2. — *Système des connaissances humaines*, rechaussé de Bacon. — § 3. — *De l'éducation publique*[1] avec cette épigraphe : *Populus sapiens, gens magna.* DEUT. — § 4. — Ce sont des vues, parmi lesquelles il y a sans doute de bonnes, mais dont l'ensemble n'est pas praticable. — § 5. — *Essai sur le*

---

1. Au sujet de ce livre auquel Diderot a tout au moins collaboré, voyez ci-dessus p. 328.

mérite et la vertu. L'étoffe de cet ouvrage est du comte Shaftesbury ; en le traduisant, M. Diderot y a mis quelque broderie. — § 6. — *Traité du beau ;* c'est un article de l'*Encyclopédie.* — § 7. — *De la philosophie des Chinois.* Autre article. — § 8. — *Éloge de Richardson,* auteur des romans de *Paméla,* de *Clarisse* et de *Grandisson.* — § 9. — *Choix de quelques articles de philosophie, extraits du Dictionnaire encyclopédique.* On passe en revue la philosophie des Égyptiens, des Éthiopiens, des Canadiens, des Celtes, des Chaldéens, des Japonais, des Perses, des Phéniciens, la philosophie Pyrrhonienne, celle des Étrusques ou des Romains, des Sarrasins ou Arabes, enfin des Théosophes. Ces articles n'ont pas été difficiles à faire ; il n'a fallu que les tirer de l'*Histoire de la philosophie* par M. Brucker en latin ; et souvent on a mis des contresens dans cette traduction[1]. En général ce grand et profond ouvrage a été dépecé dans l'*Encyclopédie,* sans qu'on ait daigné avertir de l'usage qu'on en faisait, ni faire honneur au célèbre auteur d'un travail dont aucun encyclopédiste n'aurait été capable.

Tome II, § 1. — *Pensées sur l'interprétation de la nature.* Amphigouri sublime, où l'auteur, toujours dans les nues, contemple des fantômes qu'il prend pour la nature. Nous en rapporterons ici un endroit suffisant pour en donner l'idée. « La véritable manière de philosopher, c'eût été et ce serait d'appliquer l'entendement à l'entendement ; l'entendement et l'expérience aux sens ; les sens

1. J.-J. Brucker, *Historia critica philosophiæ a mundi incunabulis ad nostram usque aetatem deducta.* Lipsiæ, 1741-1767, 5 vol. in-8º ; 2ᵉ éd. 1766-1767, 6 vol. in-8º. L'auteur en avait donné un *Abrégé* en 1747. Cette accusation de plagiat, dont la preuve n'a pas encore été faite, avait déjà été formulée dans les mêmes *Nouvelles littéraires* de Berlin, tome I, p. 77.

à la nature ; la nature à l'investigation des instruments ; les instruments à la recherche et à la perfection des Arts, qu'on jetterait au peuple pour lui apprendre à respecter la philosophie. » Telles sont les admirables leçons à la tête desquelles l'auteur a mis cette attrayante invitation : « Jeune homme, prends et lis ». — § 2. — *Pensées philosophiques*. Ce sont des traits contre la religion, qui ne font honneur ni à l'esprit, ni au cœur d'où ils sont partis. Il y a longtemps qu'on en a émoussé la pointe. — § 3. — *Épître philosophique à un philosophe* [1]. Ce sont des vers ; pis ne serait, quand ce serait de la prose. — § 4. — *Lettres sur les aveugles, à l'usage de ceux qui voient*. — § 5. — *Lettre sur les sourds et muets, à l'usage de ceux qui entendent et qui parlent*. On a dit avec assez de justesse que la lettre sur les aveugles était à l'usage des sourds, et la lettre sur les sourds, à l'usage des aveugles. — § 6. — *Principes de philosophie et de morale*. — § 7. — *Code de la nature* [2]. « Vous y verrez, dit l'auteur, avec évidence les plus simples et les plus belles leçons de la nature perpétuellement contredites par la morale et la politique vulgaire ». C'est quelque chose de prodigieux que l'aveuglement où les hommes ont vécu jusqu'ici et le déplorable état dans lequel les sociétés ont été plongées, jusqu'à ce que de pareils docteurs soient venus répandre la lumière et rétablir l'ordre. Quelle récompense méritent-ils ? Une bonne dose d'ellébore.

Tome III. — *Histoire de la Grèce*, traduite de l'anglais

---

1. Cette *Épître* n'est pas de Diderot et son auteur est demeuré inconnu.

2. Le *Code de la nature* (1755) est de Morelly, ainsi que l'a démontré Barbier.

de M. Temple Stanyan. Longue tâche pendant laquelle l'esprit créateur de M. Diderot s'est reposé.

Tome IV, § 1. — *Les Bijoux indiscrets.* Chef-d'œuvre de déraison et d'indécence. — § 2. — *Lettre au R. P. Berthier sur le matérialisme*[1]. Mauvais persiflage. — § 3. — *Regrets sur ma vieille robe de chambre.* Badinage des plus affadissants. — § 4. — *Justification de plusieurs articles du « Dictionnaire encyclopédique »,* ou *Préjugés légitimes contre Abraham de Chaumeix*[2]. Ce nouveau Catilina avait répandu l'alarme dans la république encyclopédique ; aussi M. Diderot lui adresse-t-il cette épigraphe menaçante : *Quousque tandem abutere patientiâ nostrâ ?* Jamais mot ne fut plus dans le cas de la rétorsion ; aussi bien que cet autre, plus dur encore, que M. Diderot a lancé aussi contre son adversaire : *Qui semel mentitus est, etiamsi verum dicat, omnem amittit fidem.*

Le tome V renferme la dramaturgie de M. D., c'est-à-dire son traité de la poésie dramatique, où il se propose d'enrichir le théâtre de nouveaux genres, qu'il dispose et nuance ainsi : la comédie gaie qui a pour objet le ridicule et le vice de l'homme ; la comédie sérieuse qui a pour objet la vertu et les devoirs de l'homme ; la tragédie, qui aurait pour objet nos malheurs domestiques ; la tragédie qui a pour objet les catastrophes publiques et les malheurs des grands. Il y a sans doute des choses bien vues et bien présentées dans cette poétique ; mais c'est toujours l'ensemble qui pêche, et qui offre dans l'exécution ces embarras, cette confusion, dont *le Père de famille* et *le Fils naturel*

---

1. La *Lettre au R. P. Berthier* (1759) est de l'abbé Coyer.
2. Par l'abbé Leclerc de Montlinot. La *Justification* avait paru pour la première fois en 1760.

ont fourni la démonstration. Ces pièces ne sont pas faites pour être jouées, et elles ne le sont guère plus pour être lues. Que conclure de tout cela? Que la collection des œuvres de M. Diderot est bonne à être envoyée à Lampedouse où elle ne peut manquer d'avoir un grand débit. Qu'est-ce que la Lampedouse? demandera quelque lecteur. M. D. lui répondra pour moi[1] : « Lampedouse est une petite île déserte de la mer d'Afrique, située à une distance presque égale de la côte de Tunis et de l'île de Malte. La pêche y est excellente. Elle est couverte d'oliviers sauvages. Le terrain en serait fertile : le froment et la vigne y réussiraient; cependant elle n'a jamais été habitée que par un mauvais prêtre. Le Marabou, qui avait enlevé la fille du Bey d'Alger, s'y était réfugié avec sa maîtresse et ils y accomplissaient l'œuvre de leur salut. Le prêtre appelé frère Clément a passé dix ans à Lampedouse et y vivait encore il n'y a pas longtemps. Il avait des bestiaux, il cultivait la terre, il renfermait sa provision dans un souterrain, et il allait vendre le reste sur les côtes voisines, où il se livrait au plaisir, tant que son argent durait. Il y a dans l'île une petite église divisée en deux chapelles, que les mahométans révèrent comme les lieux de sépulture du saint Marabou et de sa maîtresse. Frère Clément avait consacré l'un à Mahomet, et l'autre à la Sainte-Vierge. Voyait-il arriver un vaisseau chrétien, il allumait la lampe de la Vierge : si le vaisseau était mahométan, vite il soufflait la lampe de la Vierge, et il allumait pour Mahomet.

« Ah! s'écrie M. D., mes amis, si nous allons jamais à Lampedouse fonder, loin de la terre, au milieu des flots

1. Ce qui suit est littéralement emprunté à une note et au texte du second des trois *Entretiens entre Dorval et moi* qui forment les appendices du *Fils naturel* (OEuvres complètes, tome VII, p. 108-109).

de la mer, un petit peuple d'heureux; ce seront là nos prédicateurs (les comédiens), et nous les choisirons sans doute selon l'importance de leur ministère. Tous les peuples ont leurs sabbats, et nous aurons aussi les nôtres. Dans ces jours solennels on représentera une belle tragédie qui apprenne aux hommes à redouter les passions, une bonne comédie qui les instruise de leurs devoirs et leur en inspire le goût. » C'est le cas de répéter ce que le bon P. Castel disait si plaisamment à l'illustre Jean-Jacques, quand il exaltait le bonheur des sauvages : « Eh! mon cher monsieur, que ne partez-vous, plutôt aujourd'hui que demain? Qui vous retient? Tous les ports sont libres, il y a continuellement des vaisseaux qui mettent à la voile. Vos chers amis vous attendent et vous tendent les bras. » Mais non; ces messieurs veulent fronder tous les usages de nos sociétés et jouir de tous leurs avantages.

B

QUESTIONS DE DIDEROT ET RÉPONSES DE CATHERINE II
SUR LA SITUATION ÉCONOMIQUE DE L'EMPIRE
RUSSE [1].

Première Question.

On estime la population de la Russie, les uns à 18 millions d'âmes, les autres à 20 millions. D'où vient cette variété ? Quelle est la population

Première Réponse.

Cette variété vient de ce que personne ne sait au juste cette population ; mais voici un à peu près qui pourra ser-

---

1. Voyez p. 459 ci-dessus. M. P. Bartenef a publié dans les *Archives russes* (1880, tome III) d'abord le texte seul de ces questions, puis à nouveau, d'après une copie prise par Kraprovitsky, secrétaire de Catherine II, et retrouvée au musée Roumantzof à Moscou, les mêmes questions accompagnées de réponses rédigées par l'impératrice. M. Bilbassof n'a donné, dans son *Diderot à Pétersbourg*, que le premier de ces deux textes.

vir de guide. Il y a neuf millions d'hommes qui payent la capitation (les femmes ne la payent pas). Les provinces et peuples suivants ne la payent pas non plus : la Livonie, l'Esthonie, Narva et son territoire, le gouvernement de Pétersbourg ou l'Ingrie, les Lapons, les Samoïèdes, la Finlande, la Petité Russie ou Ukraïne, la Nouvelle Russie au delà du Boristhène, tous cosaques de quelques noms qu'ils soient, tous les peuples pasteurs de la Sibérie, les Kalmyks, les colons étrangers établis non seulement dans ce royaume-là, mais par tout l'Empire et dont le nombre n'est pas petit. Outre cela, tout noble est exclu de la capitation, de même que les familles étrangères domiciliées par tout l'Empire depuis des siècles ou postérieurement nobles ou roturières. Tous les vingt ans on fait de nouveaux cadastres qu'on appelle revision de capitables. On met dans les cadastres depuis l'enfant qui naît tous les hommes en vie ; on paye pour ceux qui sont mis dans les cadastres jusqu'à la nouvelle revision 70 sols par tête. Ainsi on paye par conséquent pour les morts, mais en revanche les nouveau-nés pendant les vingt ans aident leurs frères dans le travail, et ceux-ci ne payent point pour eux.

Deuxième Question.

On évalue le nombre des religieux à 7.300 ; celui des religieuses à 5.300. On dit que ce nombre diminue. Cela est-il vrai ? Cette diminution est-elle la suite de la loi de Pierre Ier, qui fixe l'âge des vœux à trente ans pour les hommes et cinquante pour les femmes ?

Deuxième Réponse.

Le nombre des couvents d'hommes en Ukraïne est de 62 ; dans le reste de la Russie il y en a 163. Ainsi la

Russie entière n'a que 101 couvents d'hommes de plus que la seule province de l'Ukraïne. Le nombre des couvents de filles de cette pieuse province monte à 18; dans le reste de la Russie il y en a 68; en tout 311 couvents. La Russie Blanche [est] non comprise dans ce calcul. Le nombre des moines et des religieuses est prodigieusement diminué depuis dix ans; un moine et une religieuse ne reçoivent pas plus d'entretien qu'un soldat, et quoique le nombre dans chaque couvent soit fixe, ils ont profit à en avoir moins, parce que l'entretien des places vacantes reste aux occupants. Il y a très peu de couvents d'hommes où le nombre des moines aille à cinquante (s'entend en Russie); la plupart ne passe pas la dizaine. La loi de Pierre le Grand sans doute a opéré une grande réforme, mais pendant les vingt ans de règne de sa fille on s'en était écarté; mais depuis que les terres des moines sont régies par un collège et qu'il est très difficile d'avoir des permissions pour faire les vœux, le nombre diminue, et l'empressement se refroidit en Russie. L'Ukraïne est une province à privilège; la ferveur en profite. Cependant la vigilance du maréchal comte Roumanzof, qui en a le gouvernement, avait fait grand bien à cette province jusqu'à la guerre où il quitta la province pour aller commander une armée.

Troisième Question.

L'entrée de la Russie a été défendue aux Juifs en 1764; puis cette défense fut abrogée. Y a-t-il ici des Juifs?

S'il y en a, à quelles conditions? Sont-ils traités comme les autres étrangers? Et combien y a-t-il à peu près de Juifs?

APPENDICES. 535

Troisième Réponse.

Les Juifs ont été chassés de Russie par l'impératrice Élisabeth au commencement de son règne, à peu près en 1742. En 1762 il fut question de les faire revenir, mais comme la proposition en fut faite mal à propos, les choses en restèrent où elles en étaient. En 1764 les Juifs furent déclarés marchands et habitants de la Nouvelle Russie au delà du Boristhène. Toute la Russie Blanche en fourmille. Il y en a trois ou quatre à Pétersbourg. Depuis huit ou neuf ans, j'avais un confesseur chez lequel ils étaient logés ; ils sont tolérés malgré la loi ; on fait semblant d'ignorer ce qu'ils sont. Au reste leur réintégration en Russie pourrait faire grand tort à nos petits marchands ; car ces gens-là attirent tout à eux, et il se pourrait qu'il y eût plus de cris que de profits à leur rentrée.

Quatrième Question.

Les auteurs distribuent les habitants de la Russie en quatre classes : l'église, la noblesse, les adnodworzi ou hommes libres, et les paysans. Cette distribution est-elle exacte ?

Quelle est la population calculée d'après les classes ?

Quatrième Réponse.

Je ne sais pourquoi il a plu aux auteurs de distribuer ainsi les habitants de la Russie. On pourrait tout aussi raisonnablement, je pense, les distribuer ainsi : l'église, la noblesse, qui seule a droit de posséder des terres, les habitants des villes qui seuls ont le droit de faire le commerce, et les paysans qu'on peut partager en deux sortes : l'une possédant des terrains et les cultivant de leurs mains, les autres sujets de la noblesse et dépendant d'eux, tous les paysans immédiats de l'Empire, ceux de la couronne ou des domaines, les vétérans ou *adnodworzi*, ce qui veut dire *possesseurs d'une maison*. Cela se dit par abus, car ils sont terriers et fort à leur aise : il y en a des districts entiers où ils ne se mettent jamais à table sans avoir un dindon dans son [sic] pot; une poule est une chose trop commune. J'en ai vu dont les greniers étaient remplis de blés de six années de récolte, et ils ne le vendaient pas, parce que le prix était tombé. Ils seraient rangés sous la première sorte, et les paysans de la noblesse dans la seconde. La population d'après les classes serait à peu près d'après les indices suivants : les paysans et habitants domiciliés des villes. paysans, capitation comme ci-dessus. Le clergé ne pourrait être compté à peu près que par paroisses, dont il y en avait en 1763 un compte pas trop exact, pourtant dont le résultat allait pour la Russie (sans l'Ukraïne et les provinces conquises) à dix-neuf mille. Il y a bien des paroisses qui ont plusieurs prêtres, mais au moins y a-t-il à chaque paroisse un prêtre et un ou deux diacres ou lecteurs. La noblesse, possédant des terres et n'en possédant pas, serait la plus difficile à compter, mais assurément il y a plus de dix mille gentilshommes au service ; dans les régiments des gardes il y en a près de trois mille gentilshommes. L'armée, les corps de cadets au nombre de trois (savoir celui de terres, celui de la marine, celui de l'artillerie) qui font ensemble au delà de trois mille têtes, et contre lesquels il y a continuellement des plaintes de ce qu'ils ne reçoivent pas tout ce qui se présente. La marine, l'artillerie en fourmillent, sans compter l'état civil avec toute sa dépendance et la cour. Un nombre bien plus grand encore vit sur les terres et dans les villes provinciales, dans les capitales, mais surtout à Moscou et à Cazan.

Ces trois classes d'hommes font retentir les mots les plus imposants pour la défense de leurs prétentions; le seigneur de terre invoque les droits de la propriété, le marchand ceux de la liberté, le peuple ceux de l'humanité.

Ce qu'il faut craindre le plus, c'est d'être remis à l'esprit de parti, arbitre qui règne longtemps seul, quand les sciences sont encore nouvelles, juge partial et récusable, qui croit encore plus qu'il ne sait, qui s'attache avec opiniâtreté à ce qu'il saisit dans les ténèbres, qui n'abandonne rien, parce qu'il ne distingue pas avec précision, et qui se laisse rarement ébranler, parce que les opinions ne deviennent flexibles qu'autant qu'elles se forment dans le doute et s'alimentent par la pensée, jamais par le caractère.

Toute loi faite pour une nation doit prendre sa source dans le bien général; quand la force et l'ignorance s'écartent de ce principe, ce sont des actes de despotisme et d'erreur, contre lesquels la raison et l'équité réclament; ce sont des jours de calamités, dont on attend la fin avec impatience.

Les propriétaires, garantis de toute distribution involontaire de leur fortune, ne tirent que des avantages de l'accroissement de la population : en effet, ils avaient d'abord destiné le produit de deux cents arpents de terre à acheter le travail de dix artisans, et cette concession procurait à chacun de ces derniers un bon vêtement, une nourriture agréable et quelque commodité. Mais lorsque le nombre des hommes est augmenté, la concurrence qui en résulte met les propriétaires en état de réduire la récompense du travail au plus simple nécessaire; alors avec la même quantité d'arpents, ils entretiennent peut-être deux fois plus d'ouvriers, et ils se procurent ainsi de nouvelles jouissances, puisque cet accroissement de travail n'est dévoué qu'à leurs volontés et à leurs fantaisies.

Le pain qui nourrit le peuple, la religion qui le console : voilà ses seules idées. Elles seront toujours aussi simples que sa nature. La prospérité de l'État, les siècles, la génération suivante, sont des mots qui ne peuvent le frapper; il ne tient à la société que par ses peines, et de tout cet espace immense qu'on appelle l'avenir il n'aperçoit jamais que le lendemain. Il est privé par sa misère d'un intérêt plus éloigné.

Cinquième Question.

Les auteurs disent que les marchands étrangers éprouvent beaucoup de difficultés à s'établir en Russie et beaucoup d'embarras et d'obstacles dans l'exercice de leur commerce. Cela est-il vrai? D'où cela vient-il, si cela est? Pense-t-on à faire cesser ces abus?

Cinquième Réponse.

Si ces difficultés existent, elles ne peuvent venir que de l'ignorance de la langue, des lois du pays et de la jalousie et des entraves des étrangers établis; car les lois ne sont rien moins qu'opposées aux étrangers. Elles leur laissent le commerce en gros et ne réservent que le commerce en détail aux indigènes. Mais si un étranger se fait inscrire parmi les marchands du pays, ce qu'il peut faire chaque fois que l'envie lui en viendra, il peut faire le commerce de détail qui, d'ailleurs, est défendu aux étrangers, quoiqu'il n'y ait presque pas un perruquier, ou tel autre Français, comme gouverneur, gouvernante, etc., qui ne l'exerce sous main, au risque d'encourir confiscation au profit des marchands mercantiles du pays. C'est peut-être ce danger du commerce défendu qui fait dire aux gens qui l'ont exercé et qui y ont perdu, que l'exercice du commerce est soumis en Russie à beaucoup d'obstacles et d'embarras. D'un autre côté, il est assez usité en Europe de regarder la Russie et le commerce que les étrangers y font comme un autre Pérou où il ne s'agit que de venir pour s'enrichir.

PROPRIÉTÉS DE TERRES ET AGRICULTURE

Première Question.

La noblesse est-elle seule propriétaire des terres? Y a-t-il des biens nobles et des biens roturiers?

Première Réponse.

La noblesse seule a droit d'avoir des terres. Les grandes manufactures avaient droit d'acheter des terres, mais en 1763 cette loi fut restreinte, et on a défendu aux manufactures d'en acheter et dorénavant, parce qu'ils faisaient [venir] les hommes des champs[1] pour leur faire dévider de la laine ou de la soie et que les terres restaient en friche; chose à laquelle il n'y avait aucun profit pour l'État.

Deuxième Question.

Quels sont les privilèges des propriétaires des terres?

---

1. Le texte des *Archives russes* porte : « parce qu'ils faisaient les hommes de la chance », ce qui est inintelligible.

Deuxième Réponse.

Par écrit il n'y en a guère que la brasserie de l'eau-de-vie, mais dans le fait ils font dans leurs terres tout ce [que] bon leur semble, excepté justice de mort, qui leur est défendue.

Troisième Question.

Quelles sont les conditions entre le maître et l'esclave pour la culture des terres ?

Troisième Réponse.

Il y a une loi de Pierre-le-Grand qui défend de nommer esclaves les sujets de la noblesse. Anciennement tous les habitants de la Russie étaient libres. De leur origine ils étaient composés de deux sortes de gens : de ceux qui descendaient des peuples pasteurs et de ceux qui furent faits prisonniers à la guerre de ces peuplades. A la mort du czar Ivan Basilowitz, son fils Féodor Ivanowitz, par une ordonnance, attacha ou fixa tout paysan à la terre qu'il cultivait et qu'un autre possédait. Il n'y a point de conditions entre les maîtres et leurs sujets ; mais tout maître qui a le sens commun, loin d'exiger trop, ménage la vache pour la traire plus à son aise sans la fatiguer. Quand une chose n'est pas réglée par la loi, la loi naturelle à l'instant prend la place, et souvent dans cet état les choses n'en sont pas plus mal, parce qu'au moins elles s'arrangent selon l'essence des choses tout naturellement.

Quatrième Question.

La servitude des cultivateurs n'influe-t-elle pas sur la culture ? Ce défaut de propriété dans les paysans ne produit-il point de mauvais effet ?

Quatrième Réponse.

Je ne sais s'il y a un pays où le cultivateur aime plus la terre et son foyer qu'en Russie. Nos provinces libres n'ont guère plus de grains que celles qui ne le sont pas ; chaque État a ses défauts, ses vices et ses inconvénients.

Cinquième Question.

A quel denier se vendent les terres ou à combien d'années du revenu est égal le capital, fonds, ou la somme nécessaire pour l'achat d'une terre ?

Cinquième Réponse.

Le revenu d'une terre qu'on achète fait ordinairement six pour cent du capital qu'on en donne. Les terres sont singulièrement montées en prix depuis douze à quinze ans ; aussi les revenus des terres ont augmenté prodigieusement. Une terre qui donnait par exemple, il y a soixante ans, quatre cents roubles de revenus en donne huit mille à l'heure qu'il est. L'augmentation de la monnaie, celle du commerce, de la culture et des fabriques du cru du pays, de même que l'exportation des grains y a contribué. En revanche le prix de toutes choses est allé en augmentant.

GRAINS

I

A combien évalue-t-on la production annuelle en grains de toute la Russie? Cela est-il su année commune?

I

Je n'en sais rien,

II

Par un édit de 1762 l'exportation chez l'étranger des grains est permise ; par un édit de 1766 les grains sont affranchis de tout droit de sortie. Ces deux lois sont-elles en vigueur?

II

L'exportation des grains de Riga est illimitée, mais elle paye une charge. Celle d'Arcangel est restreinte à deux cent mille boisseaux de Russie ; celle de Pétersbourg n'est que pour le froment ; celle du seigle n'est permise qu'à une certaine sorte de bateaux plats faits avec des planches cirées ; le grain d'Arcangel et de Pétersbourg est affranchi de tout droit.

III

La circulation des denrées, de quelque nature qu'elles soient, dans l'intérieur, est-elle libre ou soumise à des droits et des formalités?

III

Depuis le Kamchatka jusqu'à Pétersbourg et depuis Astracan jusqu'à Arcangel il n'y a sorte de droit à payer pour quoi que ce soit.

IV

Quelle est l'administration générale du commerce des grains ?

IV

Aucune.

V

L'importation des blés étrangers est-elle permise et sous quelle réserve ?

V

Ni permise ni défendue, et hors quelque peu de riz, je ne me souviens pas d'en avoir vu importer.

VI

Le prix du pain est-il taxé dans tout l'Empire ?
A Pétersbourg ?
A Moscou ?

VI

Il y a des taxes de police, mais je suis contre toutes les taxes.

VII

Le peuple est-il dans l'usage de cuire son pain ?

VII

Oui.

VINS

I

Y a-t-il quelques provinces méridionales de l'Empire où la vigne soit cultivée ?

I

A Astracan, sur le Don ou Tanaïs, dans les colonies de Saratof, dans la Nouvelle Russie au delà du Borysthène.

II

En quel état est cette culture et quel en est le produit ?

II

On en mange les raisins qui sont excellents, et puis c'est tout ; jusqu'ici on n'en a fait que du mauvais vinaigre.

III

De quels droits sont-ils chargés ?

III

Le moyen de mettre des charges sur une chose qui n'existe pas ? L'abbé Terray même serait en défaut.

IV

Y a-t-il des règlements pour le commerce des vins soit en gros, soit en détail et quels sont-ils ?

IV

Sur l'importation des vins il y a des droits de douane, et puis c'est tout.

EAUX-DE VIE

I

Ne distille-t-on point d'eau-de-vie de grains ? Quelle quantité annuellement ?

I

La noblesse distille pour son propre usage et pour la couronne, qui lui en achète par contrat autant qu'elle en donne au fermier, qui la vend au petit peuple en détail.

II

Y a-t-il quelques lois relatives à cette fabrication, et quelles sont-elles ?

II

Il y a des lois sans nombre, qui, malgré cela, sont esquivées très souvent; c'est un dédale que cette affaire-là.

HUILES

I
Quelle quantité d'huile tirez-vous de l'étranger, et d'où la tirez-vous ?

I
J'ignore la quantité. Nous en tirons d'Italie, de Provence, etc.; mais le commun peuple mange de l'huile faite en Russie de lin ou de noisettes qui croissent sauvages par toute la Russie.

II
De quelles importations les huiles sont-elles chargées à leur entrée ?

II
L'entrée n'en est pas trop chargée, parce qu'elles sont rangées sous le titre de denrées de seconde nécessité, et ce titre est ménagé d'impôts.

CHANVRE ET LIN

I
Dans quelles provinces la culture du chanvre et du lin est-elle le plus en vigueur ?

I
Dans le gouvernement de Novogorod, dans l'Ukraïne et dans beaucoup d'autres provinces.

II
A quoi se monte le produit annuel ?

II
Je ne saurais dire au juste, mais le commerce et la consommation en sont grands; on en exporte du seul port de Saint-Pétersbourg pour quelques millions.

III

Quelle quantité l'étranger en tire-t-il?

III

Sans les registres de la douane il serait difficile de le dire au juste.

IV

A quels ouvrages, et en quels endroits s'employe le restant?

IV

Les cordages de la flotte et tout ce qu'il faut pour l'empire pour la consommation intérieure en employent. Le lin est employé aux toiles, aux nappages; il n'y a pas de village qui ne fasse des toiles. Beaucoup de seigneurs et de marchands en ont de fort grandes fabriques. Les plus belles sont à Jaroslaw, surtout celles de nappages. La ville de Kalouga encore en a.

TABAC

I

On ne parle que du tabac d'Astracan.

N'en cultive-t-on point en Ukraïne?

N'en sort-il point du pays pour l'étranger?

I

J'ignore ce que c'est que le tabac d'Astracan, à moins que par là on n'entende le tabac des colonies de Saratof.

J'entends dire qu'on le cultive avec succès. On en cultive en Ukraïne. On en parle souvent du commerce

II
Par un édit de 1749, la vente du tabac en rouleau et haché a été mise en ferme, et la vente du tabac en poudre et à râper a été déclarée libre ; n'y a-t-il point de changement à cet égard?

III
A quel prix et à quelles conditions cette ferme a-t-elle été donnée en 1749? Si elle subsiste, quel est son prix et quelles sont ses conditions?

IV
De quels pays la ferme ou autre possession de cette branche de commerce tire-t-elle ses tabacs et en quelle qualité?

de ce tabac ; mais jusqu'ici je ne vois pas que cela soit fort important. Sur toutes les choses-là, pour en être instruit à fond, je vous renvoye au comte Munnich.

II
Jusqu'en 1762 toute branche de commerce presque avait été donnée en monopole, chose que j'ai abolie dès 1762.

III
Elle ne subsiste plus, et comme je hais jusqu'au nom du monopole, j'en ignore les conditions. Le père de Pierre le Grand avait fait mettre dans le ban de l'Église tous les monopoleurs ; je me tiens à ce règlement sage.

IV
Je pense que c'était de l'Ukraïne.

V

A combien se montent les ventes annuelles du tabac ?

V

Je n'en sais rien.

VI

Les tabacs en poudre et à râper dont le commerce est libre, sont-ils du cru seul de la Russie? Ou les tire-t-on de l'étranger, et, dans ce dernier cas, d'où viennent-ils et en quelle quantité par année ?

VI

Les tabacs en poudre et à râper viennent des pays où il en croît, de l'intérieur et de l'étranger ; je ne saurais en dire la quantité. Il y a une fabrique ou deux, où le tabac est bon.

VII

Quels droits le tabac étranger paye-t-il à l'entrée ?

VII

Il paye, mais je ne saurais dire de combien il est chargé.

BOIS

Quelles sont les provinces qui fournissent les bois de construction, les mâts, les planches ?

Il est plus aisé de dire quelles sont les provinces qui ne fournissent pas du bois que de nommer celles qui en fournissent. L'Ukraïne est la province qui en a le moins; après elle, la Livonie, le gouvernement d'Orenbourg et la moitié de celui d'Astracan en sont dépourvus. En revanche la Sibérie, le

	royaume de Kasan, le gouvernement d'Arcangel, celui de Novogorod et de Smolensk sont remplis d'immenses forêts.
Comment s'en fait le charroi pour les rendre dans les ports de Russie ?	Par les rivières.
On dit que la sortie des bois est défendue à Narva et permise à Pernaw. D'où vient cette distinction ? Subsiste-t-elle toujours ?	La sortie du bois de Narva a été défendue, parce qu'ils volaient le bois des forêts de l'Ingrie dont l'Amirauté se plaignit. Pernaw vend son propre bois ou du bois acheté, mais non volé; voilà la cause de la distinction qui subsiste.
Quelle quantité de chaque sorte des bois sort-il annuellement des ports de Russie ?	Je l'ignore.
Y a-t-il des règlements généraux pour la coupe des bois ?	Guère et mal observés.
Quels sont-ils ?	
Y a-t-il un grand maître des eaux et forêts ?	Non.

Une justice?

Que je ne sache.

Des gardes et des officiers?

Il y en a eu qui se sont fait détester par leurs malversations.

De quels droits les différents bois de construction sont-ils chargés à la sortie de la Russie?

Je ne m'en souviens pas, mais ce ne sera pas grand' chose.

POIX, GOUDRON, BRAY

Quelles provinces fournissent la poix, le goudron et le bray?
Quelle quantité en sort-il, année commune?
Quels droits ces différentes matières payent-elles?

Je vous renvoye pour toutes ces choses-là au comte Munnich, qui sait cela par sa place sur le bout de ses doigts.

RHUBARBE

De quelle contrée de la la Sibérie vient la rhubarbe que l'on appelle de Moscovie?

Des frontières de la Chine.

Ce commerce appartient-il exclusivement à la souveraine?

Ci-devant ; mais je l'ai aboli avec les autres monopoles sur lesquels j'ai fait main basse, et à présent le commerce en est libre.

APPENDICES.

Nous ne savons rien, ni sur sa récolte ni sur son transport, ni sur sa vente.

Ni moi non plus.

BESTIAUX

Dans les provinces méridionales ne s'adonne-t-on pas à l'éducation des bestiaux?

Beaucoup, et les bœufs de l'Ukraïne vont jusqu'à Paris.

Quel commerce en font-elles avec les provinces du Nord de l'Empire?

Un très grand; Arcangel en fournit aussi.

La quantité qu'elles en fournissent est-elle suffisante à la consommation de l'Empire?

Oui.

Ou en tire-t-elle de royaumes voisins et en quelle quantité?

Nous recevons des moutons des Tartares Kirgis qui bordent le gouvernement d'Orenbourg.

Dans les provinces où l'on s'adonne à la culture des terres, quels sont les animaux que l'on employe pour le labourage?

Les chevaux et les bœufs.

Les viandes salées qui se consomment en Russie,

sont-elles du pays ou viennent-elles de l'étranger ?

Du pays.

Quelle quantité les étrangers en emportent-ils, année commune ?

Comme friandise pour les raffinés gourmands peut-être.

Quels sont les droits à l'entrée des bestiaux et des chairs salées ?

Demandez cela au comte Munnich.

CHEVAUX

On dit que l'on a fait des efforts pour former de bons haras, mais qu'ils ont été infructueux.

C'est un bavardage. Partout où on s'est donné de la peine pour en établir, ils ont réussi ; nous remontons nous-mêmes notre cavalerie, et le roi de Prusse achète tous les ans chez nous des chevaux pour la sienne.

Quelle est la cause du défaut des haras ?

La négligence.

Avez-vous des écoles vétérinaires ?

Le bon Dieu nous en préserve.

De quels pays voisins la Russie tire-t-elle des chevaux ?

Les curieux et les amateurs peut-être, mais en petit nombre.

Et en quel nombre, année commune ?

Je n'en sais rien.

Quels sont les droits d'entrée ?

Envoyé au comte Munnich.

LAINE

Dans les provinces méridionales où l'on présume que l'on élève des bestiaux, les laines doivent être un objet de commerce ; sait-on à peu près la quantité qu'on en recueille ?

Assez grande pour habiller le peuple et l'armée de drap fait de la laine du pays.

Sont-elles employées dans les manufactures du pays ou les transporte-t-on dans les pays voisins ?

Nous avons beaucoup et de très grandes fabriques de draps et même nous en vendons à nos voisins Tartares et Chinois.

SOIE

Dans quelles provinces recueille-t-on de la soie et en quelle quantité ?

Nos soieries d'Astracan et de l'Ukraïne sont encore peu de chose, mais dans quatre à cinq ans d'ici on en parlera, et notre soie surpasse de beaucoup les soies de Perse et de la Chine. On en a vendu huit pouds à quarante livres le

	poud, cette année à deux cent cinquante roubles le poud, et, de l'aveu des marchands étrangers, cette soie surpassait celle d'Italie.
Se consomme-t-elle dans les manufactures du pays ou passe-t-elle à l'étranger?	Il n'y a encore ni de quoi occuper nos manufactures de soie qui ne sont qu'un jeu jusqu'ici, ni de quoi vendre à l'étranger.
La culture du mûrier a-t-elle pris accroissement depuis quelques années?	Nous avons de grands bois de mûriers.
Y a-t-il l'encouragement des sommes avancées par le gouvernement?	Non, mais on a imposé aux habitations limitrophes des bois de mûriers la capitation en soie, et quand ils ont livré pour soixante et dix sols par tête de soie à la couronne, le reste leur appartient, et il y a eu dès l'été passé des paysans qui ont vendu pour soixante roubles de soie. Les pauvres gens, ne les voilà-t-il pas bien malheureux!
Quels droits la soie paye-t-elle à la sortie?	Jusqu'ici, je pense, aucun.

MIEL ET CIRE

Quelles sont les provinces où l'on recueille le plus de miel et de cire ?

Le royaume de Kasan, mais presque toute la Russie ; la Sibérie seule n'a pas une abeille.

Y a-t-il assez de miel pour la consommation de l'Empire ?

Oui.

En sort-il ?

Oui et surtout de la cire.

Pour quels pays ?

Par tous les ports, mais surtout d'ici.

Par quels ports ?

Je vous renvoye aux registres.

Quels droits à la sortie ?

Questionnez le comte Munnich.

PELLETERIES

Le commerce des pelleteries est-il libre, ou appartient-il à la souveraine ?

Le commerce des pelleteries est libre ; la couronne n'a et ne vend que les pelleteries avec lesquelles les peuples chasseurs de la Sibérie lui payent leurs tributs.

A quelle quantité l'exportation annuelle en est-elle évaluée ?	Renvoyé au comte Munnich.
Quels droits paye-t-elle à la sortie ?	Au même.

CUIRS

La sortie des cuirs verts est-elle permise ?	Je ne crois pas.
Quelle quantité en sort-il annuellement ?	Je n'en sais rien.
Où sont établies les meilleures fabriques pour la préparation des cuirs noirs et rouges que l'on nomme roussi ?	Dans beaucoup de villes, et nommément à Casan. Je pense que les Cosaques du Don s'en occupent aussi.
Quelle en est l'exportation, année commune ?	Renvoyé au comte Munnich.
Quels droits payent-ils à la sortie ?	De même.

Diderot suivit le conseil de Catherine et posa au comte de Munich les questions que l'on trouvera aux pages suivantes. L'autographe de cette pièce a passé dans une grande vente anonyme faite par M. Etienne Charavay pour le compte de Feuillet de Conches, le 26 avril 1875 et jours suivants, et j'avais pu en donner le texte dans le tome XX des *OEuvres complètes*. M. Schtebalsky avait déjà publié ce questionnaire en 1870 dans la revue russe l'*Aurore*. M. P. Bartenef l'a reproduit dans les *Archives russes*, avec quelques variantes, (1878, tome III) et M. Bilbasso l'a également donné dans le volume intitulé *Diderot à Pétersbourg*.

C

QUESTIONS ADRESSÉES PAR DIDEROT
AU COMTE DE MUNICH.[1]

Le 31 janvier 1774.

Monsieur le Comte,

» Voici les principales questions sur lesquelles je vous supplie de m'instruire. Quand vous m'aurez appris ce que vous en savez, personne n'en saura plus que moi. Pardonnez cette importunité à un étranger qui voudrait ne pas s'en retourner tout à fait ignorant. Songez que je serai assailli d'interrogations et qu'il faudra pourtant satisfaire à quelques-unes. Si vous aviez écrit quelque chose sur l'administration politique, civile, militaire, etc. et que vous m'estimassiez assez pour me confier vos réflexions, je vous jure que je n'aurais aucune répugnance à me parer

---

1. Les réponses à ces questions ne sont pas connues, mais le comte de Munich a publié la même année un petit livre anonyme intitulé : *Ebauche pour donner une idée de la forme du gouvernement de l'empire de Russie.* Copenhague, 1774, in-8º.

de vos plumes. Je suis avec un profond respect, monsieur le comte, votre très humble et très obéissant serviteur,

« DIDEROT ».

Questions renvoyées par Sa Majesté Impériale à M. le comte de Munich :

1. A combien peut s'évaluer la production annuelle en grains de toute la Russie? Cela se sait-il?

2. A combien peut s'évaluer le produit annuel du chanvre et du lin, année commune?

3. Quelle quantité l'étranger en tire-t-il?

4. Sur les détails du tabac, renvoyé à M. le comte de Munich.

5. Quel était le prix du bail de la douane en 1749?

6. Quelle quantité de chaque sorte de bois sort-il annuellement des ports de Russie?

7. Sur la poix, le goudron et le brai, renvoyé à M. le comte de Munich.

8. Ce qu'il pourra savoir sur la production, la manière de recueillir, le transport et la vente de la rhubarbe.

9. Quelle est la quantité des chevaux tirés de l'étranger, année commune?

10. Ce qu'il saura sur le commerce du miel et de la cire.

11. La quantité de l'exportation annuelle des pelleteries et des cuirs. Celle des cuirs verts est-elle permise?

12. La population à peu près de l'empire, de Pétersbourg, de Moscou, des principales villes de l'empire.

13. Je lui serai bien obligé de me débrouiller le dédale du commerce des eaux-de-vie.

14. Quelle quantité d'huile tirée de l'étranger, année commune?

15. A combien s'évalue l'exportation du poisson et du caviar, année commune?

16. Quel est le rapport du salaire du journalier au prix des denrées nécessaires, ou combien un ouvrier journalier pourrait-il acheter de pain avec son salaire?
Ce que vaut la livre du pain qu'il mange.

17. Que paye-t-on pour avoir le droit d'exercer librement son métier de tailleur, de perruquier, etc., etc., et à qui ce droit se paye-t-il?

18. Saurait-on à peu près le nombre des métiers-battants de l'empire?

19. Où sont les fabriques de savon?

20. Y a-t-il plusieurs manufactures de glaces?
Où en est celle qui a été bâtie par Pierre le Grand?

21. A-t-on des métiers à bas?

22. Quel est le salaire des matelots? Quel est le fret?
Quel est le cabotage de port à port? Emploie-t-il beaucoup de navires?

23. Y a-t-il quelques banques ou Compagnies d'assurances?
Quel est le cours dans les temps de paix?
Y a-t-il quelques usages de jurisprudence sur ce point?

24. Sa Majesté Impériale prie (oui, prie) M. le comte de Munich de tâcher de me trouver un tableau le plus complet qu'il se pourra des poids et mesures, longueur, largeur et profondeur, itinéraires, de solide, de fluide, etc.

25. Même prière pour les monnaies (autre tableau). Les espèces d'or et d'argent, leur titre ou grain de fin.

26. Quel est le revenu total de l'empire?

27. Quelle est la dette publique?

28. Pour combien de papier?

29. Comment et où se fait l'échange des espèces étrangères?

Y a-t-il des changeurs en titre et privilégiés?

30. Les tributaires de la couronne payent-ils en argent ou en denrées?

Si en denrées, que deviennent-elles?

D

OBSERVATIONS SUR LES INSTRUCTIONS DE SA MAJESTÉ IMPÉRIALE POUR LA CONFECTION DES LOIS[1].

CHAPITRE PREMIER

Il n'y a de vrai souverain, il ne peut y avoir de vrai législateur que le peuple.

Il est rare qu'un peuple se soumette volontairement à des lois qu'on lui impose.

Il les chérira et les respectera, il y obéira et les défendra comme son propre ouvrage s'il en est lui-même l'auteur.

Ce ne sont plus les volontés arbitraires d'un seul, ce sont celles d'un grand nombre d'hommes qui ont consulté entre eux sur leur bonheur et leur sécurité.

Elles sont vaines si elles ne commandent pas également

---

[1]. Voyez pages 492 et 519 ci-dessus. L'original de ces *Observations* n'est pas joint aux manuscrits de Diderot transporté jadis de l'Ermitage à la Bibliothèque Impériale; la copie que je possède et dont M. le baron Pichon, qui l'avait retrouvée dans un lot de vieux papiers, m'avait fait présent, est intitulée : *Mémoire envoyé par Diderot à l'Impératrice de Russie au retour de son voyage à Pétersbourg.*

à tous; elles sont vaines s'il y a un seul membre de la société qui puisse les enfreindre impunément. Le premier point d'un code doit donc être de prendre des précautions pour assurer aux lois leur autorité.

La première ligne d'un code bien fait doit lier le souverain. Il doit commencer ainsi :

« Nous, peuple, et nous, souverain du peuple, jurons conjointement les lois par lesquelles nous serons également jugés; et s'il nous arrivait, à nous souverain, de les enfreindre, ennemi de notre peuple, il est juste qu'il soit le nôtre, qu'il soit délié du serment de fidélité, qu'il nous poursuive, qu'il nous dépose, et même qu'il nous condamne à mort si le cas l'exige ».

C'est la première loi de notre code. Malheur au souverain qui méprisera la loi, malheur au peuple qui souffrira le mépris de la loi! Et qu'à chaque loi ce serment soit fait par le peuple et par le souverain, et que, sur l'original et sur les copies publiques, il soit pris acte que ce serment a été fait.

Tout souverain qui se refuse au serment se déclare d'avance esclave ou tyran.

La seconde loi, c'est que les représentants de la nation se rassembleront tous les cinq ans pour juger si le souverain s'est également conformé à une loi qu'il a jurée, statuer sur la peine qu'il a méritée s'il a été réfractaire, le continuer, le déposer, et jurer derechef ces lois, serment dont il sera pris acte.

Peuples, si vous avez autorité sur vos souverains, faites un code. Si votre souverain a toute autorité sur vous, laissez là votre code : vous ne forgeriez de chaînes que pour vous.

Après ce préliminaire, le second point dont le code doit offrir la décision est la forme de gouvernement dont la nation a fait choix.

L'impératrice de Russie est certainement despote. Son intention est-elle de garder le despotisme, de le transmettre à ses successeurs ou de l'abdiquer?

Si elle le garde, qu'elle fasse son code comme il lui plaira ; elle n'a pas besoin de l'aveu de la nation.

Si elle l'abdique, que cette abdication soit formelle. Si cette abdication est sincère, qu'elle s'occupe, conjointement avec la nation, des moyens les plus sûrs d'empêcher le despotisme de renaître, et qu'on lise dans le premier chapitre la perte infaillible de celui qui ambitionnerait, à l'avenir, l'autorité arbitraire dont elle se dépouille.

Voilà le premier pas d'une instruction proposée à des peuples par une souveraine de bonne foi, grande comme Catherine seconde et aussi ennemie de la tyrannie qu'elle.

Si, en lisant ce que je viens d'écrire et en consultant sa conscience, son cœur tressaillit de joie, si elle ne veut plus d'esclaves, si son sang se retire, si elle pâlit, elle s'est crue meilleure qu'elle n'était.

C'est une question à discuter s'il faut mettre les institutions publiques sous la sanction de la nation.

Je n'aime point à faire entrer dans les actes de la souveraineté des gens qui prêchent un être supérieur au souverain et qui font dire à cet être tout ce qui leur plaît.

Je n'aime point à faire une chose de fanatisme d'une chose de raison.

Je n'aime point à faire une chose de foi d'une chose de conviction.

Je n'aime point à donner de la considération et du poids à ceux qui parlent au nom du Tout-Puissant.

La religion est un appui qui finit toujours par renverser la maison.

La distance entre l'autel et le trône ne peut jamais être trop grande.

L'expérience de tous les temps et de tous les lieux a démontré le danger du voisinage de l'autel et du trône.

Les prêtres sont encore de plus suspects conservateurs des lois que les magistrats, et en aucun lieu du monde on ne peut les réduire à l'état de purs ou simples citoyens; ils ont osé souvent dire qu'ils ne relevaient que de Dieu; ils n'ont jamais cessé de le penser; partout ils ont prétendu à une juridiction particulière, ils ont prétendu au droit de lier et de délier des serments; c'est accéder à leurs prétentions que de les en rendre dépositaires.

On ne peut tenir trop bas une race d'hommes qui sanctifie le crime quand il lui plaît; on ne peut trop se défier d'une race d'hommes qui a conservé le privilège de parler au peuple assemblé au nom du maître de l'univers. Votre politique sage et éclairée leur prescrirait en vain rigoureusement ce qu'ils auraient à leur dire sans qu'ils puissent s'en écarter sous les peines les plus sévères.

Jamais les troubles de la société ne sont plus terribles que quand les perturbateurs peuvent se servir du prétexte de la religion et en masquer leurs desseins; les peuples qu'ils n'ont que trop souvent opprimés se sont accoutumés à regarder les prêtres comme intercesseurs auprès d'un dieu, vengeur unique de l'oppression des rois et comme leurs protecteurs.

Le trône est tôt ou tard occupé par un superstitieux, c'est-à-dire que le règne des prêtres y arrive tôt ou tard; c'est alors que les peuples sont souverainement malheureux.

Le prêtre, dont le système est un tissu d'absurdités, tend secrètement à entretenir l'ignorance; la raison est l'ennemie de la foi et la foi est la base de l'état, de la fortune et de la considération du prêtre.

Le prêtre est un personnage sacré aux yeux du peuple.

L'intérêt et la sécurité du monarque demandent qu'on lui ôte son caractère.

Plus le prêtre est saint, plus il est dangereux ; la politique divine a favorisé la corruption des prêtres. Le prêtre corrompu n'est rien, il est avili ; celui-là n'a pas pourvu à la tranquillité de la société qui a négligé la chose à laquelle les peuples mettent plus d'importance qu'à leur vie.

Les méchants rois ont besoin de dieux cruels pour trouver dans le ciel l'exemple de la tyrannie.

Mais l'homme juste et libre ne demande qu'un Dieu qui soit son père, des cieux qui le chérissent et des lois qui le protègent.

Catherine et Montesquieu ont ouvert leurs ouvrages par Dieu. Ils auraient mieux fait de commencer par la nécessité des lois, fondement du bonheur des hommes, contrat où l'on stipule pour notre liberté et nos propriétés. C'est une politique de la part de l'une et de l'autre. Le désir de cette politique aurait dû leur faire sentir le mal et leur inspirer la crainte de l'augmenter.

Loin de donner cette marque de distinction à la religion et à l'état du prêtre, j'aurais affecté de le placer entre les conditions communes de la société, j'aurais affecté d'en faire un sujet comme un autre. Sa vraie place était tout juste au-dessus ou au-dessous du comédien.

Dans l'instruction pour un code de lois adressé aux nations, auriez-vous osé lui donner une place ? « — Non, mais je me serais bien gardé de le nommer le premier. »

J'aurais d'abord parlé de moi, ensuite du militaire, puis du magistrat, puis des différentes classes de sujets entre lesquelles le prêtre aurait paru devant ou après le commerçant.

Quel est l'homme un peu sensé qui, au premier coup

d'œil impartial sur toutes les religions de la terre, n'y reconnaisse un tissu de mensonges extravagants, un système où les rangs ont été ordonnés ainsi : *Dieu, le sacerdoce, la royauté, le peuple.* Cet ordre peut-il être consenti par un souverain ? La religion n'est pas même sans affreuses conséquences dans l'état démocratique ; dégradez tant que vous pourrez un système mensonger qui vous dégrade ; c'est à tous les souverains que je le dis.

Il est un vice commun à tous les corps, c'est de prétendre à la prééminence ; ce vice est moins caché, plus violent, plus dangereux dans le sacerdoce que dans aucun autre.

Malheur au peuple où le prêtre est chargé de l'instruction d'un jeune roi ! Il l'élève pour Dieu, c'est-à-dire pour lui-même.

Quels sont les deux principes qu'il lui inculque spécialement ? L'abnégation de sa raison, la soumission profonde à la religion, l'intolérance et la parfaite indifférence de toute espèce d'autorité, excepté celle de Dieu ; tout ce qu'il lui dit en cent façons se réduit à ces mots : *Vous n'êtes rien devant Dieu, vous êtes le maître absolu des peuples;* mais il s'en excepte.

Le philosophe dit beaucoup de mal du prêtre, le prêtre dit beaucoup de mal du philosophe, mais le philosophe n'a jamais tué de prêtres et le prêtre a tué beaucoup de philosophes ; le philosophe n'a jamais tué de rois, et le prêtre en a tué beaucoup.

On a dit des jésuites que chacun d'eux était un poignard dans la main du général.

On peut dire au moins avec autant de vérité qu'un poignard est dans la main de chaque prêtre, mais soyons vrais : pourquoi les philosophes n'ont-ils tué ni prêtre, ni roi ? C'est qu'ils n'ont ni confessionnaux, ni chaires publiques ; c'est qu'ils ne séduisent point en secret ; c'est qu'ils ne prêchent point aux peuples assemblés, car ils sont quelquefois des fanatiques. Il est vrai que leur fanatisme n'a point un caractère sacré ; ils ne parlent point au nom de Dieu, mais de la raison qui ne parle pas toujours froidement, mais qui est toujours froidement écoutée et qui ne promet pas de paradis et ne menace pas de l'enfer.

CHAPITRE II

La Russie est une puissance européenne ; peu importe qu'elle soit européenne ou asiatique ; le point important est qu'elle soit grande, florissante et durable.

Les mœurs sont partout des conséquences de la législation et du gouvernement : elles ne sont ni africaines, ni asiatiques, ni européennes, elles sont bonnes ou mauvaises.

On est esclave sous le pôle où il fait très froid ; on est esclave à Constantinople où il fait très chaud.

Il faut que partout un peuple soit instruit, libre et vertueux. Ce que Pierre Ier apporta en Russie, s'il était bon en Europe, était bon partout. Sans nier l'influence du climat sur les mœurs de l'état actuel de la Grèce et de l'Italie, l'état futur de la Russie montrera assez que les mœurs bonnes ou mauvaises ont d'autres causes.

Ces Scythes si jaloux de leur liberté, s'ils existaient encore, occuperaient quelques provinces ou russes ou voisines de la Russie.

L'empire de la Russie occupe une étendue de trente-deux degrés en latitude et cent cinquante-cinq en longitude. Civiliser à la fois une si énorme étendue de pays me paraît un projet au-dessus des forces humaines, surtout lorsque je promène mes regards sur la lisière et que je trouve ici des déserts, là des glaces, ailleurs des barbares de toute espèce.

Une chose qui me semblerait très sage serait d'abord de porter la capitale au centre de l'État : les grandes routes, les communications avec tous les parties de l'empire, le séjour des grands dans leurs terres, les entrepôts de consommation, les chemins de traverse.

La capitale est un grand animal qui reçoit sans cesse et ne rend rien.

Les villes frontières sont par leur nature des lieux de défense et d'esclavage.

La seconde chose serait de choisir un personnage peu important par la naissance et par la fortune, de lui assigner un district et d'y faire exécuter un plan de civilisation bien sagement combiné, qui servirait de modèle à tous les autres districts. Pour cet effet, il faudrait que le gouverneur fût un homme sage et instruit, et qu'affranchi de tous les tribunaux, il ne répondît qu'à son souverain de ses différentes opérations.

Ce district serait, par rapport au reste de l'empire, ce qu'est la France par rapport aux contrées qui l'entourent, et ne tarderait pas à leur donner la loi.

L'impératrice n'aurait-elle civilisé que ce canton pendant la durée de son règne, qu'elle aurait beaucoup fait.

La troisième chose serait d'attirer une colonie de Suisses, de la placer convenablement, de lui assurer les privilèges de la liberté et d'accorder les mêmes privilèges et la même liberté à tous ceux de ses sujets qui entreraient dans la même colonie.

Les Suisses sont agriculteurs et soldats, ils sont fidèles. Je sais par cœur toutes les objections qu'on peut opposer à ces moyens; elles sont si frivoles que je ne me donne pas la peine d'y répondre.

Un plan d'administration serait une inspiration de la sagesse même : l'intérêt le mieux entendu l'aurait dicté, le succès en serait géométriquement démontré qu'il ne s'exécuterait pas. Pourquoi cela ? C'est qu'il n'est pas venu dans la tête d'un indigène et qu'il suppose le concours d'un étranger ; par une vanité détestable et une ridicule puérilité, on ne peut rien, et on voudrait tout faire par soi-même : on est aveugle et on repousse la lumière exotique.

Rien de plus rare, entre les ministres d'une même cour, que d'en voir un assez grand, assez honnête, assez bon citoyen pour suivre un projet commencé par son prédécesseur ; c'est ainsi que les abus s'éternisent, c'est ainsi que tout s'entame et rien ne s'achève, par un sot orgueil dont l'influence fatale se répand sur toutes les branches de l'administration, qui suspend le progrès de la civilisation et qui aurait fixé les peuples dans l'état de barbarie si les chefs en avaient été constamment et également entêtés. Mais Sa Majesté ne permet pas qu'on parle mal de ceux qu'on appelle ses amis ; ainsi, taisons-nous.

Il est évident que, dans une société bien ordonnée, le méchant ne peut nuire à la société sans se nuire à lui-même. Le méchant sait cela ; mais, ce qu'il sait encore mieux, c'est qu'il gagne plutôt comme méchant qu'il ne perd comme membre de la société à laquelle il nuit.

Croiriez-vous qu'en France les fermiers généraux n'aient pas senti de tout temps qu'ils se nuisaient à eux-mêmes en nuisant à la société ? Ont-ils renoncé à leur état ? Non.

Grand problème à résoudre : ce serait que le mal que l'on fait à la société fût toujours moindre que celui qu'on se fait à soi-même.

Comment le résoudre ? Il y aura toujours telle circonstance dont un méchant saura profiter et où il n'y a nul rapport entre le bien qu'il se fait comme méchant et le mal qu'il se fait comme citoyen.

Le principe dont il s'agit s'applique rigoureusement au souverain, par la raison qu'il est maître de tout, qu'il est impossible que sa méchanceté ne l'appauvrisse pas.

Il en est de même des particuliers de conséquence ; il n'y a aucune loi qui ne conduise à ce résultat : *Donc votre volonté, Sire, est que nous brûlions nos maisons.*

Voici pourtant une difficulté : les lois naturelles sont éternelles et communes ; les lois positives n'en sont que des corollaires.

Donc les lois positives sont également éternelles et communes. Cependant il est certaines lois positives qui sont bonnes et utiles dans une circonstance et mauvaises dans telle autre.

Il est certain qu'il n'y a pas de code qu'il ne faille réformer avec le temps. Cette difficulté n'est pas insoluble, mais il faut la résoudre.

Il est plus avantageux d'obéir aux lois d'un *seul souverain*, seul maître, que de dépendre de plusieurs.

J'en conviens, mais à condition que le maître sera le premier esclave de la loi.

C'est contre ce maître, le plus puissant, le plus dangereux des malfaiteurs, que les lois doivent être particulièrement dirigées.

Les autres malfaiteurs peuvent troubler l'ordre de la société, lui seul peut la renverser. Il n'y a qu'un palais dans un empire, il y a une centaine de millions de maisons autour de ce palais.

Pour une fois que le sens commun, la grandeur d'âme, l'équité, la fermeté, le génie tombent sur ce palais, ces qualités qui font le grand roi doivent une centaine de millions de fois tomber à côté.

On doit donc, selon une loi de la nature que nous ne pouvons déranger, s'attendre à être gouverné par un sot, par un fou, par un méchant.

On n'a rien fait lorsqu'on n'a pas pourvu à cet inconvénient.

L'objet, la fin de tout gouvernement, doit être le bonheur des citoyens, la force, la splendeur de l'État et la gloire du souverain.

Il ne faut pas demander quel est l'objet d'un gouvernement absolu; peu importe quel il est, mais quel est son effet? Son effet est de mettre toute liberté, toute propriété dans l'absolue dépendance d'un seul.

Si le maître est un homme juste, éclairé et ferme, tout sera dirigé du moins pendant son règne vers le plus grand bien de tous.

Mais ce plus grand bien supposé, ces trois qualités réunies, s'il est juste sans être instruit ou ferme, il ne fera rien ou que des sottises, et ainsi du manque de justice, de lumière, etc. Mais il est rare de trouver une de ces qualités séparées poussée dans un certain degré dans un homme. Combien il est plus rare de les trouver poussées à un certain degré et réunies!

Si donc l'étendue de la Russie exige un despote, la Russie est condamnée à être vingt fois mal pour une fois bien gouvernée. Si, par un de ces prodiges qui ne sont pas dans l'ordre commun de la nature, elle avait trois bons despotes de suite, ce serait encore un grand malheur pour elle et pour toute autre nation où la soumission à la tyrannie ne serait pas l'état habituel. Ces trois despotes excellents habitueraient la nation à une obéissance aveugle; sous leurs règnes, les peuples oublieraient leurs droits inaliénables;

ils tomberaient dans une sécurité et une apathie funestes ; ils n'éprouveraient plus cette alarme continuelle, conservatrice nécessaire de la liberté.

Ce pouvoir absolu qui, placé dans la main d'un bon maître, faisait tant de bien, le dernier de ces bons maîtres le transmettrait à un méchant et le lui transmettrait scellé par le temps et par l'usage, et tout serait perdu.

Je disais à l'impératrice que, si l'Angleterre avait eu trois souveraines de suite telles qu'Élisabeth, l'Angleterre serait asservie pour des siècles, et elle me répondit : « *Je le crois.* »

Dans quelque contrée que ce puisse être, l'autorité souveraine doit donc être limitée d'une manière durable.

Le problème difficile à résoudre n'est donc pas de donner des lois et même de bonnes lois à un peuple, c'est de mettre ces lois à l'abri de toute atteinte de la part du souverain.

L'action héroïque d'un bon despote est de lier un bras à son successeur, et c'était la première question à poser à la commission.

Puisque l'ordre de la nature est qu'il y ait vingt fous pour un sage, le bon gouvernement sera celui où la liberté du peuple sera la moins et celle du souverain la plus restreinte qu'il sera possible.

Pourquoi la Russie est-elle moins bien gouvernée que la France ?

C'est que la liberté de l'individu est réduite à rien et que l'autorité souveraine y est encore trop grande, que la liberté naturelle y est encore trop restreinte.

L'impératrice, à qui je faisais ces observations, me dit : « *Votre avis serait donc que j'eusse un parlement à l'anglaise ?* »

Je lui répondis : « *Si Votre Majesté Impériale pouvait l'avoir d'un coup de baguette, je crois qu'il existerait demain.* »

OBSERVATIONS ET QUESTIONS SUR LA VARIOLE[1]

I

Observation sur une petite vérole naturelle.

Une jeune Kamchadale fut amenée en Russie avec plusieurs autres sous le règne de l'impératrice Élizabeth. A l'âge de douze ans elle fut attaquée d'une fièvre continue, très aiguë, accompagnée de mouvements convulsifs et de délire frénétique.

Cet accident arriva dans le mois de mars; ce mois est froid en Russie; on y chauffe tous les appartements sans

---

1. Les autographes de ces observations et de ces questions font partie des papiers du fameux médecin Pierre Camper, déposés dans la bibliothèque de la Société Néerlandaise pour les progrès de la médecine et dont M. le Dr Israels a publié en 1881 un inventaire sommaire (Amsterdam, Fr. Müller, in-8°, 18 pages). Les questions portent de la main de Camper: « Par M. Diderot; j'ai envoyé les solutions le 24 d'avril 1774. »

mesure et sans égard à la température de l'air. La chambre de la malade était très chaude, quatre personnes l'habitaient avec elle, y avaient leurs lits, etc.

Le troisième jour de la maladie, la garde-malade et deux autres femmes s'endormirent, et le sommeil est robuste dans ce pays. La malade profita de ce moment pour s'échapper; elle sort du lit en chemise, la tête nue, la poitrine découverte, les pieds nus et passe dans ses bras la pelisse de peau de mouton qui appartenait à la garde-malade.

La Kamchadale descendit dans cet accoutrement les escaliers du palais, gagna une des cours qui est au nord, y chercha un endroit pour s'y coucher. La terre était couverte de neige glacée qui fondait un peu pendant le jour et qui regelait pendant la nuit.

Il y avait dans cette cour un grand amas de bois qui formait un carré dont le centre était vide; pour pénétrer à ce centre, la malade fut obligée de passer par une ouverture fort étroite; elle y arriva cependant, s'y coucha, s'endormit, sans se réveiller, pendant le cours de trois nuits et de trois jours.

Qu'on se représente un corps brûlant qui se couche sur un lit de neige gelée, il est évident que la superficie doit fondre et que la malade se trouve comme dans un berceau d'eau glacée. C'est aussi dans une position pareille que la malade a dormi pendant soixante heures.

Elle se réveilla après ce long sommeil sans pouvoir mouvoir ni la tête ni les bras. Ses cheveux faisaient corps avec la glace, et les manches de sa pelisse, gelées de même, s'opposaient aux mouvements de ces parties.

Comme la malade ne délirait plus, elle comprit le danger de son état; elle jeta des cris pendant longtemps avant que d'être secourue.

Une femme qui allait puiser de l'eau à la Néva entendit ces cris pitoyables. Sa première idée fut qu'on avait assassiné quelqu'un et qu'on l'avait porté derrière ce tas de bois. Elle courut en faire le rapport à l'officier de garde au palais; il se rendit sur le lieu d'où les cris partaient. On remarqua le petit passage dont j'ai parlé, on y fit entrer un enfant qui rendit compte de ce qu'il voyait. Alors on déplaça le bois et quand le passage fut libre, on vit la malade incrustée dans la glace qui avait le corps couvert de pustules de petite vérole de la meilleure espèce.

On transporta la malade dans la chambre qu'elle occupait au palais; mais à peine y fut-elle pendant quelques heures qu'elle s'y trouva fort mal, à cause de la chaleur. Ses pustules s'affaissaient. Elle se fit transporter près de la fenêtre; elle priait qu'on l'ouvrît de temps en temps, et par ce moyen la maladie se termina de la manière la plus prompte et la plus favorable.

Les femmes qui habitaient la même chambre gagnèrent cette petite vérole, par contagion; mais comme les préjugés nationaux sont plus forts que la raison et l'expérience même qu'on a sous les yeux, ces femmes, bien loin de rafraîchir, de renouveler l'air, faisaient chauffer les poêles plus fortement encore. Leur petite vérole devint maligne; elles périrent toutes deux, le second ou le troisième jour de l'éruption des pustules gangreneuses.

Voilà l'observation telle qu'un médecin français qui a pratiqué la médecine longtemps en Russie, où il la pratique encore, me l'a communiquée, et voici mes réflexions sur ce fait :

Je ne sais quelle peut être la qualité de l'air froid, ni sa raison salutaire dans la petite vérole, mais je pense que si cet effet a lieu dans la petite vérole, il doit avoir

APPENDICE. 577

lieu également dans toutes les maladies contagieuses, fièvre putride, etc.

C'est le stimulant auquel il faut rapporter en grande partie l'action naturelle des poumons, stimulant qui perd son énergie par la chaleur, l'état stagnant et la combinaison avec des vapeurs, de quelque nature qu'elles soient.

De toutes les excrétions, la plus considérable dans l'état de santé, c'est la transpiration. Je ne doute point qu'elle ne soit plus considérable dans l'état de maladies telles que la petite vérole, etc.

Cette excrétion doit être très malsaine et passer sa qualité à l'air qui en est chargé.

Cet air est reporté dans les poumons qui reprennent et rendent à l'animal le virus dont la nature tend à le dégager; c'est une façon très naturelle de s'empoisonner.

Je pense donc que l'air libre, frais et renouvelé, est très nécessaire dans la petite vérole et autres maladies contagieuses.

Sur ce je m'en rapporte aux maîtres de l'art.

II

Sujet d'une troisième dissertation sur la petite vérole ou questions proposées à M. Camper :

1° Quelle sont l'origine et la date de la petite vérole ?

2° La petite vérole vient-elle toujours par contagion ?

3° Si elle n'est pas aussi vieille que l'homme, pourquoi ne se produirait-elle pas aujourd'hui comme autrefois ?

4° Les enfants d'un homme et d'une femme qui vivraient séparés du reste des hommes à une grande distance de toute société infectée, auraient-ils ou n'auraient-ils pas la petite vérole ?

5° En inoculant la petite vérole, n'y a-t-il absolument aucun péril d'inoculer une autre maladie ?

6° Quoiqu'un climat froid ou chaud ne fasse rien au succès de cette opération, l'air froid n'y est-il pas salutaire et nécessaire ? Les habitants du Malabar chassent de la cabane les inoculés et les laissent nus, exposés à l'air froid de la nuit.

F

PROPOS DE DIDEROT SUR L'IMPÉRATRICE DE RUSSIE
(FRAGMENT INÉDIT DE SUARD)[1].

M. Diderot est revenu de Hollande, ivre d'admiration pour l'impératrice de Russie et exprimant son ivresse d'une manière très aimable et très intéressante. J'ai eu une longue conversation avec lui et il ne m'a parlé que de l'impératrice ; il m'en a cité une foule de traits ; je vais tâcher de me rappeler les plus curieux, mais ils perdront

1. Voyez p. 494 ci-dessus. On retrouve un dernier écho presque textuel de ces propos dans le *Tribut de la Société nationale des Neuf Sœurs* (1791, tome II, pp. 138-139). Voici ce court fragment où l'on remarquera d'inévitables redites, Diderot ayant dû forcément se répéter beaucoup en parlant devant tant d'auditeurs différents de Catherine et de leurs entretiens.

« Je suis tout étonné, disait M. Diderot à l'impératrice, d'oublier en causant avec votre Majesté, que je parle avec une souveraine. — Pourquoi ne l'oublieriez-vous pas ? reprit cette princesse, je ne m'en souviens jamais.

» M. Diderot ne put s'empêcher un jour de paraître étonné de trouver l'impératrice si instruite. « C'est que j'ai eu, lui

sur le papier beaucoup de cette grâce, de cette onction qu'il donne à ce qu'il dit.

« Je suis parti, disait-il, pour Pétersbourg avec la certitude que je serais bien reçu par l'impératrice; j'allais à elle avec la recommandation de ses bienfaits, et c'est une recommandation à laquelle on ne manque jamais.

» Quand je lui fus présenté, ajoute-t-il, je ne sais pas un mot de ce que je lui dis, car j'étais agité du plus grand trouble, mais ce que je lui dis lui fit sûrement plaisir, car je la vis fort touchée et troublée elle-même.

» Après une heure de conversation, elle me dit :

» — Monsieur Diderot, vous voyez bien cette porte par où vous êtes entré ; elle vous sera ouverte tous les jours depuis trois heures après midi jusqu'à cinq.

» Comme il n'a su de sa vie l'heure qu'il était, M. Grimm prétend qu'il arrivait souvent après quatre heures, lorsque l'heure venait de laisser entrer des personnes qui travaillaient avec l'impératrice, elle avait toutes les peines du monde à le faire sortir.

» Comme il est fort caressant dans la conversation, il frappait sans cesse sur le genou de l'impératrice et même avec assez force pour l'obliger à faire mettre une table entre elle et lui : il prenait souvent ses mains et les baisait fort tendrement, ce qui ne déplaisait point à l'impératrice. Les princes doivent aimer ces familiarités qui ne

---

» répondit-elle, deux excellents maîtres, le malheur et la retraite,
» et je les ai eus pendant vingt ans.
    » M. Diderot avait relu Tacite à Pétersbourg. L'impératrice lui demanda ce qu'il pensait de Tibère. — « Qu'il faisait par principe le mal que les autres font par instinct.
    » M. Diderot demanda un jour à combien se montaient les revenus et les dépenses de la Russie. — Les revenus sont à un million de plus que par le passé et les dépenses sont d'un million de moins. »

supposent qu'un manque d'usage et non un manque de respect. On lui demandait comment il trouvait l'impératrice. — C'est l'âme de Brutus dans le corps de Cléopâtre, répondit-il.

» — Je suis tout étonné, lui disait-il un jour, d'oublier en causant avec Votre Majesté, que je parle à une grande souveraine. — Pourquoi ne l'oublieriez-vous pas ? lui répondit-elle, je ne m'en souviens jamais.

» Il n'y a rien de si dangereux, disait Diderot, qu'un despote juste, ferme et éclairé ; s'il est remplacé par un autre qui ait les mêmes qualités, c'est un plus grand malheur encore, mais toute espérance est perdue pour une nation, si elle en a un troisième... — Savez-vous bien, lui répondit l'impératrice, que vous parlez à un despote ? — Oui, madame, à un despote juste, ferme et éclairé.

» Il ne put s'empêcher un jour de paraître étonné de la trouver si instruite sur tant d'objets.

» — C'est que j'ai eu, lui répondit-elle, deux excellents maîtres, le malheur et la retraite, et je les ai eus pendant vingt ans.

» — Je ne regrette l'enfer que pour une classe d'hommes, lui disait Diderot. — Lesquels ? lui demanda l'impératrice. — Ceux qui mentent aux princes. — En ce cas, répliqua vivement cette princesse, vous m'allez dire la vérité. Que pense-t-on de moi à Paris ?

» La question était embarrassante, il hésita un moment et dit : — Madame, il y a des gens qui vous croient innocente de la mort de Pierre III, et ils pensent que c'était fort bien fait que de déposer un tyran imbécile ; d'autres ne vous en croient pas innocente...

» Et il s'arrêta là. — Et ceux-là ? demanda l'impératrice. — Ceux-là, répondit-il, pensent comme les autres

» Je ne sais pas si, d'après le principe de Diderot, il ne

méritait pas au moins de passer par le purgatoire pour cette réponse-là.

» L'impératrice lui disait : — Je vous vois quelquefois la tête d'un homme de cent ans, quelquefois celle d'un enfant de douze ans.

C'était le voir à merveille.

» Un jour qu'ils disputaient avec beaucoup de vivacité, elle lui dit : — Vous avez la tête chaude et moi aussi, nous nous interrompons l'un l'autre, nous ne nous entendons pas et nous disons des sottises. — Avec cette différence, répondit Diderot, que lorsque j'interromps Votre Majesté, je fais une grande impertinence. — Non, répliqua-t-elle, entre hommes est-ce qu'il y a des impertinences ?

» — Je donnerai, disait-elle un jour, la paix aux Turcs comme il me convient, et quant à Pougatchef, c'est un sot, il sera pendu avant trois mois.

» Je ne sais pas ce qu'il y a de Diderot dans tous ces traits, mais certainement tout n'en est pas, et dans ce cas-là j'aimerais mieux le roman que l'histoire.

» Au reste il se défend très sérieusement d'avoir dit le mot qu'on lui a prêté « que les Russes sont un fruit pourri avant d'être mûr », et il a raison de s'en défendre ; quand cela serait, il ne lui convient pas de le dire, et je ne le crois pas même disposé à le penser. »

G

TABLE DU MANUSCRIT ORIGINAL RÉDIGÉE
PAR DIDEROT [1].

Essai historique sur la police de la France depuis son origine jusqu'à son extinction actuelle, p. 1-91.

Rêverie politique [Ma rêverie à moi Denis le philosophe], 45-248.

De l'administration de la justice [police], 57-192.

Sur l'importance d'un concours même aux premières [plus grandes] places de l'empire, 61-398.

De l'importance de fonder la succession à [dans] l'empire, 63-181.

Des poètes dramatiques considérés relativement aux mœurs nationales [A S. M. I. Des pièces de théâtre], 65-403.

1. Les mots placés entre crochets sont ceux que Diderot a rajoutés, supprimés ou substitués en transcrivant cette table. Les deux chiffres placés après chaque titre renvoient, le premier à la pagination du manuscrit original, le second, à celle du présent volume.

De la ville de Saint-Pétersbourg [Sur Saint-Pétersbourg], 69-284.

Des maisons de commerce, 71-214.

De la commission formée pour la confection des lois [Sur la commission], 73-186.

Sur un moyen infaillible dans nos contrées [à la cour de France] de manquer une grâce; une grâce! même une place méritée [ou non méritée], 75-265.

Sur un coin de l'esprit national [ici] et sur usage établi à Amsterdam, 77-287.

Sur les établissements formés par S. M. I. [sur les institutions de S. M. I.] et sur l'esprit de sa nation, 81-174.

Sur l'institution du fils de S. M. I., monseigneur le Grand-Duc après son mariage [sur le fils de S. M. I. monseigneur le Grand-Duc], 85-170.

Sur une comédie de S. M. I., intitulée : *O temps! O mœurs!* 89-410.

De la commission des lois, du concours aux places, de l'établissement actuel et en général de toutes sortes d'établissements et de volontés notifiées publiquement de *(sic)* S. M. I. [de volontés publiques], 95-160.

Sur la maison des jeunes filles, 103-397.

Sur le même sujet [sur l'école des jeunes demoiselles], 105-385.

Sur l'usure, 113-200.

Projet d'une pièce de théâtre, 117-407.

Sur la tolérance, 119-292.

Première addition sur la tolérance, 129-303.

Deuxième addition sur la tolérance [sur les opinions religieuses], 137-311.

Des révolutions, 139-179.

De la commission et des avantages de sa permanence [De la commission], 143-143.

APPENDICES.   585

Des écoles publiques, 161-363.

Du luxe, 185-222.

De l'éducation particulière, défaut de base à cette éducation dans toute l'Europe. Concours aux places, remède à ce défaut [A S. M. I.], 207-329.

De la capitale et du véritable siège d'un empire [A S. M. I. par un aveugle qui jugeait des couleurs], 223-266.

De l'intolérance, 241-312.

De l'éducation des Enfants trouvés [Idée pour rapprocher l'éducation de vos enfants trouvés de l'institution de vos jeunes filles], 243-218.

Note sur deux points des règlements de la maison des Enfants trouvés [sur les règlements des Enfants trouvés], 245-217.

Le postillon de Hamm à Lippstadt [Histoire générale du despotisme. Le postillon de Hamm à Lippstadt], 247-262.

De la police de la ville de Paris [sur notre police], 249-190.

Leçons d'anatomie dans la maison des jeunes filles [sur les leçons d'anatomie], 251-395.

Sur l'hommage des gens de lettres de France à S. M. I. [sur les gens de lettres de France], 253-447.

Du goût national de la propreté, 255-221.

Faire des rues, 257-285.

[Sur une] Idée [peut-être systématique] sur la manière d'amener le peuple [une nation] au sentiment de la liberté et de l'état policé [civilisé], 259-159.

Apparition [discours] du génie de la France à Pierre Ier [sur la frontière], 261-263.

Des monnoyes, 263-421.

Du divorce, 265-196.

Des jeunes élèves envoyés en pays étranger [Sur les

jeunes artistes que S. M. envoie en pays étrangers, et sur ceux qu'elle appelle des pays étrangers chez elle], 267-424.

De l'école des Cadets, 271-343.

D'un usage ancien, 291-382.

De la nécessité de laisser à sa place l'homme instruit [celui qui a acquis les connaissances nécessaires pour la bien remplir], 293-260.

Des ministres en pays étrangers [sur les ministres dans les cours étrangères], 295-259.

De la morale des rois, 299-314.

Des bornes, des propriétés et des territoires [Des bornes], 309-203.

Du jeu du souverain et d'un tiers état. [D'un tiers état. — Sur le jeu du souverain. « Ce feuillet-ci serait mieux pour S. A. monseigneur le Grand-Duc que pour S. M. I., sa mère »], 313-315; 183-184.

Un mot sur le code des lois [sur le code], 317-199.

De l'inauguration d'un député, 319-158.

Sur les plâtres de l'Académie des arts, 321-428.

[Sur] Ma manière de travailler, 323-448.

Des académies [et des manivelles académiques] et [particulièrement] surtout d'une académie de langue [nationale], 327-443.

De quelques exceptions à la liberté des conditions [des arts et de leur liberté], 329-185.

Des manufactures et fabriques [sur les fabriques et manufactures], 331-206.

Des manufactures en fer et des autres forges [sur les grosses forges ou manufactures en fer], 333-208.

Du colza et du tabac, 335-209.

Zèle et excuse de l'auteur [Avant-dernier feuillet : S. M. a désiré...]. Plus deux autres alinéas, sans titre, 337-452.

APPENDICES.

Des colonies de Zaratow, 341.
Sur l'*Encyclopédie*, 379-430.
« Les pièces supplémentaires qui ne sont pas indiquées dans cette table se trouvent annexées à la fin du volume qui se termine à la page 398. » (Note de Noroff). Ce sont les suivantes :
[Feuillet] sur un moyen de tirer parti de la religion [et de la rendre bonne à quelque chose], 389-219.
Sur les commerçants et marchands [tant indigènes qu'étrangers], 391-210.
Scène entre un grand seigneur et son créancier, 395-324.
Sur notre greffe, 398-188.

INDEX

A

ADVIELLE (M. Victor), 45.
AIGUILLON (Emmanuel-Armand de Vignerot du Plessis-Richelieu, duc d'), 64, 70, 78, 79, 129, 190.
ALEMBERT (Jean Le Rond d'), 3, 7, 139, 433, 443.
ANGE (le frère), vice-procureur des Carmes déchaux du Luxembourg, 215.
ANGIVILLER (Charles-Claude DE FLAHAUT DE LA BILLARDERIE, comte d'), 55, 493.
ARGENSON (Marc-Antoine DE VOYER DE PAULMY, comte d'), 442.
ARNAUD (Antoine), 295.
ASSÉZAT (Jules), 5, 327, 329, 519.

B

BACH (Emmanuel), 475.
BAGARRIS (Pierre RASCAS DE), 421.
BALA (Athanase), 468, 475, 478, 481.
BARBEU-DUBOURG (Jacques), 323, 490.
BARTENEF (M. Pierre), 24, 532, 557.
BARTHE (Nicolas-Thomas), 391, 393.
BARTOLOMMEO (Fra), 53.
BEAUMONT DU REPAIRE (Christophe de), archevêque de Paris, 299.
BECCARIA (Cesare BONESANA, marquis de), 139, 140.
BELLE (Étienne-Benjamin), 517.
BELLEGARDE (de), lieutenant-colonel d'artillerie, 165.

BÉRANGER, chancelier de l'ambassade de France à Saint-Pétersbourg, 27.
BERGHEM (Nicolas), 57.
BERINGHEN (comte de), 229, 230.
BERTRAND (M. Joseph), 453.
BETZKI (Ivan-Ivanovitch), 2, 4, 5, 9, 11, 39, 343, 393, 405, 424, 435, 441, 453, 473, 483, 488, 494.
BEYLON (Jean-François), 462, 464.
BIHERON (Marie-Catherine), 387, 391, 395.
BILBASSOF (M. A.), 72, 532, 557.
BJŒRNSTAHL (Jacob-Jonas), 484.
BLONDE (André), 133.
BLONDEL (Jean-François), 400.
BOUCHER (François), 229.
BRETEUIL (baron de), ambassadeur de France en Russie, 27.
BRETON DE LA MARTINIÈRE, 470.
BROGLIE (Charles-François, comte de), 49.
BROGLIE (Louise-Augustine-Salbigothon de Crozat de Thiers, maréchale-duchesse de), 49, 492.
BROGLIE (Victor-François, duc de), maréchal de France, 116.
BUFFON (Georges-Louis Leclerc, comte de), 165.

C

CABANÈS (M. le docteur), 391.
CAMPER (docteur Pierre), 574.
CARO (Elme), 327.
CASANOVA (François), 46.
CAYEUX (Philippe), sculpteur, 45.
CHABRIT (Pierre), 509, 510.
CHAPPE D'AUTROCHE (l'abbé), 21, 24.
CHARAVAY (Eugène), 419.
CHARAVAY (M. Étienne), 73, 556.
CHARDIN (J.-B.-Siméon), 54.
CHARLOS ou CHARLOT DE VILLERS, 23.
CHOISEUL (Étienne-François, comte de Stainville, puis duc de), 26, 140, 249, 432.
CHOISEUL (Louise-Honorine Crozat du Châtel, comtesse de Stainville, puis duchesse de), 26, 48.
CHOUBIN (Fédor), 423.
CHOUVALOF (Ivan), 3.
CLAIRAUT (Alexis-Claude), 453.
CLERC (docteur J.-N.) dit LECLERC, 343, 349, 395, 409.
CLOUET (François), 54.
COBENTZEL (comte M. de), ambassadeur d'Autriche en Russie, 20.
COCHIN (Charles-Nicolas), 45.
COKE (William), 459.
COLIN DE SAINT-MARC, receveur général à l'hôtel des Fermes, 9.

COMPAYRÉ (M. Gabriel), 328.
CONDILLAC (l'abbé Étienne BONNOT de), 583.
CONFLANS (Louis-Gabriel, marquis de), 57.
CRAWFURD (James-Quentin), 75.
CRILLON (François-Félix-Dorothée DES BALMES DE BERTON, comte de), 466.
CROZAT (Pierre), 46.
CZARTORYSKI (prince Adam), 29.

D

DACHKOF (princesse), 23.
DARCET (Jean), 493.
DÉMIDOF (Paul-Grigoriwitch, 428.
DESCARTES (René), 296, 310.
DIDEROT (Anne-Toinette CHAMPION, dame), 3, 493.
DIDEROT (Marie-Angélique). Voyez VANDEUL.
DODART, intendant de la généralité de Bourges, 241.
DORAT (Claude-Joseph), 8, 9.
DOU (Gérard), 46, 428.
DOUCET. Voyez ROUSSET.
DOUCET (M. Jacques), 51.
DREYFUS-BRISAC (M. Edmond), 328.
DU CHATEL (Louis-François CROZAT, marquis), 47.
DUCLOS (Ch. PINEAU-), 445.
DUCROS (M. Louis), 1, 70.
DUJARDIN (Karel), 57.
DURAND DE DISTROFF (François-Michel), ambassadeur de France en Russie, 69, 78, 80, 245, 255.
DUVIVIER (Jean), graveur en médailles, 422.

E

EGMONT (Jeanne-Sophie-Louise-Armande-Septimanie DE RICHELIEU, comtesse d'), 29.
ÉLISABETH, impératrice de Russie, 11, 221.
ÉPINAY (Louise-Florence-Pétronille TARDIEU D'ESCLAVELLES, marquise d'), 444.
ERNOUF (le baron), 523.
ESCHERNY (François-Louis, comte d'), 75.
EULER (Jean-Albert), 73.

F

FALCONET (Maurice-Étienne), 11, 22, 30, 34, 39, 59, 60, 140, 419.
FARGÈS DE POLIZY, maître des requêtes, 4.
FERREIN (Antoine), 387.
FLAMMERMONT (M. Jules), 90, 130.
FORMEY (J.-M.-Samuel), 77, 78, 525.
FORTIA DE PILES (comte), 42, 522.
FRÉDÉRIC II, roi de Prusse, 76, 140, 191, 249, 253, 461, 473.

G

GAIGNAT (Jean-Louis), 45.
GALITZIN (prince Alexandre), vice-chancelier de l'Empire, 17, 31, 33.
GALITZIN (Anna de Schmettau, princesse), 62.
GALITZIN(Dimitri-Alexievitch, prince), 2, 4, 7, 9, 12, 16, 17, 56, 62, 63, 65, 68, 474.
GAUDET, ancien directeur des vingtièmes, 513.
GAUDIN (Jacques), 514.
GEFFROY (M. Auguste), 462, 463.
GEOFFRIN (Marie-Thérèse Rodet, dame), 2, 76.
GIORGIONE (Giorgio BARBARELLI, dit il), 53.
GLEICHEN (Charles-Henri, baron de), 484.
GODARD (Léon), 328, 519.
GŒTHE (Wolfgang), 84, 219.
GORDEF (Théodor), sculpteur, 423.
GOUDAR (Ange), 25.
GRIBEAUVAL (J.-R. VAQUETTE de), 165, 503.
GRIMM (Frédéric-Melchior, baron), 3, 4, 61, 71, 73, 75, 77, 80, 258, 387, 388, 461, 465, 500, 501, 506, 507, 511, 517, 519, 521.
GRIMM (M. Alexandre), conservateur de la bibliothèque privée d'Alexandre III, 82.
GROUCHY (M. le vicomte de), 52.
GUIFFREY (M. Jules), 55.

GUIZOT (François), 327.
GUNNING (sir Robert), chargé d'affaires d'Angleterre en Russie, 75, 245, 247.

H

HANOTAUX (M. Gabriel), 338.
HELVÉTIUS (Claude-Adrien), 63, 70, 223.
HENRIQUEZ (Benoît-Louis), graveur, 426.
HESSE-DARMSTADT (Sophie-Dorothée de), grande-duchesse de Russie, 169.
HOBBES (Thomas), 310, 314.

J

JAURÈS (l'amiral), 82.
JEUDY-DUGOUR, 519.

K

KHOTINSKY (Nicolas-Constantinovich), chargé d'affaires de Russie à Paris, 31, 34, 39, 190.
KLINGSTEDT (baron de), 190.

L

LA CHALOTAIS (Louis-René DE CARADEUC de), 129.
LA FONT (Wilhelmine-Sophie de), 395.
LA HARPE (Jean-François de), 458, 459.
LA LIVE DE JULLY, 45.

LANCELOT (Claude), 295.
LANCRET (Nicolas), 54.
LARGILLIÈRE (Nicolas de), 54.
LARIVIÈRE (M. Ch. de), 15.
LARROUMET (M. Gustave), 269.
LAVAL (vicomte de), 457.
LE BRETON, imprimeur et éditeur de l'*Encyclopédie*, 431.
LÉGIER, 8.
LEGRELLE (M. Arsène), 409.
LE MERCIER DE LA RIVIÈRE (Pierre-Paul), 14-21, 266.
LE POTD'AUTEUIL, notaire, 4.
LE ROY (Georges), 231.
LESBROS DE LA VERSANNE, 269.
LESPINASSE (Julie de), 63.
LESUEUR (Eustache), 54.
LÉVESQUE (Pierre-Charles), 60.
LEVITZKY (Dimitri), 11.
LINGUET. (Simon - Nicolas - Henri), 132, 338.
LOSSENKO (Antoine), peintre, 423.
LOUIS-AUGUSTE, dauphin (Louis XVI), 235.
LUNEAU DE BOISJERMAIN (Pierre-Joseph-François), 77.

M

MACHY (Pierre-Antoine de), 46.
MALEBRANCHE (Nicolas de), 295.

MARIETTE (Pierre-Jean), 46, 47.
MARIVAUX (Pierre CARLET CHAMBLAIN DE), 371.
MARMONTEL (Jean-François), 445.
MARTELLI, statuaire, 11.
MAUPEOU (René - Nicolas - Charles-Augustin de), 90, 127.
MAUREPAS (Jean - Frédéric Phélypeaux, comte de), 165.
MELON (Jean-François), 223.
MÉNAGEOT, peintre expert, 52, 57.
MONTESQUIEU (Charles de Secondat, baron de), 89, 91, 105, 139, 156, 337, 338.
MORANGIÈS (comte de), 191.
MORETTO de Brescia (Alessandro BONVICINO, *dit*), 54.
MUNICH (comte Ernest de), 453, 459.
MURILLO (Bartolomeo-Esteban), 46, 54, 57.

N

NAIGEON (Jacques-André), 327.
NARISCHKINE (Alexis-Vassilievitch), sénateur et chambellan de Catherine II, 60, 267, 337, 455, 475.
NESSELRODE (comte Guillaume), 71.
NOAILLES (Emmanuel-Marie-Louis, marquis de), 64, 66.
NOLCKEN (baron de), ambas-

38

sadeur de Suède en Russie, 461, 471.
NOLLET (l'abbé Jean-Antoine), 400.
NOROFF (Abraham-Serguievitch), 83.

O

ONIS (don Joseph), ambassadeur d'Espagne à la cour de Dresde, 337.
ORLOF (Grégoire, Alexis, Théodore, Ivan et Wladimir), 172, 177, 181. — ORLOF (Grégoire), 501.

P

PALISSOT DE MONTENOY (Charles), 432.
PANIN (comte Nikita), 68, 140, 169.
PASCAL (Blaise), 294, 295, 310, 311.
PAUL PETROVITCH, grand-duc de Russie, plus tard empereur sous le nom de Paul Ier, 61, 169, 207, 522.
PETIT (Antoine), 337.
PICHON (baron Jérôme), 51, 444, 562.
PIERRE (J.-B.-Marie), premier peintre du Roi, 424.
PIOMBO (Sébastien del), 53.
POCHET (A.-A.-P.), 326.
POLOVTSOF (M. A.), 12.
PONIATOWSKI (Stanislas), roi de Pologne, 29.
POURPOUR, général-directeur du corps des Cadets, 362.
POUSSIN (Nicolas), 54, 58, 428.
PRINGLE (John), 387.

R

RAMBAUD (M. Alfred), 8, 27, 80, 246, 329.
RAPHAEL (Raffaello SANTI, dit Sanzio), 53.
RASTRELLI, architecte, 11.
RAYNAL (Guillaume-Thomas), 512.
REMBRANDT VAN RYN (Harmentz), 54.
REMY (Pierre), expert, 52.
RÉVEILLÉ-PARISE (docteur), 269.
REY (Marc-Michel), 483, 512.
RIBAS (Anastasia SOCOLOF, comtesse de), 460.
RICHELIEU (Armand Du PLESSIS, cardinal duc de), 337.
RICHER-SERIZY (Jean-Thomas-Élizabeth), 42.
ROSLIN (Alexandre), 239.
ROSSIGNOL, consul général de France à Saint-Pétersbourg, 19, 30.
ROUSSEAU (Jean-Jacques), 432.
ROUSSET (Pierre-Noël), architecte, 235.
RUBENS (Pierre-Paul), 54.
RULHIÈRE (Claude-Carloman de), 27-43.

S

SACY (Isaac LEMAISTRE de), 295.

INDEX.   595.

SAINT-AUBIN (Augustin de), 419, 420.
SAINT-FLORENTIN (Louis PHÉLYPEAUX, comte de), duc de LA VRILLIÈRE, 6, 7.
SAINT-PIERRE (l'abbé Charles-Irénée CASTEL DE), 283.
SARTINE (Antoine-Raymond-Jean-Gualbert, comte de), 192, 193.
SCHWAN DE LA MARCHE, 25.
SOCOLOF (Anastasia). Voyez RIBAS.
SOUMAROKOFF (Alexandre), 301.
STAHLIN (Jacques de), 74.
STEEN (Jan), 54, 57.
STOUPE (Jean-Georges-Antoine), 437.
SUARD (Jean-Baptiste-Antoine) 494, 495, 579.

T

TÉNIERS (David), 57.
TERNAUX-COMPANS (M.), 82.
THIERS (Louis-Antoine CROZAT, baron de), 48.
TITIEN (Tiziano VECELLI, dit), 54.
TRONCHIN (François), dit TRONCHIN des Délices, 49-56.
TRONCHIN (M. Henry), 50, 55.
TURGOT (Anne-Robert-Jacques), 66, 243.

V

VAINES (Jean de), 10.

VALORY (marquis de), 251.
VANDEUL (Marie-Angélique DIDEROT, dame de), II, 1, 3, 75, 418, 431, 475, 493, 516, 518.
VAN DYCK (Antoine), 54, 55, 57.
VANLOO (J.-B.), 46.
VANLOO (Michel), 46.
VARIN OU WARIN (Jean), 422, 423.
VERNET (Joseph), 45, 227.
VÉRONÈSE (Paolo Caliari, dit il), 54.
VIEN (J.-B.), 229.
VOGÜÉ (M. Eugène-Melchior de), 169.
VOLTAIRE (François - Marie Arouet de), 7, 223, 338, 371, 402, 403, 416, 443, 444.
VON VIZINE (Denis), 408.

W

WALISZEWSKI (M. K.), 23.
WATTEAU (Antoine), 54, 418.
WILKES (John), 389.
WILLIAMS (le chevalier), ministre d'Angleterre en Russie, 29.
WOUWERMANN (Philippe), 57, 428.
WURTEMBERG (Dorothée de), grande-duchesse de Russie, 170.

Z

ZAROUDNIJI (M. S.), 440.

TABLE DES MATIÈRES

AVERTISSEMENT.   I

I. — COMMENT DIDEROT DEVINT BIBLIOTHÉ-
CAIRE DE CATHERINE II.   I

II. — DÉCEPTIONS D'UN STATUAIRE, D'UN ÉCO-
NOMISTE ET D'UN ASTRONOME FRANÇAIS
EN RUSSIE   11

III. — LES INDISCRÉTIONS DE RULHIÈRE. . . .   25

IV. — DIDEROT ET LE MUSÉE DE L'ERMITAGE.   44

V. — UNE ACCUSATION DE LÈSE-PATRIE EN 1773.   59

VI. — CONSEILS ET CONFIDENCES D'UN PHILO-
SOPHE A UNE IMPÉRATRICE.   71

VII. — LÉGISLATION.

§ I. — Essai sur la police   91
§ II. — De la commission.   143
§ III. — Sur l'inauguration d'un député   158

TABLE DES MATIÈRES

§ IV. — Sur une idée peut-être systématique d'amener une nation au sentiment de la liberté et à l'État civilisé. 159
§ V. — De la commission des lois, du concours, des institutions et en général de toutes les sortes d'établissements et de volontés publiques de Sa Majesté Impériale. 160
§ VI. — Sur le fils de Sa Majesté Impériale, monseigneur le Grand-Duc. 170
§ VII. — Sur les institutions de Sa Majesté Impériale et sur l'esprit de sa nation. 174
§ VIII. — Des révolutions. 179
§ IX. — De l'importance de fonder la succession dans l'Empire. 181
§ X. — D'un tiers état. 183
§ XI. — Sur le jeu du souverain 184
§ XII. — Des arts et de leur liberté. 185
§ XIII. — Sur la commission 186
§ XIV. — Sur notre greffe 188
§ XV. — Sur notre police 190
§ XVI. — De l'administration de la justice. 192
§ XVII. — Sur le divorce 196
§ XVIII. — Sur le code. 199

VIII. — ÉCONOMIE POLITIQUE.

§ I. — De l'usure. 200
§ II. — Des bornes. 203
§ III. — Sur les fabriques et manufactures 206
§ IV. — Sur les grosses forges ou manufactures en fer. 208
§ V. — Sur le colza et le tabac. 209
§ VI. — Sur les commerçants et marchands tant indigènes qu'étrangers. 210
§ VII. — Sur les maisons de commerce. 214
§ VIII. — Sur le règlement des Enfants-trouvés . . . 217

TABLE DES MATIÈRES

§ IX. — Idée pour rapprocher l'éducation de vos Enfants trouvés de l'institution de vos jeunes filles. 218
§ X. — Feuillet sur un moyen de tirer parti de la religion et de la rendre bonne à quelque chose 219
§ XI. — Du goût national de la propreté. 221
§ XII. — Du luxe. 222

IX. — POLITIQUE INTÉRIEURE ET EXTÉRIEURE.

§ I. — Ma rêverie à moi, Denis le philosophe 248
§ II. — Sur les ministres dans les cours étrangères. 259
§ III. — Sur la nécessité de laisser à sa place celui qui a acquis les connaissances nécessaires pour la bien remplir. 260
§ IV. — Histoire générale du despotisme. — Le postillon de Hamm à Lippstadt. 262
§ V. — Discours du génie de la France à Pierre Ier, sur la frontière. 263
§ VI. — Sur un moyen infaillible de manquer une grâce dans nos contrées; une grâce! même une place méritée. 265
§ VII. — A Sa Majesté Impériale, par un aveugle qui jugeait des couleurs. 266
§ VIII. — Sur Pétersbourg 284
§ IX. — Faire des rues 285
§ X. — Sur un coin de l'esprit national et sur un usage établi à Amsterdam 287

X. — MORALE ET RELIGION.

§ I. — Sur la tolérance 292
§ II. — Première addition sur la tolérance. 303
§ III. — Deuxième addition sur les opinions religieuses. 311
§ IV. — De l'intolérance. 312
§ V. — De la morale des rois 314

§ VI. — Scène entre un grand seigneur et son créancier. 324

XI. — PÉDAGOGIE.

§ I. — De l'éducation particulière 329
§ II. — Sur l'école des Cadets. 343
§ III. — Des écoles publiques. 363
§ IV. — Sur un usage ancien 382
§ V. — Sur l'école des Jeunes Demoiselles 385
§ VI. — Sur les leçons d'anatomie. 395
§ VII. — Sur la maison des jeunes filles. 397
§ VIII. — Sur l'importance du concours, même aux grandes places 398

XII. — L'ÉDUCATION PAR LE THÉATRE.

§ I. — A Sa Majesté Impériale. — Des pièces de théâtre. 403
§ II. — « Projet d'une pièce de théâtre » 407
§ III. — Sur une comédie intitulée : *O temps! O mœurs!* et composée par Sa Majesté Impériale de Russie. 410

XIII. — ENSEIGNEMENT DES BEAUX-ARTS.

§ I. — Des monnaies. 421
§ II. — Sur les jeunes artistes que Sa Majesté Impériale envoie en pays étrangers et sur ceux qu'elle appelle des pays étrangers chez elle. 424
§ III. — Sur les plâtres de l'Académie des Arts . . . 428

XIV. — LITTÉRATURE.

§ I. — Sur l'Encyclopédie. 430
§ II. — Des Académies ; des manivelles académiques et particulièrement d'une Académie de langue nationale 443

§ III. — Sur les gens de lettres en France 447
§ IV. — Sur ma manière de travailler. 448
§ V. — Avant-dernier feuillet 452
XV. — DÉPART DE DIDEROT ET SECOND SÉJOUR A LA HAYE 458
XVI. — RETOUR EN FRANCE. 494
XVII. — DERNIÈRES ANNÉES ET MORT DE DIDEROT. 511
XVIII. — DIDEROT POSTHUME. — PART DE LA RUSSIE DANS LA RECONSTITUTION DE SES ŒUVRES 518

APPENDICES

A. — EXTRAIT DES « NOUVELLES LITTÉRAIRES » DE BERLIN 525
B. — QUESTIONS DE DIDEROT ET RÉPONSES DE CATHERINE II SUR LA SITUATION ÉCONOMIQUE DE L'EMPIRE RUSSE. 532
C. — QUESTIONS ADRESSÉES PAR DIDEROT AU COMTE DE MUNICH. 558
D. — OBSERVATIONS SUR LES INSTRUCTIONS DE SA MAJESTÉ IMPÉRIALE POUR LA CONFECTION DES LOIS 562
E. — OBSERVATIONS ET QUESTIONS SUR LA VARIOLE 574
F. — PROPOS DE DIDEROT SUR L'IMPÉRATRICE DE RUSSIE. (Fragment inédit de Suard) . 579
G. — TABLE DU MANUSCRIT ORIGINAL RÉDIGÉE PAR DIDEROT. 583
INDEX. 589

CALMANN LÉVY, ÉDITEUR

DERNIÈRES PUBLICATIONS

— Format in-8° —

DUC D'AUMALE
Histoire des princes de Condé,
7 volumes.................... 52 50
1 volume index.............. 3 50

H. DE BALZAC
Lettres à l'Étrangère, 1 vol. 7 50

C. DE BARANTE
Souvenirs du baron de Barante, 7. volumes............ 52 50

A. BARDOUX
La Duchesse de Duras, 1 vol. 7 50

DUC DE BROGLIE
L'Alliance autrichienne, 1 vol. 7 50

RAOUL DE CISTERNES
La Campagne de Minorque,
1 volume................ 7 50

JAMES DARMESTETER
Les Prophètes d'Israël, 1 volume...................... 7 50

MARÉCHAL DAVOUT
1806-1807, 1 volume......... 7 50

MADAME OCTAVE FEUILLET
Souvenirs et correspondances
1 volume................... 7 50

COMTE D'HAUSSONVILLE
La Duchesse de Bourgogne,
1 volume................ 7 50

VICTOR HUGO
Correspondance, tomes I et II 15 »

PIERRE LOTI
Œuvres complètes, t. 1 à VII 52 50

COMTE DE MONTALIVET
Fragments e Souvenirs, 1 vol. 7 50

PRINCE HENRI D'ORLÉANS
Autour du Tonkin, 1 volume. 7 50

LUCIEN PEREY
Une Princesse romaine au
XVII° siècle : Marie Mancini Colonna, 1 volume..... 7 50

COMTE CH. POZZO DI BORGO
Correspondance diplomatique,
2 volumes................. 15 »

VICOMTE DE REISET
Souvenirs, 1 volume......... 7 50

ERNEST RENAN
Histoire du peuple d'Israël,
5 volumes................. 37 50
Lettres intimes de Renan et
de Henriette Renan, 1 vol... 7 50

E. RENAN et M. BERTHELOT
Correspondance, 1 volume ... 7 50

LÉON SAY
Les Finances de la France
sous la Troisième République, 2 volumes.......... 15 »

PIERRE DE SÉGUR
La Dernière des Condé, 1 vol. 7 50

PRINCE DE TALLEYRAND
Mémoires, avec une préface du
duc de Broglie, 5 volumes.. 37 50

MAURICE TOURNEUX
Diderot et Catherine II, 1 vol. 7 50

www.ingramcontent.com/pod-product-compliance
Lightning Source LLC
Chambersburg PA
CBHW060414230426
43663CB00008B/1481